国家重大核电建设项目（红沿河核电站取水导流工程）
国家自然科学基金重点科学基金项目（51034005 ）
新疆生产建设兵团科技支疆项目（2012AB009，2012BA005

构造应力环境浅埋取水隧洞监测检测评价

——以渤海红沿河核电站取水隧洞工程为例

芮勇勤　杨　斌　李　伟　林晓华　王　斌　著

东北大学出版社
·沈　阳·

图书在版编目（CIP）数据

构造应力环境浅埋取水隧洞监测检测评价：以渤海红沿河核电站取水隧洞工程为例/芮勇勤等著．— 沈阳：东北大学出版社，2015.12

ISBN 978-7-5517-1159-3

Ⅰ.①构…　Ⅱ.①芮…　Ⅲ.①核电站—取水—浅埋隧道—监测　Ⅳ.①U459.9

中国版本图书馆 CIP 数据核字（2015）第 297603 号

内 容 提 要

本书以构造应力环境浅埋取水隧洞监测检测评价为研究背景，开展隧道围岩构造地应力判别及其稳定性影响分析，构造地应力影响隧道开挖支护，隧洞爆破振速测试分析，隧洞开挖支护爆破振动数值模拟，爆破振动相邻隧洞施工影响分析，隧道开挖支护施工围岩松动圈探测分析，岗丘冲沟地貌隧道开挖支护力学特性分析，隧道施工过程监控量测分析，取水隧洞施工方案与组织等方面的研究。本书成果在工程中进行广泛应用，还需深入研究；同时开展的研究可供相关领域工程技术人员教学、研究学习参考。

出 版 者：东北大学出版社
地址：沈阳市和平区文化路 3 号巷 11 号　110004
电话：024—83687331（市场部）　83680267（社务室）
传真：024—83680180（市场部）　0265（社务室）
E-mail：neuph@neupress.com　Web：http：//www.neupress.com
印 刷 者：沈阳市第二市政建设工程公司印刷厂
发 行 者：东北大学出版社
幅面尺寸：185mm×260mm
印　　张：13.5
字　　数：334 千字
出版时间：2015 年 12 月第 1 版
印刷时间：2015 年 12 月第 1 次印刷
责任编辑：王兆元
责任校对：铁　力
封面设计：刘江旸
责任出版：唐敏志

ISBN 978-7-5517-1159-3　　定　价：55.00 元

序

近年来，土木工程建设中大量的隧道和地下工程开发与利用，有力地推进了和谐社会的快速发展与建设，取得了显著的经济效益和社会效益。隧道和地下工程技术可以开发利用地壳潜在资源，进而更能满足工程便利、节能、环保、安全和经济的要求。但是，复杂的地质条件，使隧道技术工艺的发展与隧道工程建设的发展存在一定程度的不协调，在隧道建设中容易出现掉块、塌方等隧道灾害。构造地应力是影响隧道围岩稳定的主要因素，对确定隧道开挖支护有很大的影响。

针对构造地应力等影响的隧道开挖支护问题，《构造应力环境浅埋取水隧洞监测检测评价》依托辽宁红沿河核电站隧洞施工工程，利用有限元软件进行构造地应力影响下的隧洞围岩开挖支护的稳定性数值模拟分析，得出不同构造地应力作用下的隧洞开挖和初支围岩的变形规律，揭示了不同应力场围岩应力分布特征，以及不同应力场围岩位移分布特征；根据相似理论，开展了物理模型试验，通过模拟构造地应力对隧洞围岩稳定性的影响，认识了构造地应力作用下隧洞围岩支护的变形破坏规律，以及构造地应力作用下的破坏模式；同时，与数值模拟分析成果互为认证，验证了施工设计的可靠性和施工方案的合理性。在获得隧洞施工中掌子面多个关键技术参数的基础上，利用岩体基本质量指标(*BQ*)、巴顿岩体质量指标(*Q*)分级和岩体地质力学指标值(*RMR*)评价方法，进行了围岩级别分类的动态分析与评价，确立了合理的支护类型和施工参数。数值分析与模型试验方法的相互结合，是研究基于构造地应力影响隧洞开挖支护力学特性的一次尝试，为构造地应力影响的隧道开挖支护提供了参考，辅助设计施工，降低隧洞施工的风险和加快隧洞施工的进度。

在红沿河核电站工程施工建设中，存在大量的海下、地下工程开挖，诸如导流工程和取水隧洞开挖等。特别是地下取排水隧洞工程得到了广泛的应用。钻爆法作为隧洞开挖的一种主要施工方法，施工中存在爆破振动对邻近隧洞、衬砌、PX 泵房、边坡和导流工程稳定的影响。因此，研究爆破振动对地下隧洞群的影响，不仅具有重要的理论意义，同时也具有重要的工程意义。以红沿河核电站取水群洞为研究背景，利用数值模拟方法，结合现场爆破施工技术要求等，对该隧洞的施工过程进行研究，获取隧洞围岩振速分布与衰减规律，以便控制喷射混凝土的安全距离。以动力学理论和岩石的爆破破坏理论为基础，得到了开挖塑性区与最大主应力分布，并研究了不同围岩类型下隧洞爆破的最大单段药量控制技术。同时，更进一步研究了隧洞动力开挖对邻近隧洞的影响，分析了不同围岩类型下隧洞开挖所造成的隧洞围岩的应力、位移和振动速度分布与衰减情况。分析和验算不同围岩类型下 3、4 号隧洞开挖爆破对 1、2 号隧洞运行的影响。通过爆破振动分析，在按常规方法进行隧洞施工时，其控制点振动速度均在《爆破安全规程》规定的允许范围之内，隧洞爆破施工对邻近隧洞运行的影响可以忽略。

结合 CA-CB-PX 系统隧洞工程，利用探地雷达探测技术针对不同围岩段进行测试，统计了不同围岩段松动圈的厚度，同时利用传统的超声波测试技术测试隧洞围岩松动圈，并认证了探地雷达探测结果；根据探地雷达技术探测的隧洞围岩松动圈厚度值，为隧洞围岩支护优化设计提供了重要参考。利用有限元软件对不同地貌地层隧洞围岩进行开挖支护数值模拟，利用监测技术分析了隧洞围岩力学、变形特性；同时，针对隧洞经过节理裂隙密集带的情况，提出对其地表注浆加固的处治措施，处治效果良好。

针对隧洞施工过程中的监控量测，开展了不同围岩监测数据的处理与分析，得出了相应的变形规律，进行了信息反馈与设计优化，并指导了施工。综合围岩松动圈厚度值、数值模拟结果和监控量测的结果，验证了隧洞围岩支护的稳定性，表明设计参数可靠、施工方法合理。

在本书的编写过程中，借鉴了一些相关的施工设计、现场管理和软件应用资料，受益匪浅，在此对原作者深表感谢！

特别感谢中广核工程有限公司、中国电力工程顾问集团东北电力设计院、中隧集团辽宁红沿河核电项目部、长沙理工大学交通运输工程学院、东北大学资源与土木工程学院给予的支持和帮助。

同时，赵红军、吴艳娟、刘书智、张旭旭等研究生在本书编写过程中给予帮助，在此一并表示感谢！

最后，希望《构造应力环境浅埋取水隧洞监测检测评价》一书，在实际工程的设计、分析和仿真等方面，能给予广大读者启迪和帮助。

由于编著者水平有限，加之时间仓促，书中难免存在疏漏和错误之处，恳请读者不吝赐教。

著 者

2015 年 1 月 8 日于望湖苑

目 录

第 1 章　构造应力环境浅埋取水隧洞监测检测评价研究背景

1.1　研究背景

我国正处于社会经济快速发展的重要时期，在国民经济结构中，基础建设一直占有举足轻重的重要地位。近年来，在土木工程建设的各种技术领域中，隧道和地下工程技术显得十分突出，越来越得到广泛的运用，取得了良好的经济效益和社会效益。地下工程技术用以开发地壳潜在的资源，进而更能满足工程的便利、节能、环保、安全和经济的要求[1]。我国广大工程技术研究人员已经做出了大量的努力和杰出的贡献，取得了举世瞩目的成就[2]。随着经济的持续快速稳定发展，科学技术不断更新飞跃，大量隧道建设促进了研究的深入。同时，隧道的发展保证了我国经济快速持续的发展，满足了发展核电事业的迫切需要。我国逐步成为世界上隧道和地下工程最多、最复杂、发展速度最快的国家。由于城市的发展，而我国的土地资源十分有限[3]，地下工程尤其是隧道工程引起了人们广泛的关注，这就进一步提高了对隧道安全、经济的要求，促进了隧道工程的施工设计的快速发展。水利水电隧道主要由水工隧洞和地下厂房两大部分组成，水工隧洞主要包括引水隧道，导流隧洞，泄洪隧洞等，地下厂房指不过水的地下洞室。自 20 世纪 70 年代中期以后，先后建成了一大批著名的水电工程，如二滩水电站、黄河小浪底、葛洲坝、世界最大的水电工程长江三峡工程，这些重大工程顺利建设标志着在水利水电系统地下工程和隧道建设已达到或接近世界先进水平[4]。在世界范围内，核电站得到了迅速发展，美、英、法、日、德等发达国家延长核电机组使用期，并进行核电站扩建、机组扩容；一些新兴的发展中国家如印度、中国等大量进行建设核电站(见图 1.1)[3]。我国计划从 2009 年起陆续开工建设 11 个核电机组，随着这些工程的加速推进，我国的核电建设将进入快速发展期。核电被称为是当今最现实的能大规模发展的替代能源。在未来，我国已经批准建设 24 个核电机组，总装机容量 2500 多万千瓦。核能是我国科学发展观，可持续发展能源领域的重要方面，经过十余年的发展，中国的核电正向批量化发展阶段过渡。近期，国家有关部门提出到 2020 年核电占全国电力总装机容量的 5%左右(4000 万千瓦)宏伟目标[5]。“十二五”规划中，核能发电比例从“十一五”规划的 2%~3%上调到 5%。内地发电一直以火电为主，而要实现节能减排目标，需要发展包括核电在内等清洁能源。中国内地正在运行的有浙江秦山、广东大亚湾、岭澳和江苏田湾 4 个核电站，在建核电站有 12 个，并且已在 16 个省市中初步选定 51 个准备建设的核电厂址（见图 1.2）。地应力对岩土开挖的变形与破坏十分明显。由在岩体中地壳构造运动所产生的构造应力和由上覆岩体的重量产生的自重应力等产生了岩体地应力。当开挖时，应力重分布形成围岩应力。围岩应力是研究洞室安全和围岩稳定性的重要因素，在开挖以后，破坏了岩体的原始平衡状态，应力的重分布、围岩不断变形。岩石应力达到极限强度而出现裂缝或剪切位移，在自重作用下甚至会产生大量塌落，出现“冒顶”现象。

国内的相关文献资料中经常有关于隧道灾害的报道，隧道灾害后果严重，危害巨大。由地质灾害而引起的开挖停工短则几个月，长则半年甚至几年，严重影响了经济效益，造成不良的社会影响。而在治理此类灾害时，往往是应急处理，缺乏综合规律性指导。如此多的隧道地质灾害还在继续上演，见表 1.1。

图 1.1　世界核电站分布图

图 1.2　中国大陆沿海核电站分布图（局部图）

表 1.1　构造地应力引起的隧道灾害

隧道名称	发生的灾害
成昆线全线有 427 座隧道，总长 341km	施工开挖期间约有 25%隧道发生过大型坍方，有多座隧道出现了塌陷、岩爆等灾害
穿越于地形、地质条件复杂的秦岭、大巴山、云贵高原等山区的宝成、襄渝、贵昆、湘黔、枝柳等线铁路都修建了大量的隧道工程	这些隧道在建设和运营中都发生过规模不等的坍方，许多隧道洞身也遭受偏压以及地表塌陷等地质灾害
衡广复线、大秦铁路等也有许多隧道	这些隧道都出现了较严重的地质灾害
军都山隧道	破碎段施工中发生罕见的地下泥砂石流和大量坍方灾害
目前国内最长的公路隧道华蓥山隧道穿越了煤层断层、石油气层、高地应力区等复杂地层	隧道开挖中遭遇涌水、涌泥、瓦斯突出、断层坍塌、岩爆及大变形等地质灾害
川藏公路的二郎山隧道	高地应力引起的岩爆、中梁山隧道与给云山隧道开挖不到一年发生较大坍塌 8 次

用核能发电的特点就是清洁高效，在 2015 年红沿河核电站的 4 台百万千瓦级核电机组每年发电，减少了 1000 万 t 煤炭消耗，减少 2400 万 t 二氧化碳、23 万 t 二氧化硫、15 万 t 氮氧化物的排放，其节能减排的效果是非常明显的。当然，核电站的安全问题也一直受到社会各界的关注，其实只要核电站的工作人员把各项工作做好，不要有太大的疏忽。核污染等一些危害还是不容易发生的。目前，中国已经有 7 个可以运行发电的核电站，有 11 个正在建设的核电站，25 个将要设计建设的核电站。位于浙江省嘉兴的秦山核电站也是我国第一个建成的核电站，它在 1984 年开建，在 2003 年全部建成。现在还在为浙江电网源源不断的提供电源。

1.2　研究目的、意义

2011 年 3 月 11 日，日本东北部和关东首都圈发生里氏 9 级强震，并引发海啸，日本福岛第一核电站发生放射性物质泄漏事故（见图 1.3）。我国立即组织对核设施进行全面安全检查。通过全面细致的安全评估，切实排查安全隐患，采取相关措施，确保绝对安全。全面审查在建核电站。用最先进的标准对所有在建核电站进行安全评估，存在隐患的坚决整改，不符合安全标准的立即停止建设。严格审批新上核电项目。抓紧编制核安全规划，调整完善核电发展中长期规划，核安全规划批准前，暂停审批核电项目包括已开展前期工作的项目。

2011 年 3 月 16 日日本福岛第一核电站情况
图中 2 号和 3 号反应堆仍然在冒出蒸汽，
1 号、3 号、4 号反应堆厂房已经遭到破坏

卫星图片显示日本福岛第一核电站情况

图 1.3　日本福岛核电站

红沿河核电站取水隧道 1 号隧道在强风化片麻岩、破碎中等风化花岗岩捕虏体中已经发生掌子面工作区掉块、塌方各 1 次，3 号隧道在四组节理切割的破碎中等风化花岗岩中的掌子面发生一次塌方事件，隧道掉块、塌方已经得到及时、妥善的处置。

1 号隧道在 384m(里程 581m)处，掌子面处于破碎、中等风化花岗岩与强风化片麻岩过渡段，岩性为中等风化花岗岩和强风化片麻岩捕虏体(根据掌子面情况，片麻岩约占整个掌子面的 50%～80%)，中等风化片麻岩裂隙较发育，呈碎裂状(由于该段裂隙较发育，节理裂隙已无法统计)，且在掌子面局部见渗水或滴水现象，水量甚微。工作面拱顶临空间距 1.6m，冒顶高度约 3.5m，纵向长度约 5.0m，横向约 4.0m，塌方约 50m^3，隧道产生冒顶塌方详见图 1.4 和图 1.5 所示。

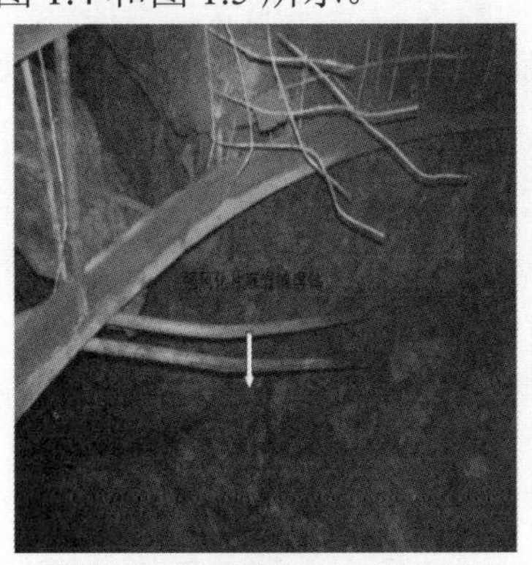

1 号隧道洞顶出现强风化片麻岩捕虏体
(近景、镜向 NW)

1 号隧道掌子面出现片麻岩
捕虏体(远景、镜向 N)

1 号隧道掌子面出现
片麻岩捕虏体(远景、镜向 N)

图 1.4　隧道冒顶塌方

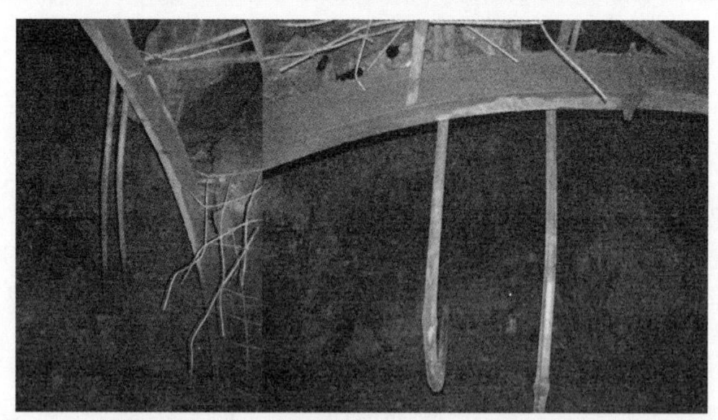

图 1.5　隧道工作面拱顶冒落塌方超前小导管被拉拔拖出情况

由爆破振动引起的地下隧洞的安全事故时有发生:在石贬峪水库定向爆破筑坝时，爆后导致距离爆源最近地段，沿隧洞西壁(近爆源壁)普遍塌帮，有的整片塌落，全洞总塌方量约10～15m³，给工程带来不利影响；1988年渡口铁厂渣线半壁路堑爆破工程(装药75t)，严重破坏了附近的九道拐铁路隧道，损坏123m，总塌方量约300km³，使铁路停运42天，经济损失达数百万元；露天采场频繁的爆破振动是造成废石运输平硐失稳的主要因素；二滩水电站地下厂房施工中，洞室周围因爆破开挖引起的松动区约有6～7m深，半松动区约为7～13m[3]，由于爆破振动的影响，存在局部岩石脱落现象，爆破引起的隧道危害如图1.6。

（a）隧洞塌方　　（b）衬砌脱落

图 1.6　爆破引起的隧道灾害

在现代地下工程开挖施工中，为了充分发挥围岩自身的承载能力，确保围岩的稳定，已普遍采用对距离爆破工作面很近的已成型围岩表面适时进行喷射混凝土的支护手段。大量工程实例表明，爆破产生的瞬态冲击和振动效应，对邻近爆破区(有混凝土喷层)会产生不同程度的破坏影响，我国《水工建筑物地下开挖工程施工技术规范》(DL-T 5099-1999)[4]对此有严格的要求，该规范中规定:混凝土喷射后至下一循环放炮的时间，应通过试验确定，一般不小于4h；放炮后应对混凝土进行检查，如出现裂纹，应调整放炮间隔时间或爆破参数。因此，严格控制爆破施工对混凝土喷层的影响是隧洞施工中的重要技术问题之一。

在地下工程施工中，经常会遇到相邻隧洞一起施工或者相邻隧洞一前一后施工的情况。这样就会存在隧洞爆破开挖的时候，对既有的隧洞的爆破振动影响的问题。一种情况是在隧洞钻爆开挖工程中，爆破振动对既有隧洞断面的岩壁的影响；还有一种情况就是在既有隧洞衬砌或是衬砌完成的时候，爆破振动对既有隧洞混凝土衬砌结构的损伤甚至破坏。如果不能解决好这个问题，将会影响到隧洞的安全，延长隧洞的施工工期，给工程留下安全隐患。越来越多的地下工程在施工过程中都涉及有关地下结构的抗动载能力、地下结构在爆破振动荷载作用下的动态响应等一系列研究课题，它们对地下工程的设计、施工等有着工程指导意义和理论研究价值。应用数值分析方法探讨邻近工程施工产生的爆破振动对隧洞围岩稳定影响是解决该问题的一种重要而有效的研究手段，通过数值分析爆破振动对隧洞自身和邻近隧洞围岩和衬砌的动力响应，并对影响隧洞围岩应力场的因素进行讨论，为合理调整施工方案、完善爆破参数及支护设计提供理论依据。

隧道围岩的开挖必然破坏原岩应力状态。大量的工程实测分析表明，在隧道开挖之后，围岩松动圈的存在是一个普遍现象。在隧道开挖之前，岩体处于三向应力平衡状态，开挖后围岩原有的三向应力平衡状态被破坏，主要表现在两个方面：一方面，应力重新分布，切向应力增加，并产生应力集中；径向应力降低，硐室周边处应力达到零；另一方面，围岩受力状态由三向变成近似两向，岩石强度下降，如果集中应力值小于或等于下降后的岩石强度，围岩将处于弹性状态，围岩可自稳，不存在隧道支护问题；相反，如果集中应力值大于下降后的岩石强度，围岩将发生破裂，这种破裂将从周边开始逐渐向围岩深部扩展，直至达到另一新的三向应力平衡状态为止，此时围岩中出现一个破裂带，这个破裂带称为围岩松动圈，它有一个发生、发展和稳定的过程，稳定后的松动圈厚度值反映了围岩应力、围岩强度等共同作用的结果，其外是塑性极限平衡区及弹性区。工程实践证明，围岩松动圈支护理论抓住了支护的主要对象，其分类方法和所确定的支护形式和参数与现场实际符合，取得了显著的技术、经济与社会效益，从而应用越来越广泛。然而，如果使用该理论对硐室进行合理有效的支护，最关键的是要预先知道被支护硐室的松动圈厚度值。到目前为止，松动圈厚度值仍由现场实测确定，传统情况下是使用超声波测试技术，该方法这不仅费事费时，较难把握，而且费用昂贵，从而限制了松动圈理论的进一步推广应用。因此，研究如何快速准确地获取松动圈厚度值已是势在必行的工作。随着科学技术的进步，对隧道围岩松动圈进行无损探测，利用定量化的指标来评价隧道的实际状况进行科学的评价，对理论的应用推广和实际工程效益非常必要。探地雷达技术(Ground Penetrating Radar，GPR)是一种先进的快捷、高精度、连续并且实时成像显示地下结构剖面无损探测技术，它在隧道工程围岩松动圈探测中正迅速发展，表现出了强大的生命力。

1.3　国内外研究现状

1.3.1　地应力的认识

地应力是储蓄在地层中的应力，即未受工程扰动的天然应力。地应力来自地壳构造运动而产生的应力、上覆岩层的自重作用岩体自重产生的内应力、地形势与剥蚀作用引起的应力、封闭应力。地应力是地质历史时期中逐渐形成的，主要是重力场和构造应力综合作用的结果。自重应力是在重力场作用下岩体自重产生的内应力。构造应力是用于构造运动而产生的地应力，构造应力的作用效果有地层运动和对地层的应变和变形，构造应力基本的特征是较高的水平应力，主要有：①水平应力大于垂直应力。②各相异性明显，垂直于褶皱走向的水平压应力比垂直方向上的应力大得多。③通过遗留下的构造形迹可以辨认和确定应力场各个时期的特点和历次变化的情况。

1.3.2　地应力场的研究

初始地应力场是日积月累而形成的，产生地应力的原因是十分复杂的，至今还不十分清楚其产生的确切原因。因此，人们对地应力的认识是一个漫长的历史过程。

（1）地应力的假设

1905—1921 年，瑞士学者海姆(Haim)[6]首先提出地应力的概念，他观察了大量隧道的围岩的工作状态，创造了静水压力学说：垂直应力与埋深、隧道顶的岩体重量有关，且与水平应力相等。1925—1926 年，前苏联金尼克(Jinnet)根据弹性理论，分析得出垂直应力=γH、水平应力=$\mu\gamma H/(1-\mu)\gamma H$($\gamma$—岩体重，$\mu$—泊松比，$H$—深度)。

海姆、金尼克的理论都没有考虑构成应力，是建立在假设只有自重应力的基础上，海姆的理论是金尼克的理论的一种情况(μ=0.5)，在地势平坦、构造应力不突出的地方，这一理论符合实际的情况，因此他们的理论长期广泛应用于工程设计中，长达半个世纪。1926 年，中国地质学家李四光曾经多次指出，由于地球旋转尤其角动量(与旋转速度周期性变化有关)造成许多地质条件下的水平应力可能远远超过垂直应力，李四光把地球自动调节自转速度变化的作用称为"大陆车阀作用"，他的预言，后来被世界上许多地区的地应力测试结果证实了。

（2）地应力的实测

在斯堪地那维亚半岛，哈斯特(*Hast.N*)[5]从 1951 年开始进行大量的地应力测试，随后加拿大、美国、南非、澳大利亚等国也大量地开展了地应力测试的工作。一些岩石力学国际会议及国际大坝会议也涉及地应力测量问题。1969 年，"岩体内应力测定"国际讨论会在里斯本召开，1976 年 8 月在澳大利亚悉尼召开了"岩体内应力的研究——应力测定的进展"讨论会，1977 年 4 月在苏黎世召开了"岩石力学现场测量"国际讨论会。20 世纪 70 年代以来，我国建设了大量的大型水利采矿等工程，给地应力的研究提供了条件，国家地震局、武汉岩石研究所等分别对大型水利水电工程（如大型水利水电工程鲁布革、万家寨、二滩、龙羊峡拉西瓦、小浪底、小湾、万家寨、三峡、采矿区金川矿区[7-14] ）进行了大量的富有成效的地应力测量研究，为工程的顺利完成打下了基础。

1.3.3 地应力场测试与分析方法

一般情况下，地应力值通过现场实测取得，但是因为实测费用昂贵、时间长、现场试验条件有限等原因，测点样本有限且代表性不强。如果能得到较为准确的地应力，可以进一步采取不同侧压比来模拟地应力场进行必要的设计、施工安全分析。现场实测方面，20 世纪 70 年代加拿大[15]修建的买加电站厂房，采用的是实测法，实测数值如下：垂直应力 δ_v=5.52~8.23MPa、水平应力 δ_H=5.52~11.03MPa，因而 δ_v/δ_H=1.0~1.5。在工程洞群围岩稳定数值分析时，把实测值以均布荷载移的形式置于外边界，分别对侧压比为 1 及 1.5 两个种情况进行有限元分析。

采用数值计算与单个实测值相拟合，20 世纪 80 年代日本[16]石田毅等人在建抽水蓄能电站时，采取埋设法和孔底法进行了地应力的研究，通过多组地应力测试，经过用最小二乘法的分析对比选出具有代表性实测地应力，并且选取了足够大的计算域，进行平面有限元分析。石田毅等人利用分析应力场进一步解释应力值，进行有限元分析。随着重大工程的建设，我国提出了一些新的研究地应力的方法。具体方法有：边界荷载调整法、有限元数学模型多元回归分析法、应力函数法等。中科院武汉岩土力学所丰定详[17]提出边界荷载调整法，在给定求解域的边界上，调整边界的应力场和重力场，反复调整边界载荷求出地应力场，使得给定的测点处的应力计算值与实测地应力值近似到一定精度，这个应力场作为所求应力场。

有限元数学模型多元回归分析法。1982 年，天津大学郭怀志教授等提出用有限元数学模型多元回归分析的方法来计算模拟地应力场[18]根据地形地质勘测、试验资料确立建立地应力与待定因素多元回归方程，进而确定有限元计算模式，把可能形成初始地应力场的因素，通过数理统计方法使残差平方和达到最小。求解过程中，进行筛选待定因素，以取得回归方程中各待定系数的唯一解。

应力函数法。1984 年，张有天教授提出[19]根据地应力场分布和弹性理论，进一步利用多项式应力函数，根据实测应力值及地表边界条件，在给定的观测点上，使该函数计算应力值与实测值相拟合，对应力场进行趋势分析。

三维初始应力场反演与应力函数拟合方法。肖明教授提出[20]根据地应力实测资料、山体的地形状况以及岩体的地质构造、力学性质等因素，利用三维弹塑性有限元，进行从其地形地貌的演变过程去追溯初始应力场的形成的分期开挖计算，然后根据数值解对反演计算初始应力场，用三维正交多项式拟合计算出三维应力函数 [21]。

1.3.4　爆破振动对开挖隧洞影响

关于隧洞掘进爆破地震效应的研究，国内外有关学者主要是结合爆破振动现场测试和实验室试验，利用概率统计的方法对爆破地震波的传播规律及其对地下建筑物的影响进行了较为全面的研究，取得了一些区域性特定岩土介质的爆破地震衰减规律的经验公式和一些较为有效的隔震和减震措施；同时探讨分析了爆破地震波传播的影响因素，对地震波与结构之间的相互作用机理也进行了一定程度的研究。

由于爆破地震传播介质的复杂性和不确定性，目前主要以地面质点振动速度或峰值加速度等为测试参数，研究爆破地面振动及爆破地震波的衰减规律，在对观测资料统计分析的基础上，建立了以萨氏公式为参考的区域性的经验公式，反映了爆破地震波参数随药量、距离、地形参数和地质条件的衰减规律。

C.A.科泽列夫等[5]认为，在爆区和被保护目标之间是否存在采空洞室，对地面建筑物的影响是不一样的。根据实测数据，得到了如下规律：在爆区与被保护目标之间未有采空区隔开，其位置处于半径R<1000m的半球面外边界时：

$$V = 145K_{\mathrm{y\cdot B}}K_{\mathrm{a}}K_{\mathrm{r}}\left(\frac{R_{\Phi}}{\sqrt[3]{1.5q_{\mathrm{cr}}}}\right)^{-1.034} \tag{1.1}$$

在爆区与被保护目标之间有采空间隔开，其位置处于半径R<1000m半球面外边界时：

$$V = 207K_{\mathrm{y\cdot B}}K_{\mathrm{a}}K_{\mathrm{r}}\left(\frac{R_{\Phi}}{\sqrt[3]{1.5q_{\mathrm{cr}}}}\right)^{-1.55} \tag{1.2}$$

式中：$K_{\mathrm{y\cdot B}}$—和爆破条件有关的系数；K_{a}—考虑爆区相对于被保护目标方向的系数；K_{r}—考虑与表层土厚度相关的土壤振动增强系数。

由于受到表面波和反射波的影响，地表测点比地下测点振动幅值要大。表面波仅沿地表传播，影响深度仅约一个波长深度，随地下深度增加不是等速率变化，而呈指数衰减，波能集中在界面附近，近地表处衰减快，随深度增加衰减变慢。文献[6]指出，地震波随地下深度变化的衰减规律为：地表测点振动大，衰减快，地下测点与地表相比，振动小，衰减慢。随着深度增加，振动波在地下向周围扩散的能量损耗也逐渐增加。

地下振动加速度与地表值的经验关系式为[7]：

$$\text{水平方向：}\alpha_{\text{地下}} = \alpha_{\text{地表}}\mathrm{e}^{-2h/\lambda}\text{；垂直方向：}\alpha_{\text{地下}} = \alpha_{\text{地表}}\mathrm{e}^{-13h/\lambda} \tag{1.3}$$

式中：h—从地表算起的地下深度，m；λ—面波波长，m。

Heelan[8]采用叠加法计算了柱状洞室受有限长荷载作用下的动力响应。White[9]采用互易定理也计算推导出细长洞室受低频有限长荷载作用时的动力响应。Abo-zhen[10]指出了Heelan推导的误差，利用Laplace和Fourier变换研究了柱状洞室受有限长爆炸荷载作用时的动力响应，并给出了小洞径、低频荷载作用下的解析解。阳生权[11]提出了爆破地震累积效应的概念，并应用断裂力学和损伤力学的理论，初步研究地下工程爆破过程中的爆破地震累积效应。李玉民等[12]在实测数据的基础上，得到如下结论：地下工程产生的地面水平振动的主频较接近于建筑物的自振频率，与垂向振动相比更易与建筑物产生共振。同时指出，100ms微差间隔爆破不会产生叠加现象，25ms微差间隔则会产生波形叠加。王民寿等[13]同时也指出：岩体岩性和构造的各向异性，决定了爆破振动的动力响应存在各向异性，使得等药量、等测距实测质点振速和振动频率是不相同的。

李铮与朱瑞赓等[14，15]根据应力波理论和岩体动力强度与隧道所受动、静应力之和相平衡的条件，推导出爆破振动影响下处于弹性状态的无衬砌隧道出现裂隙、局部崩塌及大面积坍塌时岩土介质质点振动速度峰值临界值计算公式。边克信[16]和林学文与欧阳戬等[17]在分析和论述爆破地震对地下构筑物的破坏作用和破坏特征的基础上，制定出评价爆破振动对井巷稳定性的方法和标准。吴从根[18]根据弹性振动理论推导出适应于弹性岩体的最大速度和最大应力计算公式。杨升田等[19]观测发现地下洞室不同部位质点加速度峰值分布规律各异，并统计分析得到爆破地震波作用下岩土介质质点振动加速度峰值与比例距离、介质动力特征、药量和爆破方式的经验关系式以及地下洞室受临近洞室爆破影响的振动衰减规律经验公式。楼伪寿[20]主要针对地下核爆炸观测研究中得到的质点振动位移随爆心距的衰减规律，在分析岩土结构构造性质对爆破地震波传播的影响时，指出由于岩体结构构造之复杂，少量的地运动动力学参数的测量结果很难直接反映真实的地运动动力参数的规律。而刘兴昌[21]则指出，地下洞室的爆破对建筑物不但有区别于天然地震波的高频影响，还存在冲击波的作用。由于冲击波沿基本封闭的地下洞室管状传播，传播、反射条件十分复杂，无露天爆破的扩散效应，对建筑物的质点振动速度影响极大，特别是对于类似岩壁梁的条状结构，不能排除整体振动的可能。

朱瑞赓等[22]探讨和归纳了反映高程的爆破地震波的衰减规律的经验公式。杨桂桐[23]和杨永琦等[24]指出了岩土岩介质的动力特征，特别是岩性和构造决定爆破地震波的传播特性和衰减规律，并强调了土岩介质内部与地表振动效应的本质区别，认为地表振动效应比土岩介质体内部的要大，以及一定高度范围内振动具有放大效应。张志呈[25]研究表明，爆破地震波的传播方向和质点振动速度峰值等值线导向系数受地形地质等因素的影响，并呈椭圆分布的趋势。文献[26]认为，不论地形多么复杂，地形的变化可以用高程的变化(高程差)近似表示，并且发现，高程差值为25～104m时，岩石中的水平方向的质点加速度增大1.23～3.04倍，垂直方向增大3.26～3.80倍。在表土中，水平方向增大1.18～1.53倍，垂直方向增大1.32～1.79倍。

1.3.5 爆破振动对邻近隧洞的影响

在爆破开挖对既有隧道的影响规律的研究中，也取得了一定的进展。就目前的情况来看，国内外在相邻隧道施工技术方面进行的研究，均偏重于现场振动监测分析，而进行理论分析的较少。刘慧等[27]指出：目前所采用的地下建筑物的地震应力状态的准静应力法，对近距爆破作用下隧道的动态响应问题并不适用。在波动力学中，爆炸应力波在传播过程中与地下结构物相互作用的问题，可以看作无限介质中弹性波在孔洞周边绕衍所引起的动应力集中问题，对这一问题的研究始于20世纪50—60年代，主要有波函数展开法、复变函数法以及积分方程法、摄动法等。文献[28]表明，只有当反射面足够大(指洞室的特征尺寸，如洞径)并且波的作用时间不小于几个毫秒时，拉断临界速度才符合一维应力波理论所代表的强度极限和强度破坏理论；如药包很小，即使反射足够大，反射波引起的质点速度比临界速度大很多时，也不会观察到破坏现象：当自由面很小时，即使质点速度很大，作用时间很长，仍不会观察到破坏现象。Baorn等[29]利用波函数展开法研究了弹性介质中圆柱形孔洞对压力波的散射问题；Lofcher[30]研究了压力波散射作用下柱形岩石洞室的破坏机理。Miklowitz[31]对平面压力脉冲与圆柱形洞室的相互作用进行了较深入的研究。由于适用于波函数展开法和积分变换方法的坐标系统极其有限，Mow等[32]将摄动法引入波动力学中，计算了充满流体的洞室的动应力问题：对于瞬态波与地下洞室相互作用的研究，可以使用Fourier综合技术将结构中的稳态动应力状态转换到“时域”，实现地下结构在受随时间变化的任意应力波作用之下的动力分析。杨年华等[33]分析了近距离爆破造成的隧道周边振动场分布规律，指出最大振动速度出现在爆破振动波正入射部位的墙壁和拱部，墙脚点振动速度较小，背爆侧振速只有迎爆侧1/25。刘加尧[34]从开挖顺序、掏槽形式、循环进尺的确定，微差爆破的使用以及周边空孔的设置等方面进行了探讨，提出了减震的新措施。另一方面，随着计算机应用的迅猛发展和有限元、边界元等在力学计算中日益广泛、深入的应用，系统地研究爆破作用下隧道围岩的动应力场的分布规律及动静应力场的叠加作用机理成为可能。赵以贤等[35]应用有限元方法分析了爆炸荷载作用下地下结构拱形结构与土介质的动力相互作用问题，并指出弹性解与弹塑性解的差别较大，建议地下结构不宜采用弹性解。钟放庆等[36]利用广义反射、透射系数矩阵和离散波数方法，计算了水平分层花岗岩介质中近场速度垂直分量波形，并通过对实测波形的拟合，得到了地下爆炸激发的地震震源函数。卢文波等[37]通过对爆破地震波传播过程的衰减规律的研究，提出了由典型单孔爆破实测振动波形来确定常规生产爆破情况下，爆源中、远区的爆破振动场的模拟方法。

贾光辉等[38]采用非线性有限元分析手段，对爆破地震波对地下结构物的影响进行了数值模拟，得出两个主要结果：介质质点振动速度的传播规律(有效峰值持续时间，随传播距离的增大呈增大趋势)；结构响应特征(垂直振动是爆破地震波作用下结构振动的主要成分)。杨升田等[39]运用动态有限元法分析了某一地下岩洞在附近一空腔耦合的条形爆源的作用下(主要针对爆炸荷载波形)岩洞的动力反应。李铮等[40]运用动态有限元法对爆炸应力波作用下岩洞的动力稳定性问题进行了一系列的研究。谭忠盛等[41]采用有限元法分析了复线隧道掘进施工中，爆破振动对既有隧道的影响，得出了各振动参数的时间历程。随着高速大容量计算机的出现，数值方法已经被用于模拟更为复杂的工程问题。

总之，对于隧道掘进爆破振动作用及安全影响这一问题，需要从爆炸应力波参数作用于岩石的条件以及洞室结构特性等多方面综合考虑，进行更深入的动力计算分析和结构动力模型研究，特别是探讨爆破设计参数与爆破方式的影响，从而弄清隧道掘进爆破振动传播规律及对地下和地上结构破坏的实质，提出合理的安全影响分析方法。

1.3.6 围岩松动圈声波测试方法

岩体声波测试方法是利用声波作为信息载体，测量声波在岩体内传播的波速、振幅、频率、相位等特征，来研究岩体的物理力学性质、构造及应力状态的方法。在岩体中，超声波的传播速度与岩体的密度及弹性常数有关，受岩体结构构造、地下水、应力状态的影响，波速随岩体裂隙发育而降低，随应力增大而加快。通过测试超声波在巷道围岩一定深度范围内的传播速度，根据波速的变化，就可以判定围岩的松动范围。

超声波方法测试松动圈的主要优点是测试技术成熟可靠，原理简单，仪器可重复使用；缺点是工作量大，抗干扰性差。超声波测试时需要注水耦合，当围岩比较破碎、破裂岩体波速与水的波速差别不大时，不能明显判断松动圈范围[12]。

1.3.7 围岩松动圈多点位移计量测方法

松动范围内岩石由于破裂缝的产生与扩展，碎胀变形较深部未松动围岩的变形量要大，通过在钻孔中不同深度安设围岩内位移测点，观测围岩内位移的变化趋势，变形速度及变形量突然增大的区域即为松动圈的边界[12]。

多点位移计量测法的优点是测试数据可靠，测试原理明确，操作简单；缺点是观测工作量大，仪器费用高，测试精度较低，监测时间长。多点位移计量测法适用于变形量大的软岩。对于变形量小的围岩，由于其精度有限，难以采用该方法[12-14]。

1.3.8 围岩松动圈探地雷达测试方法

探地雷达利用主频为 10^6～10^9Hz 波段的电磁波，以宽频带短脉冲的形式，由地面通过天线发射器发送至地下，经地下目的体或地层的界面发射后返回地面，被雷达天线接收器所接收，通过对所接收的雷达信号进行处理和图像解译，达到探测前方目标体的目的[13]。对采集的数据进行编辑、处理，可得到不同形式的探地雷达剖面，对探地雷达剖面进行解释，即可得到所测结果。工作原理如图 1.7 所示。

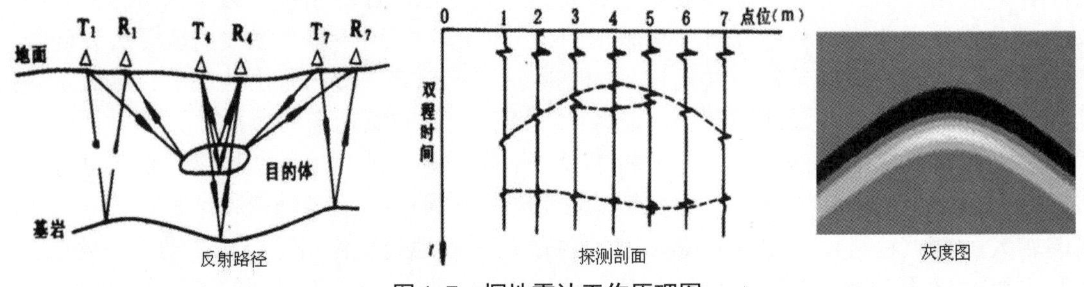

图 1.7 探地雷达工作原理图

探地雷达探测法的优点是：不需钻孔，精度、效率和分辨率较高，操作简单，抗干扰，剖面直观，适应能力强；缺点是仪器昂贵[12, 15-30]。探地雷达探测法适用广泛，可用于围岩的含水层、裂隙带、断层等灾害隐患的探测，围岩超前地质预报等。

1.3.9 围岩松动圈其他探测方法

（1）地震波法。地震波在不同性质岩石或同一岩层中传播时，由于岩石强度、孔隙度、裂隙、密度的差异，具有不同的速度。其波速测试原理是直接利用总波的到时拟合曲线，进行岩层速度对比与判断。目前，国内研制的矿井智能资源探测仪，设有专门的松动圈测试功能。地震波法的优点是测试在围岩纵向进行，测试隧道围岩范围大，数据可靠、快速；缺点是仪器较贵，探头布置、仪器安装困难[12]。地震波法在日本应用较多，国内应用较少。

（2）渗透法。当岩体有较多裂隙生成和发展时，渗透率将变大，找出渗透率大的范围就能测试出松动圈范围。其优点是测试原理简单；缺点是对软岩和遇水膨胀的岩层，测试难度大，工作量大[12]。

（3）钻孔摄像测试法。它提出了一条新的测试围岩松动圈的思路，智能化程度高，但同样需要钻孔，操作繁琐，且其判别标准有待更多的工程实践加以验证。

1.4　依托工程

1.4.1　工程简介

辽宁红沿河核电厂厂址位于辽宁省瓦房店市东岗乡林沟村小孙屯，地处瓦房店市西端渤海辽东湾东海岸温沱子。厂区规划装机容量为 6×1000MW 级机组，分两期建设，其中一期工程建设四台 1000MW 级的 CPR1000 机组。CA-CB-PX 系统隧道工程位于厂址区西北侧。图 1.8 为隧道群总体布置平面图，图 1.9 为 1 号～4 号隧道地质剖面图。

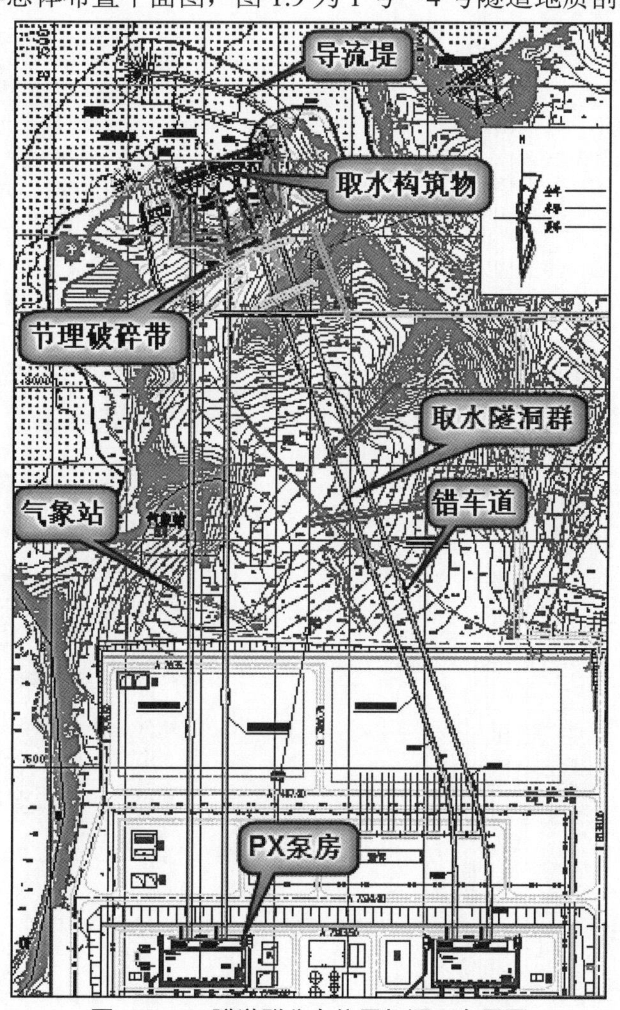

图 1.8　CB 隧道群分布位置与洞口布置图

厂址地形条件北高南低。1 号隧道长 966m，2 号隧道长 979m，坡度 i=0.000517，两隧道中心间距为 47.7m。3 号隧道长 1037m，4 号隧道长 1050m，坡度 i=0.000482，两隧道中心间距为 29.2m。进口隧底高程为-9.7m，出口隧底高程为-10.2m。自取水建筑物至海水淡化场地之间为天然地面，地形地貌为丘陵，地面高程为 15～37m，地表见有北东向及东西向的冲沟两条，其规模较小，横断面呈 V 字形或 U 字形，隧道在冲沟源头部位的地下穿越。隧道自海水淡化场地至联合泵房之间的勘察场地现已整平，形成为 20.00m 的平台标高，地势平坦。

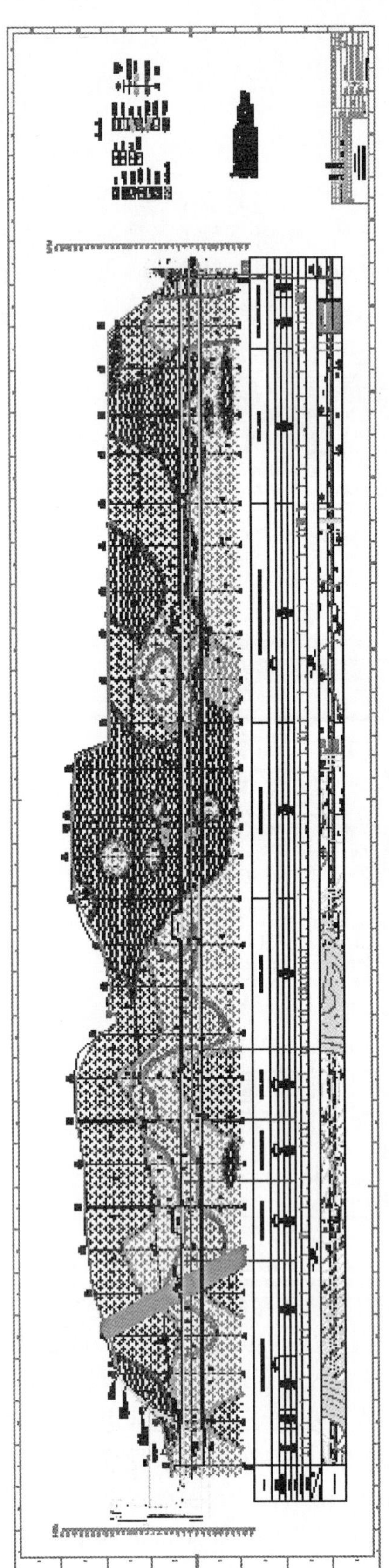

（a）1 号隧道纵断面图

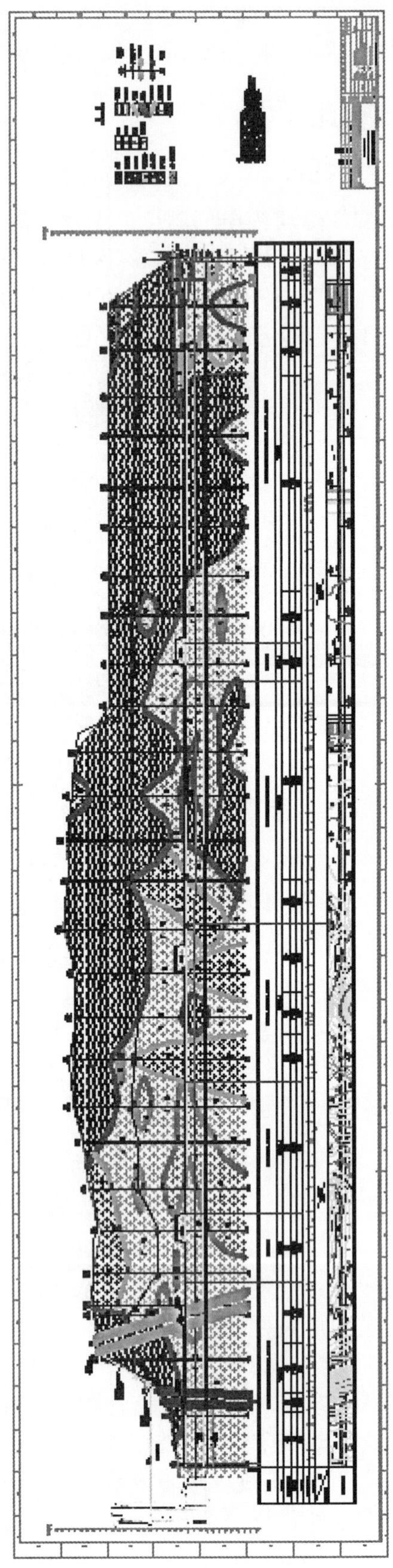

（b）2 号隧道纵断面图

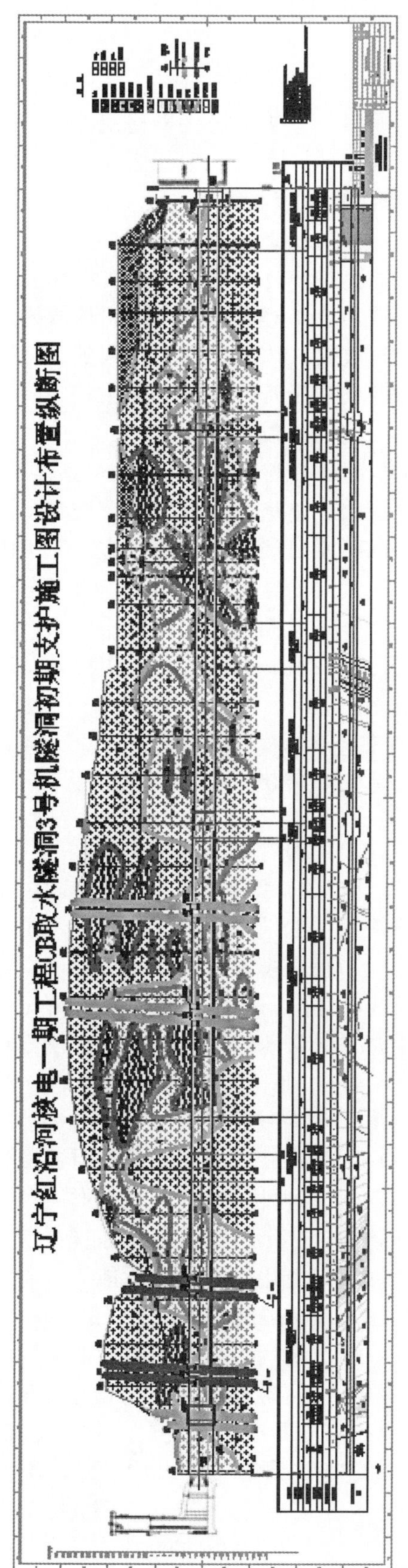

（c）3 号隧道纵断面图

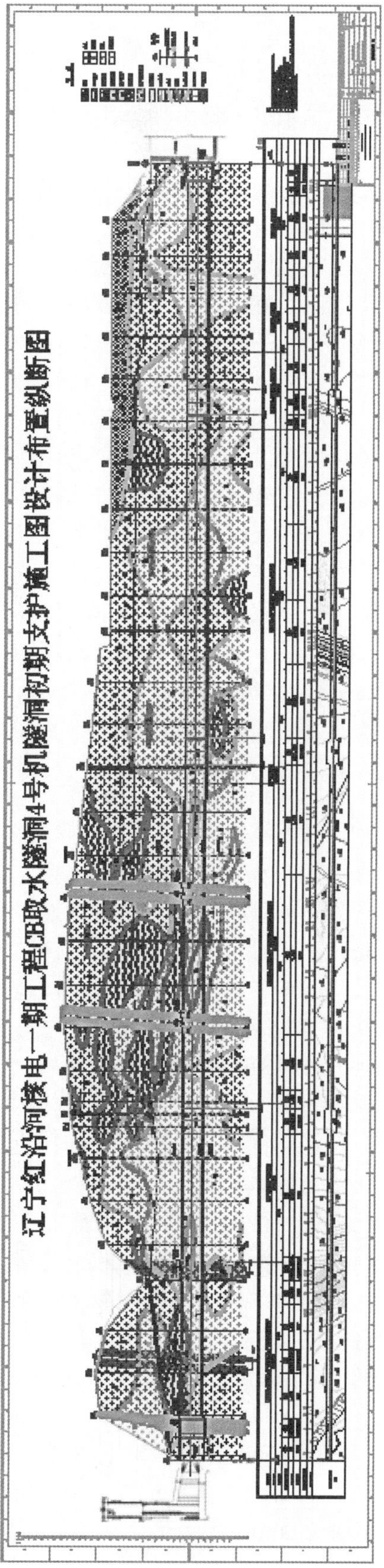

辽宁红沿河核电一期工程CB取水隧洞4号机隧洞初期支护施工图设计布置纵断图

（d）4 号隧道纵断面图

图 1.9　1 号～4 号隧道纵断面图

1.4.2 工程地质条件

地下隧道由于其隐蔽性和不可见性，在修建过程中会遇到众多地址灾害问题，产生的地质背景和发生机理也更加复杂，强度和危害性大得多，这给隧道围岩稳定性增加了一系列不确定因素。隧道区岩性主要为花岗岩及片麻岩(捕虏体)，花岗岩以④强风化花岗岩和⑤中等风化花岗岩为主，片麻岩(捕虏体)以④1 强风化片麻岩为主。

结合钻探、工程地质测绘、声波测井等手段，根据岩石野外特征定性划分，隧道地段岩性为太古宙花岗岩及太古宇变质岩，太古宇变质岩呈捕虏体赋存于太古宙花岗岩中。变质岩的岩性以片麻岩为主，经过历次构造运动，花岗岩中节理裂隙发育，岩体极为破碎，片麻岩经过交替变质作用，抗风化能力差，加之片理发育，岩体风化作用强烈。隧道地段花岗岩及片麻岩以强风化～中等风化为主，强风化花岗岩及片麻岩岩芯呈土状、砂状及碎块状，结构类型为散体状结构或碎裂状结构；完整程度为极破碎。

岩体基本质量为Ⅴ级；中等风化花岗岩及片麻岩岩芯呈柱状，结构类型为裂隙块状，完整程度为较破碎～较完整，岩体基本质量分级为Ⅳ级。隧道围岩分级为Ⅳ类和Ⅴ类，Ⅳ类围岩自稳时间很短，规模较大的各种变形和破坏随时都可能发生，不稳定；Ⅴ类围岩不能自稳，变形破坏严重，极不稳定。强风化花岗岩及片麻岩结构强度极低，大部分呈散体结构，加之地下水的作用，施工中极易出现塌方。工作区内断层与破碎带不发育，隧道经过区未发现断层。而不同规模的节理与节理密集带比较发育。节理密集带主要发育在靠近取水隧道头部及取水构筑物地段，NE 向节理密集带宽度相对较小，但节理密度大(可达几厘米一条或 1～2cm 一条)；而 NW 向节理密集带通常节理密度比较小，约 5～20cm，但宽度比较大可达几十米。两者的共同特点是倾角比较陡(70°～80°)，延伸比较远。

1.4.3 水文地质状况

隧道区地下水为基岩裂隙水，含水体为全风化、强风化片麻岩及花岗岩体。由于全、强风化带节理裂隙很发育，裂隙联通性较好，可形成统一的地下水位，故该地下水为风化裂隙水向孔隙水过度的类型。中等风化花岗岩局部受节理裂隙发育影响，可形成局部的构造裂隙水，但不形成统一的含水层及地下水位，且富水性微弱。地下水位在 20m 平台地段高程为 9.0～12.5m，大致呈北高南低，20m 平台北部边坡以上到海边地段，由于地形起伏较大，地下水埋深 0.5～21m，变化较大，高程 0.5～11m，地下水埋深随地形起伏。岩石属弱透水～中等透水。测区内深部岩体内地下水与海水无水力联系，但根据节理裂隙的定向发育特点，推测地下水与海水之间在近海岸局部节理裂隙比较发育、且节理贯通性较好的地段存在水力联系。地下水对混凝土结构及其中钢筋无腐蚀性，对钢结构有弱腐蚀性。本隧道施工采用“新奥法”，采用钻爆法开挖，采用光面爆破。“新奥法”的基本原理是通过适当的支护，控制因洞室开挖行程的应力重分布来最大限度地利用围岩的自承能力。支护的设计与施工应符合《锚杆喷射混凝土支护技术规范》GB 50086-2001 等有关规定。

根据前期资料，在漫长的地质历史演变过程中，本区域历经了各个时期的多次地壳运动，致使地质构造较为复杂，形成多期褶皱，断裂发育。本区域断裂按方向划分为东西向、北东向、北北东向、北西向四组，其中以北东向和北北东向断裂比较发育。本区域 50km 范围内长度大于 15km 的断裂共有 8 条，其中 NNE 向的金州断裂和郯庐断裂北段(营潍断裂)为规模较大的断裂。金州断裂位于厂址东侧 50km，本区域全长为 65km；郯庐断裂北段位于厂址西侧 32km，长为 500km。本区域 5km 范围内长度大于 800m 的断裂有 8 条，按方向可分为东西向、北东东向、北北东向和北西向四组。主要有张屯断裂、青石岭断裂、林家沟断裂、西房身南断裂、城儿山断裂、程家沟断裂、磨盘山断裂、东岗断裂，如图 1.10 和图 1.11 所示。区域内所有断层均为非能动断层，稳定性好。

1.4.4　隧道稳定性地质评价

（1）隧道地段岩性为太古宙花岗岩及太古宇变质岩，太古宇变质岩呈捕虏体赋存于太古宙花岗岩之中。变质岩的岩性以片麻岩为主，经过历次构造运动，花岗岩体中节理裂隙发育，岩体极为破碎，片麻岩经过交代变质作用，抗风化能力差，加之片理发育，岩体风化作用强烈。

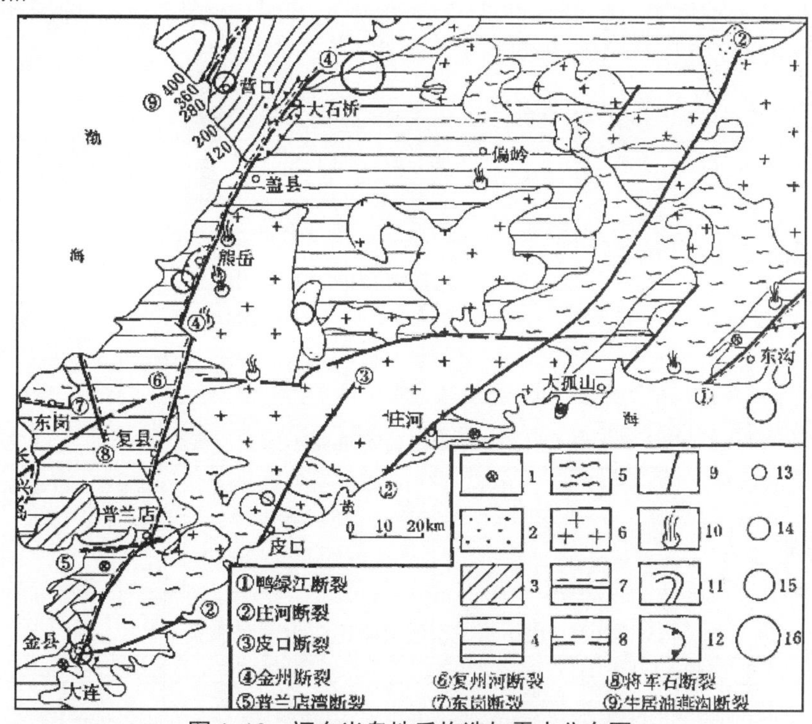

图 1.10　辽东半岛地质构造与震中分布图

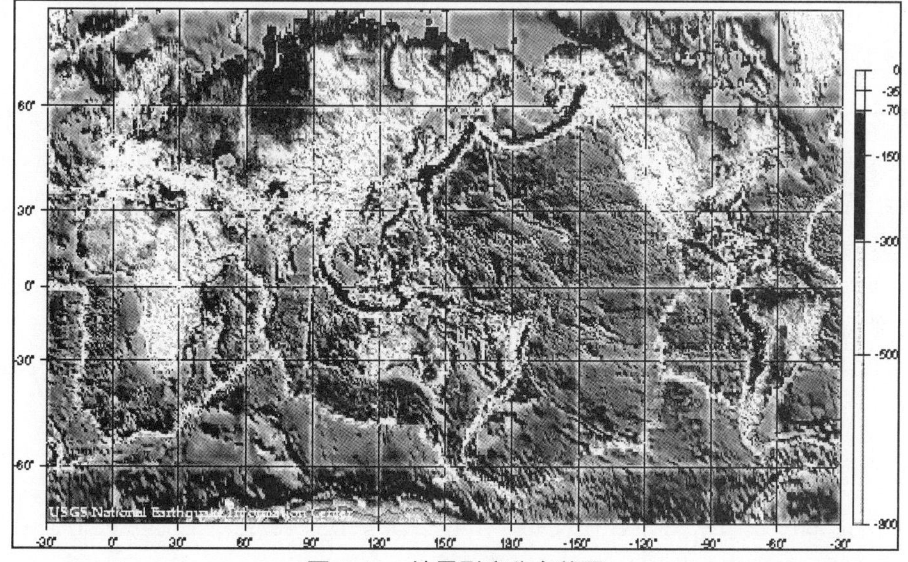

图 1.11　地震烈度分布范围

（2）隧道地段花岗岩及片麻岩以强风化～中等风化为主，强风化花岗岩及片麻岩岩芯呈土状、砂状及碎块状，结构类型为散体状结构或碎裂状结构；完整程度为极破碎。岩体基本质量分级为Ⅴ级；中等风化花岗岩及片麻岩岩芯呈柱状，结构类型为裂隙块状，完整程度为较破碎～较完整，岩体基本质量分级为Ⅳ级。

（3）隧道围岩分类为Ⅳ类和Ⅴ类，Ⅳ类围岩自稳时间很短，规模较大各种变形和破坏随时都可能发生，不稳定；Ⅴ类围岩不能自稳，变形破坏严重，极不稳定。

（4）海边开挖隧道时，局部可能会出现海水沿岩体裂隙或破碎带涌入，应加强隧道及基坑开挖过程中的水文地质观测工作，发现异常应及时采取处理措施。

（5）隧道开挖过程中应注意走向 330°、30°两组节理构成倾向洞内楔形体滑落。

取水隧道钻孔水压致裂地应力测试成果见表 1.2～表 1.5。

表 1.2　S05 钻孔水压致裂地应力测试成果

测试深度/m	抗拉强度/MPa	最大水平主应力/MPa	最小水平主应力/MPa	垂直应力/MPa	隧道埋深/m
25.13	1.92	1.68	1.61	0.68	29.0~36.0
33.80	1.27	1.95	1.71	0.92	
44.67	2.28	3.29	2.66	1.20	

注：最大水平主应力方向为：NE30°

表 1.3　S47 钻孔水压致裂地应力测试成果

测试深度/m	抗拉强度/MPa	最大水平主应力/MPa	最小水平主应力/MPa	垂直应力/MPa	隧道埋深/m
29.68	1.15	1.99	1.86	0.81	34.5~41.5
38.67	2.49	2.43	2.28	1.05	
42.66	4.81	3.17	2.65	1.16	

注：最大水平主应力方向为：NE42°

表 1.4　H16 钻孔水压致裂地应力测试成果

测试深度/m	抗拉强度/MPa	最大水平主应力/MPa	最小水平主应力/MPa	垂直应力/MPa	隧道埋深/m
30.44	0.18	2.85	2.15	0.78	32.5~39.5
39.05	1.80	2.99	2.89	1.014	
42.37	1.08	3.14	2.71	1．092	

注：最大水平主应力方向为：NE35°

表 1.5　H30 钻孔水压致裂地应力测试成果

测试深度/m	抗拉强度/MPa	最大水平主应力/MPa	最小水平主应力/MPa	垂直应力/MPa	隧道埋深/m
25.85	2.40	2.45	1.71	0.676	34.0~41.0
42.38	1.50	2.58	2.28	1.092	
45.83	0.60	3.46	2.38	1.196	

注：最大水平主应力方向为：NE41°

1.4.5　隧道洞体段开挖支护设计

CA-CB-PX 系统隧道工程，处于中等风化花岗岩及片麻岩的Ⅳ类围岩和强风化花岗岩及片麻岩的Ⅴ类围岩，围岩极不稳定，视岩性可采用相应施工支护并加强监测，适时调整支护参数。隧道支护主要采用锚喷支护方法，锚喷支护一般按工程类比法进行设计，并按《水工隧道设计规范》锚喷支护类型及其参数选用。针对不同岩性，支护方案如下。

（1）Ⅴ类围岩。隧道处于Ⅴ类围岩，施工时可采用锚喷挂网，设置钢拱架超前小导管支护。Ⅴ类围岩支护方案如图 1.12 所示。

（2）Ⅳ类围岩。隧道处于破碎中等风化花岗岩的Ⅳ类围岩，施工时可采用锚喷挂网，设置钢拱架超前小导管支护。Ⅳ类围岩支护方案如图 1.13 所示。

1.4.6　隧道洞口段、节理裂隙密集带开挖支护设计

（1）隧道节理裂隙密集带开挖支护。节理裂隙密集带隧道施工时可采用锚喷挂网，设置钢拱架超前管棚支护。支护方案如图 1.14 所示。

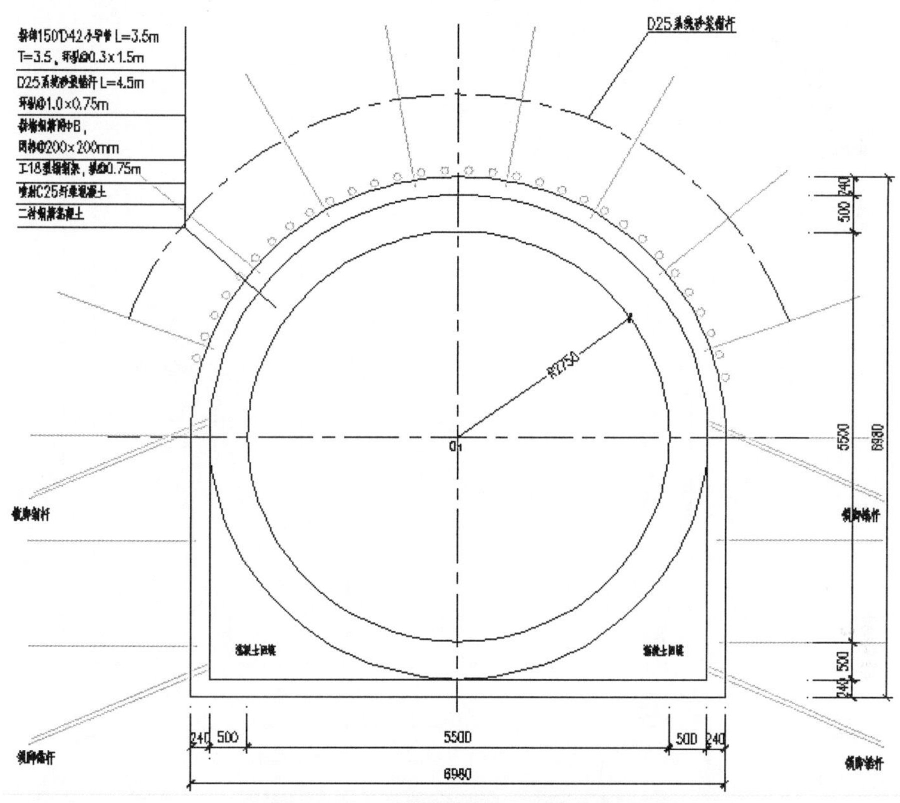

图 1.12　Ⅴ类围岩施工支护示意图

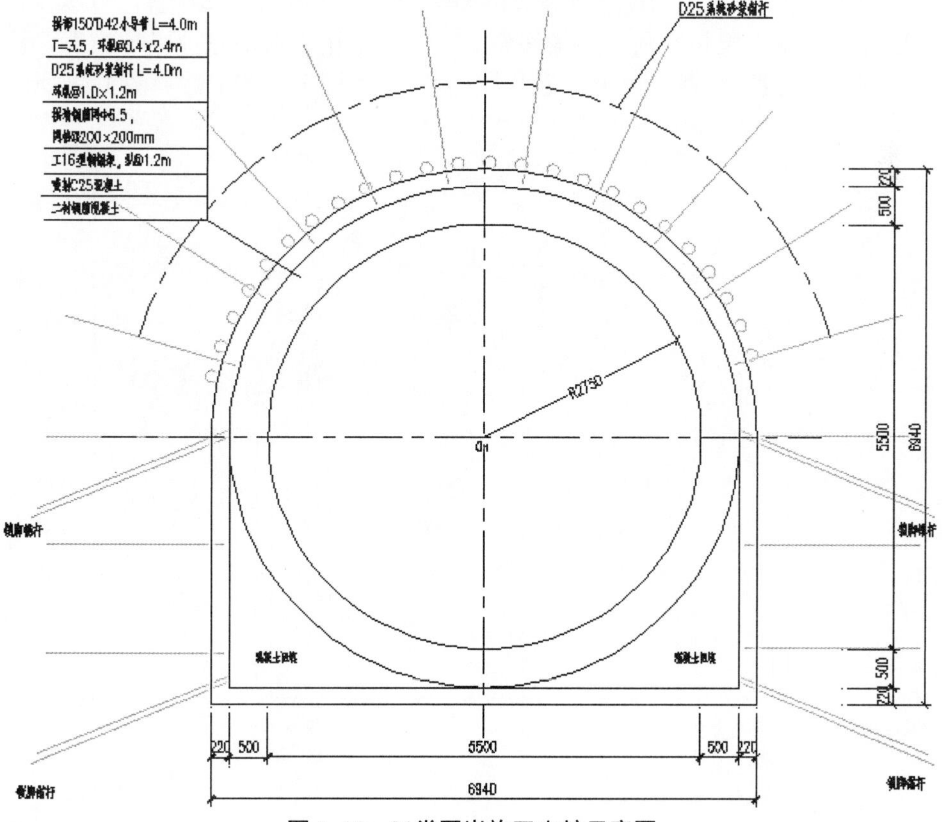

图 1.13　Ⅳ类围岩施工支护示意图

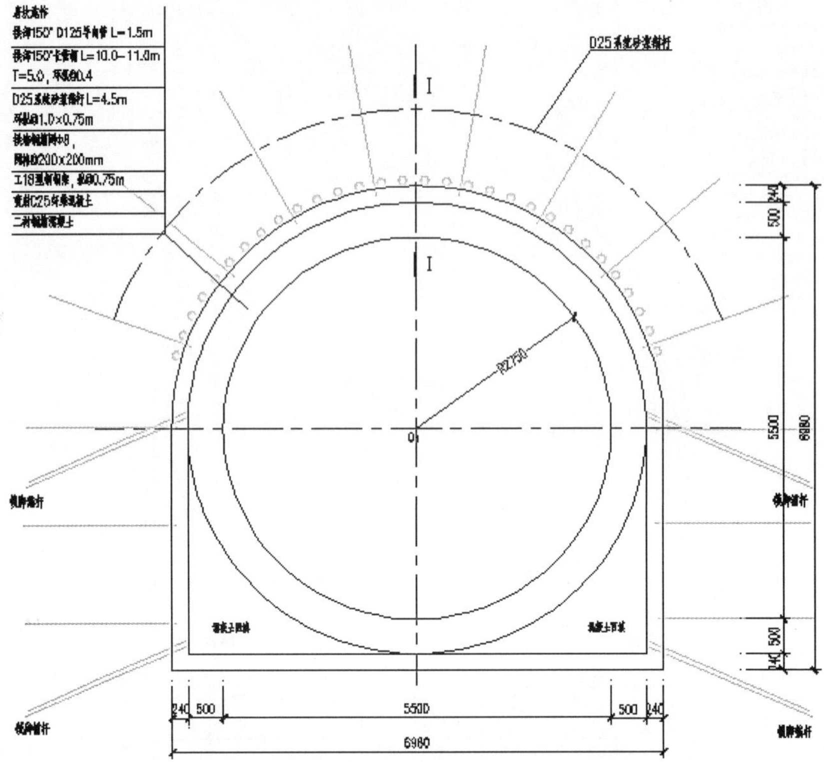

图 1.14　V 类围岩加强型施工支护示意图

（2）隧道洞口段开挖支护。隧道洞口段为Ⅴ类围岩，岩石风化严重，节理发育破碎，对隧道开挖的稳定极其不利。为确保施工安全，采用管棚法超前支护施工。管棚长度不小于强风化带长度，并不小于隧道开挖直径。管棚施工如图 1.15～图 1.18 所示。

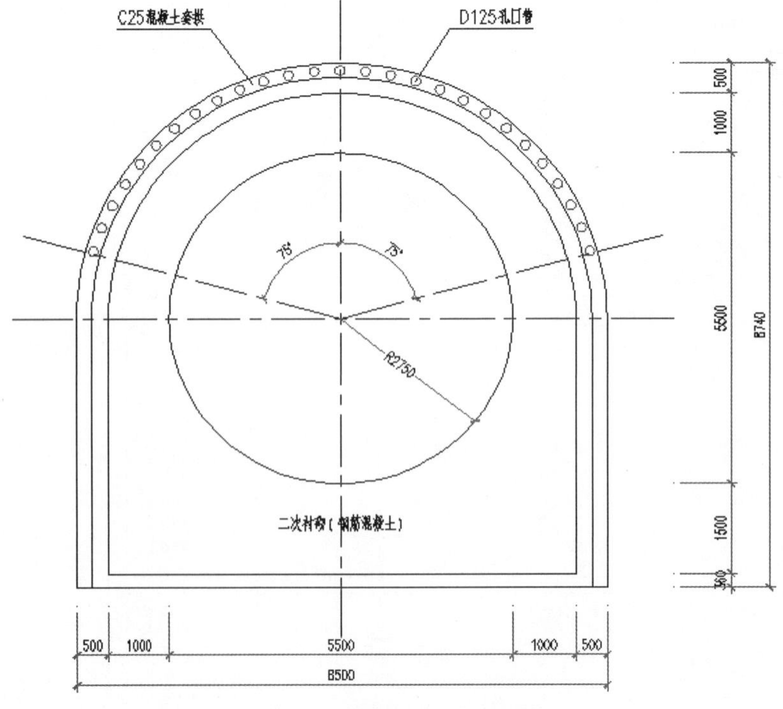

图 1.15　管棚施工立面示意图

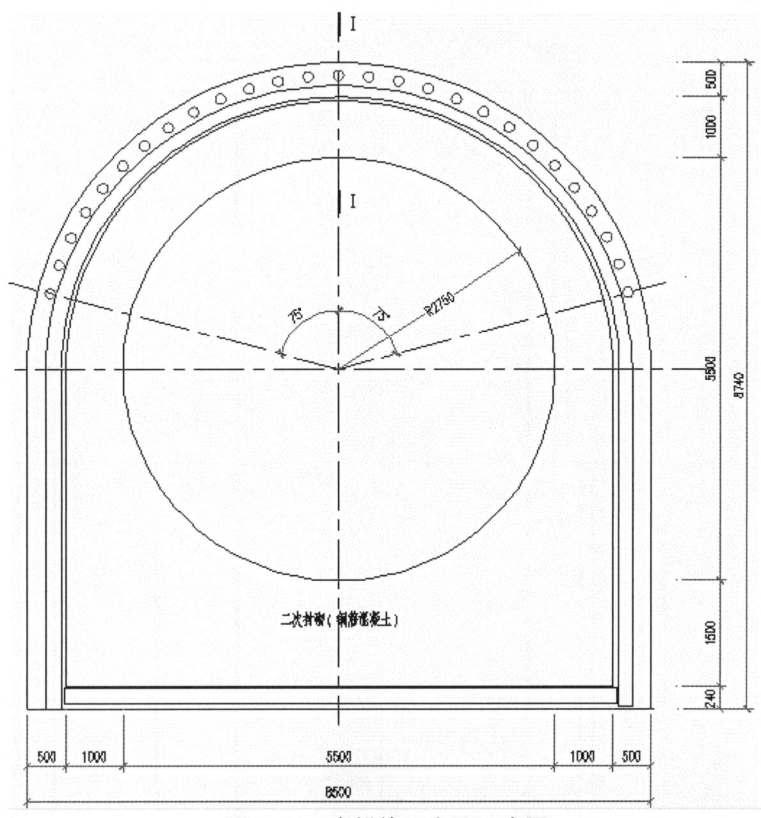

图 1.16　套拱施工立面示意图

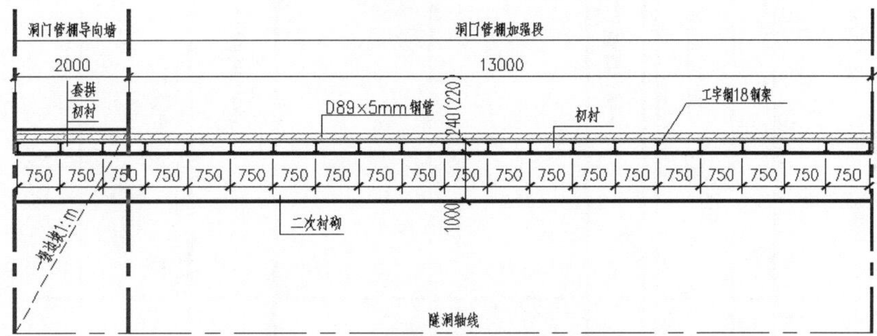

图 1.17　管棚施工纵断面示意图

1.5　研究思路启示

地应力状态对土木工程稳定性有着重要的影响，特别是对隧道工程稳定性的影响。岩体的应力状态对隧道的变形和应力分布有很大的影响，与衬砌和支护密切相关，研究地应力状态有助于选择隧道的方位和断面形状，地应力可以作为围岩稳定性判据，围岩构造地应力与岩体强度特性的矛盾过程导致隧道围岩丧失稳定，是设计隧道的基础。对构造地应力环境的隧道开挖支护进行模型试验和数值分析，探讨隧道不同初始应力场，研究围岩和初衬变形破坏的特点、围岩和初砌的变化特征、支护效果等，具有极大的经济价值和社会意义。可见，结合隧道工程，利用有限元软件进行关于构造地应力对隧道围岩影响开挖支护的问题数值模拟，根据模型试验的相似理论，进行关于构造地应力对隧道围岩影响开挖支护的模型试验，为隧道设计和施工方法提供可靠的依据，显得意义重大。

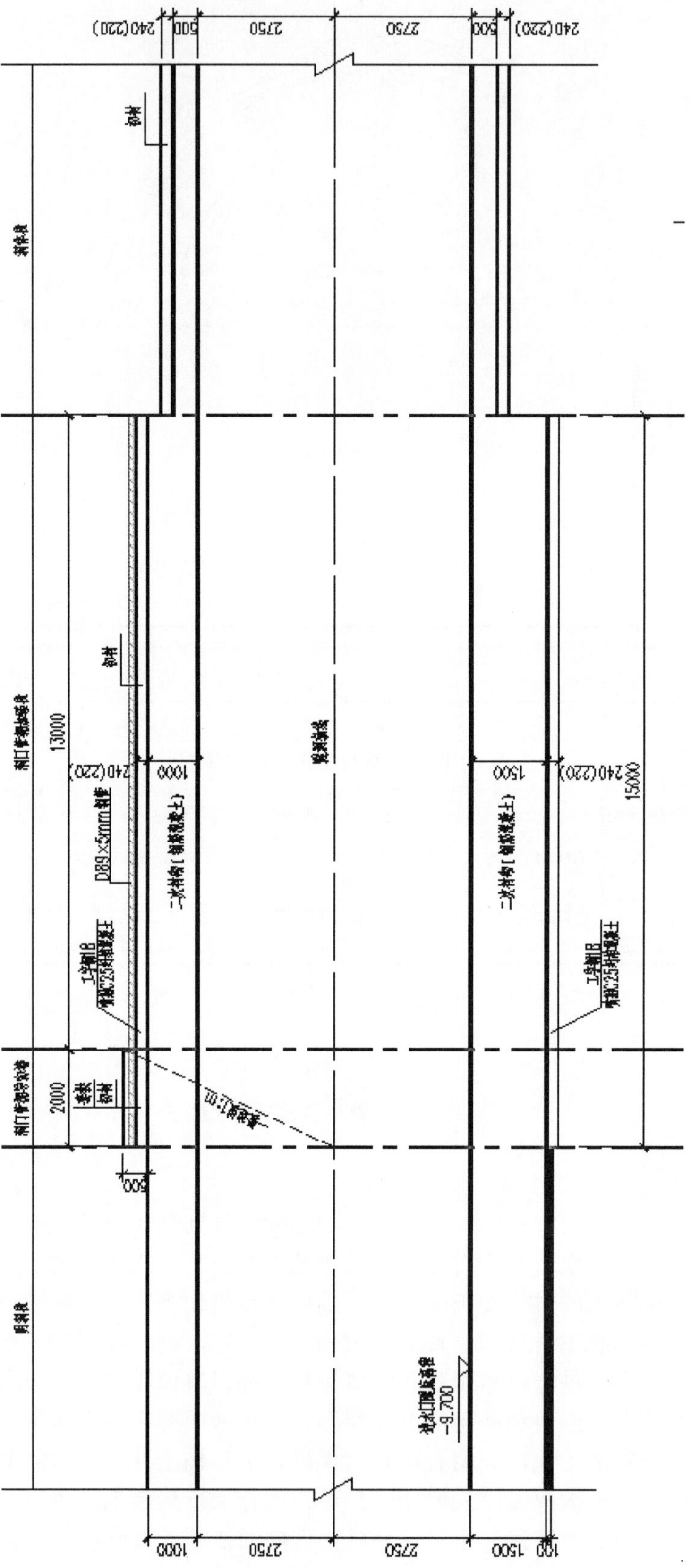

图 1.18　管棚施工位置示意图

现有的围岩松动范围测试方法较多，主要有传统的超声波测试技术、多点位移计测试和新兴的探地雷达测试技术。超声波测试技术和多点位移计测试主要以点的方式测试该处的围岩松动范围，如果测试点不够多，不足以具有代表性，且操作甚为繁杂，测试过程较难把握；新兴的探地雷达技术以沿测线连续测试的方式、高精度、直观剖面显示等优点正迅速应用于围岩松动范围的测试。经过实践和验证对比，探地雷达测试技术用于隧道围岩松动范围测试充满了生命力。在隧道开挖支护施工过程中，通过现场实际观测，围岩出现挤压塌落现象；如果支护不及时，围岩会发生垮塌且渗水严重，如图 1.19 和图 1.20 所示。

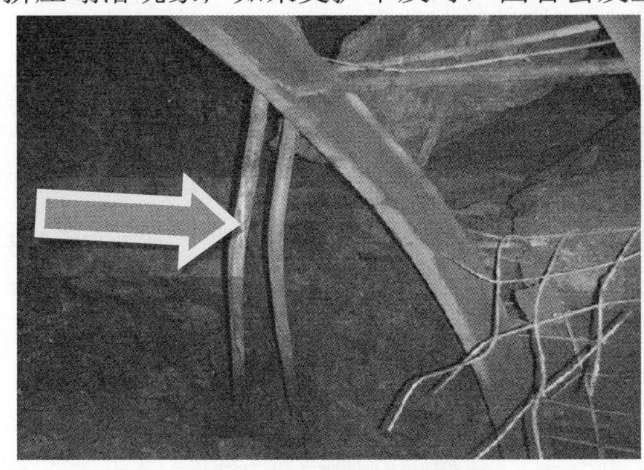

图 1.19　围岩局部塌落

图 1.20　围岩渗水

隧道所经过区域地质围岩大部分情况为破碎、中等风化花岗和中等风化片麻岩，甚至强风花岗岩和片麻岩，更有节理裂隙密集带。通过初步分析，在施工过程中，考虑地下水的情况下，如果支护不及时或不支护，安全系数远小于 1.0，显然不满足施工安全和设计要求。如果考虑放水孔排水，安全系数明显增大，达到 1.0 左右，这与现场实际非常吻合，但是仍没有满足设计要求。事实证明，隧道施工过程中进行的补充地勘、隧道衬砌质量检测、围岩松动范围探测和监控量测等反馈设计优化，为隧道安全施工奠定了基础。

1.6　研究的主要内容及技术路线

（1）针对构造地应力影响的隧道开挖支护问题，依托辽宁红沿河核电站隧道施工工程，进行调研和施工设计分析。利用有限元软件 Phase^{2D}，进行构造地应力影响下的隧道围岩开挖支护的稳定性数值模拟分析，揭示不同构造地应力作用下的隧道开挖和初支围岩的变形规律，以及不同应力场围岩应力分布特征和围岩位移分布特征。根据相似理论，开展物理模型试验，通过模拟构造地应力对隧道围岩稳定性的影响，认识构造地应力作用下隧道围岩支护的变形破坏规律，以及构造地应力作用下的破坏模式。

（2）通过物理模型试验与数值模拟分析成果，验证施工设计的可靠性和施工方案的合理性，以及是否满足设计规范的要求。研究获得隧道施工中掌子面多个关键技术参数的基础上，利用岩体基本质量指标(*BQ*)、巴顿岩体质量指标(*Q*)分级和岩体地质力学指标值(*RMR*)评价手段，提出围岩级别分类的动态分析与评价方法，为确立合理的支护类型和施工参数奠定基础。依托实体工程，采用数值分析与模型试验方法相互结合，为构造地应力影响的隧道开挖支护提供参考，辅助设计施工，降低隧道施工的风险。

（4）结合红沿河核电站取水隧洞开挖的实际情况，并以弹塑性理论为基础，利用大型有限差分软件 FLAC^{3D} 对隧洞的爆破开挖过程进行数值模拟分析，获取隧洞围岩振速分布与衰减规律，以便控制喷射混凝土的安全距离。以动力学理论和岩石的爆破破坏理论为基础，利用FLAC^{3D}分析在爆破冲击荷载作用下随着隧洞掘进开挖塑性区与最大主应力分布，并研究了不同围岩类型、不同爆破方案下隧洞单段爆破的最大药量控制。

（5）结合施工现场实际情况，提出钢纤维喷射混凝土初期支护方案，研究了爆破荷载作用下不同支护、爆破参数下的初期支护极限动态设计方法。研究在爆破冲击荷载作用下邻近马蹄形截面隧洞的响应情况，得出就不同围岩类型下隧洞围岩的应力，位移和振动速度分布与衰减情况。3 号、4 号隧洞不同围岩类型开挖爆破对 1 号、2 号运行隧洞影响分析与验算。

（6）通过文献查阅隧道围岩松动圈发生、发展机理和范围以及影响因素，并进行研究，根据围岩松动特征，对比围岩松动范围测试方法，选择探地雷达技术用于探测隧道围岩松动范围，提出探地雷达测试围岩松动范围的波相识别方法。

（7）结合 CA-CB-PX 系统隧道工程，利用新兴的探地雷达探测技术，针对不同围岩段进行测试，得出围岩松动圈的厚度，同时利用传统的超声波技术进行针对性测试，并认证探地雷达技术用于隧道围岩松动圈的合理性。利用探地雷达技术探测的隧道围岩松动圈厚度值，为隧道围岩支护优化设计提供重要参考。利用有限元软件 Phase^{2D} 对隧道围岩开挖支护进行数值模拟，分析隧道围岩力学特性。同时，在对隧道经过节理裂隙密集带情况下，分析围岩力学特性，通过对其结果分析，提出对其注浆加固的处治措施，并验证其处治效果。针对隧道施工过程中进行的监控量测，开展洞口、节理裂隙密集带和Ⅴ类围岩三种典型断面监测数据处理与分析，得出相应的变形规律，评价围岩支护稳定性，如图 1.21 所示。

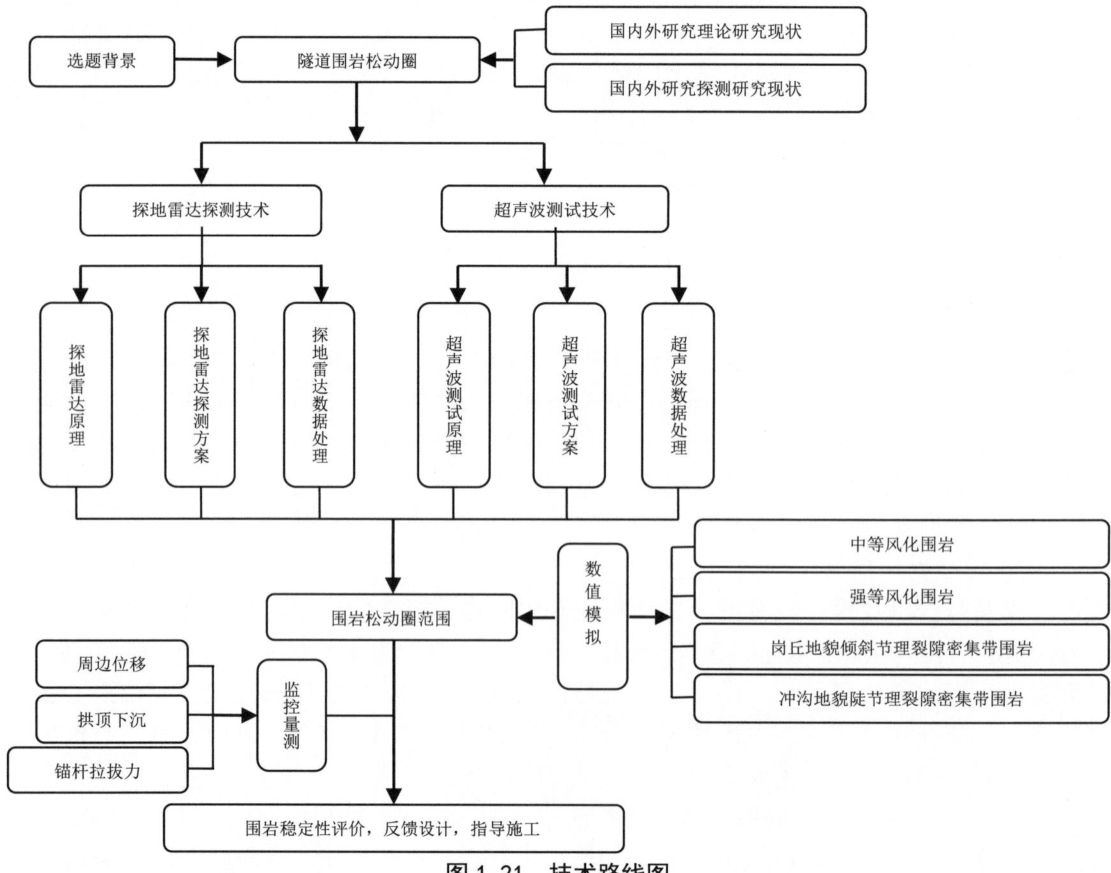

图 1.21　技术路线图

第 2 章　隧道围岩构造地应力判别及其稳定性影响分析

目前，国内外不同部门和行业对地应力的划分都有自己的办法和标准，没有统一的标准，常用的几种划分方法如下[22]。

（1）按岩石或岩体的强度应力比判别构造地应力。利用岩石或岩体的强度应力比，即岩石单轴抗压强度(R_b)与最大主应力(δ_{max})的比值，岩石强度应力比 R_b/δ_{max} 大小来划分地应力，我国 GB50218-94 工程岩体分级标准，对地应力的高低界定值见表 2.1。

表 2.1　我国高地应力判别准则表

应力情况	主要现象	R_b/δ_{max}
极高应力	硬质岩：开挖过程中时有岩爆发生，有块体弹出，洞壁岩体发生剥离，新生裂缝多，成洞性差；基坑有剥离现象，成形性差。 软质岩：岩芯有饼化现象，开挖过程中洞壁岩体有剥离，位移极为显著，甚至发生大位移，持续时长，不易成洞；基坑发生显著隆起或剥离，不易成形。	<4
高应力	硬质岩：开挖过程中可能出现岩爆，洞壁岩体有剥离和掉块现象，新生裂缝较多，成洞性较差；基坑有剥离现象，成形性一般较好。 软质岩：岩芯时有饼化现象，开挖过程中洞壁岩体位移显著，持续时间较长，成洞性差；坑有隆起现象，成形性较差	4～7

（2）按构造地应力大小判别构造地应力。该方法采用了地应力的大小绝对值，最大主应力达到 20~30MPa，认为岩体处在高地应力状态。

（3）按地应力量级与自重应力量级的对比判别构造地应力。地应力量级 I_r 与自重应力量级 I_o 的比，当岩体处于地应力的水平值超过上覆岩体重量，即为高地应力状态，见表 2.2。

表 2.2　地应力分级

地应力级别	一般地应力	较高地应力	高地应力
$N=I_r/I_o$	1~1.5	1.5~2	>2
说明	n=1 时 为纯自重应力场	在应力场中有 30%~50%是构造 应力产生的，其余为重力场应力	50%以上的地应力值 是由构造应力产生的

主要采用岩石强度应力的划分方法进行划分，根据地勘报告 1 号、2 号取水隧道地应力测试成果，隧道地段两个钻孔地应力测试成果统计见表 2.3 和表 2.4。

表 2.3　测试地应力成果统计

项目	抗拉强度/MPa	最大水平主应力/MPa	最小水平主应力/MPa	垂直应力/MPa
最大值	4.81	3.29	2.66	1.2
最小值	1.15	1.68	1.61	0.68
平均值	2.32	2.42	2.13	0.97
测点数	6	6	6	6

表 2.4　各类岩石初始应力情况

岩石分类	R_c	R_c/σ_{max}	应力情况
④强风化花岗岩	11	5.2	高应力
⑤中等风化花岗岩	40	18.9	
⑥微风化花岗岩	93	43.9	
④$_1$ 强风化片麻岩	7.5	3.5	极高应力
⑤$_1$ 中等风化片麻岩	26	12.3	

注：R_c—岩石饱和单轴抗压强度值；σ_{max}—为垂直洞轴线线方向的最大初始应力。

实测范围内，钻孔 S05 的最大水平主应力为 3.29MPa。最大水平主应力方向均为 30º，垂直洞轴线方向的最大初始应力：σ_{max}=3.29 MPa×sin30°=1.65MPa。钻孔 S47 的最大水平主应力为 3.17MPa，最大水平主应力方向为 42º，垂直洞轴线方向的最大初始应力：σ_{max}=3.17 MPa×sin42°=2.12MPa。

根据《工程岩体分级标准》(GB 50218—94),评价如下。

①强风化花岗岩：R_c/σ_{max} 值在 4～7 之间，应力情况为高应力，强风化花岗岩为软质岩，隧道开挖过程中洞壁岩体位移显著，持续时间长，成洞性差。

②强风化片麻岩：R_c/σ_{max} 值在小于 4，应力情况为极高应力，强风化片麻岩为软质岩，隧道开挖过程中洞壁岩体有剥离，位移极为显著，甚至发生大位移，持续时间较长，不易成洞。

2.1 构造地应力对隧道围岩稳定性的影响

围岩稳定性是指隧道开挖后中，在无支护条件下隧道围岩的自稳能力，地应力状态对土木工程稳定性有着重要的影响，特别是对于隧道工程的稳定性的影响，是影响围岩稳定的重要因素，岩体的应力状态对隧道的变形和应力分布有很大的影响，与衬砌和支护密切相关，研究地应力状态有助选择隧道的方位和断面形状，地应力可以作为围岩稳定性判据，围岩构造地应力与岩体强度特性的矛盾过程导致隧道围岩丧失稳定，是设计隧道的基础。构造地应力影响下的隧道破坏见图 2.1，归纳分析如下。

龙溪隧道二次衬砌局部完全破坏坍塌、仰拱破坏、防水毡跌落

上海轨道交通 4 号线管片塌陷碎裂，螺栓缺失，纵环缝扩张

隧道强挤压破坏

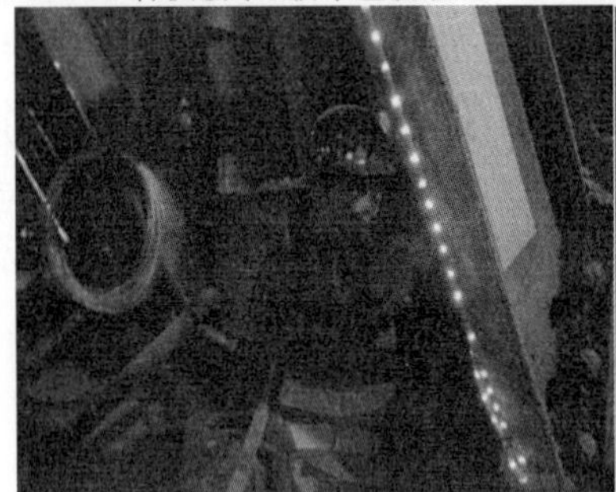

高地应力、软弱围岩大变形

三亚绕城高速公路迎宾隧道塌

凉山州锦屏电站施工排水洞发生极强岩爆

广砚高速隧道坍塌

锦屏二级隧洞出现强岩爆

槐尖山隧道大变形

图 2.1 隧道破坏形式

（1）洞顶自重掉落石块

隧道开挖后，围岩在自重应力作用下发生的一种破坏形式。在隧道开挖中或开挖后的一段时间内，受到自重应力的作用，岩石结构体沿着结构面方向发生剪切，节理裂隙面拉断，最终掉落下来形成这种破坏。

（2）拱顶横向拉张塌落

在低地应力情况下，洞顶产生拉应力，在自重应力作用下，断层破碎带或影响带将发生塌落破坏；或者洞顶围岩在多组结构面组合影响的情况下，在自重应力作用下，层间发生错动，隧道顶部围岩产生的拉应力不断增大，碎裂围岩沿着节理裂隙滑移变形，造成洞顶塌落破坏，这两种情况都能造成拱顶横向拉张塌落[23]。

（3）侧壁切向挤压滑落

该破坏类型是受多组结构面组合的影响控制，洞侧壁结构面的相互组合，将围岩切割成不同形态的块体，在重力产生下滑分力作用下，一些不稳定的块体沿着结构面向隧道内发生掉块、滑落等破坏现象。

（4）挤压变形

软弱围岩在高地应力作用下发生挤压大变形及破坏，强度应力比小于 0.3～0.5，产生比正常隧道开挖大 1 倍以上的变形，高地应力使隧道周边围岩的塑性区增加，使洞周出现大范围的塑性区，破坏范围增大，随着开挖引起围岩质点的移动，加上塑性区的“剪胀”作用，洞周产生很大位移。软弱围岩有低强度、流变性质的特性，导致应力重分布和变形的收敛持续的时间较长，高地应力是大变形的一个重要原因，所以也称为高地应力的挤压作用[24]。高应力软岩形成的条件为：高应力软岩的岩石除少量岩石为较软弱岩石外其他的均为较坚硬的，岩体破碎，弹性模量和强度相对较低，流变性强，水平应力大于自重应力。具体表现为：①围岩变形量大。高应力软岩发生大变形，且水平收敛量比拱顶下沉量要大得多。挤压变形主要特征是变形很大，一般为数厘米至数十厘米，表现形式为尖顶、底鼓、两帮内移。②自稳时间短，初期变形速率大。围岩自稳时间短，一般仅几十分钟到十几小时，由于水平构造压应力大于垂直应力，隧道在开挖后卸载迅速，来压快，造成隧道的初期变形速率大。③隧道变形具有时效性和强流变性。高应力软岩变形表现强时间效应和持续的流变特性，岩体流变产生的围岩变形过大，造成隧道支护无法适应而失效，围岩再次恶化并剧烈变形。在埋深大、地壳经历激烈运动、地质构造复杂的泥岩、页岩、千枚岩、泥灰岩、片岩、煤层中，都容易出现较大的挤压变形。

（5）分区破裂化

在深部岩体中开挖洞室或者巷道时， 围岩里产生交替的破裂区和非破裂区，这种现象被称为分区破裂化现象。钱七虎院士[25]指出，在南非和俄罗斯的矿山、我国淮南煤矿巷道、锦屏水电站的巷道的实测数据发现了这种破坏现象。顾金才院士[26]提出分区破裂化现象产生的条件：①洞室围岩在较大的轴向压力作用下。②深部岩体内储存的大量变形能获得突然释放。宋义敏、盘一山、王学滨[27]利用传统破坏理论对分区破裂化现象进行了解释。刘新荣[28]利用深埋隧道围岩变化演变过程研究了围岩分区破裂的现象。

（6）岩爆

岩爆是隧道开挖过程中，硬脆性围岩受地应力分异和集中的影响，处于高应力场条件下，致使聚积的弹性变形能在隧道开挖中突然释放，因而产生岩片飞射抛散、洞壁片状剥落爆裂松脱、岩石爆裂并弹射的现象，是一种失稳地质灾害。

综上所述，岩体有较高的地应力，超过了岩石本身的强度，同时岩石具有较高的脆性和弹性，高地应力区的隧道在开挖中或开挖过后，破坏了岩体的平衡，地应力重新调整，硬脆性围岩因开挖卸荷使周边岩体由三向应力转化为双向应力状态，应力场重新分布产生径向应力降低、切向应力增高的应力分异作用，造成脆性岩石内部破裂，导致聚集在岩体中的高弹性应变能突然释放。对高强度岩石而言，其弹性模量大，因而应力释放时位移变形小，释放能量非常有限，大部分能量需要突然释放，强大的能量把岩石破坏，并将破碎岩石抛出，产生岩爆，影响围岩的稳定性。岩爆产生主要条件有：①岩性条件。岩爆几乎都发生在新鲜完整、坚硬、质脆、单轴抗压强度高、干燥无水的弹脆性岩体中，岩爆发生与岩体是否能储存高能量密切相关，对于高弹性岩石，在构造运动过程中能储存很高的弹性应变能，具有良好的蓄能条件，高脆性岩石易产生微裂隙，常发生脆性断裂破坏。②初始应力条件。岩体中的能量来源及其大小取决于岩体初始应力的大小。岩爆通常发生在高地应力地区，围岩应力重分布和集中将导致围岩积累大量弹性变形能，这是诱发岩爆的动力条件。③工程施工。岩体中隧道开挖后成临空面，使隧道围岩的岩体由三向应力状态转变为两向应力状态，造成局部应力高度集中，最大切向应力达到岩爆的临界应力，发生岩爆。工程施工是岩爆发生的触发条件。

岩爆是脆、硬性完整围岩在高地应力条件下产生的，具有很强的突发性和破坏性，国内外很多隧道发生了岩爆，如欧洲法意边界勃郎峰隧道、挪威的震扬阁—兰峡湾隧道、秦岭隧道等均发生过岩爆。在隧道开挖过程中或开挖后一段时间内，岩爆是围岩各种失稳现象中最强烈的一种。岩爆直接威胁施工人员、设备的安全，严重影响工程进度，已成为世界性的隧道问题。

2.2 构造地应力影响隧道围岩稳定性的分析方法

2.2.1 构造地应力对隧道围岩影响的模型试验方法

物理模型试验是解决岩体工程问题、研究隧道科学的一个重要手段，早在20世纪初期，一些西欧国家开始模型试验的研究，到了七八十年代，一些先进的国家如意大利、美国、德国、葡萄牙、苏联、法国、德国、英国和日本等，开始广泛开展模型试验的研究。贝加莫结构与模型试验研究所(ISMES)[29]是当时最著名的研究机构，以 E.Fumagalli[30]为首的一批专家、教授在意大利结构模型试验所(ISMES)，用物理模型研究了多个大坝、边坡和洞室的稳定性，给出了很有意义的成果，开创工程地质力学模型的试验技术，研究的范围从弹性到塑性直至破坏，同时在建立物理模型试验理论和解决物理模型试验技术方面也做出了重要贡献。美国用物理模型试验对隧道在静力条件下的围岩稳定性进行研究和分析，前南斯拉夫进行了隧道的稳定性的物理模型试验，瑞士利用物理模型试验研究了层状岩体中隧道的变形破坏问题，日本利用物理模型研究了锚杆对洞室的加固效应、基岩内弱层荷载的传递机理及破坏特性，等等。

面前，国内也有多家单位在从事物理模型试验研究工作，如重庆交通科学研究院的重庆真武山隧道的模型试验研究、西南交通大学的三车道隧道的模型试验研究、同济大学的上海中环隧道模型试验研究等等。许多单位都开展了室内模型试验。模型试验能得到比数值模拟计算更接近实际的情况，再按照相似理论的设计，能避开数学和力学的限制，准确地反映隧道的真实情况。这就是国内外岩土工程界当前仍然在应用和发展物理模型试验及其技术的原因。模型试验是解决岩土工程复杂问题、隧道建设中围岩稳定性的一种有效手段，发挥了不可替代重要作用。模型试验是研究隧道围岩稳定性的一个重要手段，除建立数学模型进行数值分析并开展现场施工动态监测外，由于物理模型能避开数学和力学上的困难，直观准确地反映隧道围岩支护变化和破坏，因此进行室内物理模型试验研究也是极其重要的。隧道模型试验见图 2.2，主要是在一定的原岩应力场的岩体中开挖时，研究围岩破坏形态、破坏发生和发展过程，破坏形态、破坏机制等。

模型试验的研究可归纳几个主要的方面：①洞室围岩位移分布特征、最大值及其发生部位。②洞室围岩的破坏机理、破坏形态及安全度等。③支护效果等问题。

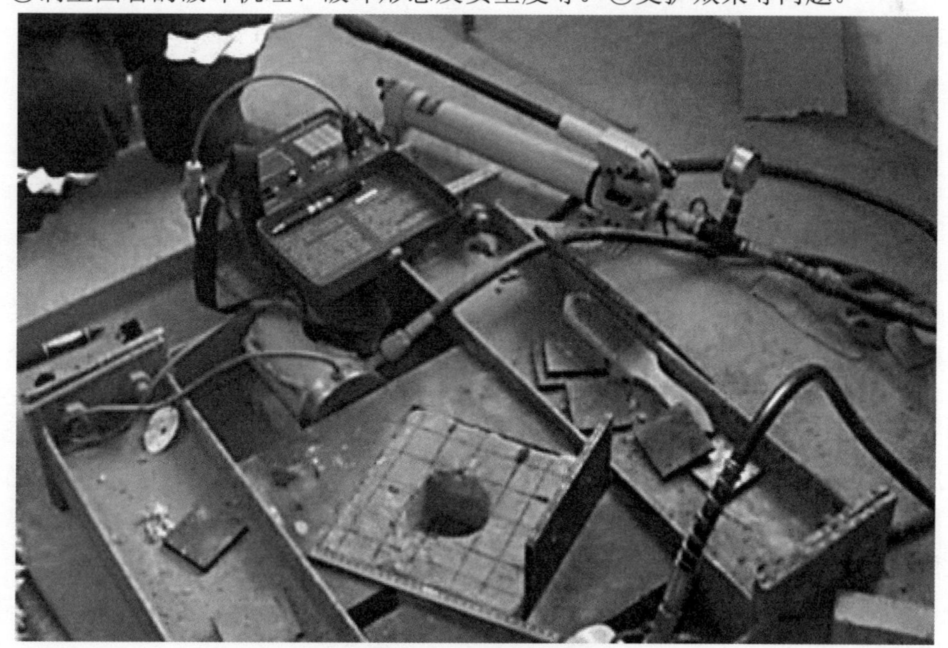

图 2.2　隧道模型试验

2.2.2　构造地应力对隧道围岩影响的数值模拟方法

数值分析法是通过对地质原型的抽象，利用有限元等分析方法计算不同荷载下岩体的应力状态和围岩稳定性问题。随着计算机技术的迅速发展，数值计算方法得到快速发展，应用范围越来越广泛，更好地解决了隧道研究中的问题。各种数值计算方法包括：有限差分法、有限元法、边界元法、离散元法、关键块体理论、流形元法、非连续变形分析、快速拉格朗日差分方法、无单元法等，这些方法各自有各自的特点和优势，在这些方法之中，发展最快的是有限元法，它已经成为研究分析隧道问题的有力工具。

各国使用数值仿真方法来研究分析隧道问题的事例很多，S.F.Reyes 和 Deere 进行了圆形隧道的弹塑性分析[31]，Zienkiewicz[32]提出了可按初始应力释放法模拟隧道开挖的概念，Kuihawy 将力学分析引入非连续岩体和施工过程的计算，Zienkiewicz[33]研究过圆形隧道受力变形的黏塑性状态，Panet 和 Guenot 通过对隧道周边初始应力的成比例卸荷模拟开挖土体的应力释放。在国际上，应用有限元分析法计算分析隧道已经逐步展开。1997 年国际土力学与基础工程会议，介绍了一些用有限元方法对软土隧道的计算分析工作。

自 20 世纪 80 年代开始，我国就开展大量运用数值仿真来模拟分析隧道的工作，在隧道设计建设领域发挥了重要的作用，成为隧道设计施工的重要依据。同济大学利用有限元的方法对隧道进行了一系列较为深入的研究，取得了许多成果。

数值模拟分析可以考虑各种复杂的因素、非均质的材料结构、多种荷载及边界条件，应用的领域也较宽，费用低，更加直观地表现应力场和应变场的变化，没有材料及资源的浪费。模拟隧道施工过程，获得较准确定量数据，并能进一步较好地指导隧道的设计和施工。Phase^{2D}是一款适用于地面和地表开挖设计和计算的弹塑性有限元分析软件。对于开挖产生的应力和变形均可进行详细的计算及结果输出。给定安全系数后，可以对基坑开挖的支护系统进行优化从而降低支护系统的费用。同时，Phase^{2D}还可以进行边坡稳定的有限元分析。本研究结合红沿河隧道，利用数值模拟的方法，对不同地应力条件下的隧道建议做一些有益的尝试。

2.2.3 构造地应力对隧道围岩影响的工程地质方法

工程地质法是依据拟建隧道的工程地质条件、岩体特性和动态观测资料结合具有类似条件的已建工程，开展资料的综合分析和对比，进一步判断工程区岩体的稳定性，利用已经取得的相应资料来进行稳定计算，是定性分析法。

利用工程地质理论的隧道围岩的变形破坏机制和影响围岩稳定性的地质因素，进行隧道围岩稳定性评价(见图 2.3)。地质条件不同，围岩稳定的特性也就不同，围岩分类实际上是围岩稳定性评价的工程地质类比法，按照隧道围岩分类的标准对其进行分段、分类，给出相应各段各类围岩的稳定性级别，供隧道设计和施工使用。国内外围岩分类方法主要有：岩体基本质量指标分级简称 *BQ* 法，是一种通用岩体质量分类方法，作为工程岩体分级的国家标准在 1994 年提出，首先确定岩体基本质量，再依据具体工程特点确定岩体的级别。1971—1974 年，挪威岩土所巴顿(Barton)等人总结 249 条隧道的实践，提出了将围岩分类与支护设计集于一体的隧道质量分类法。这种方法广泛用于隧道工程的勘察、规划设计和施工阶段。比尼威斯(Bieniawski)基于 1973 年根据矿山掘进的经验提出了隧道岩体地质力学指标值(*RMR*)分级[34]。

图 2.3 隧道掌子面围岩分级观察与测试

围岩分类是当今隧道工程中应用最多、最广泛，实践经验丰富且简便实用、能满足设计施工需要的经验分析模型。围岩分级能反映岩体与隧道工程设计、施工有关的一些基本特征，如开挖后的稳定、变形特性，支护与围岩的相互作用等，因此，一种符合客观实际的、合适的围岩分类是对隧道岩体基本特性的客观反映和正确认识的结果，对于支护设计的准确地与合理性非常重要，也是进行隧道工程设计和施工的重要依据。

在对围岩客观评价的基础上，进行隧道围岩分类与支护类型确定，该工作是隧道施工优化设计的重要组成部分，仍需通过实践进一步完善。

2.3　三种方法的互相验证的关系

地下洞室模型试验，主要是研究在一定的原岩应力场的岩体中开挖洞室时，围岩应力的调整过程及其分布、变形和破坏形态、破坏机制等。针对辽宁红沿河隧道进行模型试验，主要是对数值分析得出的规律进行验证。本次模型试验的目的，主要是研究结构超出弹性范围以外的性能，估计、考虑一次加载效应；不局限于已知荷载条件下的某一状态，更重要的是研究在渐增荷载作用下直至破坏的整个变化过程。根据模型试验的相似理论，进行了关于构造地应力对隧道围岩影响开挖支护的问题模型试验。

主要的研究内容：①不同构造地应力作用下隧道开挖和初支对围岩的变形趋势；②不同构造地应力作用围岩和初衬的破坏模式；③支护效果。

结合红沿河隧道的利用 Phase^{2D} 有限元软件，进行了关于构造地应力对隧道围岩影响开挖支护的问题数值模拟。

主要的研究内容：①不同构造地应力作用下隧道开挖和初支对围岩的变形趋势；②不同应力场围岩应力分布特征；③不同应力场围岩位移分布特征。

模型试验的结果和有限元分析的结果很相似，不同侧压力系数影响隧道塑性区边界，地应力对隧道起到至关重要的作用，侧压力系数小于1，塑性区主要出现在隧道左右边墙处；侧压力系数大于1，构造应力场是造成隧道破坏的主要因素，水平方向受到较大应力，塑性区主要出现在隧道顶部和底部。模型试验的破坏区的分布和有限元分析的塑性区分布很相似[35-38]，模型试验的结果从一个侧面验证了有限元分析的结果的正确性。对比模型试验和数值分析，它们的分布规律是一致的。

结合红沿河隧道工程，通过对特定断面的工程地质条件、岩体特性和动态观测资料，来进一步验证数值分析和模型试验得出的规律，进行隧道围岩稳定性评价，得出符合客观实际的、合适的围岩分类，这是对隧道岩体基本特性的客观反映和正确认识的结果，是进行隧道工程设计和施工的重要依据，可用于优化隧道的施工、设计。

2.4　模型试验方法与设计

从本次模型试验的目的和任务出发，根据相似理论，以几何相似比和容重相似比作为基础相似比，进行物理力学参数相似性模拟试验[39-41]，进一步控制物理力学参数的相似性。

2.4.1　模型相似比确定

本次模型试验采用了小几何比例尺模型进行，几何比例尺 1:87.5，根据相似理论原理，推出各物理力学参数原型值与模型值的相似比如下[42]：

①容重相似比 C_r=1；②几何相似比 C_L=87.5；③泊松比、应变、摩擦角相似比 $C_\mu=C_\varepsilon=C_\varphi=1$；④强度、应力、内聚力、弹性模量相似比 $C_R=C_O=C_C=C_E$=87.5。

2.4.2　模型材料配制

根据依托工程情况，模型材料经过多次试验，最终选定为硅酸盐水泥和水、中砂、黏土，将硅酸盐水泥和水、中砂、黏土以一定的配比均匀地拌合制成模型的相似材料。相似材料选取中粗砂作为骨料；425 号普通硅酸盐水泥作为胶结材料。配比组中第一位数值表示的是水泥，配比号中的第二、三位数字表示的是砂与土的比例。

本实验选取了多组配合比，每组配比制作材料试件 6 个[43]，制成 7.07cm×7.07cm×7.07cm 标准立方块，分别在标准条件下养护。3d，7d，21d，进行单轴压缩试验，测定每组配比试件的力学参数，包括密度、单轴抗压强度、内摩擦角、泊松比。如图 2.4 和图 2.5 所示。

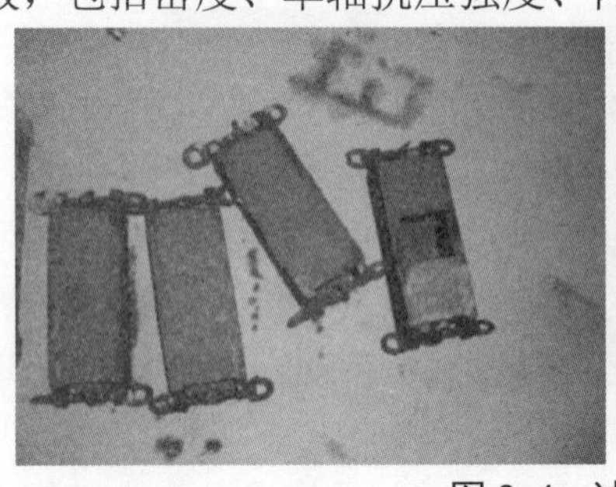

图 2.4 试件的制作

图 2.5 模型材料配制力学参数试验

经过多次试验的筛选选取，最后确定的中等风化的花岗岩的模型的硅酸盐水泥和水、中砂、黏土比例为 2:5:3，强风化的花岗岩的模型的硅酸盐水泥和水、中砂、黏土比例为 2:3:5，如表 2.5 所列。

表 2.5 围岩相似材料的物理力学参数

岩性与物理模型	容重/(kN/m³)	弹性模量/GPa	内摩擦角/(°)	凝聚力/kPa
中等风化花岗岩	25	8	32	400
物理模型	24.4	0.0901	30	4.3
强风化花岗岩	23.3	2.5	27	60
物理模型	22.8	0.0263	25	0.5

2.5 模型制作与测试系统

2.5.1 边界条件的考虑

岩体开挖后，在围岩中形成应力扰动区，距隧道一定距离的岩体仍保持原岩应力状态，应力扰动区的范围是有限的。依据理论分析，在距离洞室中心 $A=4r$(r 为洞室半径)处，可认为岩体仍保持原岩应力状态[44]。本次试验制作了平面尺寸为 24cm×24cm 的围岩模型，24cm>$4r$=16cm，边界条件符合上述假定。

2.5.2 侧压系数 λ 的选取

为了验证数值分析的结果，进一步观测不同侧压力条件下隧道毛洞和初砌的破坏过程和破坏形态。本次模型试验分别进行了毛洞和初砌模型破坏试验。

本次模型试验采用侧压力系数，即 λ 分别为 2/1，1/2，1/3，1/4，0。试验过程中，加压系统中 Py、Px 逐级增加，Px 值由 Py 值和侧压力系数 λ 的乘积确定，本次模型试验采用的是破坏试验[45]，超载加压直到模型破坏为止，观察洞室周边围岩及支护状况破坏情况，并记录裂纹的发生及发展过程。

2.5.3　模型试验台架的设计

本实验采用的台架是用工字钢 I_{18} 焊接而成，见图 2.6。

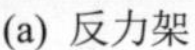

(a) 反力架

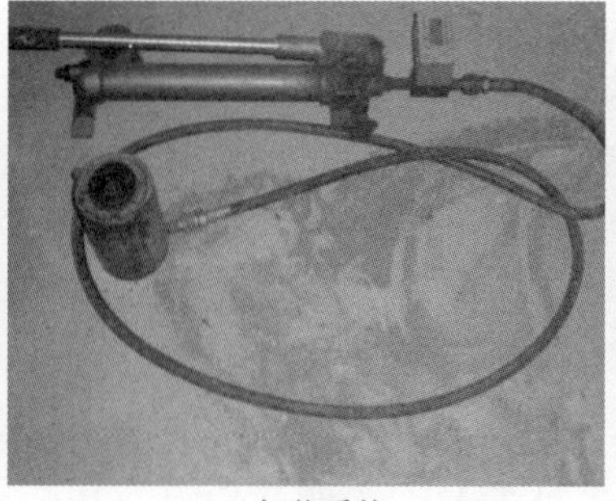

(b) 加载系统

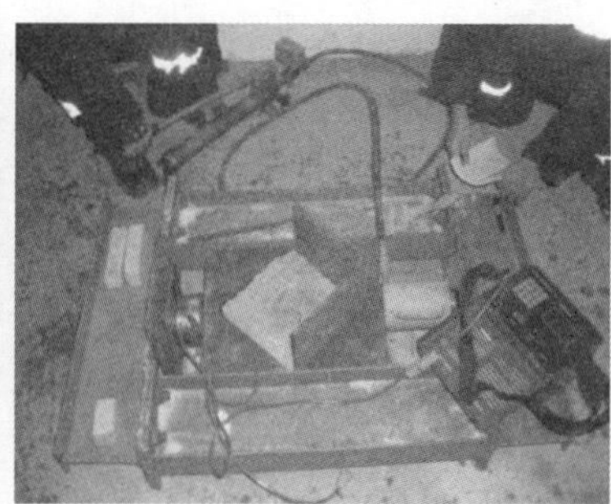

(c) 模型试验台架

图 2.6　模型试验台架

充分利用工字钢的强度。把四块工字钢用螺栓连接而成。反力架的内部空间是 70cm×35cm 的矩形。采用的是卧式放置模型，用千斤顶加压[46]。试验在专门制作的卧式试验模型槽内进行，采用平面应变模型。

2.5.4　隧道模型制作及初衬结构的模拟

在加压模具中浇注模型，先把设计模具内空尺寸长 24cm×宽 24cm×高 8cm 铁制模板安装好，在地上放上一层纸，把长 24cm×宽 24cm 的模具板平放在纸上。为了便于拆模，在安装好的模具内表面均匀涂抹一层黄油。然后按照模型材料的配方先把砂子、土、水泥按比例分别称量好，送入立式搅拌机上充分搅拌制成混合料。再将水、速凝剂按照配方称量好，并倒入大桶中充分搅拌，制成混合溶液。将混合溶液倒入搅拌机内的搅拌桶使砂子、土、水泥、水、速凝剂充分搅拌进而制成混合浇注材料，并把混合浇注材料迅速送入模具中，进行隧道模型浇注。浇注模型时，每浇注一层，用振捣棒充分振捣，使混合浇注材料尽量混合均匀且不留孔隙。混合浇注材料充满整个模型框后，密实、抹平上表面，待相似材料达到初凝强度后[38]，拆去铁制模框的模板，送入标准箱内养护 7d，如图 2.7。

浇筑

脱模

隧道模型

图 2.7　隧道模型制作

锚杆参数取值按隧道设计，相似材料选用直径为 0.1mm 的铝丝模拟锚杆杆体，用环氧树脂作胶结剂沿杆长黏一层细粒石英砂，直接插入设计位置，根据原型与模型的等效抗拉刚度 EA 完全相似模拟锚杆。

钢支撑参数取值按隧道设计，通过原型与模型的等效抗弯刚度 EI 完全相似的方法进行模拟钢支撑，相似材料选用直径为 5mm 的铁丝模拟钢支撑。

2.6 模型试验结果分析

在中等风化的花岗岩模型试验中(见图 2.8)，在 $\lambda=0$ 时，即 $Py=0$，当荷载加载到 2.10MPa 时，拱部出现裂纹，拱顶和拱脚几乎同时出现裂纹且剥层、掉屑现象。

随着荷载的加大，隧道边墙墙角出现裂纹，拱顶和拱脚的裂纹宽度增大，向围岩深度发展，边墙出现明显的剥层、掉屑现象。当增加到极限荷载 3.15MPa 时，拱顶、隧道底部的参考线向隧道凸出，边墙的参考线相对隧道呈凹进，在隧道破坏时可以明显地看到拱顶围岩挤向隧道内部，隧道底部鼓起，而边墙的围岩背向隧道移动趋势，隧道边墙有明显剥层、掉屑现象。

（1）在 $\lambda=0.25$ 时，即 $Px=1/4Py$，当荷载加载到 2.19MPa 时

裂纹首先出现在拱脚、隧道的边墙墙脚。裂纹逐渐增加，拱脚裂纹增多，拱顶开始出现裂纹且数量增多、裂缝宽度增大，开始剥层、掉屑的情况。边墙墙脚裂缝逐渐向围岩深部发展。当荷载增加到极限荷载 3.47MPa，明显可以看出拱脚处的裂缝破坏明显，拱部的围岩被挤入隧道内部。

（2）在 $\lambda=0.33$ 时，即 $Px=1/3Py$，当荷载加载到 3.17MPa 时

在隧道的拱脚处出现裂纹，随着荷载的加大，裂纹的数量不断地加大，出现剥层、掉屑。进一步增加荷载，拱脚的裂缝进一步向围岩深部发展，拱顶出现裂纹，隧道底部有鼓起趋势，当荷载增加到极限荷载 3.90MPa，拱顶的围岩挤入隧道变形破坏。

（3）在 $\lambda=0.5$ 时，即 $Px=1/2Py$，当荷载加载到 3.57MPa 时

隧道的起拱线位置的附近首先出现剥层、掉屑。进一步加载，起拱线位置的附近开始出现近似竖向裂缝，裂缝近似以半径的方向向上发展，随后隧道底部出现裂缝，隧道底部向隧道内鼓起，隧道的起拱线位置的附近的裂缝进一步向围岩深部发展，且裂缝的宽度逐步变大.当加载到极限荷载 4.76MPa 时，可以明显可以看出拱顶、隧道底部的围岩向洞内发展，画在围岩上的参考线，已经明显地向隧道内凸起，隧道底部和拱顶已经向隧道内部挤压变形，破坏后隧道的形状近似正方形。

（4）在 $\lambda=1.0$ 时，即 $Px=Py$，当荷载加载到 5.01MPa 时

隧道拱脚的附近和拱顶处开始出现剥落层、掉屑等现象。进一步增加荷载后，在隧道拱脚的附近和拱顶处出现了裂缝，且进一步向隧道的深部发展，隧道底部的围岩有向隧道内移动的趋势，且向内鼓起，当加载当极限荷载 6.52MPa 时，隧道周边都出现裂缝，除拱顶、隧道底部外，各处的裂缝情况和破坏范围大体相同。可以明显看出洞径减小。

（5）在 $\lambda=2.0$ 时，即 $Px=2Py$，当荷载加载到 4.47MPa 时

拱顶和隧道的边墙墙脚出现裂纹，拱顶开始出现大量的裂纹，且有剥落层和掉屑。进一步增加荷载到 6.07MPa，拱顶和隧道的边墙墙脚的裂缝变多，宽度变大，隧道破坏，这时，可以明显看到边墙附近的参考线向隧道内凸，说明边墙附近的围岩侵入隧道内。

（6）综合分析可以得出以下结论

①在 $\lambda=0$ 时，裂缝裂缝最先出现在拱顶和拱脚。拱顶围岩挤向隧道内部，隧道底部鼓起，而边墙的围岩背向隧道移动。

②在 $\lambda=0.25$ 时，裂纹首先出现在拱脚、隧道的边墙墙脚。拱脚处的裂缝破坏明显，拱部的围岩被挤入隧道内部。

③在 $\lambda=0.33$ 时，裂缝最先出现在拱脚，拱顶和拱脚破坏比较突出，拱顶的围岩明显侵入隧道内部。

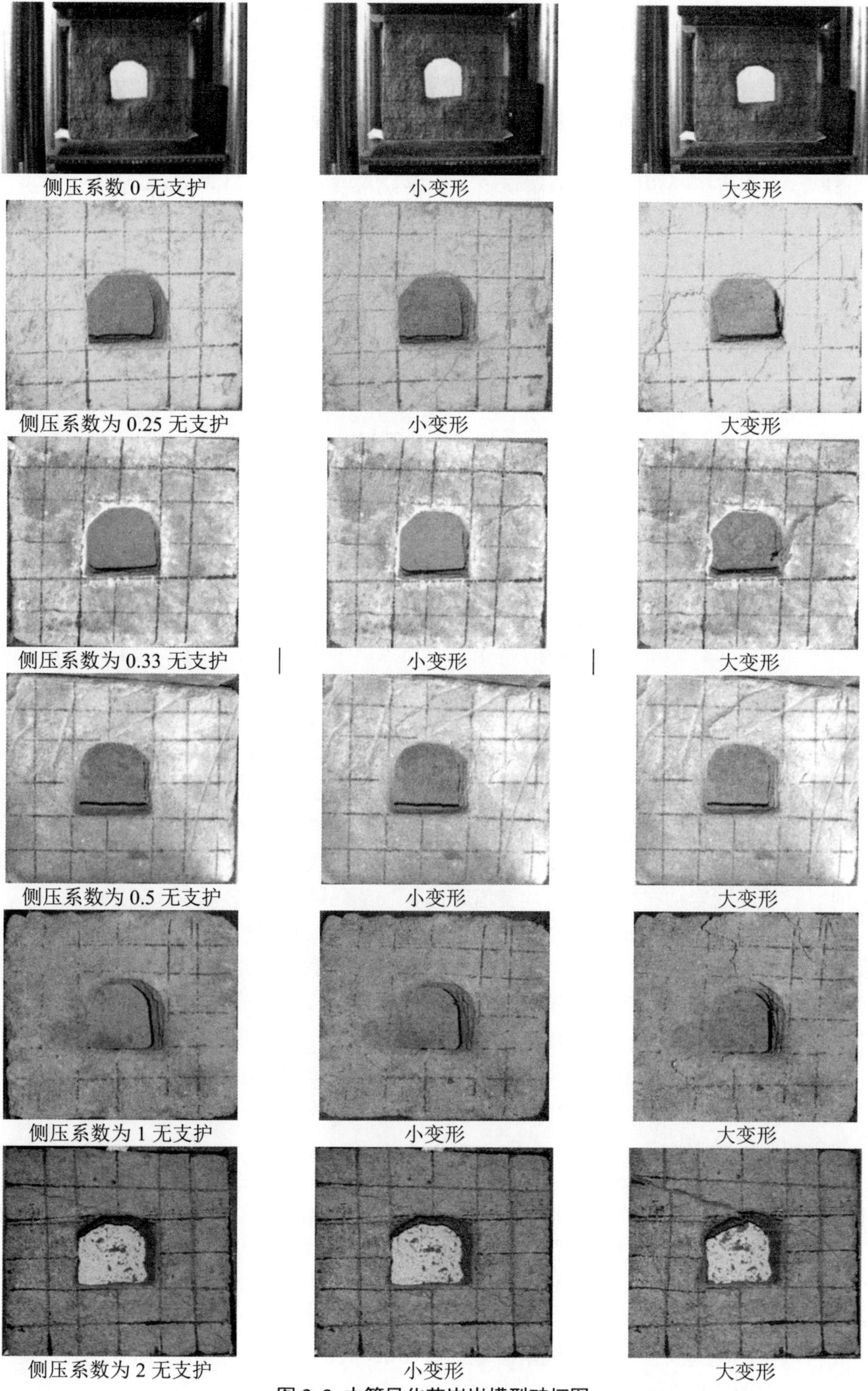

图 2.8 中等风化花岗岩模型破坏图

④在 λ=0.5 时，裂缝最先出现起拱线附近，而拱顶和拱脚的围岩向隧道内侵入。

⑤在 λ=1.0 时，裂缝最先出现拱顶和隧道底部，而围岩的变形较均匀，各处的破坏范围大致相同。

⑥在 λ=2.0 时，围岩的破坏最早是从拱顶和边墙墙脚开始的，而是边墙附近的围岩侵入隧道内部。

强风化的花岗岩围岩隧道模型破坏形式和破坏位置与中等风化花岗岩围岩隧道模型极其相似，如图 2.9 所示。

（7）中等风化的隧道模型在初衬完成时，其破坏过程如图 2.10 所示。

①在初衬完成，λ=0 时，当荷载加载到 4.0MPa 时，拱顶首先出现细小的裂纹，拱部出现一些环向的裂纹，进一步增加荷载，拱脚处裂纹不断向深处发展，隧道底部的裂缝逐渐增多，向围岩深处发展。当加载到极限荷载 4.8MPa 时，拱顶、拱脚和隧道底部的裂缝贯穿初衬，隧道破坏。

②在初衬完成，λ=0.25 时，当荷载加载到 4.20MPa 时，拱脚、隧道的边墙墙脚出现细小裂缝。进一步增加荷载后，拱脚、隧道的边墙墙裂缝加大且向围岩蔓延，隧道拱部的围岩有向隧道内挤压变形的趋势，当加载当极限荷载 5.12MPa 时，隧道底部的裂缝贯穿初衬，隧道底部鼓起。拱脚、拱顶裂缝快速发育，缝贯穿初衬，隧道拱部的围岩有向隧道内挤压变形，隧道破坏。

③在初衬完成，λ=0.33 时，即 Px=1/3Py，当荷载加载到 4.66MPa 时，破坏先出现在拱顶和仰拱。随着荷载的增加，拱顶的破坏范围扩大，仰拱的破坏范围进一步向深部发展。当加载当极限荷载 5.60MPa 时，仰拱与边墙连接部位出现了裂缝，拱部与边墙的连接部位出现了裂缝，裂缝贯穿整初衬，隧道破坏。

④在初衬完成，λ=0.5 时，即 $Px=1/2Py$，当荷载加载到 5.55MPa 时，在隧道的拱脚出现裂缝，拱顶同时出现细小裂缝，进一步增加荷载后，拱顶和隧道底部的裂缝加大且向围岩蔓延，拱顶和隧道底部的围岩有挤向洞内的趋势，随着荷载的增加，隧道底部和拱顶出现纵向和环向的裂缝，且裂缝发展到整个初衬，当加载到极限荷载 6.34MPa 时隧道底部和拱顶的裂缝贯穿围岩初衬彻底破坏，隧道底部、顶部向隧道内挤入，隧道破坏了。

⑤在初衬完成，λ=1 时，即 $Px=Py$，当荷载加载到 7.27MPa 时，隧道边墙墙脚出现纵向裂缝，底部有环向裂缝，拱顶也出现了纵向裂缝。荷载进一步增加，裂缝不断地扩张，拱顶和底部的围岩都有向隧道内鼓入的现象。当加载到极限荷载 8.30MPa 时，裂缝贯穿初衬，拱顶和隧道底部的围岩侵入隧道。边墙、拱顶开始出现裂纹，逐渐发展成为裂缝，进一步增加荷载，边墙、拱顶的裂缝宽度扩大，边墙的墙脚出现纵向裂缝。

当荷载达到极限荷载 8.10MPa 后，环向裂缝基本贯穿初衬，边墙的围岩初衬推进隧道内，整个初衬彻底破坏。

综合分析可以看出，初衬起了非常重要的作用，在一定的程度上有效阻止了围岩的大变形，隧道破坏时，所施加的荷载远大于毛洞破坏时所加的荷载，说明了初衬对隧道围岩稳定的贡献。带有初衬的隧道模型彻底破坏时，围岩的位移显著小于毛洞模型破坏的位移。初衬产生裂缝的原因主要是，初衬抵御围岩局部的大压力产生的大变形。初衬局部过大弯矩。

⑥强风化的花岗岩围岩隧道模型破坏形式和破坏位置与中等风化花岗岩围岩隧道模型极其相似，如图 2.11 所示。

⑦在初衬完成，λ=2 时，即 $Px=2Py$，当荷载加载到 6.40MPa 时。从图 2.12 可以看出，模型试验的结果和有限元分析的结果很相似，不同侧压力系数影响隧道塑性区边界，地应力对隧道起到至关重要的作用：侧压力系数小于 1，塑性区主要出现在隧道左右边墙处；侧压力系数大于 1，构造应力场是造成隧道破坏的主要因素，平方向受到较大应力，塑性区主要出现在隧道顶部和底部。模型试验的破坏区的分布和有限元分析的塑性区分布很相似，模型试验的结果从一个侧面验证了有限元分析结果的正确性。

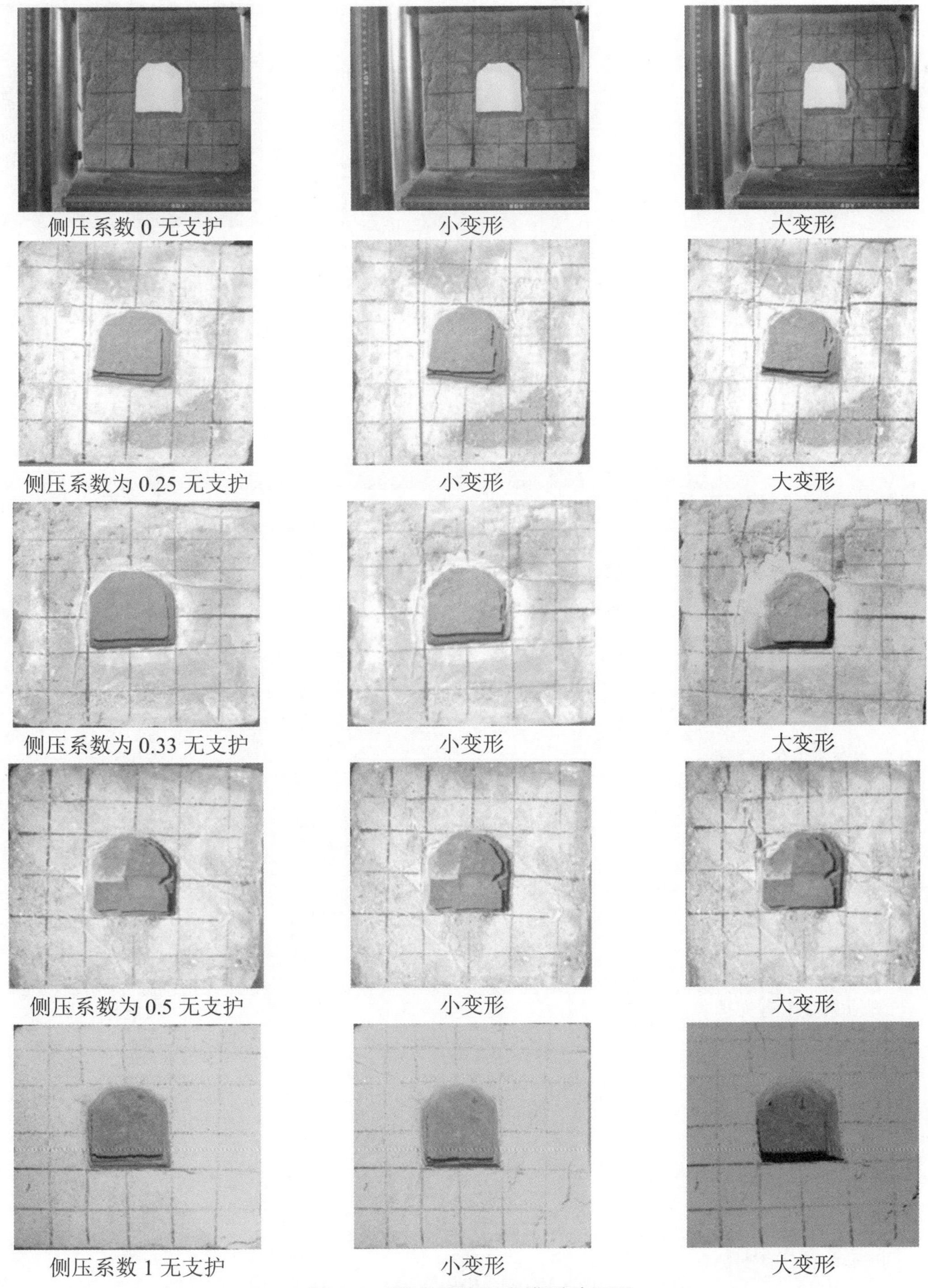

图 2.9　强风化花岗岩模型破坏图

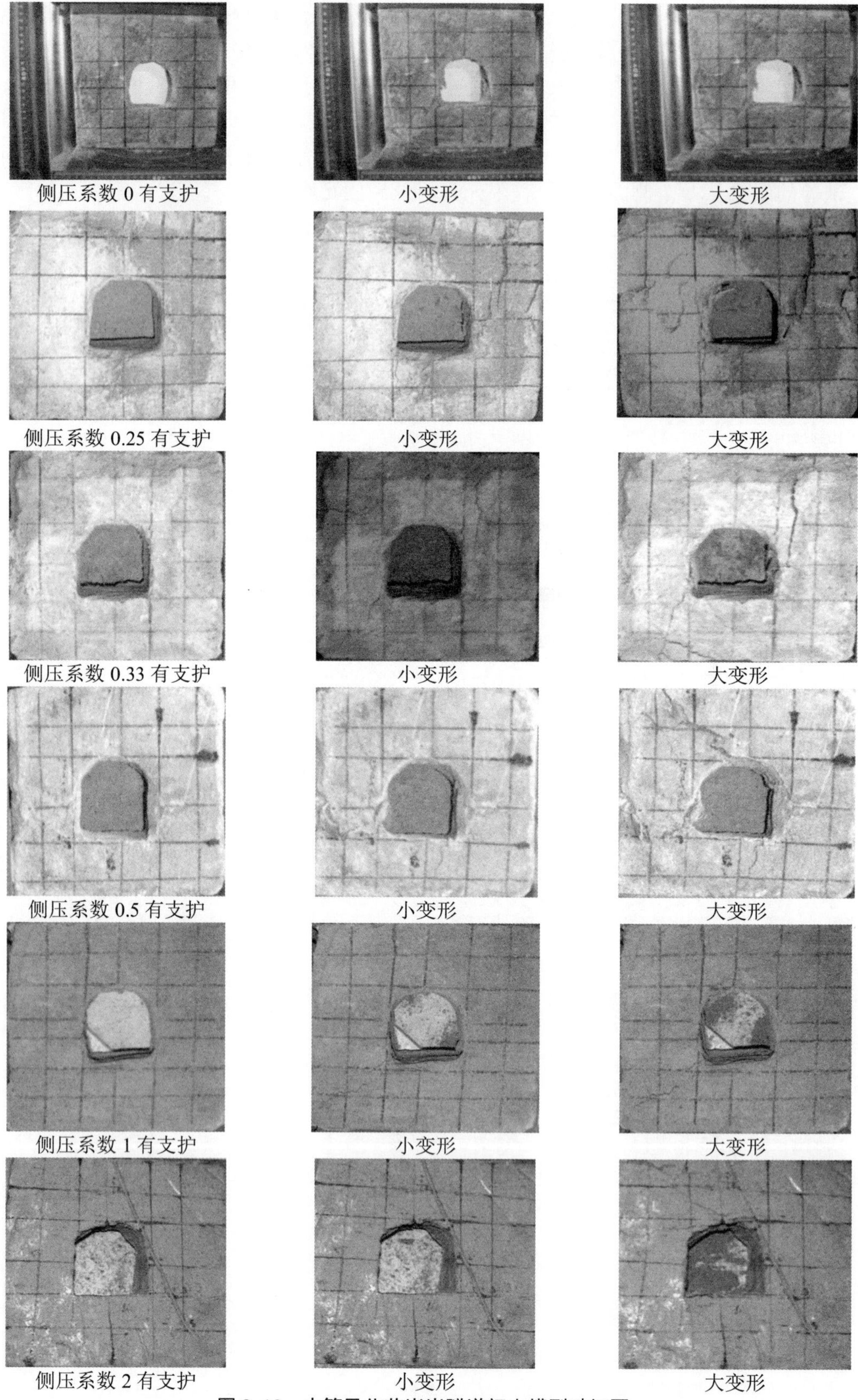

图 2.10　中等风化花岗岩隧道初支模型破坏图

侧压系数 0 有支护

小变形

大变形

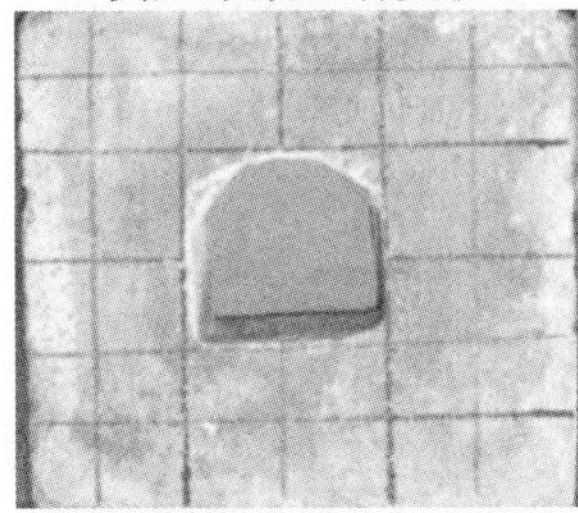
侧压系数 0.25 有支护

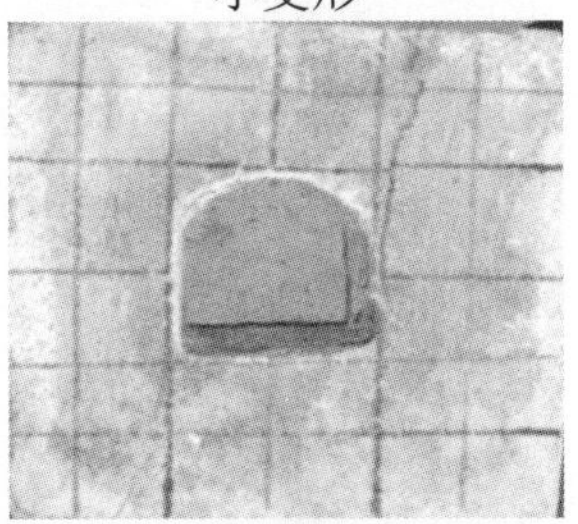
小变形

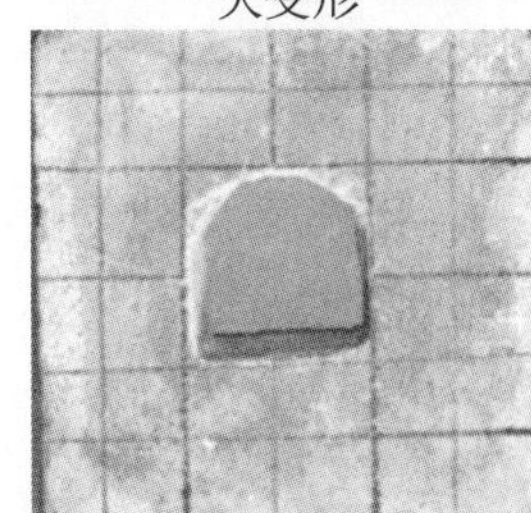
大变形

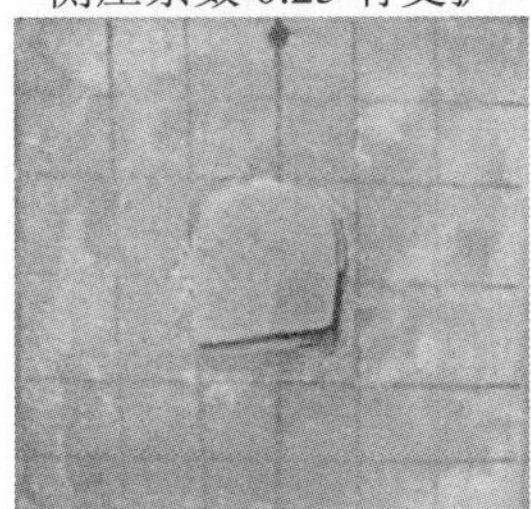
侧压系数 0.33 有支护

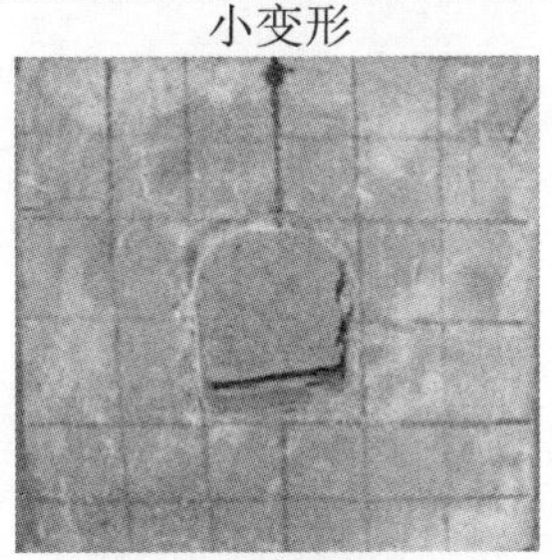
小变形

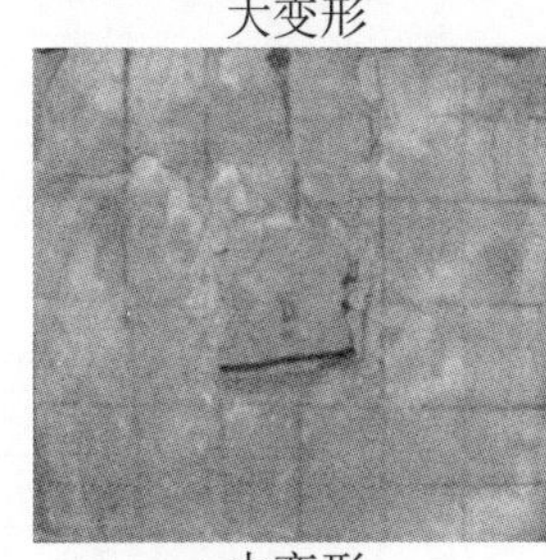
大变形

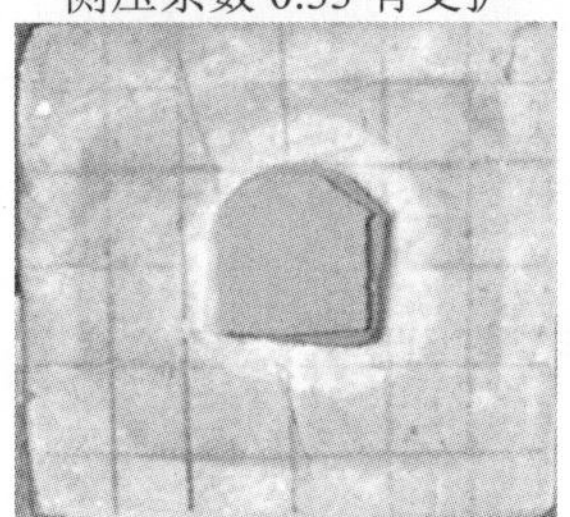
侧压系数 0.5 有支护

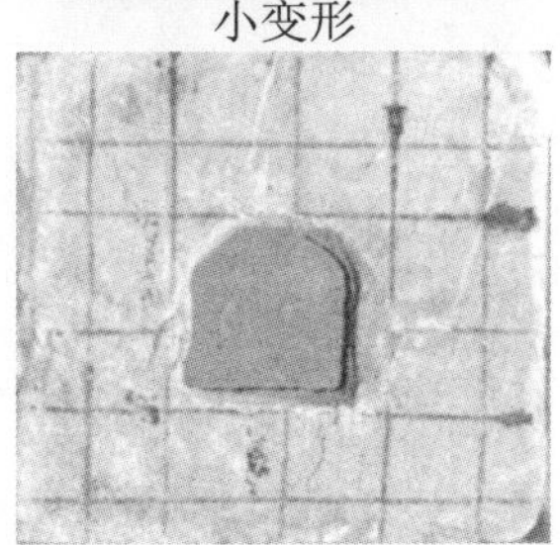
小变形

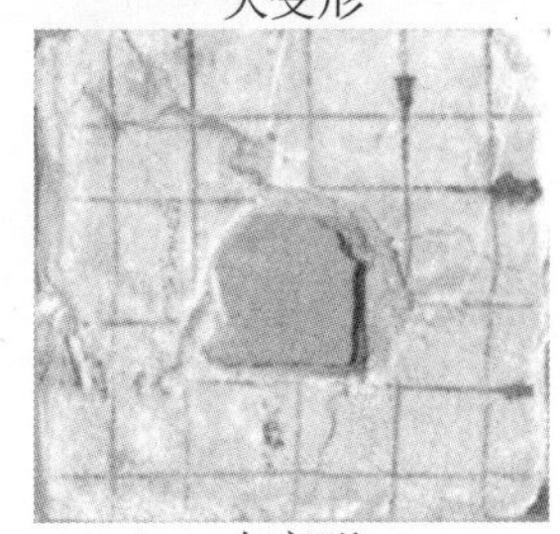
大变形

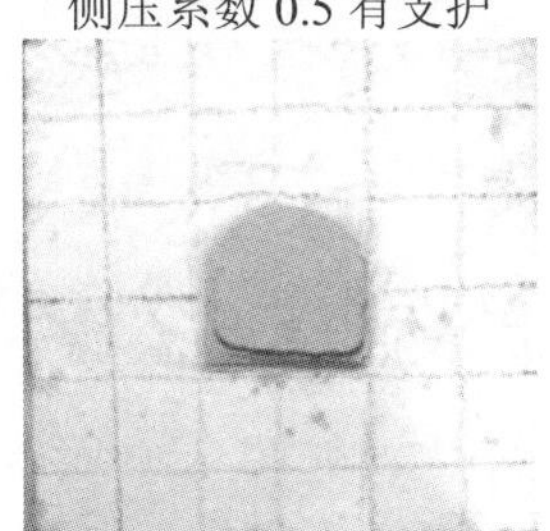
侧压系数 1 有支护

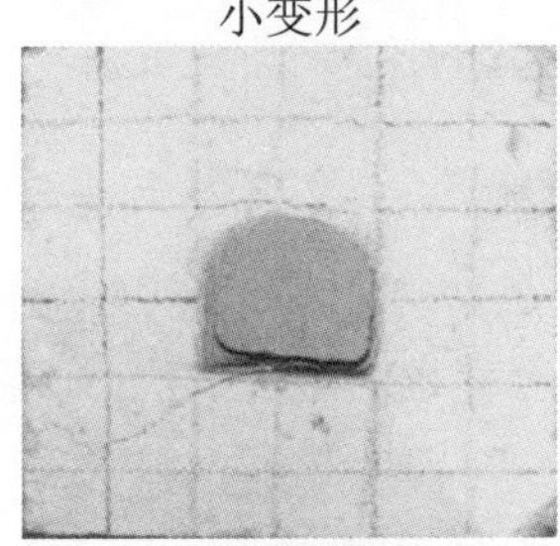
小变形

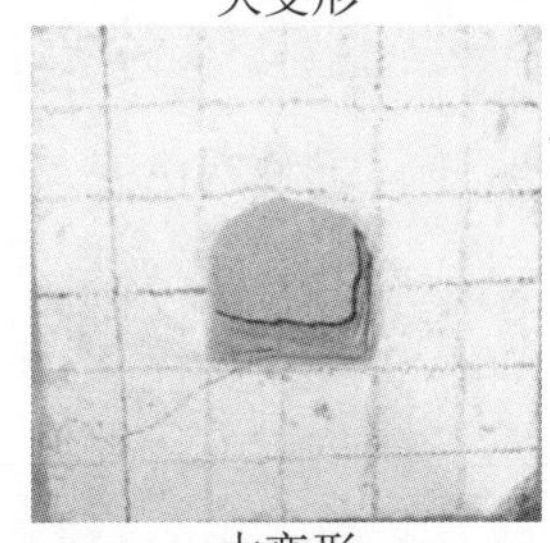
大变形

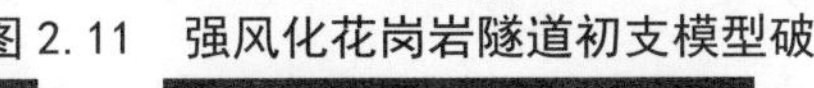
图 2.11　强风化花岗岩隧道初支模型破坏图

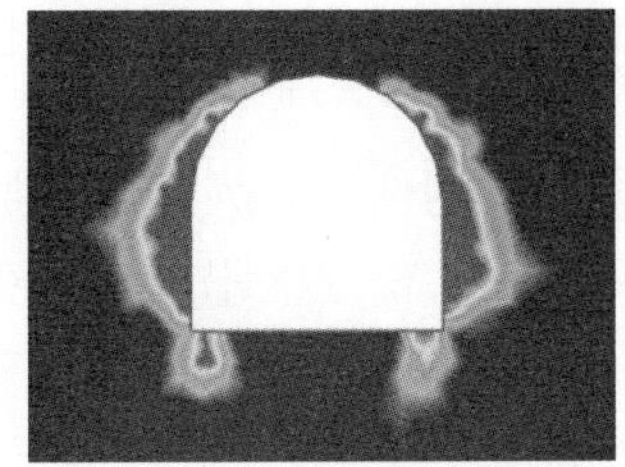
（a）侧压系数为 0.5

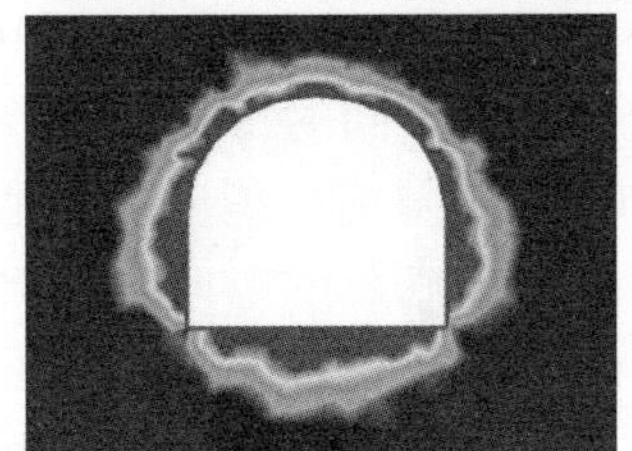
（b）侧压系数为 1.0

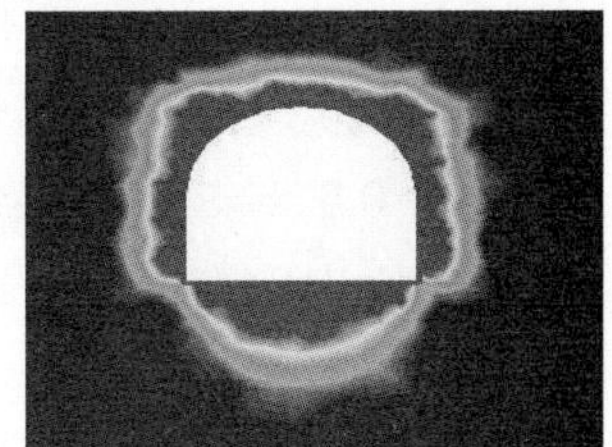
（c）侧压系数为 2.0

图 2.12　中等风化花岗岩隧道塑性区

2.7 数值模拟分析模型的建立与围岩物理力学参数

计算中假定：岩体变形是各向同性；隧道受力和变形是平面应变问题，对隧道开挖后的应力场和位移场运用 Phase2D 进行数值模拟。计算模型中衬砌和围岩均采用 Plane42 单元划分网格，满足计算精度。对隧道开挖后及时支护的应力场和位移场运用 Phase2D 进行数值模拟。计算模型中，衬砌和围岩均采用 Plane42 单元划分网格，单元总数 5132，节点总数 10447，能够满足计算精度，计算模型见图 2.13。利用有限元数值模拟进行分析计算，根据隧道围岩与支护结构层性质及特征，采用弹塑性材料模型及 Mohr-Coulomb 准则

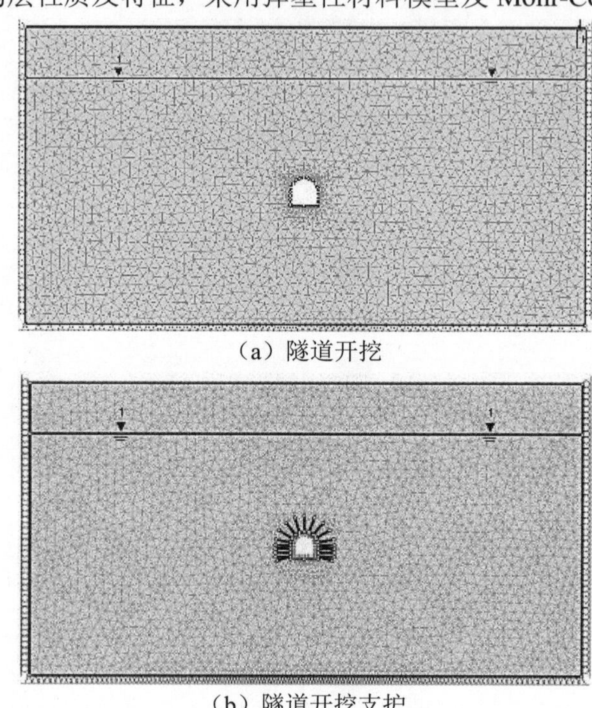

（a）隧道开挖

（b）隧道开挖支护

图 2.13 计算模型和网格离散示意图

2.8 数值模拟计算结果与分析

2.8.1 隧道围岩的应变分布特征

从剪应力云图(见图 2.14～图 2.17)看出顶部剪应力应变随着侧压系数 λ 的增大逐渐变大，如图 2.18 所示。底部剪应力应变也随着 λ 的增大逐渐变大，从 λ=2.0 变到 λ=3.0 时剪应力应变变化最大，如图 2.19 所示。边墙拉应变随着 λ 的增大而增大，如图 2.20 所示。

2.8.2 隧道围岩的应力分布特征

从围岩的最大主应力和最小主应力分布图(图 2.21 和图 2.22)可以看出，在不同的侧压系数条件下，隧道围岩的应力分布有着不同的特征：

①当 λ=0.5 时，中等风化的花岗岩隧道模型应力松弛最为严重的情况，发生在拱顶及拱底附近，压力松弛区沿着拱顶和隧道底部的方向向围岩深度发展，松弛区沿隧道底部和拱底方向的发展很明显，其主要的影响区域大致在 1 倍洞径范围内[48]。从 δ_3 分布图可以明显地看出，当围岩中开挖毛洞完成时，隧道边墙墙底附近的围岩出现了压力集中，最大压应力达到 3.27MPa，应力集中沿着隧道边墙墙底向围岩深部发展。

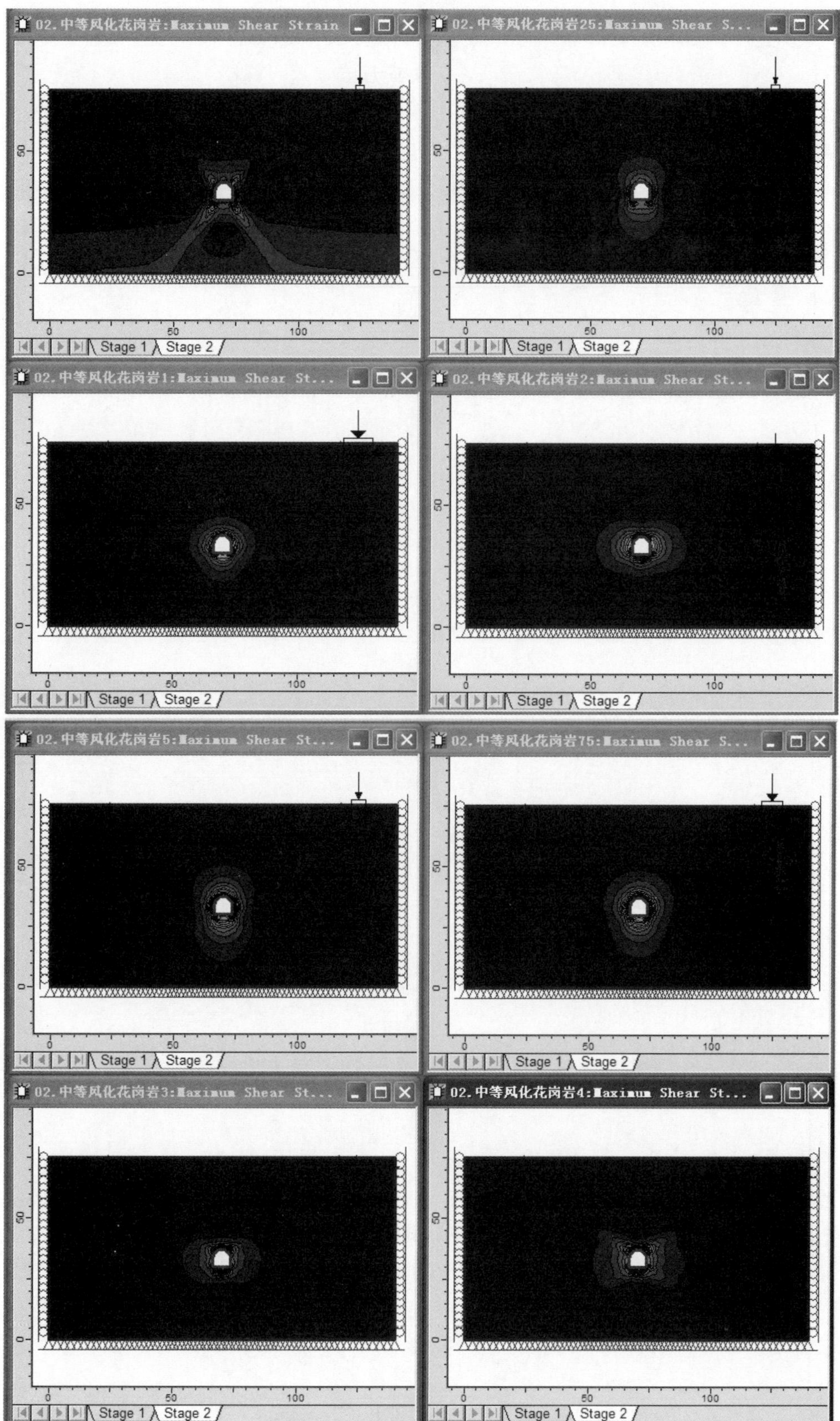

图 2.14　中等风化花岗岩剪应力

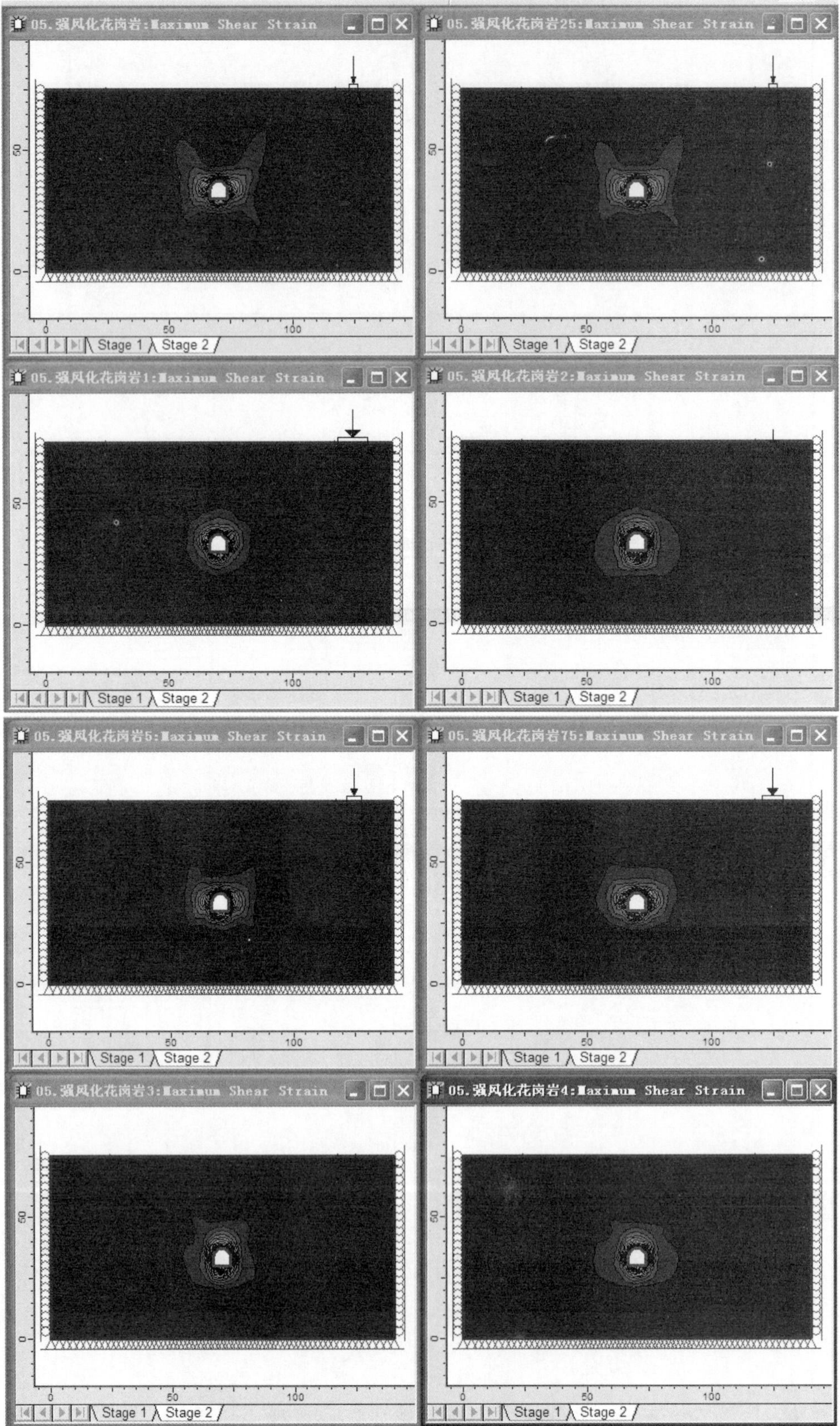

图 2.15　强风化花岗岩剪应力

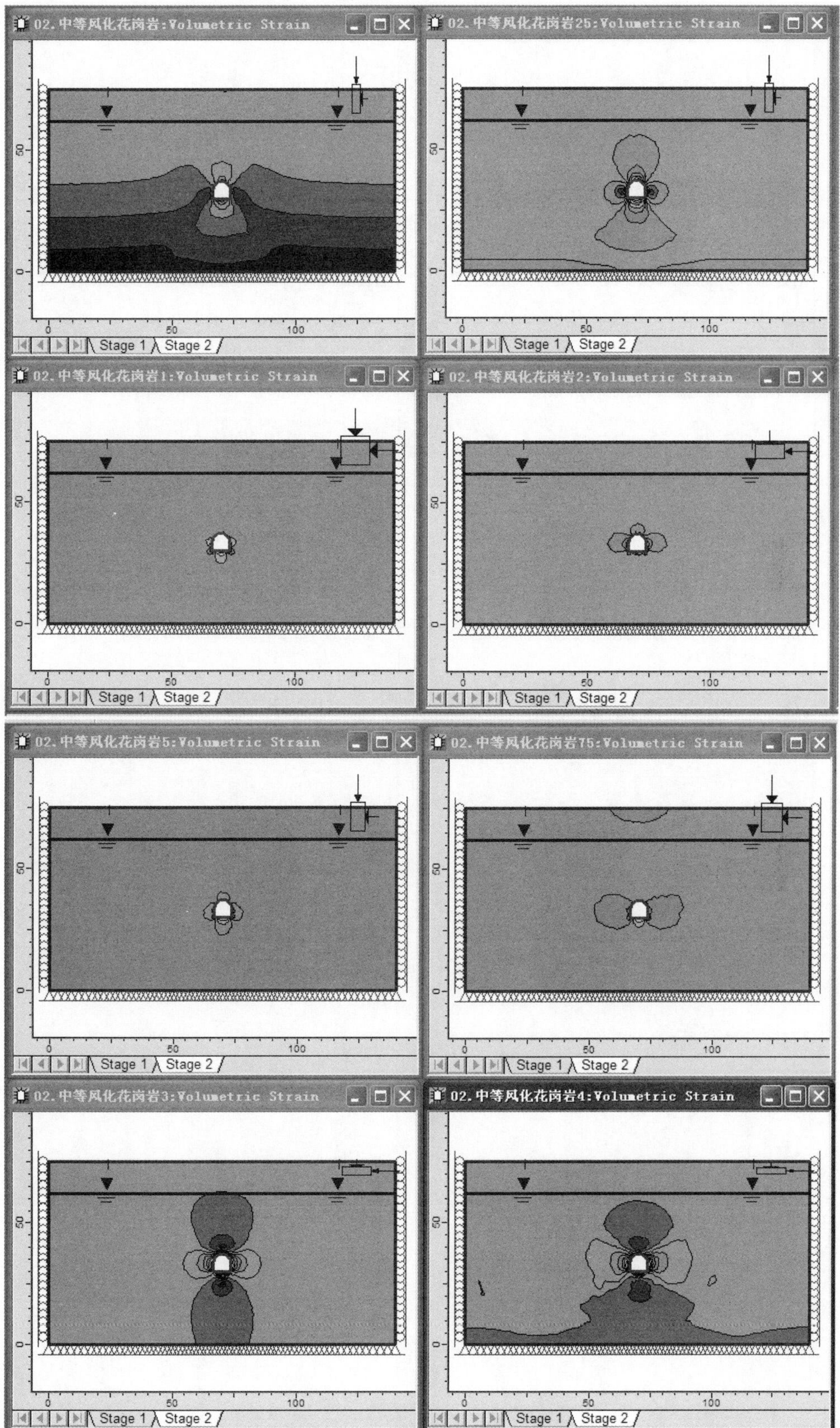

图 2.16　中等风化花岗岩拉应变分布

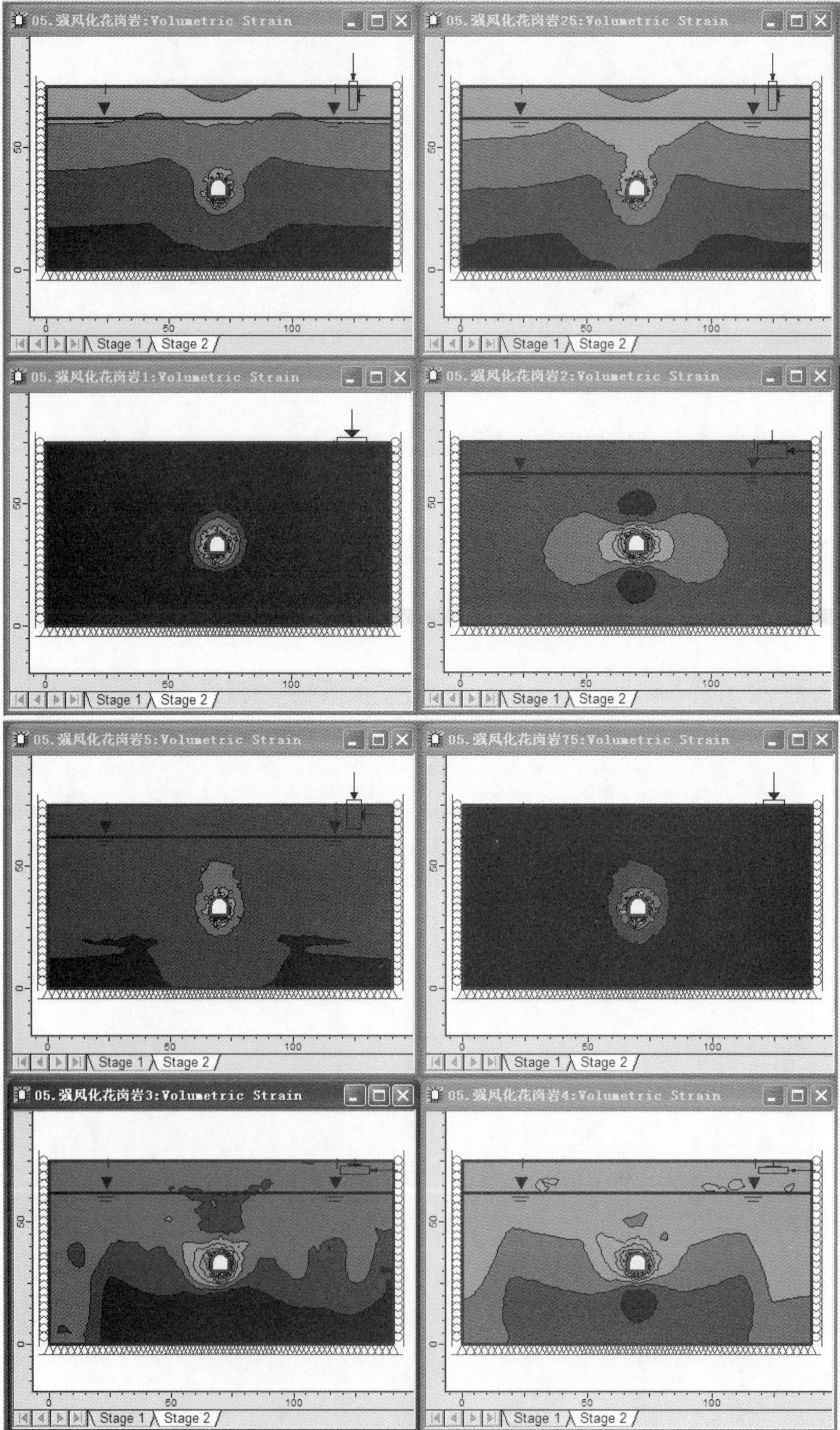

图 2.17　强风化花岗岩拉应变分布

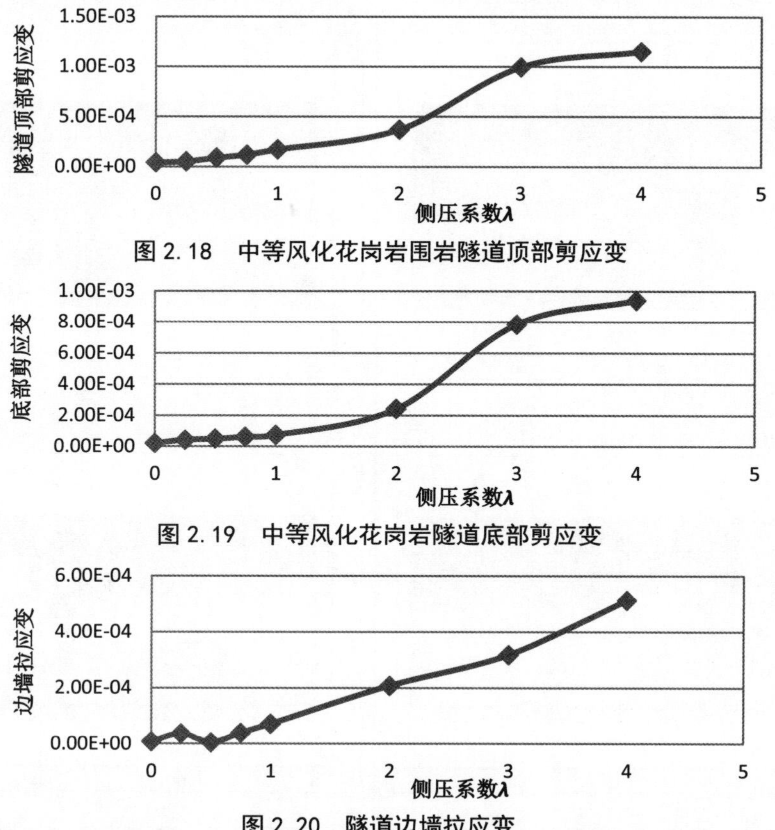

图 2.18　中等风化花岗岩围岩隧道顶部剪应变

图 2.19　中等风化花岗岩隧道底部剪应变

图 2.20　隧道边墙拉应变

②当 λ=1.0 时，从中等风化的花岗岩隧道模型的计算结果图可以看到，压力松弛均匀发生隧道开挖线的外侧。而从 δ_3 分布特征图可见，最大应力值发生在隧道边墙墙脚，其量值为 4.01MPa。

③当 λ=2.0 时，从中等风化的花岗岩模型中，应力松弛最为显著的部位是隧道的边墙附近，沿着隧道的边墙，应力松弛向围岩深部发展，其影响的范围大致为 1 倍洞径。而从 δ_3 分布特征图可见，当在 λ=2.0 的围岩中开挖隧道，在隧道的拱顶和隧道的底部都出现较为严重的应力集中现象，最大应力值为 5.26MPa，位于隧道边墙墙角。沿着隧道的拱顶和隧道的底部应力集中向围岩深部发展，在拱顶方向压力集中区甚至波及到 1 倍洞径深度的围岩。

围岩的最大主应力和最小主应力分布图(图 2.23 和图 2.24)：

①当 λ=0.5 时，强风化的花岗岩的隧道模型，应力松弛最为严重的情况发生在拱顶、拱肩、拱底附近，压力松弛区沿着拱顶、拱肩、隧道底部这三个方向围岩深度发展，而松弛区沿隧道底部和拱底这两个方向的发展很明显，其主要的影响区域到达 1 倍洞径范围以上。从 δ_3 分布图可以明显地看出，当围岩中开挖毛洞完成时，隧道边墙墙底附近的围岩出现了压力集中，最大压应力达到了 1.51MPa，应力集中沿着隧道边墙墙底向围岩深部发展。

②当 λ=1.0 时，从强风化的花岗岩模型的计算结果图可以看到，压力松弛均匀发生除了隧道边墙墙脚处外的隧道开挖线的外侧。而从 δ_3 分布特征图可见，最大应力值发生在隧道边墙墙脚，其量值为 1.67MPa。

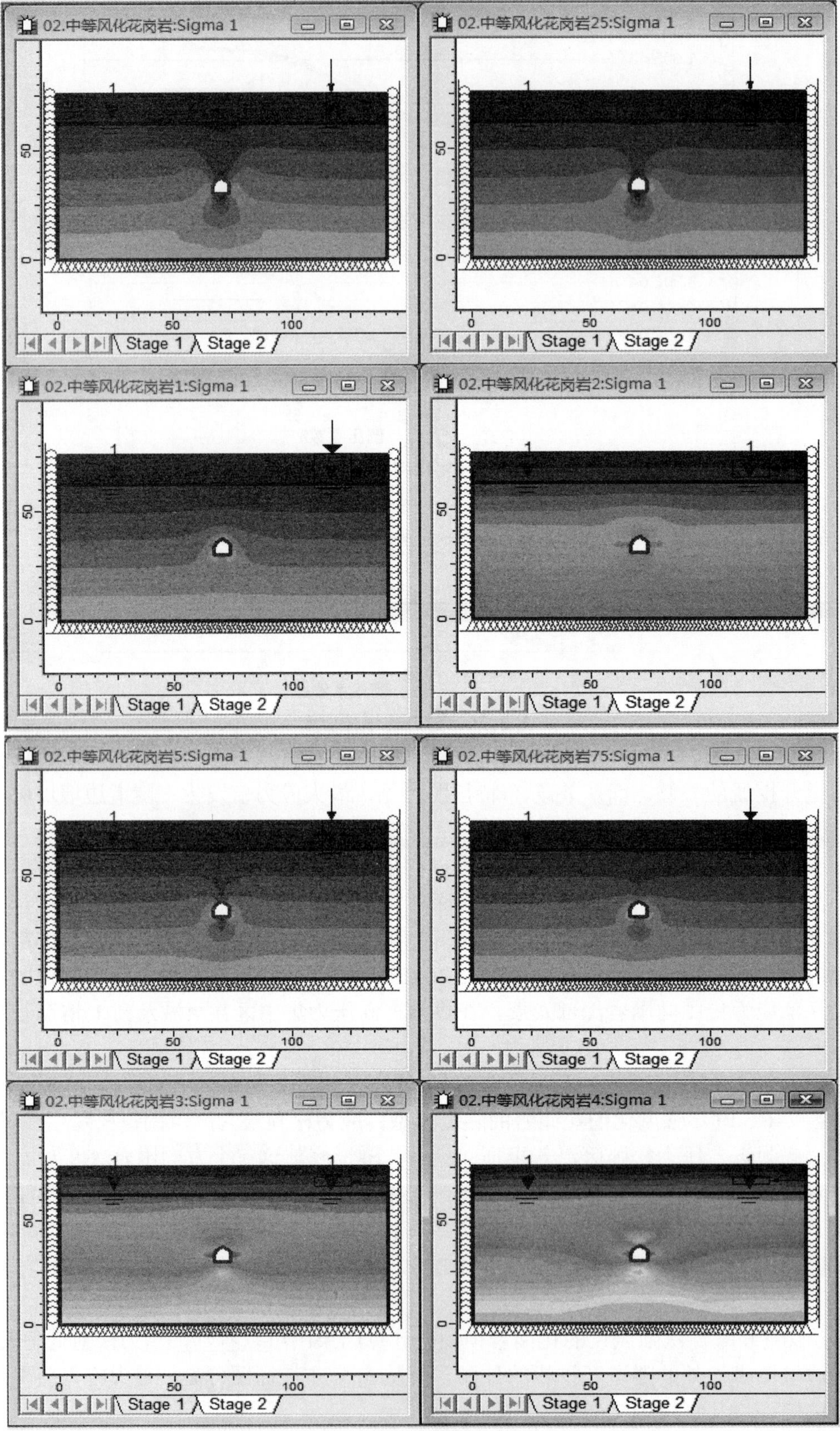

图 2.21　中等风化花岗岩围岩的最大主应力分布图

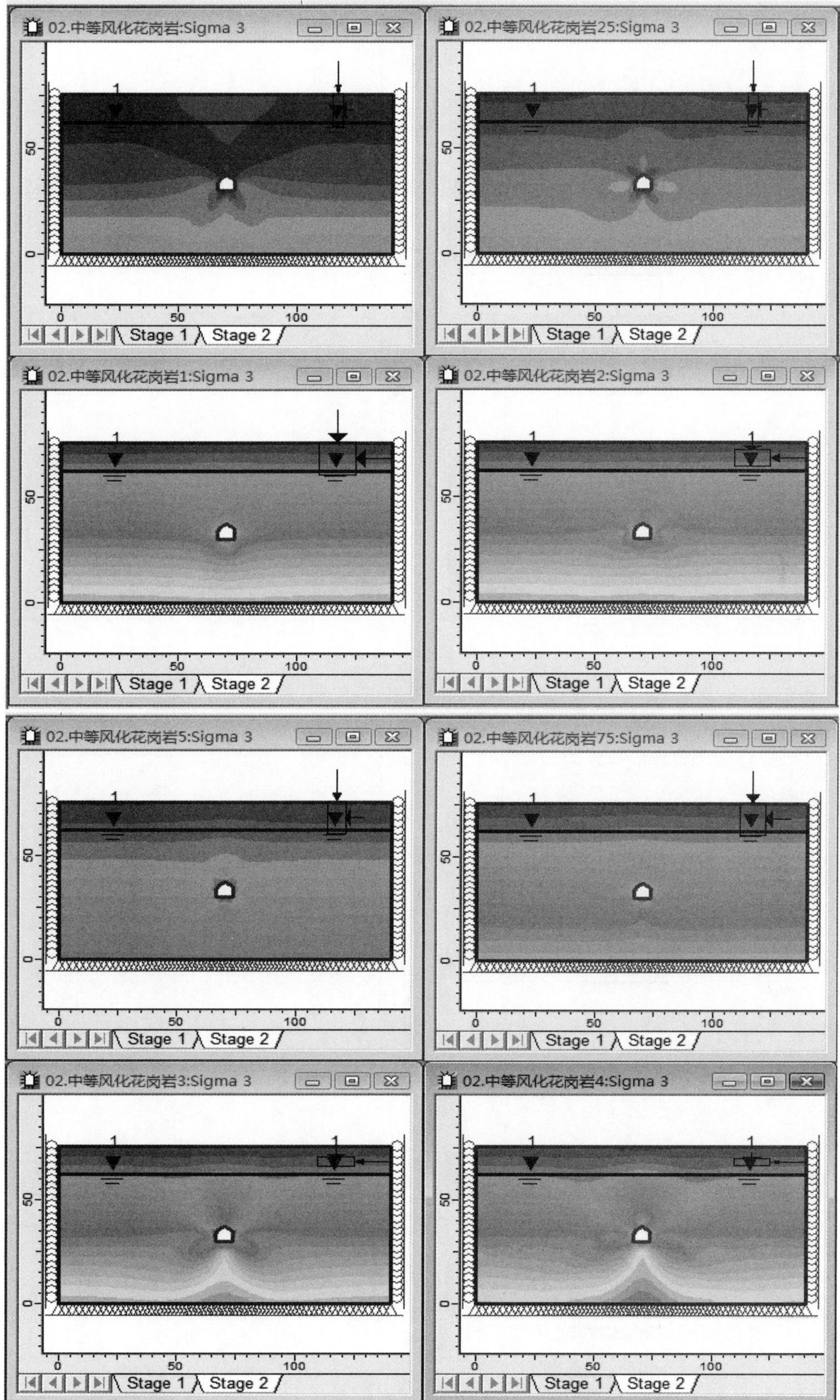

图 2.22　中等风化花岗岩围岩最小主应力分布图

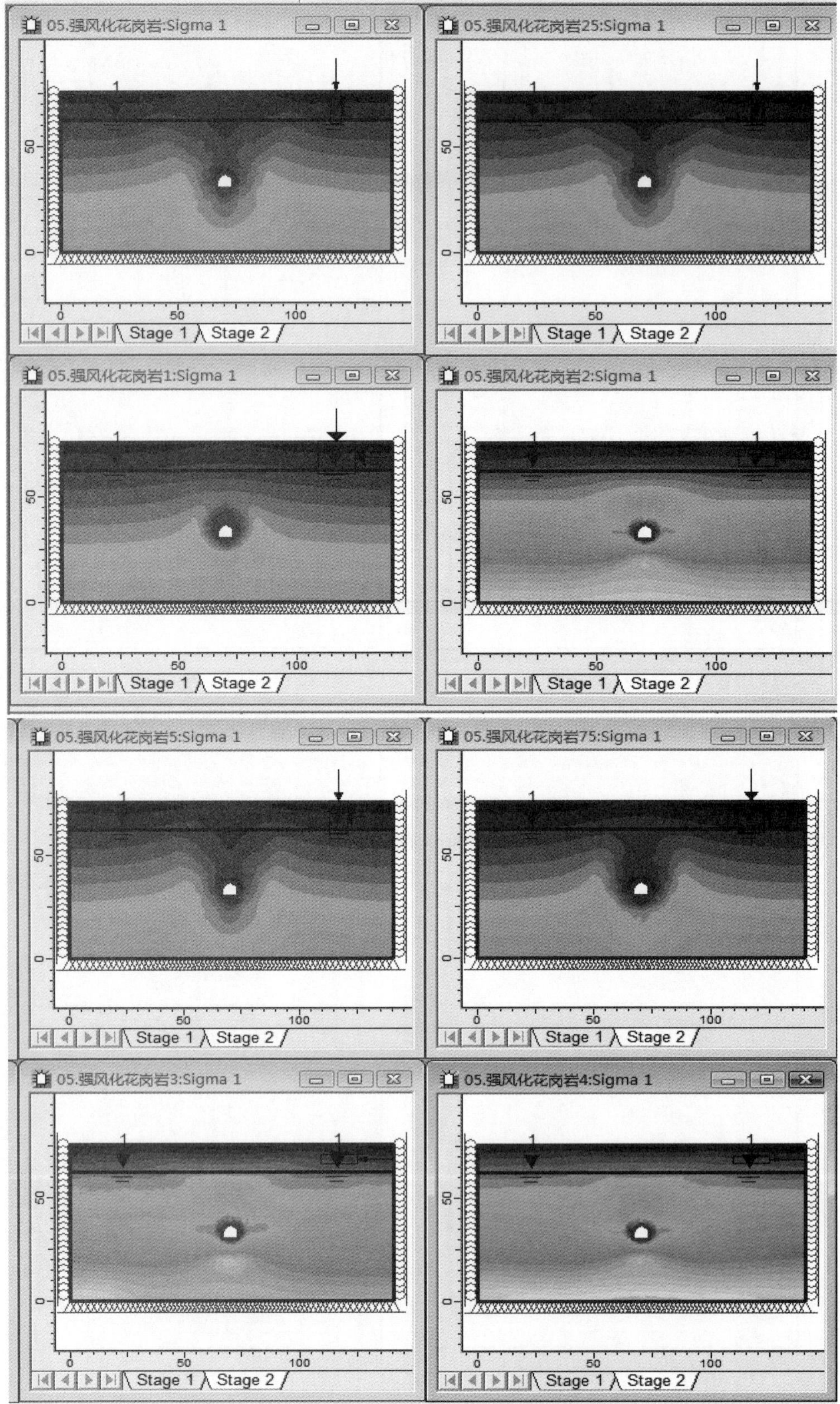

图 2. 23　强风化花岗岩围岩的最大主应力分布图

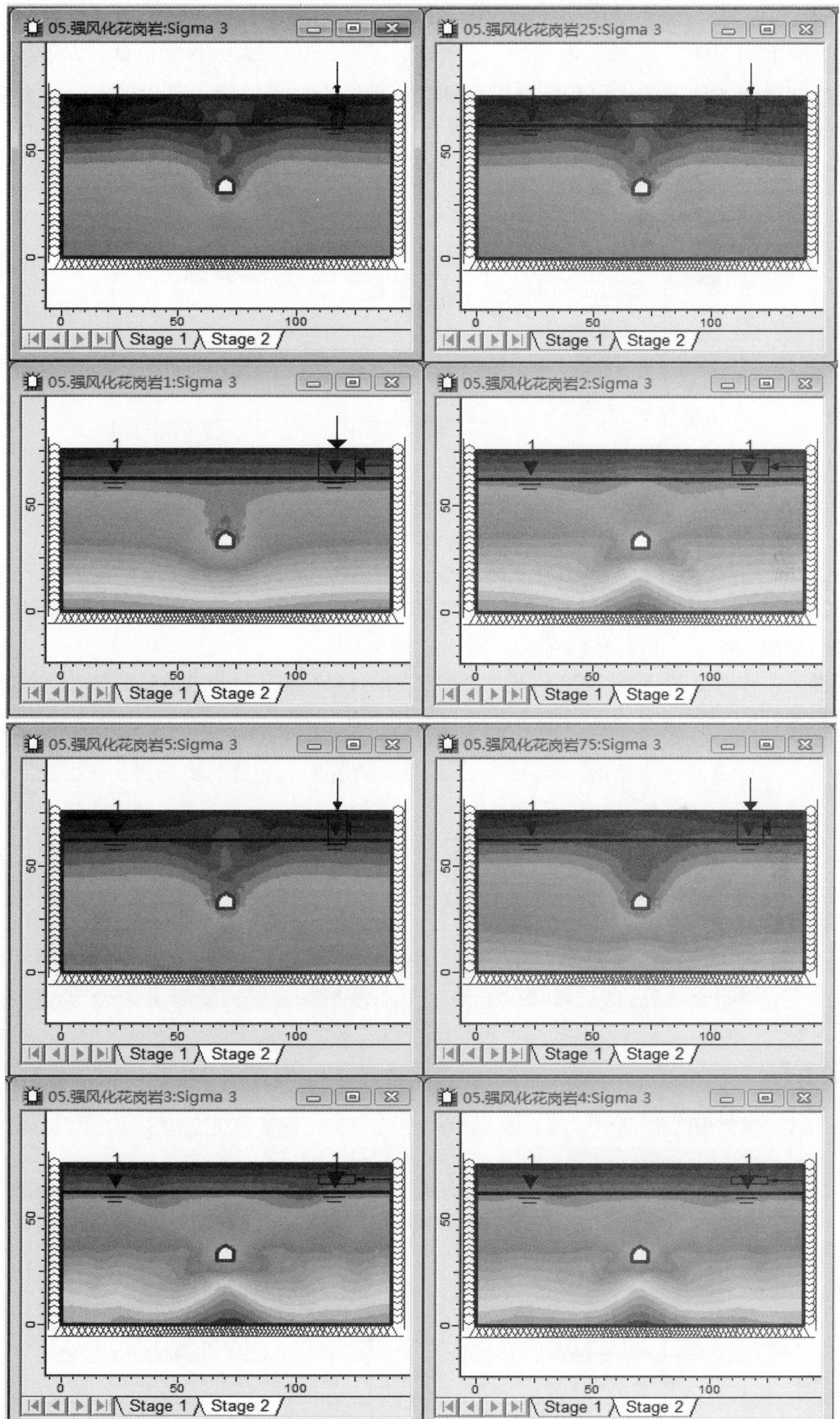

图 2.24　强风化花岗岩围岩的最小主应力分布图

③当 λ=2.0 时，在强风化的花岗岩模型中，应力松弛最为显著的部位是隧道的边墙附近，沿着隧道的边墙，应力松弛向围岩深部发展。而从 δ_3 分布特征图可见，在 λ=2.0 的围岩中开挖隧道，在隧道的拱顶和隧道的底部都出现较为严重的应力集中现象，最大应力值为 2.48MPa，位于隧道边墙墙角。

综合分析，在不同应力场岩石隧道开挖后，随着围岩侧压力系数的逐渐增大，应力集中的极大值也随之增大（见图 2.25），最大应力值的出现位置也发生变化。

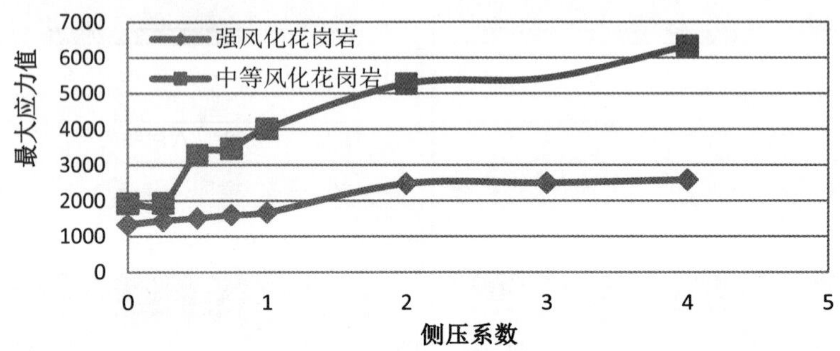

图 2.25　最大应力值随着侧压系数的变化

图 2.26 为隧道及时初衬的围岩主应力分布特征图，从其计算结果与毛洞的围岩主应力分布图比较可以发现，由于隧道开挖后及时做了初衬，及时初衬的围岩应力松弛的范围和强度都明显地减小了，但总体特征并未发生大的变化。

同样，比较图 2.27 与图 2.22 可见，及时初衬的围岩的应力极大值略有减小，强风化的花岗岩拱顶处的降幅较大。应力集中区略有变化，变化不大。

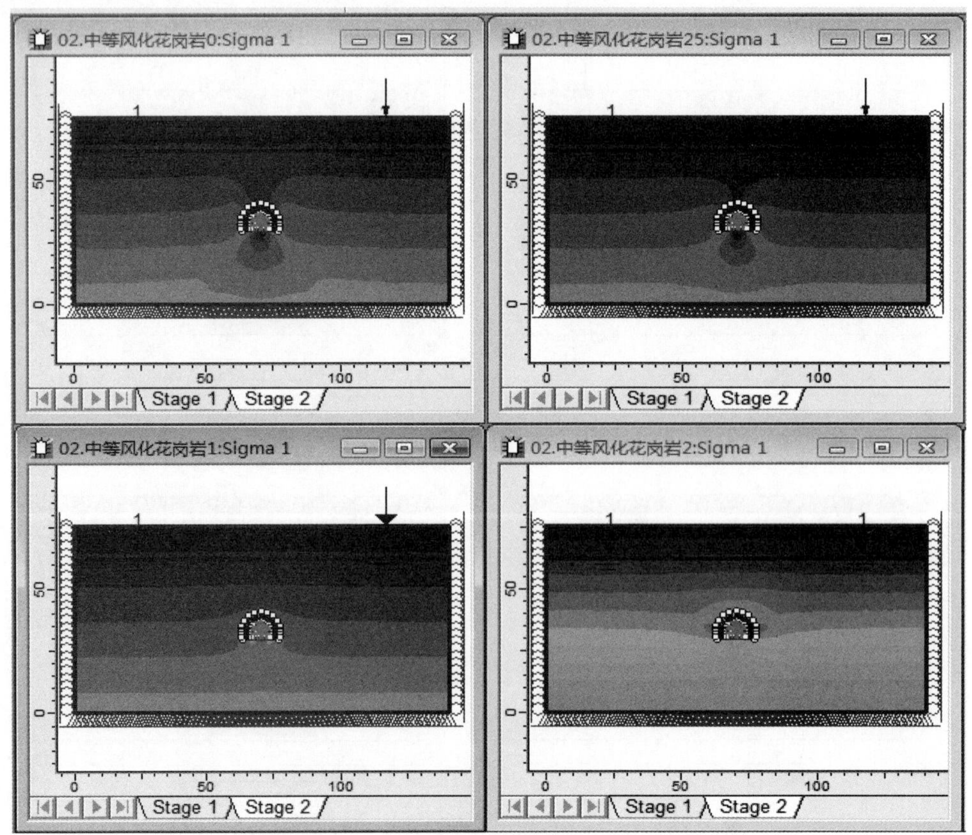

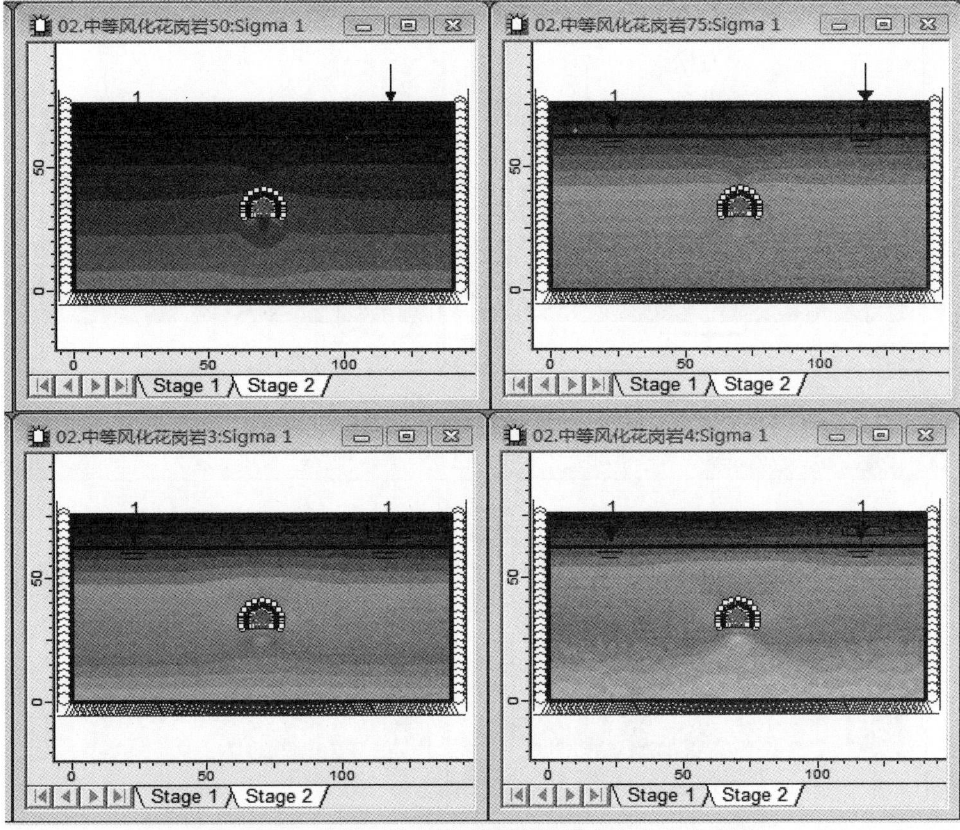

图 2.26　中等风化花岗岩围岩的最大主应力分布图

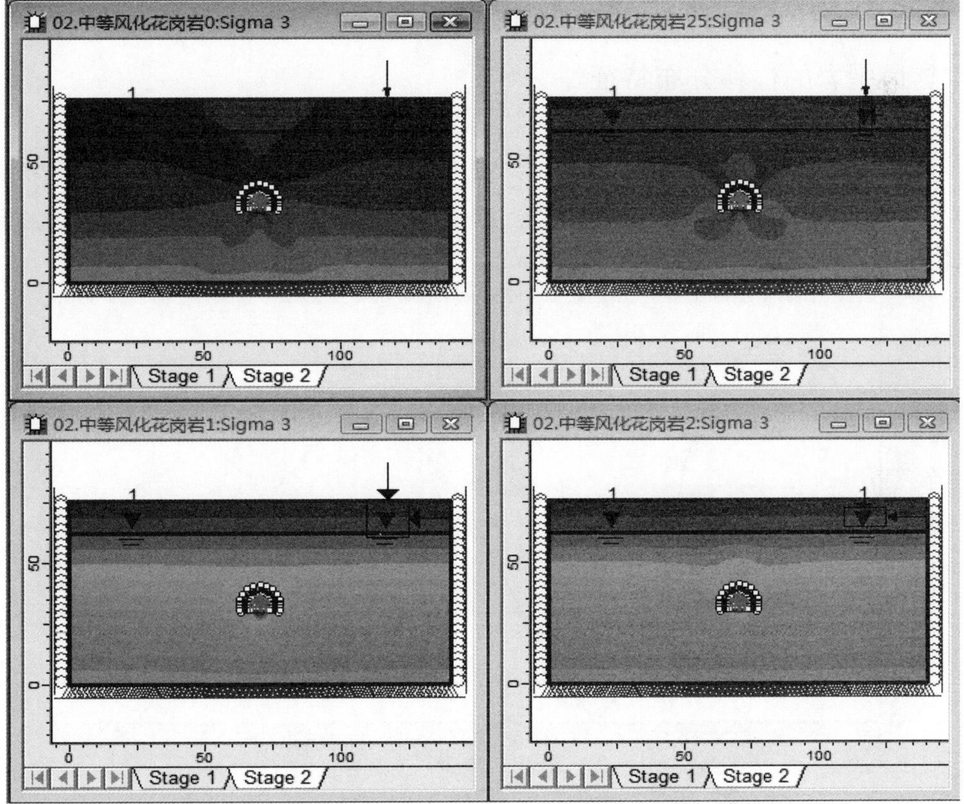

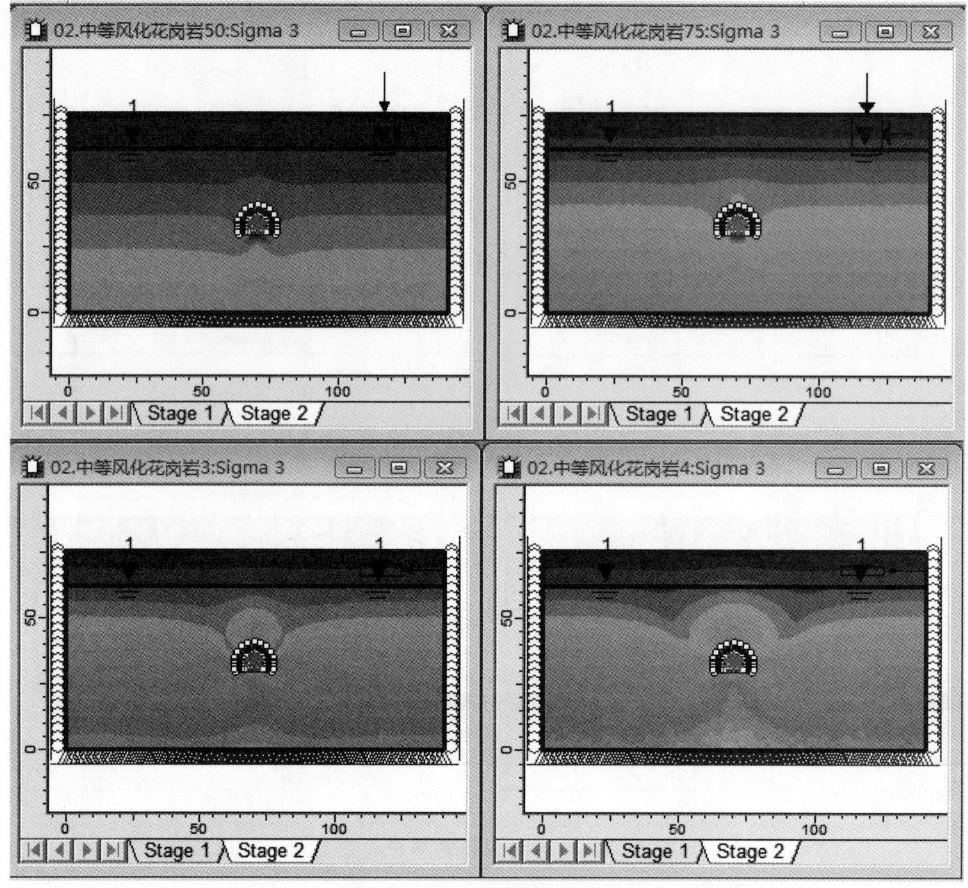

图 2.27 中等风化花岗岩围岩最小主应力分布图

2.8.3 隧道围岩的位移分布特征

（1）λ=0.5 情况

在 λ=0.5 的中等风化的花岗岩模型中，围岩的水平最大位移出现在边墙顶部拱肩处，数值很小，仅为 0.305mm，而围岩竖直方向的位移在拱顶和隧道底部都比较大，竖向位移的最大值出现在隧道底部，其量值为 0.96mm，见图 2.28 和图 2.29。

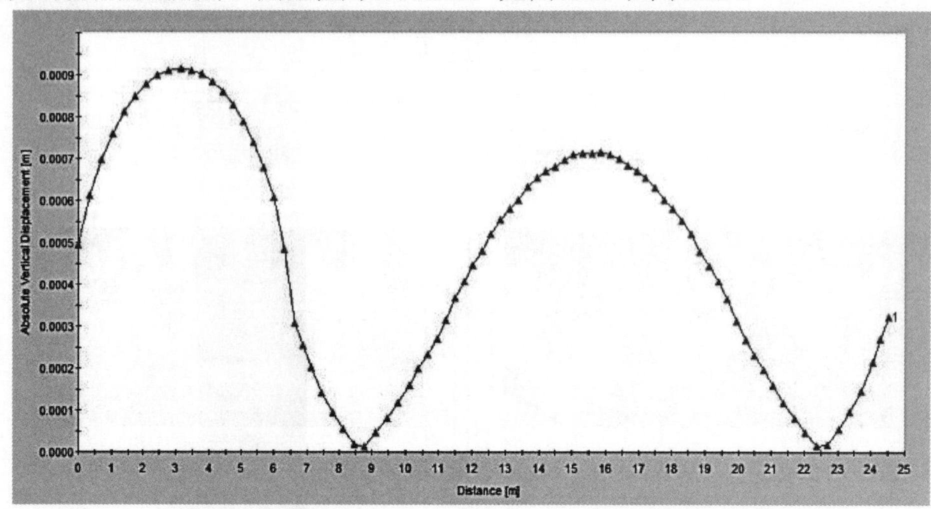

图 2.28 在侧压系数为 0.5 时中等风化的花岗岩竖向位移

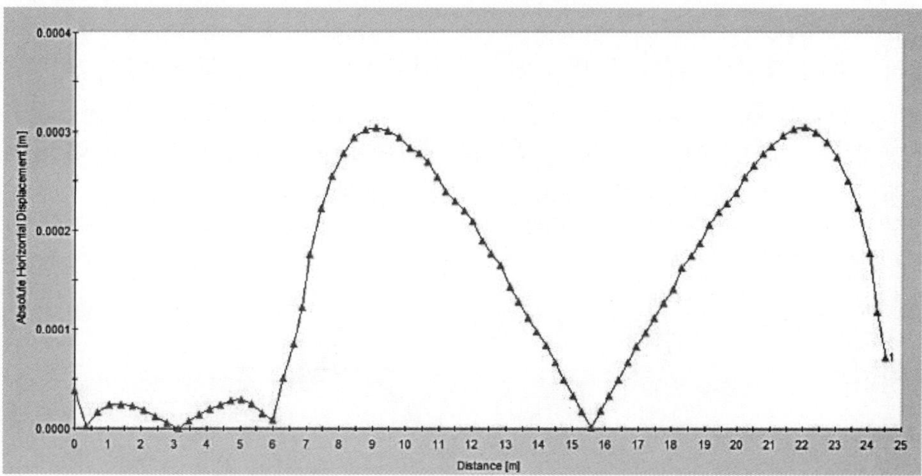

图 2.29　在侧压系数为 0.5 时中等风化的花岗岩水平位移

在 λ=0.5 的强风化的花岗岩模型中，围岩的水平最大位移出现在边墙顶部拱肩处，数值为 11.3mm，而围岩竖直方向的位移在拱顶和隧道底部都比较大，竖向位移的最大值出现在拱顶，其量值为 16.3mm，隧道底部鼓起位移为 11mm，见图 2.30 和图 2.31。

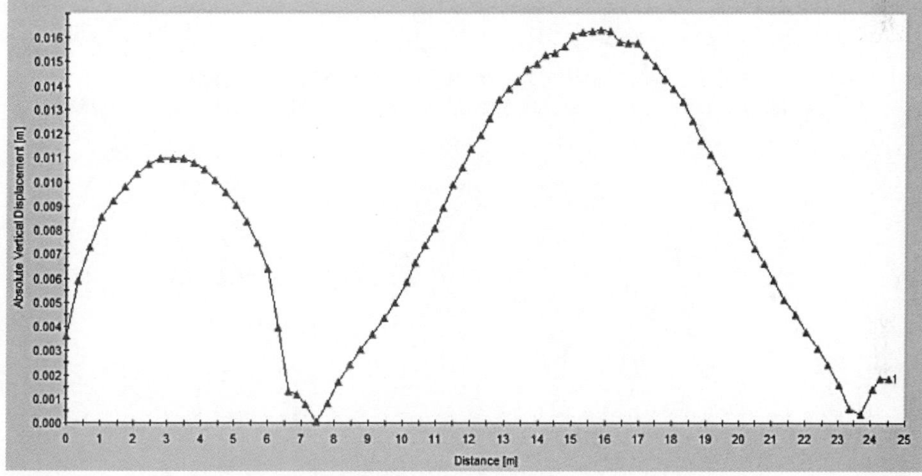

图 2.30　在侧压系数为 0.5 时强风化花岗岩竖向位移

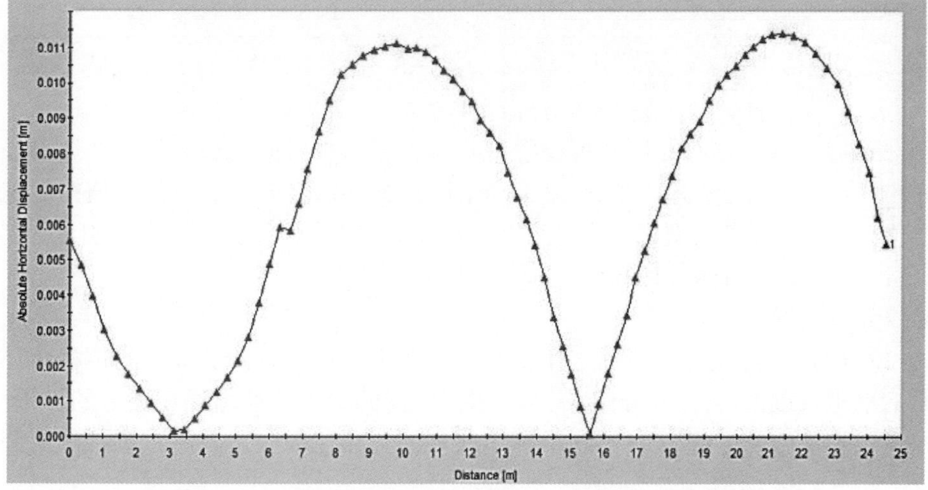

图 2.31　在侧压系数为 0.5 时强风化花岗岩水平向位移

（2）λ=1.0 情况

在 λ=1.0 的中等风化的花岗岩模型中，隧道围岩水平方向的最大位移在边墙顶部与起拱线之间的开挖轮廓线上，最大值为 0.5mm，隧道的围岩竖向的最大位移值在隧道底部拱顶和隧道顶部，隧道底部的位移很明显，隧道开挖后隧道底部的围岩向隧道内的拱起 0.85mm，顶部向隧道内位移为 0.64mm，见图 2.32 和图 2.33。

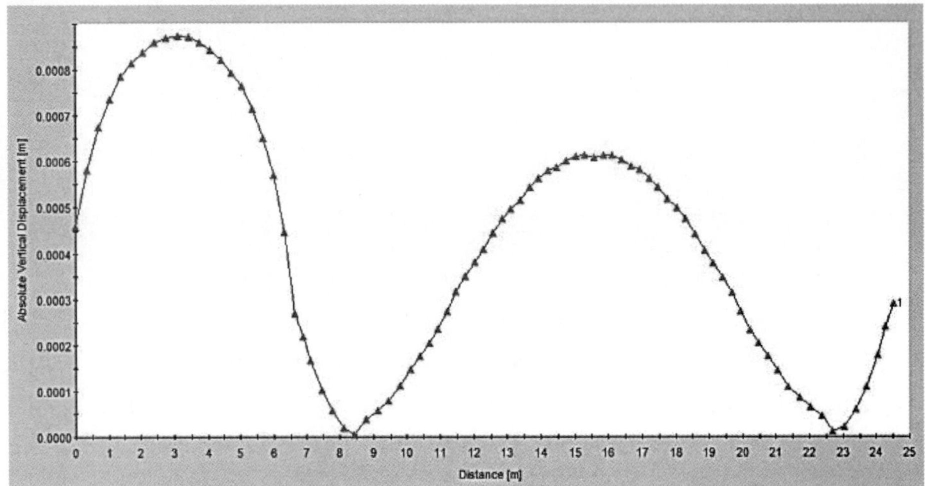

图 2.32　在侧压系数为 1 时中等风化的花岗岩竖向位移

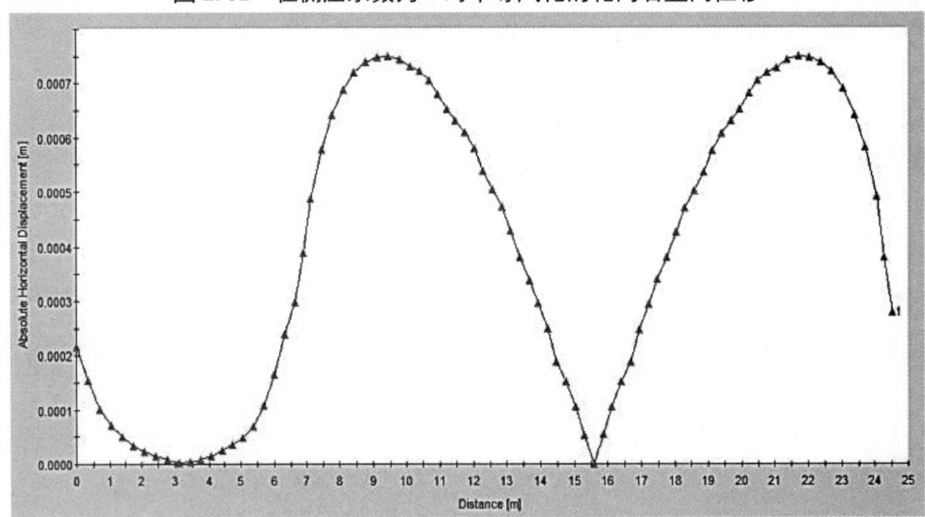

图 2.33　在侧压系数为 1 时中等风化的花岗岩水平位移

在 λ=1.0 时，强风化的花岗岩模型中，隧道围岩水平方向的最大位移在边墙顶部与起拱线之间的开挖轮廓线上，最大值为 12.3mm，隧道的围岩竖向的最大位移值在隧道底部拱顶和隧道顶部，隧道顶部向隧道内的位移为 12.4mm，隧道底部的位移也很明显，隧道开挖后底部围岩向隧道内的拱起 11.6mm，见图 2.34 和图 2.35。

（3）λ=2.0 情况

在 λ=2.0 时，中等风化的花岗岩模型中，隧道围岩水平方向的最大的位移值出现在起拱线附近，水平收敛值达 1.74mm，隧道的围岩竖向的最大位移出现在隧道的拱顶和底部，隧道开挖后，隧道底部鼓起 0.957mm，隧道底部的位移也很明显，隧道拱顶的沉降量达到 0.458mm，见图 2.36 和图 2.37。

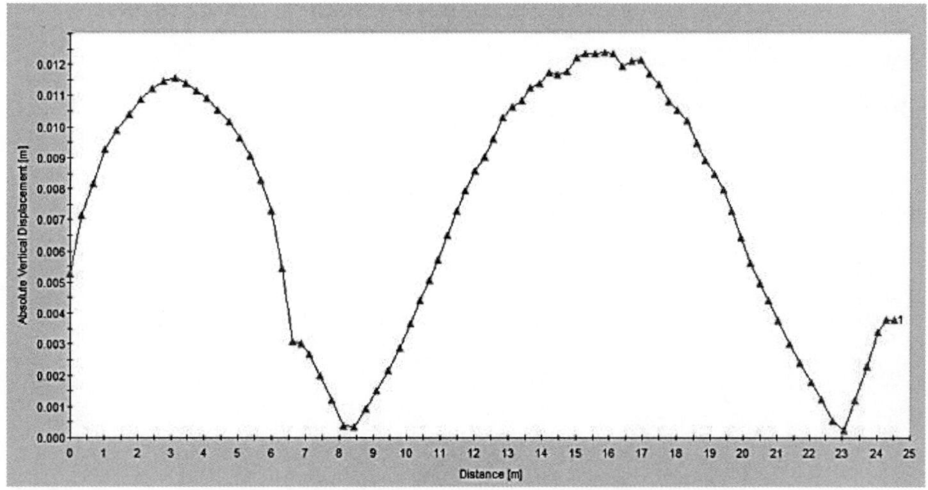

图 2.34　在侧压系数为 1 时强风化的花岗岩竖向位移

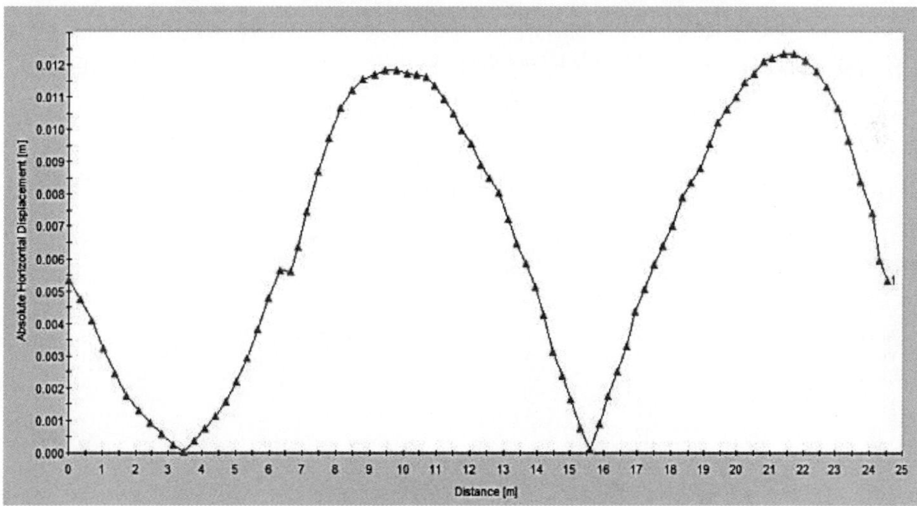

图 2.35　在侧压系数为 1 时强风化的花岗岩水平位移

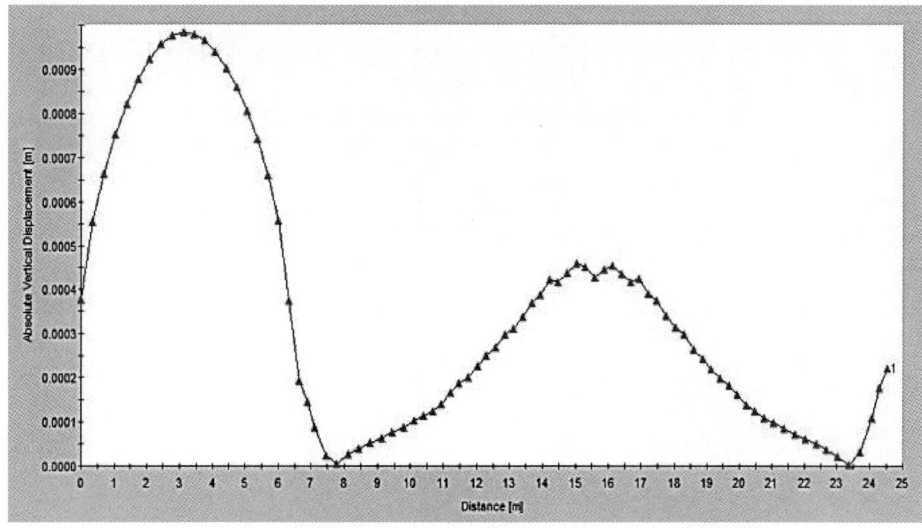

图 2.36　在侧压系数为 2 时中等风化的花岗岩竖向位移

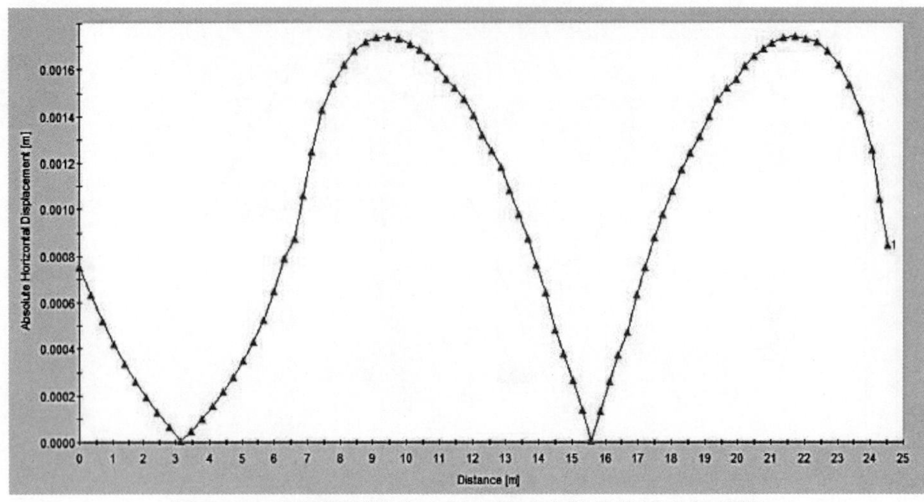

图 2.37　在侧压系数为 2 时中等风化的花岗岩水平位移

在 λ=2.0 时，强风化的花岗岩模型中，隧道围岩水平方向的最大的位移出现在起拱线附近，水平收敛值达 16.5mm，隧道围岩竖向的最大位移出现在隧道的拱顶和底部，隧道开挖后，隧道底部鼓起 16.4mm，隧道底部的位移也很明显，隧道拱顶的沉降量达到 10.8mm，见图 2.38 和图 2.39。

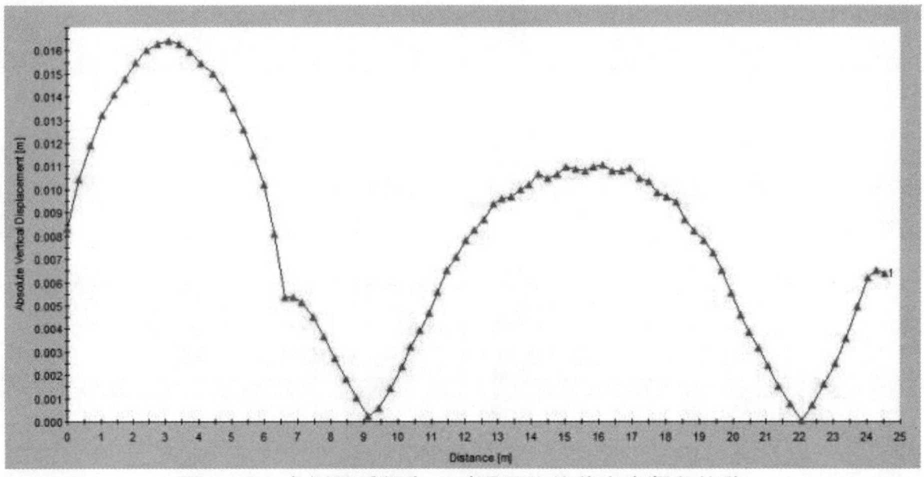

图 2.38　在侧压系数为 2 时强风化的花岗岩竖向位移

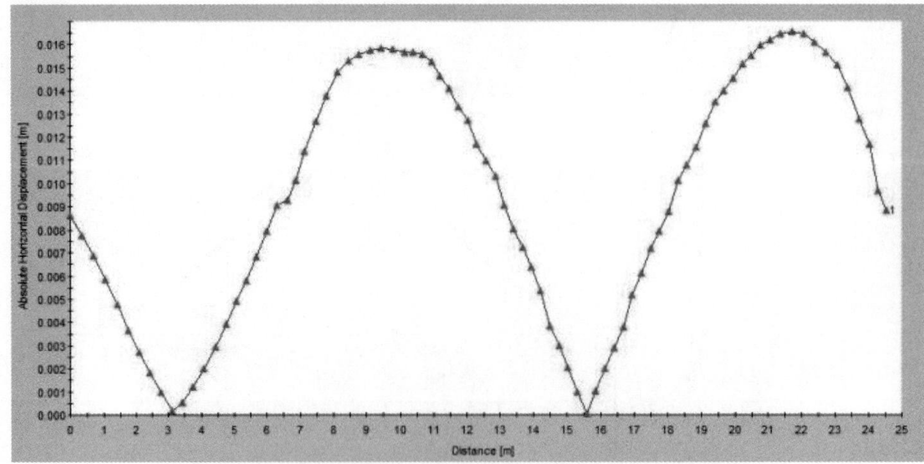

图 2.39　在侧压系数为 2 时强风化的花岗岩水平位移

从围岩各方向位移计算云图(见图 2.40 和图 2.41)可以看出：①隧道顶部的位移随着侧压系数的增大而逐渐减小，见图 2.42。②围岩竖向的扰动区随着 λ 增大而扩大，见图 2.43。

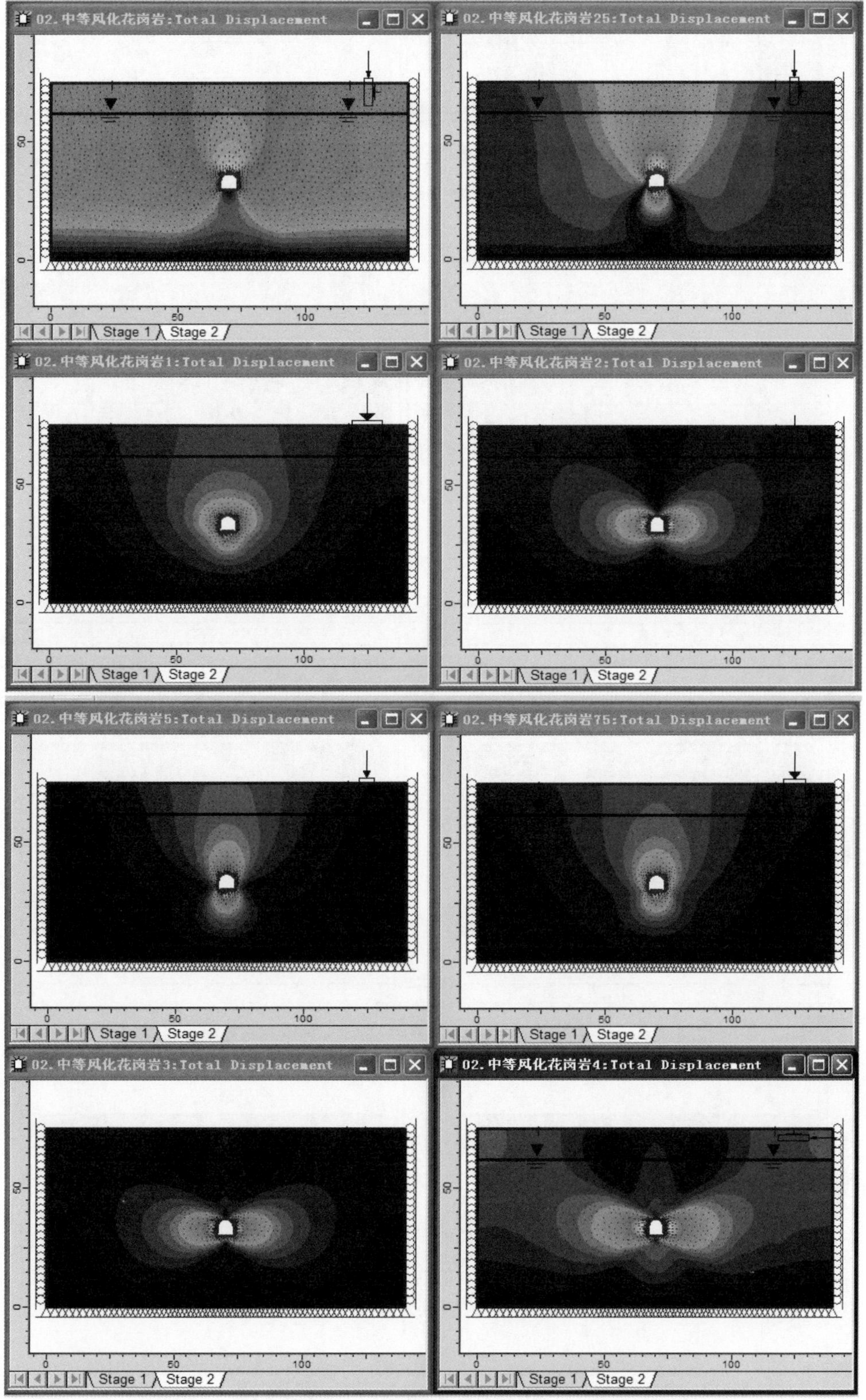

图 2.40　隧道开挖后中等风化花岗岩围岩各方向位移计算云图

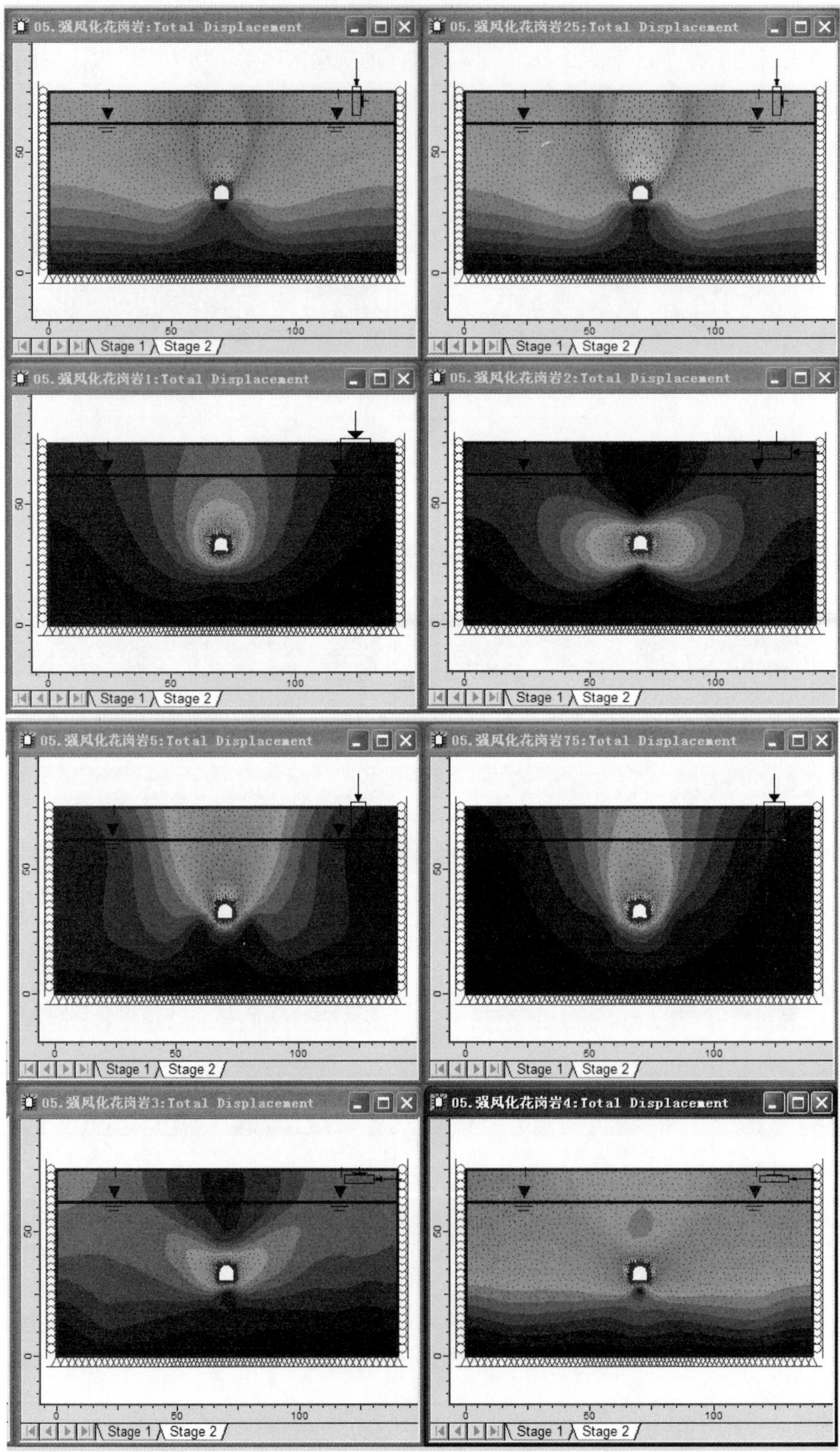

图 2.41　隧道开挖后强风化花岗岩围岩各方向位移计算云图

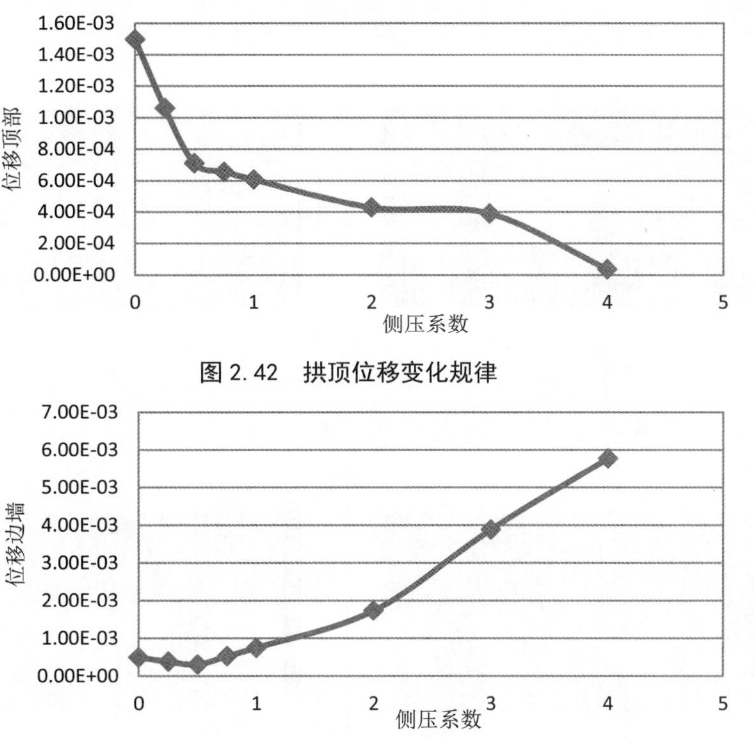

图 2.42　拱顶位移变化规律

图 2.43　边墙位移变化规律

③边墙的位移对侧压系数非常敏感，过大的侧压系数会造成洞壁过度的位移，引起洞壁的大幅收缩，影响隧道围岩的稳定，造成围岩失稳。

2.8.4　隧道开挖初支效果

中等风化的花岗岩及时添加初支后的位移分布特征图（图 2.44），与毛洞的位移分布特征图对比可以发现：

①由于及时添加了初支，水平收敛、拱底上拱和拱顶沉降量都有了较大的降低，λ=0.5 时，当水平方向的位移变化不大，竖着方向拱顶位移减小了 0.537mm，减小了 50.66%，拱顶位移减小了 0.537mm，减小了 50.66%。②λ=1.0 时，开挖轮廓线的两侧围岩位移减少 0.115，减少了 15.23%.拱顶位移减少 0.246mm，减少了 40.46%，拱底减少了 0.038mm，减少了 4.34%。③λ=2.0 时，开挖轮廓线的两侧围岩位移减少 0.25mm，减少了 14.28%，拱顶位移减少 0.3755mm，减少了 87.39%，见图 2.45～图 2.47。

强风化的花岗岩及时添加初支后的位移分布特征图见图 2.48，与毛洞的位移分布特征图对比可以发现：

①由于及时添加了初支，水平收敛、拱底上拱和拱顶沉降量都有了较大的降低，λ=0.5 时，开挖轮廓线的两侧围岩位移减少 9.49mm，减少了 77.79%。拱顶位移减少 14.04mm，减少了 86.13%，拱底减少 3.96mm，减少了 33%。②λ=1 时，开挖轮廓线的两侧围岩位移减少 10.65mm，减少了 85.2%。拱顶位移减少 11.63mm，减少了 94.53%，隧道底部减小了 6.64mm，减小了 57.24%。③λ=2 时，开挖轮廓线的两侧围岩位移减少 12.04mm，减少了 72.53%。拱顶位移减少 10.1mm，减少了 93.5%，拱底减小了 9.32mm.减小了 56.82%，见图 2.49～图 4.51。

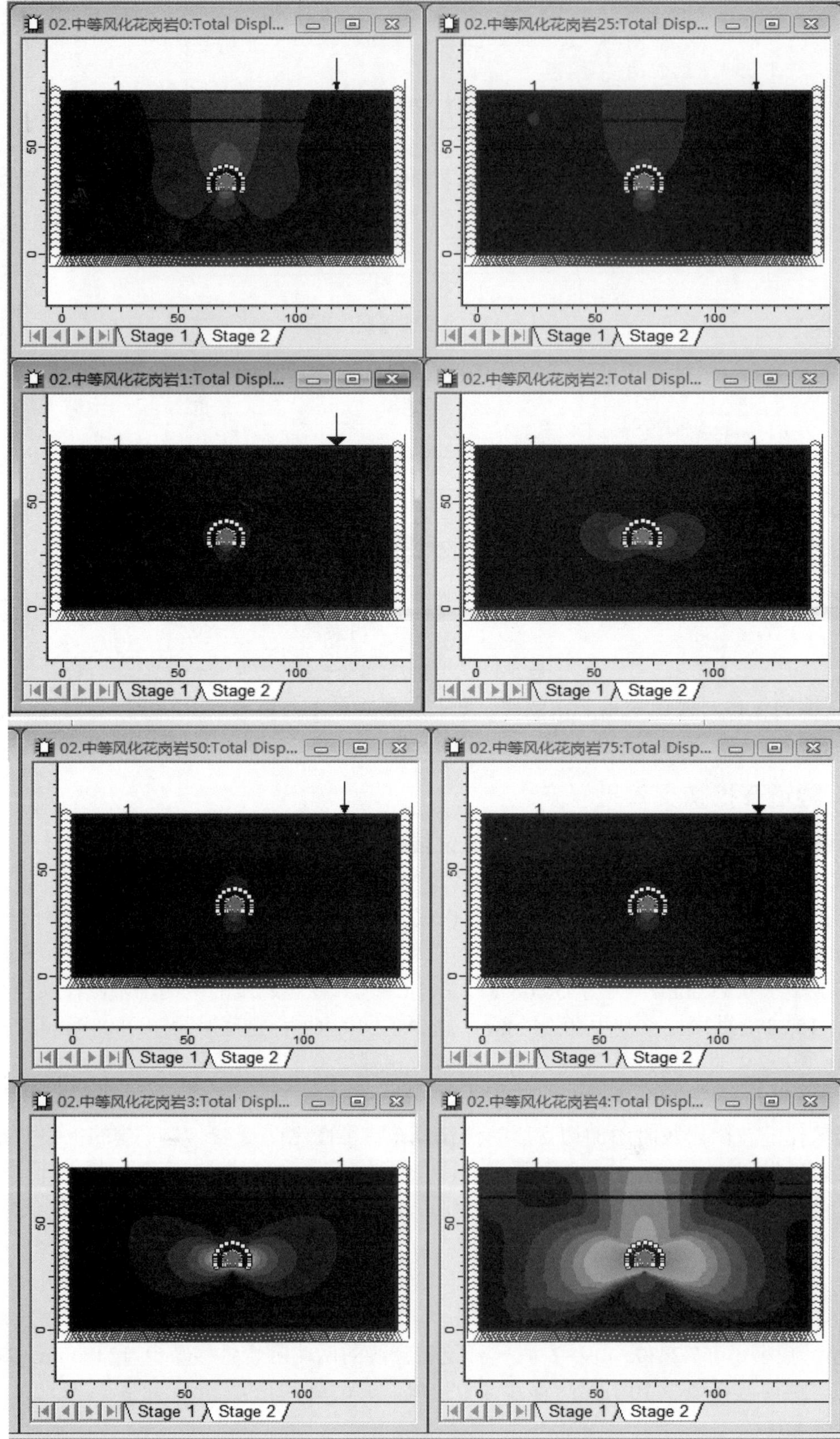

图 2.44　中等风化花岗岩不同构造地应力场位移分布

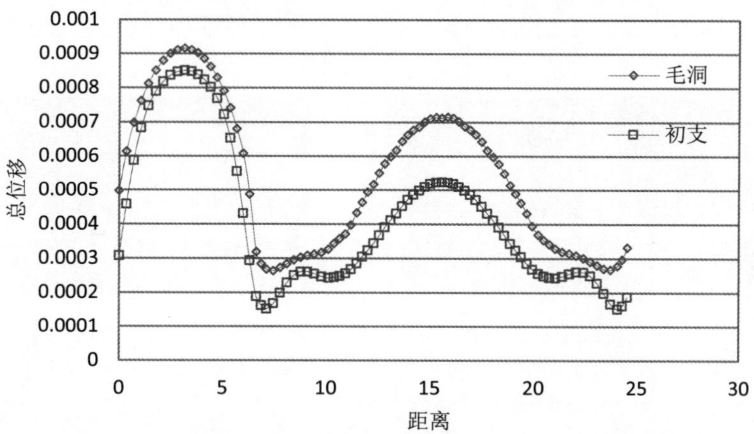

图 2.45　侧压系数为 0.5 中等风化花岗岩毛洞与支护的位移对比

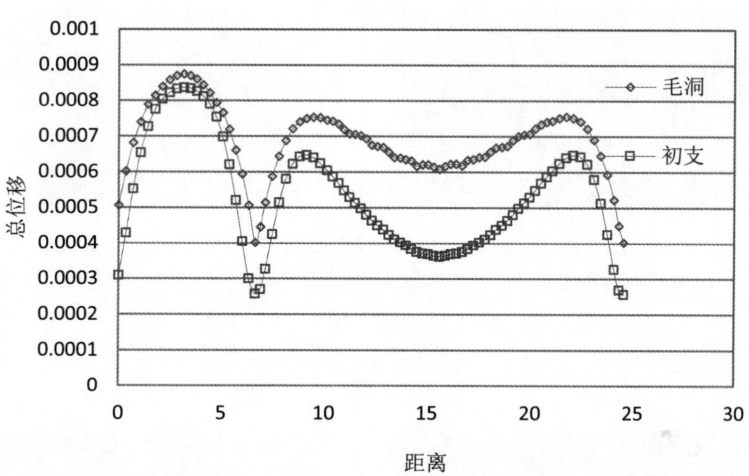

图 2.46　侧压系数为 1 中等风化花岗岩毛洞与支护的位移对比

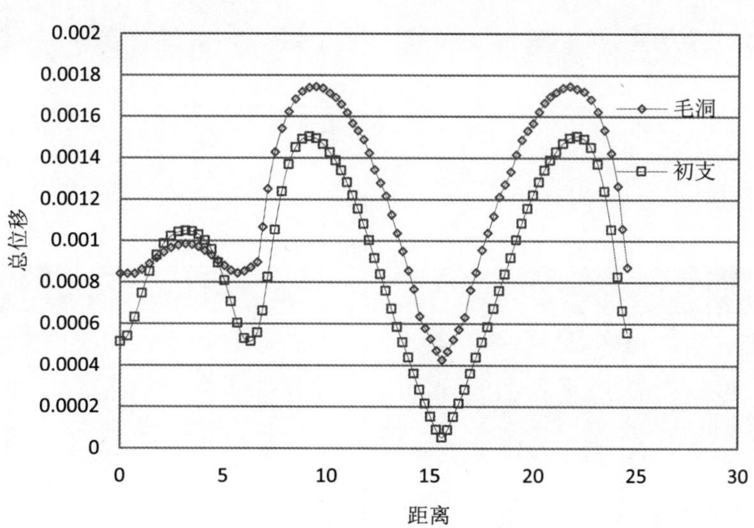

图 2.47　侧压系数为 2 中等风化花岗岩毛洞与支护的位移对比

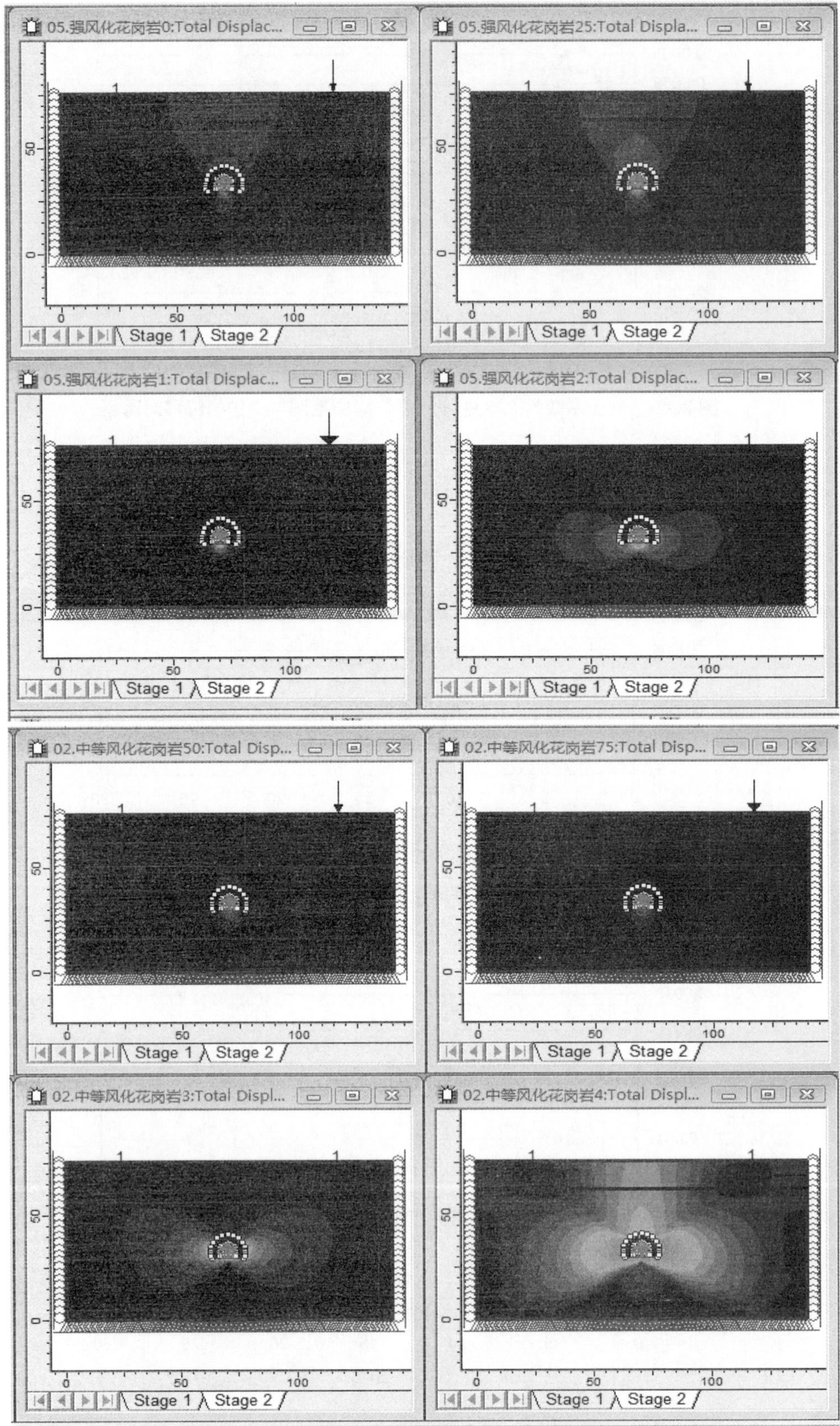

图 2.48　强风化花岗岩不同构造地应力场位移分布

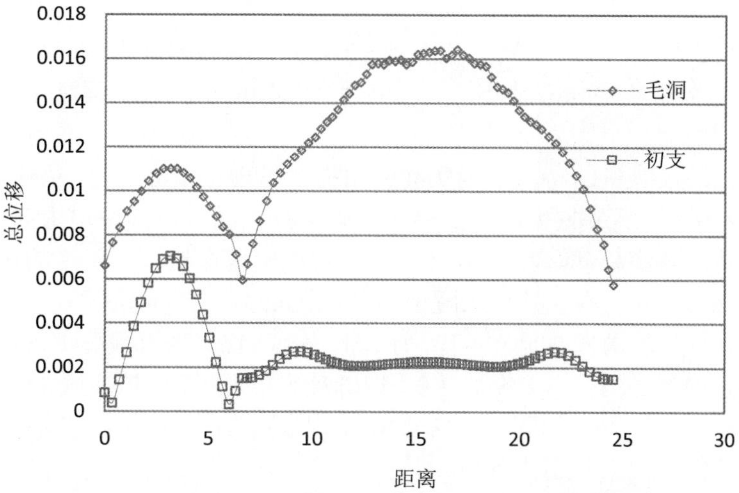

图 2.49　侧压系数为 0.5 强风化花岗岩毛洞与支护的位移对比

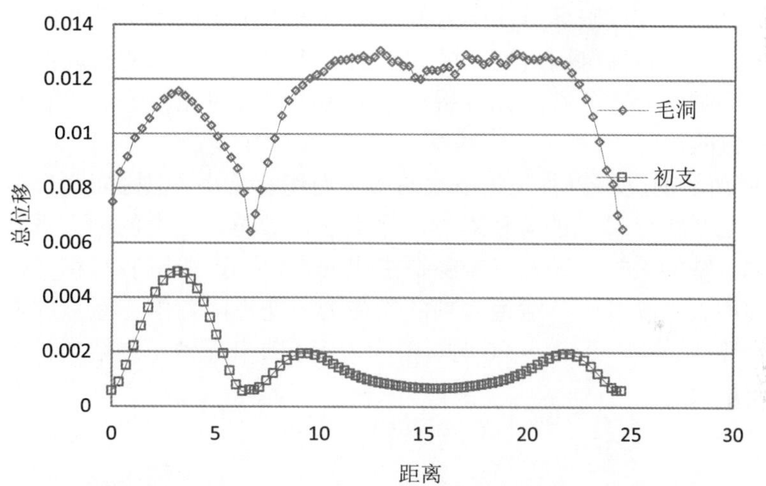

图 2.50　侧压系数为 1 强风化花岗岩毛洞与支护的位移对比

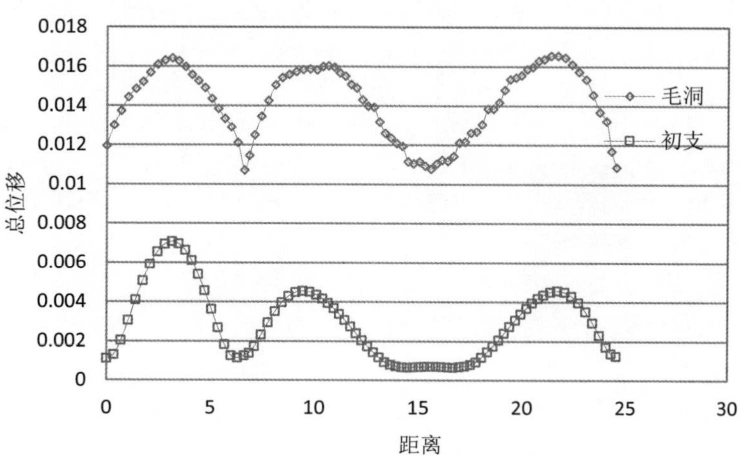

图 2.51　侧压系数为 2 强风化花岗岩毛洞与支护的位移对比

2.9 本章小结

（1）得出强风化花岗岩 R_c/σ_{max} 值在 4～7 之间，应力情况为高应力，强风化花岗岩为软质岩，强风化片麻岩 R_c/σ_{max} 值小于 4，应力情况为极高应力，强风化片麻岩为软质岩。认识了构造地应力对隧道围岩稳定性影响下的破坏形式。阐述了构造地应力影响对隧道围岩稳定性分析方法及各自的特点，为实际应用提供了理论依据。

（2）在 λ=0，裂缝最先出现在拱顶和拱脚。拱顶围岩挤向隧道内部，隧道底部鼓起，而边墙的围岩背向隧道移动。在 λ=0.25，裂纹首先出现在拱脚、隧道的边墙墙脚。拱脚处的裂缝破坏明显，拱部的围岩被挤入隧道内部。λ=0.33，裂缝最先出现在拱脚，拱顶和拱脚破坏比较突出，拱顶的围岩明显侵入隧道内部。在 λ=0.5，裂缝最先出现起拱线附近，而拱顶和拱脚的围岩向隧道内侵入。在 λ=1.0，裂缝最先出现拱顶和隧道底部，而围岩的变形较均匀，各处的破坏范围大致相同。在 λ=2.0，围岩的破坏最早是从拱顶和边墙墙脚开始的，而是边墙附近的围岩侵入隧道内部。

（3）初衬起了非常重要的作用，在一定的程度上有效阻止了围岩的大变形。隧道破坏时，所加的实际荷载远大于毛洞破坏时所加的荷载，说明了初衬对隧道围岩稳定的贡献，带有初衬的隧道模型彻底破坏时，围岩的位移显著小于毛洞模型破坏的位移。初衬产生裂缝的原因主要是，初衬抵御围岩局部的大压力产生的大变形，初衬局部弯矩过大。模型试验的结果从一个侧面验证了有限元分析结果的正确性。对比模型试验和数值分析，它们的分布规律是一致的。

（4）隧道顶部的位移随着侧压系数的增大而逐渐减小。但围岩竖向的扰动区随着测压系数 λ 的增大而扩大。边墙的位移对侧压系数非常敏感，过大的侧压系数会造成洞壁的过度位移，引起洞壁的大幅收缩，影响隧道围岩的稳定，造成围岩失稳。顶部剪应力应变随着侧压系数的增大逐渐变大。隧道底部的剪应力应变也随着侧压系数的增大逐渐变大，明显看出侧压系数从 λ=2.0 变到 λ=3.0 时，剪应力应变变化最大。边墙的基本拉应变随着侧压系数的增大而增大。

第 3 章　构造地应力影响隧道开挖支护

结合红沿河隧道的围岩分级，考虑关于构造地应力条件下围岩的分级、隧道开挖支护设计中初始地应力和构造地应力条件下隧道围岩稳定性分级，提出构造地应力影响下不同围岩隧道的开挖支护建议，优化施工设计。

3.1　隧道开挖支护设计中初始地应力的考虑

3.1.1　设计中初始地应力的考虑

隧道工程设计时，岩体初始地应力与隧道的围岩稳定有着十分密切的关系。岩体开挖后初始地应力释放会引起隧道围岩的应力重新分布，围岩稳定性取决于重新分布的应力对岩体地质因素的平衡条件。初始地应力分布情况会给施工带来麻烦甚至安全威胁[49]。施工过程中一般要考虑初始地应力，进行隧道开挖力学状态分析。以下原则和经验值得考虑。

（1）在设计中，要注意初始地应力侧压系数 λ 对围岩稳定的影响。

①当 $\lambda<1$ 时，裂缝最先出现在起拱线附近，隧道两侧出现“楔形破裂体”并向洞内移动，造成支护层发生剪切破坏。②当 $\lambda=1$ 时，裂缝最先出现在拱顶和隧道底部，而围岩的变形较均匀，各处的破坏范围大致相同，各处的破坏范围大体相当，隧道的这种受力状态是有利的。③当 $\lambda>1$ 时，围岩的破坏最早是从拱顶和边墙墙脚开始的，并随着水平应力的增大向两侧边墙发展。

（2）在水平应力为主的情况下，相互正交的两个方向水平主应力有时不尽相同，这时要注意选择洞轴方向，最好将其选择在与最大水平应力平行或靠近于最大剪应力方向，这样有利于围岩的稳定和施工的安全。如果由于某种原因不能这样考虑，可以改变隧道断面的几何形状和控制开挖顺序，即用所谓应力控制方法来达到围岩自身稳定的目的，这是因为不同的隧道断面形状能够适应不同 λ 值的应力状态。

3.1.2　在初始地应力情况下隧道可能出现的危险性情况

根据上述分析进行取水隧道围岩区划，在判断隧道结构类型和出现危险性情况基础上，提出取水隧道初期支护衬砌结构参数初步确定建议。危险性情况分为：岩爆趋势；强挤压趋势；强挤压、局部岩爆趋势或岩爆、局部强挤压趋势。取水隧道围岩区划见表 3.1。

表 3.1　隧道围岩区划

里　程	围　岩	结构类型	危险性趋势
K1+000~K1+030	中等风化花岗岩	明洞	回填塌陷趋势
K1+030~K1+045	中等风化花岗岩	洞口加强段	边坡滑坡趋势
K1+045~K1+091	中等风化花岗岩	暗洞	岩爆趋势
K1+091~K1+129	破碎中等风化花岗岩	暗洞	强挤压趋势
K1+129~K1+154	中等风化花岗岩	暗洞	岩爆趋势
K1+154~K1+256	破碎中等风化花岗岩	暗洞	强挤压趋势
K1+256~K1+341	微风化、中等风化花岗岩	暗洞	岩爆趋势
K1+341~K1+433	破碎中等风化花岗岩 局部中等风化花岗岩	暗洞	强挤压、局部岩爆趋势
K1+433~K1+468	中等风化花岗岩	暗洞	岩爆趋势
K1+468~K1+951	中等风化、强风化花岗岩 破碎中等风化花岗岩 中等风化、强风化片麻岩	暗洞	强挤压、局部岩爆趋势
K1+951~K1+966	强风化片麻岩 局部中等风化花岗岩	洞口加强段	边坡滑坡趋势

3.2 构造地应力条件下隧道围岩稳定性分级与开挖支护考虑

3.2.1 隧道岩体基本质量指标(*BQ*)评价

岩体基本质量指标分级简称 *BQ* 法，是一种通用岩体质量分类方法，作为工程岩体分级的国家标准于 1994 年提出。

首先确定岩体基本质量，再依据具体工程特点确定岩体的级别[50-52]。岩体基本质量指标(*BQ*)按下式计算：

$$BQ=90+3R_C+250K_V \tag{3.1}$$

式中：R_C—岩石单轴饱和抗压强度；K_V—岩体完整性系数。

其中

$$K_V=(V_{pm}/V_{pr})^2$$

式中：V_{pm}—岩体的纵波速度；V_{pr}—岩块纵波速度。

该分类考虑地应力，是通过对岩体基本质量指标 *BQ* 进行修正来实现，按式(3.2)求的围岩基本质量指标修正值[*BQ*]：

$$[BQ]=BQ-100(K_1+K_2+K_3) \tag{3.2}$$

式中：[*BQ*]—围岩基本质量指标修正值；*BQ*—围岩基本质量指标；K_1—地下水影响修正系数；K_2—主要软弱结构面产状影响修正系数；K_3—初始应力状态影响修正系数。

初始应力状态影响修正系数 K_3 见表 3.2。

表 3.2 初始应力状态影响修正系数 K_3

初始应力状态 \ *BQ*	>550	550～451	450～351	350～251	<250
极高应力区	1.0	1.0	1.0～1.5	1.0～1.5	1.0
高应力区	0.5	0.5	0.5	0.5～1.0	0.5～1.0

依据岩体钻孔勘测探及开挖过程中出现的现象，评估围岩的应力情况，按照表 3.3 确定围岩极高应力和高初始应力状态。

表 3.3 高初始应力地区围岩在开挖过程中出现的主要现象

应力情况	主要现象	Rc/σ_{max}
极高应力	1.硬质岩：开挖过程中有岩爆发生，有岩块弹出，洞壁岩体发生剥离，新生裂缝多，成洞性差； 2.软质岩：岩芯常有饼化现象，开挖过程中洞壁岩体有剥离，位移极为显著，甚至发生大位移，持续时间长，不易成洞	<4
高应力	1.硬质岩：开挖过程中可能出现岩爆，洞壁岩体有剥离和掉块现象，新生裂缝较多，成洞性差； 2.软质岩：岩芯时有饼化现象，开挖过程中洞壁岩体位移显著，持续时间较长，成洞性差	4～7

注：σ_{max} 为垂直洞轴线方向的最大初始应力。

确定岩体基本质量指标 *BQ* 值，以岩体基本质量指标 *BQ* 值为根据，按照表 3.4 进行工程岩体初步定级。工程岩体的详细定级，在岩体基本质量分级基础之上，再进一步结合具体实际工程的特点，主要软弱结构面的方向和组合、地下水的状态和初始应力的状态等因素，进一步对 *BQ* 值进行修正。隧道区岩体的基本质量等级基于隧道岩体基本质量指标(*BQ*)方法的评价，岩体基本质量等级划分主要考虑岩石坚硬程度和岩体完整程度的特征，来确定岩体基本质量，隧道区岩体的基本质量等级定性划分见表 3.5，岩石基本质量指标见表 3.6。结合考虑工程的特点，地下水状态、初始应力状态、工程轴线或走向线的方位与主要软弱结构面产状的组合关系等因素，对岩体基本质量指标 *BQ* 值进行修正，综合分析测绘、钻探和物探资料[53-54]，由于没有发现隧道区内软弱结构面起控制作用，影响岩体稳定性，因此可不考虑软弱结构面的影响，即主要软弱结构面产状的影响修正系数 K_2=0，初始应力状态的影响修正系数是根据初始应力的实际状态来确定，岩石基本质量分级见表 3.7。

表 3.4　按 *BQ* 值的岩土基本质量分级

基本质量级别	岩体基本质量的定性特征	岩体基本质量指标(*BQ*)
I	坚硬岩，岩体完整	>550
II	坚硬岩，岩体较完整	550~451
	较坚硬岩，岩体完整	
III	坚硬岩，岩体较破碎	450~351
	较坚硬岩或软硬岩互愚，岩体较完整	
	较软岩，岩体完整	
IV	坚硬岩，岩体破碎	350~251
	较坚硬岩，岩体较破碎～破碎	
	较软岩或软硬岩互层，以软岩为主 岩体较完整～较破碎	
	软岩，岩体完整～较完整	
V	较软岩，岩体破碎	≤250
	软岩，岩体较破碎—破碎	
	全部极软岩及全部较破碎岩	

表 3.5　岩体基本质量等级定性划分

岩性	④强风化 花岗岩	$④_1$强风化 片麻岩	⑤中等风化 花岗岩	$⑤_1$中等风化 片麻岩	⑥微风化花 岗岩
坚硬程度	软岩～较软岩	软岩	较坚硬岩	较软岩	坚硬岩
完整性	破碎～极破碎	极破碎	破碎～较破碎	较破碎	完整～较破碎
岩体基本质量等级	V	V	Ⅳ	Ⅳ	Ⅱ～Ⅲ

表 3.6　岩石基本质量指标

岩石分类	V_{pm}	V_{pr}	K_v	*Rc*	*BQ*
④强风化花岗岩	2318		0.12	11	153
⑤中等风化花岗岩	3312	4748	0.49	40	332.5
⑥微风化花岗岩	4100	5195	0.62	93	524
$④_1$强风化片麻岩	2200		0.10	7.5	137.5
$⑤_1$中等风化片麻岩	3000	3949	0.58	26	313

注：强风化花岗岩及片麻岩的完整性指数是根据定性评价结合经验值给出的。

表 3.7　岩石基本质量分级

岩石分类	*BQ*	K_1	K_3	{*BQ*}	基本质量级别
④强风化花岗岩	153	0.8	0.7	3	V
⑤中等风化花岗岩	332.5	0.8	0	252.5	Ⅳ
⑥微风化花岗岩	524	0.1	0	514	II
$④_1$强风化片麻岩	137.5	0.8	1	-42.5	V
$⑤_1$中等风化片麻岩	319	0.5	0	269	Ⅳ

注：强风化花岗岩及强风化片麻岩 {*BQ*} 出现负值，设计和施工应给以足够的重视。

3.2.2　隧道巴顿岩体质量指标(*Q*)分级

1971—1974年，挪威岩土所巴顿（Barton）等人总结249条隧道的实践，提出了将围岩分类与支护设计集于一体的隧道质量分类法[55]。这种方法广泛用于隧道工程的勘察、规划设计和施工阶段。

*Q*分类法[56]用6个参数来考察围岩结构、完整性和应力情况：(RQD / J_n)表示岩体的完整性，(J_r / J_a)表示结构面形态，(J_w / SRF)表示水与应力存在时对岩体质量的影响，根据公式(3.3)计算出*Q*值。

$$Q=(RQD/J_n)\cdot(J_r/J_a)\cdot(J_w/SRF) \tag{3.3}$$

式中：*Q*—Barton岩质评定系数；*RQD*—岩体质量指标；J_n—岩体组数；J_r—节理粗糙度；J_a—节理蚀变系数；J_w—节理水折减系数；*SRF*—应力折减系数。

地应力折减系数 *SRF* 是表示应力与围岩强度关系的，通过地应力折减系数 *SRF* 来考虑地应力对围岩类别的影响，是通过前期的地质调查大致选定，再根据隧道工程的现场应力测量和隧道围岩稳定性的观测来进一步修正 *SRF* 值，其取值按表 3.8 确定。基于巴顿岩体质量指标(Q)方法进行分级评价，岩石基本质量分级基本参数见表 3.9。

表 3.8 地应力折减系数(*SRF*)

(a)软弱带与开挖的巷道相交，开挖时可能造成岩体松脱	A 含黏上的软弱带或化学分解的岩石频繁出现，围岩非常松散(处于任何深度)	10
	B 单个含黏土软弱带，或化学分解的岩石(巷道深度<50m)	5
	C 单个含黏土软弱带，或化学分解的岩石(巷道深度>50m)	2.5
	D 坚固岩石中多个剪切带(无黏土)，松散围岩(处于任何深度)	7.5
	E 坚固岩石中含单一剪切带(无黏土，巷道深度<50m)	5.0
	F 坚固岩石中含单一剪切带(无黏土，巷道深度>50m)	2.5
	G 松散张开裂隙，严重节理化或呈“糖块”状等(处于任何深度)	5.0

注：如果剪切带仅仅影响巷道而没有与之相交，*SRF*值应降低25%～50%

		σ_{cf}/σ_1	σ_{Tf}/σ_1	*SRF*
(b)坚固岩石，岩石应力问题	H低应力，接近地表	>200	>13	2.5
	J中等应力	200～10	13～0.66	1.0
	K高应力，结构非常紧密(通常有利于稳定，但可能对岩帮的稳定不利)	10～5	0.66～0.33	0.5～2
	L轻微的岩裂(整体岩石)	5～2.5	0.33～0.16	5～10
	M严重的岩裂(整体岩石)	<2.5	<0.16	10～20

注：如果(测得)原岩应力场明显各向异性，当$5\le\sigma_1/\sigma_2\le10$时，$\sigma_{cf}$和$\sigma_{Tf}$，分别降到$0.8\sigma_{cf}$和$0.8\sigma_{Tf}$，；当$\sigma_{cf}$和$\sigma_{Tf}$分别降到$0.6\sigma_{cf}$和$0.6\sigma_{Tf}$。当$\sigma_{cf}$为无侧压抗压强度，$\sigma_{Tf}$为抗拉强度(点荷载)时，$\sigma_1$和$\sigma_2$就是最大和最小主应力；当拱顶距地表距离小于拱跨度时，可参考的记录相当少。对于这种情况建议将*SRF*从2.5增加到5。

(c)岩石在高压力下受挤压，不坚硬岩石塑性流动	N不大的岩石挤压力	5～10
	O强烈的岩石挤压力	10～20
(d)与水压有关的膨胀岩石，化学膨胀活动	P不大的岩石膨胀力	5～10
	R强烈的岩石膨胀力	10～15

表 3.9 岩石基本质量分级基本参数

岩石分类	*RQD*	J_n	J_r	J_a	J_w	*SRF*	SRF_Y	岩体分类
④强风化花岗岩	16～60 38 均值	6	1.0	1.0	1.00	2	10	V
⑤破碎、中等风化片麻岩	20～60 40 均值	6	1.0	1.0	1.00	2	10	Ⅳ
⑤中等风化花岗岩	24～68 46 均值	6	1.0	1.0	1.00	2	10	Ⅳ
⑥微风化花岗岩	30～84 57 均值	6	1.0	1.0	1.00	2	10	Ⅱ
④$_1$ 强风化片麻岩	15～57 36 均值	6	1.0	1.0	1.00	2	10	V
⑤$_1$ 中等风化片麻岩	22～62 42 均值	6	1.0	1.0	1.00	2	10	Ⅳ

注：隧道洞口J_n=20，隧道错车洞交叉口J_n=20。SRF_Y为高、极高地应力情况。

Q 系统分类法主要考虑围岩的完整性(结构面发育情况)，也考虑地应力及地下水渗透的影响，结果用具体的数值表示分类的结果，比较为直观。但是 Q 系统分类法没有直接考虑岩石的抗压强度，通过给定性描述赋权值确定参数取值，在操作过程中难免带有人为因素。

尽管如此，Q 系统的分类能用具体的数值表示分类的结果，它作为隧道分类方法的一个有益补充，使围岩分类更贴近实际地质情况。结合隧道地质情况，一般围岩应力岩体基本质量分级见表 3.10，高、极高地应力岩体基本质量分级见表 3.11。

表 3.10 一般围岩应力岩体基本质量分级

岩石分类	岩体分类	*SRF*	Q	岩体分级
④强风化花岗岩	V	2	3.170	差
⑤破碎、中等风化片麻岩	Ⅳ	2	3.330	差
⑤中等风化花岗岩	Ⅳ	2	3.830	差
⑥微风化花岗岩	Ⅱ	2	4.750	一般
④$_1$ 强风化片麻岩	V	2	3.000	差
⑤$_1$ 中等风化片麻岩	Ⅳ	2	3.500	差

表 3.11　高、极高地应力岩体基本质量分级

岩石分类	岩体分类	SRF_Y	Q	岩体分级
④强风化花岗岩	V	10	0.635	很差
⑤破碎、中等风化片麻岩	Ⅳ	10	0.700	很差
⑤中等风化花岗岩	Ⅳ	10	0.765	很差
⑥微风化花岗岩	II	10	0.850	很差
$④_1$ 强风化片麻岩	V	10	0.600	很差
$⑤_1$ 中等风化片麻岩	Ⅳ	10	0.665	很差

3.2.3　隧道岩体地质力学指标值(*RMR*)分级

比尼威斯(Bieniawski)[57-58]1973 年根据矿山掘进的经验提出了隧道岩体地质力学指标值(*RMR*)分级。岩体质量 *RMR* Bieniawski 在分类因素的选取中，确定了完整岩石材料的强度、岩石质量指标(*RQD*)、节理间距、节理条件、地下水状况这 5 个基本分类参数。

①完整岩石材料的强度。可以对原状岩石采用点荷载强度指标求出完整岩石强度值。

②岩石质量指标(*RQD*)，是在钻进时统计岩体质量指标进行岩体分类，采用直径为 75mm 的金刚石钻头和双层岩芯管在岩石中钻进，每一回次进尺中，长度大于 10cm 的岩芯段长度之和与该回次进尺的比值。

③节理间距，可以由现场勘测线的节理调查来获取，是对岩体的稳定性起关键作用的节理的间距。

④节理条件主要考虑了节理宽度、张开度、连续性、粗糙度、节理面的软硬、所含的充填物和节理延伸的长度等因素，节理条件是以最光滑最软弱的一组节理来考虑。

⑤地下水状况，可以通过勘探平洞导洞的涌水量、裂隙水压力与岩体主应力之比，或是地下水的总的状态，对地下水条件的某个一般性的定性观测结果，确定地下水对岩体稳定性的影响。

根据各类参数的实测资料，按照标准分别评分；然后将 5 个不同参数值的评分值相加得岩体质量总分 *RMR* 值，全部所需参数、描述和数值如表 3.12 所示。

$$RMR = \sum_{i=1}^{5} R_i \tag{3.4}$$

式中：$R_i(i=1，\cdots，5)$—第 i 种分类因素的评分值(表 5.13)。

再考虑节理产状对不同岩土工程的影响，按节理分类对 *RMR* 值进行修正，其修正值就是基于节理产状的有利程度；最后，用修正后的 *RMR* 值将岩体分级。围岩级别的确定如表 3.12 和表 3.13 所列。

表 3.12　按总评分值确定的围岩级别

评分值(*RMR*)	100～81	80～61	60～41	40～21	<20
分类级 质量描述	I 非常好	II 好	III 一般	Ⅳ 差	V 非常差

表 3.13　围岩分类级别及含义

分类级别	I	II	III	Ⅳ	V
平均自稳时间	6m 跨 10 年	4m 跨 6 个月	3m 跨 1 星期	1.5m 跨 5 小时	0.5m 跨 10 分钟
围岩凝聚力(kPa)	>300	200～300	150～200	100～150	<100
围岩内摩擦角(°)	>45	40～45	35～40	30～35	<30

RMR 分类考虑了完整岩石材料的强度、岩石质量指标(*RQD*)、结构面的间距和性质、地下水的影响以及主要结构面的修正，但是未考虑地应力的影响，而地应力会对隧道围岩分类产生明显的影响。尽管如此，*RMR* 分类条款简单明确，*RMR* 分类是以实测参数为基础，这些参数可在现场容易获得，*RMR* 分类是隧道分类重要的方法。

结合隧道地质情况，洞岩体地质力学指标值(*RMR*)分级见表 3.14 和表 3.15。

表 3.14 岩体地质力学指标值(*RMR*)

岩石分类	岩体完整性评分值	*RQD* 评分值	节理间距评分值	节理条件评分值	地下水评分值	*RMR* 评分值
④强风化花岗岩	1.5	8.0	8.0	9.0	4.0	30.5
⑤破碎、中等风化片麻岩	2.0	8.5	10.0	13.0	4.0	37.5
⑤中等风化花岗岩	4.0	10.0	13.0	21.0	4.0	52.0
⑥微风化花岗岩	7.0	11.0	15.0	25.0	4.0	62.0
$④_1$强风化片麻岩	2.0	8.0	6.0	6.0	4.0	26.0
$⑤_1$中等风化片麻岩	3.0	9.0	12.0	16.0	4.0	44.0

表 3.15 *RMR* 分级与自稳

岩石分类	*RMR* 评分值	围岩级别及描述		隧道平均自稳时间
④强风化花岗岩	30.5	Ⅳ	差	1.5m 跨，5 小时
⑤破碎、中等风化片麻岩	37.5	Ⅳ	差	1.5m 跨，5 小时
⑤中等风化花岗岩	52.0	Ⅲ	一般	3.0m 跨，1 星期
⑥微风化花岗岩	62.0	Ⅱ	好	3.0m 跨，6 个月
$④_1$强风化片麻岩	26.0	Ⅳ	差	1.5m 跨，5 小时
$⑤_1$中等风化片麻岩	44.0	Ⅲ	一般	3.0m 跨，1 星期

3.2.4 高地应力条件下施工中隧道开挖支护类型判定

隧道岩体基本质量指标(*BQ*)评价是一个经验判断与测试计算、定性与定量相结合的分类方法，隧道岩体基本质量指标(*BQ*)评价通过初始应力状态影响修正系数K_3考虑了地应力的影响[59]。隧道巴顿岩体质量指标(*Q*)分级对高地应力条件有一定的考虑，通过对应力折减系数*SRF*的调整未体现地应力对围岩类别的影响，隧道岩体地质力学指标值(*RMR*)分级没有考虑地应力对岩体质量的影响[60]。在隧道施工中确定了13个参数，通过三种方法对围岩级别的综合分类确立围岩见图3.1，能够较好地反映岩体实际情况，如表3.16所列。

（a）隧道掌子面岩体结构

（b）现场掌子面的测试

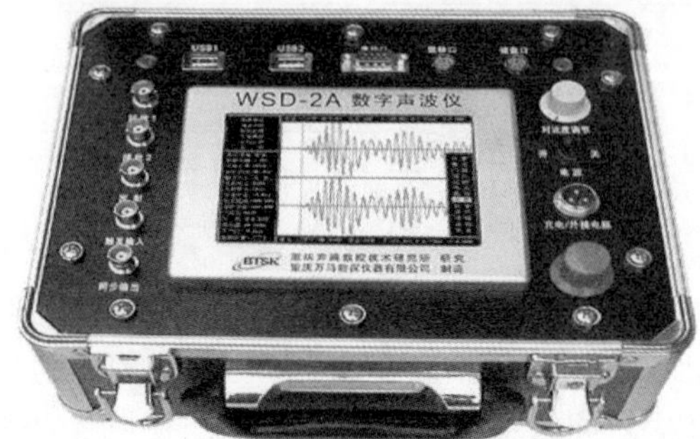

（c）声波仪测试仪

（d）点荷载和抗压试验仪

图 3.1 围岩分级评价过程

表 3.16　隧道掌子面围岩参数评分、围岩类别与初衬支护类型

序号	围岩类别判定参数		7 月 26 日	7 月 27 日	7 月 30 日	8 月 1 日	8 月 7 日
	里程		K1+478	K1+476	K1+469	K1+464	K1+450
1	完整岩石	点荷载强度/MPa	0.16-0.46	0.13-0.21	0.07-1.64	0.52-2.02	0.07-0.11
		单轴抗压强度/MPa	6.37-13.79	5.46-7.82	3.21-34.95	15.01-40.79	3.44-4.84
	评分值		2	2	4	4	1
2	RQD/%		10	10	42	62	20
	评分值		3	3	8	13	3
3	节理间距/m		0.2-0.6	<0.06	0.2-0.4	0.2-0.6	0.25-0.33
	评分值		10	5	10	10	10
4	节理条件评分值		10	10	10	10	10
5	地下水评分值		10	10	7	4	10
6	产状评分值		-8	-8	-10	-8	-8
7	节理组数 J_n		2	0	2	3	4
	评分值		6	20	6	9	15
8	节理的粗糙度 J_r 评分值		3	3	3	3	3
9	节理的蚀变程度 J_a 评分值		3	3	3	3	3
10	节理水折减系数 J_w 评分值		1	1	1	1	1
11	地应力折减系数 SRF 评分值		10	7.5	10	7.5	5
12	岩体纵波波速/(m/s)		2675	1870	2950	2090	3000
13	岩块纵波波速/(m/s)		3537	3605	3980	3320	3520
BQ 分级	$BQ=90+3R_C+250K_V$，$[BQ]=BQ-100(K_1+K_2+K_3)$		118	68	144	191	135
			Ⅴ类围岩	Ⅴ类围岩	Ⅴ类围岩	Ⅴ类围岩	Ⅴ类围岩
Q 分级	$Q=(RQD/J_n)\cdot(J_r/J_a)\cdot(J_w/SRF)$		0.167	0.067	0.700	0.919	0.267
			很差类别围岩	极差类别围岩	很差类别围岩	很差类别围岩	很差类别围岩
RMR 分级	$RMR=\sum_{i=1}^{5}R_i$		27	22	29	33	26
			Ⅳ类围岩	Ⅳ类围岩	Ⅳ类围岩	Ⅳ类围岩	Ⅳ类围岩
	质量描述		差	差	差	差	差
	平均自稳时间		1.5m 跨 5 小时	1.5m 跨 5 小时	1.5m 跨 5 小时	1.5m 跨 5 小时	1.5m 跨 5 小时
初衬支护类型			V-1 过渡段初支类型	Ⅵ支护类型	V-1 过渡段初支类型	V-1 初支类型	V-1 过渡段初支类型

3.3 构造地应力影响下的不同围岩隧道开挖支护参数建议

目前，鉴于岩体力学问题的复杂性、隧道工作状态极为复杂，我国隧道的设计还停留在工程类比阶段，数量众多的隧道直接套用标准图设计、施工。现行的许多规范也把类比法设计放在了一个重要位置上，设计中生硬套用标准图，导致隧道设计很难结合实际地质，降低了支护的效率，增加了施工的安全风险。

隧道的标准图沿用几十年而缺少变化，存在诸多弊端[61]，主要体现在：设计理论不完善，轻视隧道底部结构的作用，造成不少隧道的底部设计薄弱诱发隧道病害；采用隧道断面形式不适当，造成无法应对应力集中；影响施工速度和隧道的施工安全。针对上述存在的问题，设计、施工单位要求对隧道设计的标准图进行改进，对隧道衬砌支护参数进行优化，实现安全和经济的要求越来越高。设计、施工单位的要求重点在以下方面：①隧道施工开挖围岩稳定性最好；②及时衬砌支护稳定性最好；③优化隧道初衬支护参数与标准图相比，技术可行性和经济实用性最好。综合上述分析[62-65]，红沿河隧道开挖支护建议如下：隧道处于中等风化花岗岩及片麻岩的Ⅳ类围岩和强风化花岗岩及片麻岩的Ⅴ类围岩，围岩极不稳定，视岩性可采用相应施工支护并加强监测，适时调整支护参数。

3.3.1 隧道洞体段开挖支护

隧道支护主要采用锚喷支护方法，锚喷支护一般按工程类比法进行设计，并按《水工隧道设计规范》锚喷支护类型及其参数选用，不同岩性支护方案如下。

（1）Ⅴ类围岩(强风化片麻岩)。隧道处于强风化片麻岩的Ⅴ类围岩，施工时可采用锚喷挂网，设置钢拱架超前小导管支护。Ⅴ-1型支护方案见图3.2。

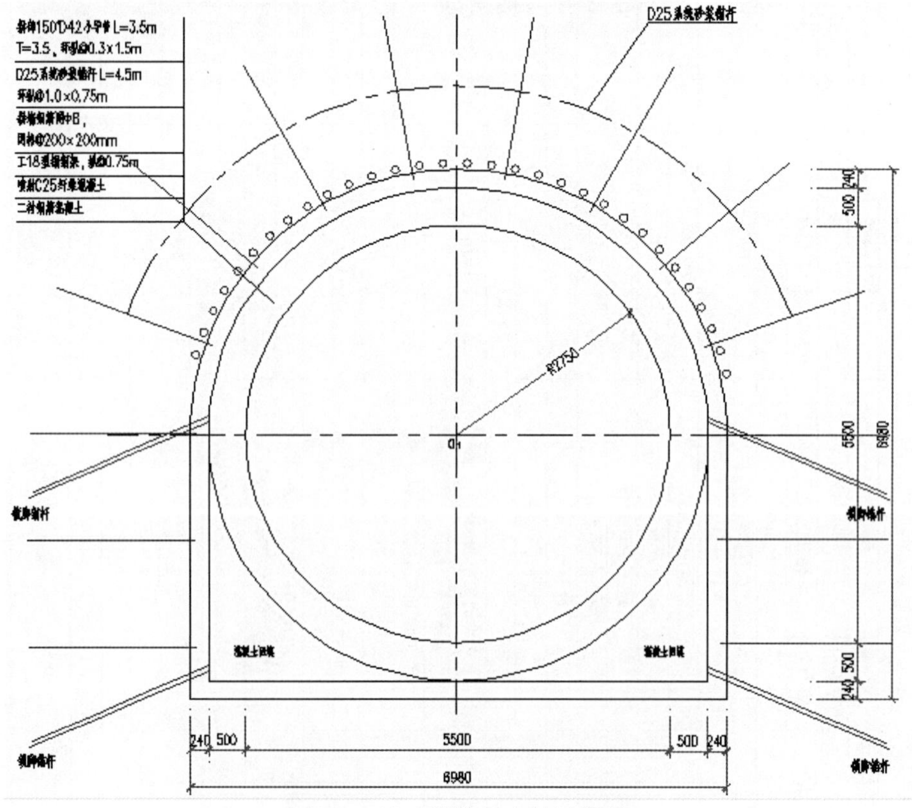

图 3.2 Ⅴ-1 型施工支护示意图

（2）Ⅴ类围岩(强风化花岗岩)。隧道处于强风化花岗岩的Ⅴ类围岩，施工时可采用锚喷挂网，设置钢拱架超前小导管支护。Ⅴ-2型支护方案见图3.3。

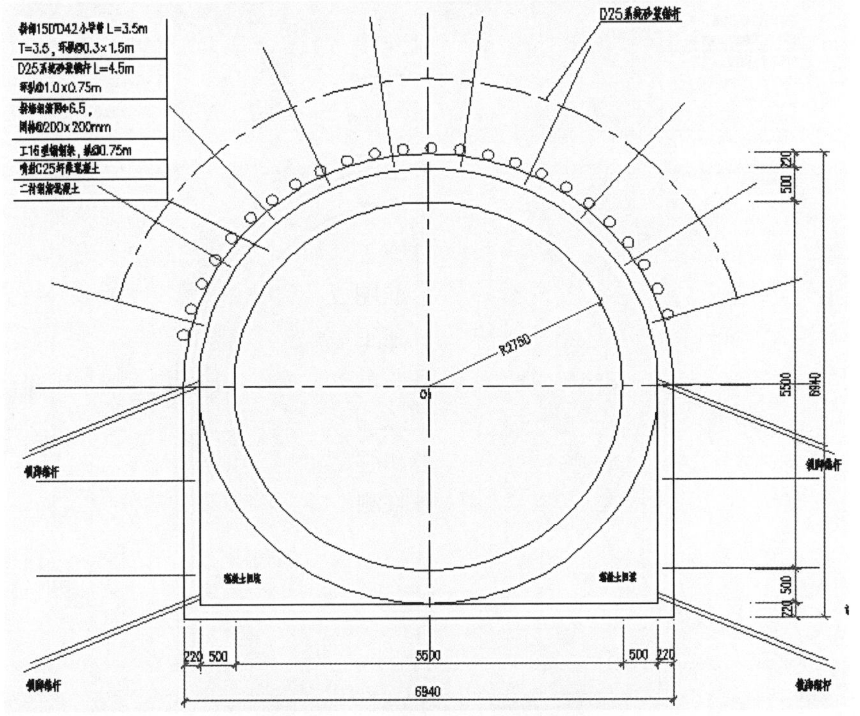

图 3.3　Ⅴ-2 型施工支护示意图

（3）Ⅳ类围岩(中等风化片麻岩)。隧道处于中等风化片麻岩的Ⅳ类围岩，施工时可采用锚喷挂网，设置钢拱架超前小导管支护。Ⅳ-1型支护方案见图3.4。

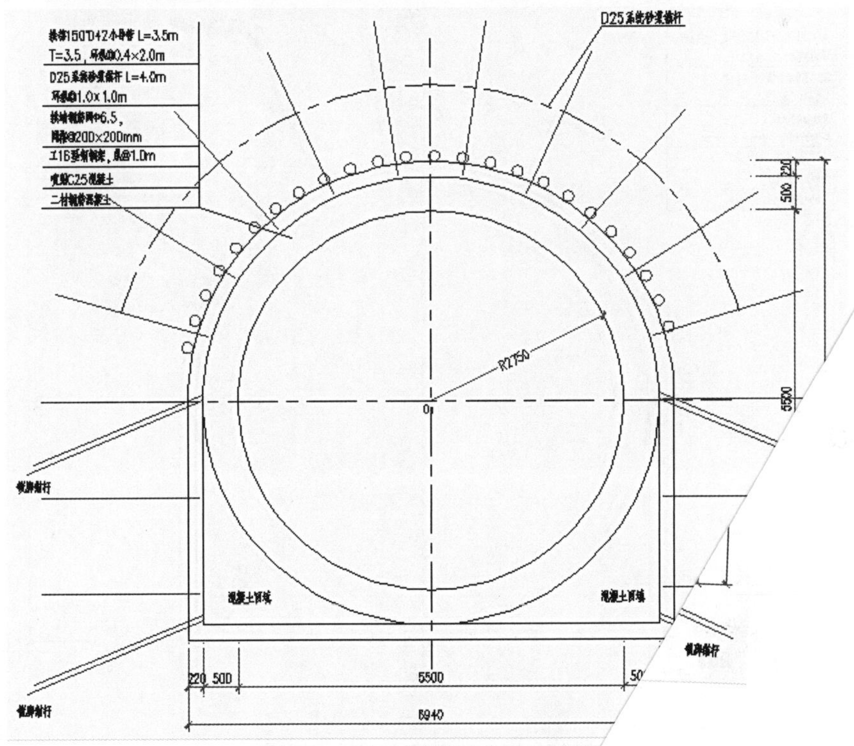

图 3.4　Ⅳ-1 型施工支护示意图

（4）Ⅳ类围岩(破碎中等风化花岗岩)。隧道处于破碎中等风化花岗岩的Ⅳ类围岩，施工时可采用锚喷挂网，设置钢拱架超前小导管支护。Ⅳ-2型支护方案见图3.5。

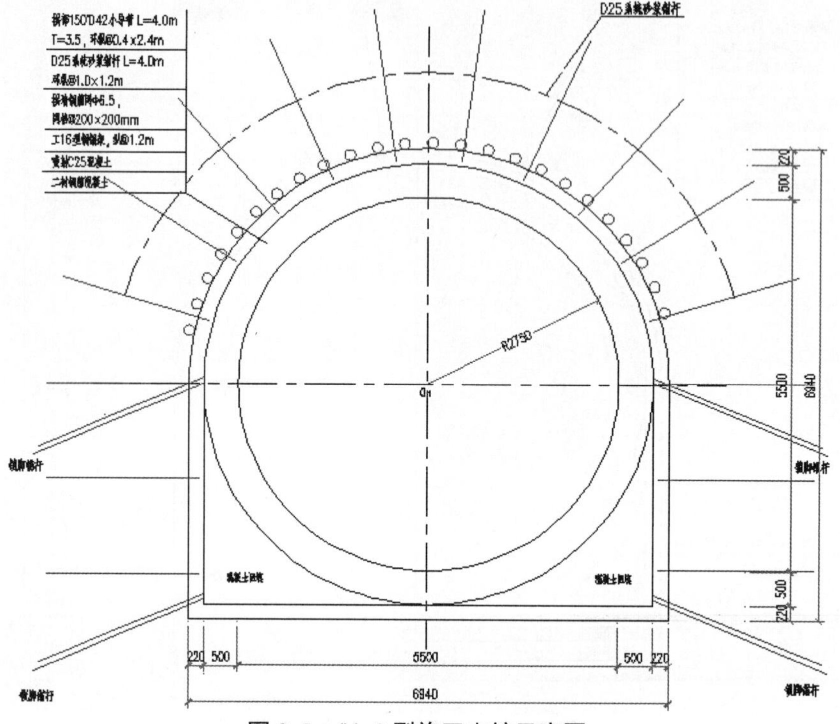

图 3.5 Ⅳ-2 型施工支护示意图

（5）Ⅳ类围岩(中等风化花岗岩)。隧道处于中等风化花岗岩的Ⅳ类围岩，施工时可采用锚喷挂网，设置钢拱架超前锚杆支护。Ⅳ-3型支护方案见图3.6。

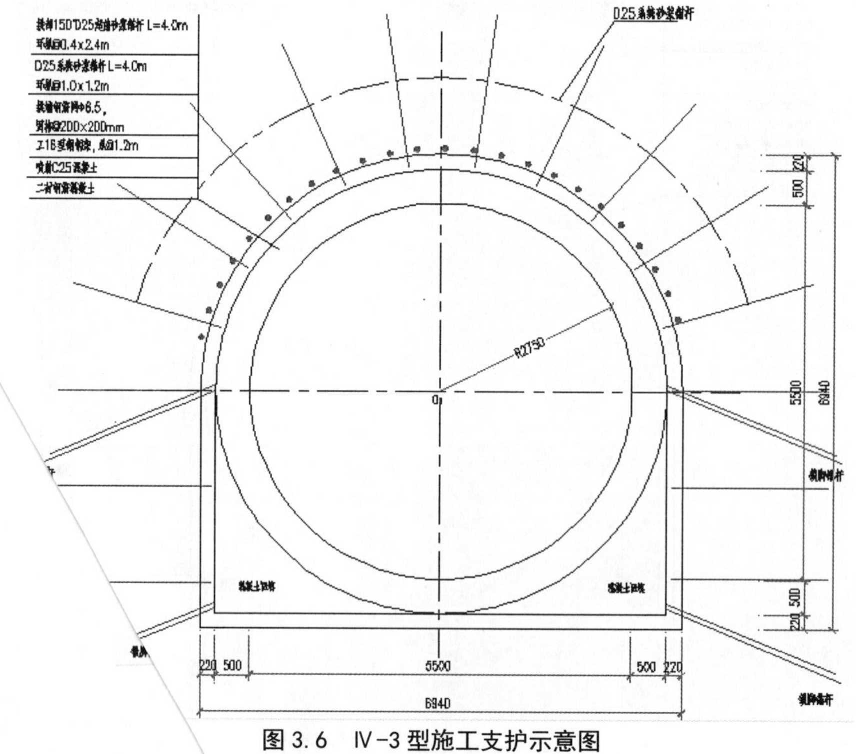

图 3.6 Ⅳ-3 型施工支护示意图

（6）III类围岩(微风化花岗岩)。隧道处于微风化花岗岩的III类围岩，施工时可采用锚喷挂网，设置超前锚杆支护。III型支护方案见图3.7。

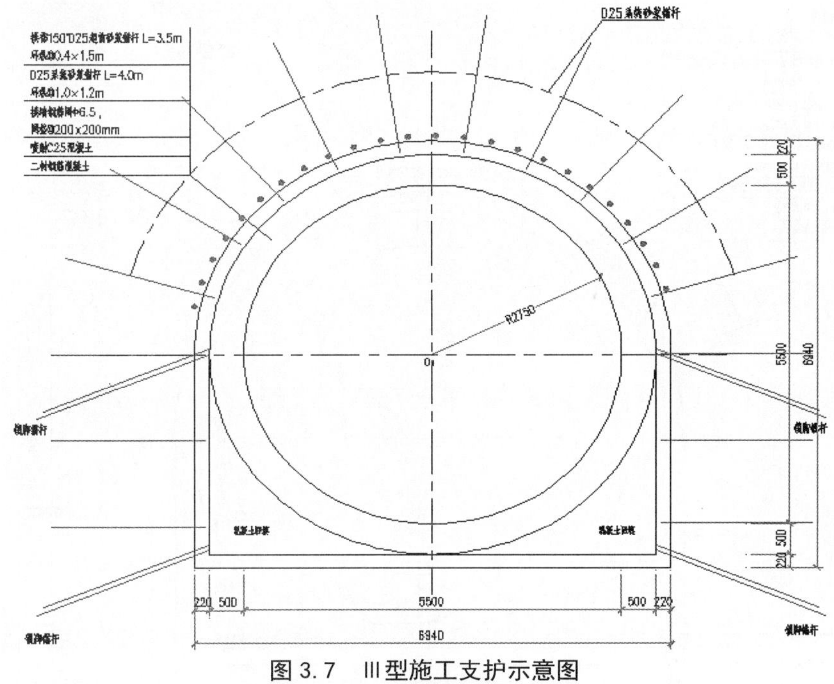

图 3.7　III 型施工支护示意图

3.3.2　隧道洞口段、节理裂隙密集带开挖支护

（1）隧道洞口段开挖支护。隧道施工时可采用锚喷挂网，设置钢拱架超前管棚支护。V-1加强型支护见图3.8。

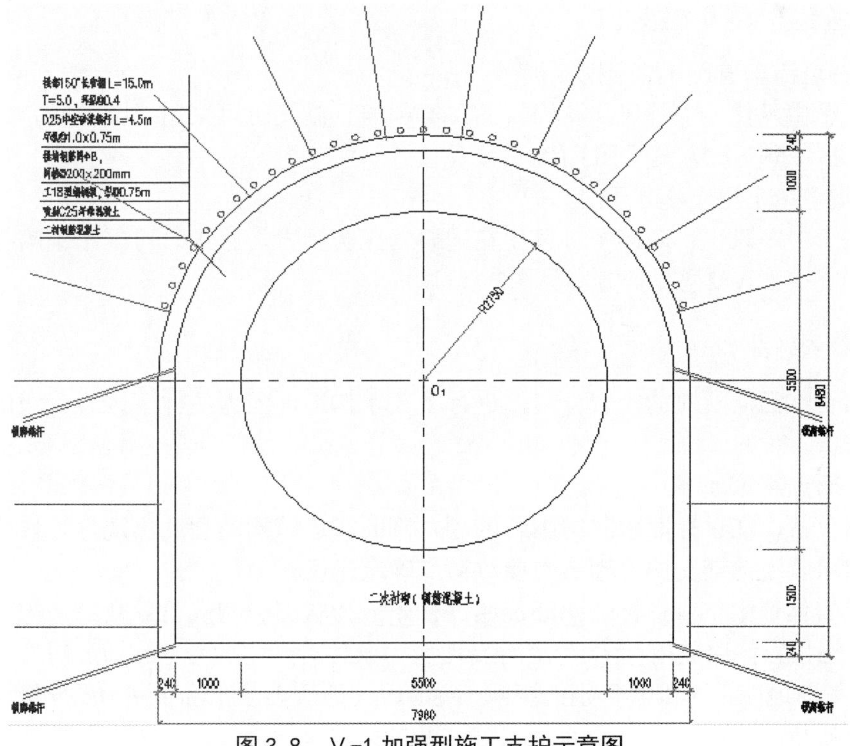

图 3.8　V-1 加强型施工支护示意图

（2）隧道节理裂隙密集带开挖支护。隧道施工时可采用锚喷挂网，设置钢拱架超前管棚支护。Ⅴ-2加强型支护方案见图3.9。

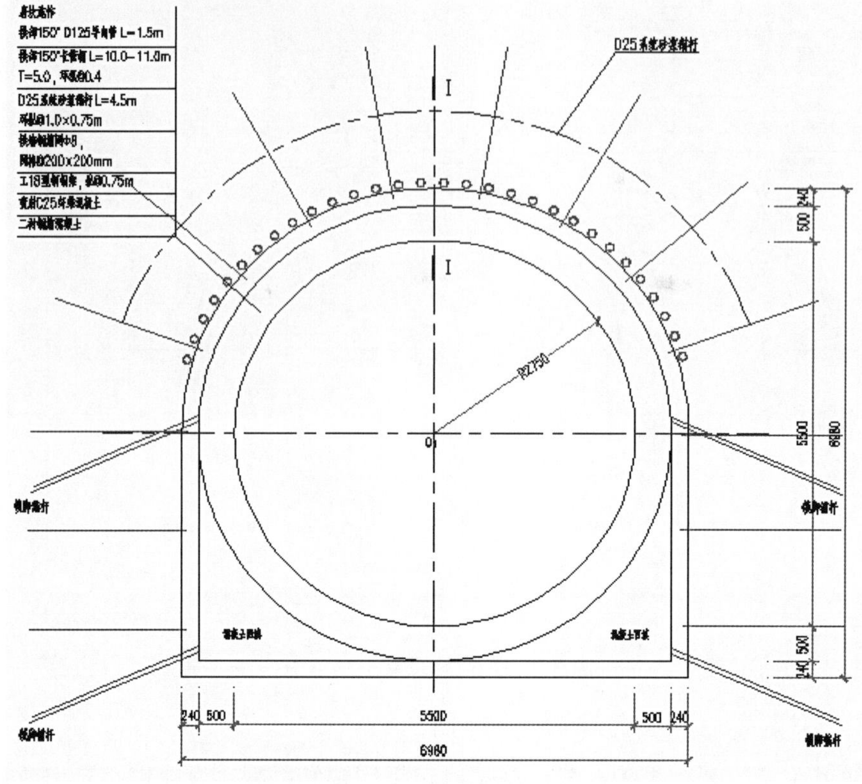

图 3.9　Ⅴ-2 加强型施工支护示意图

3.3.3　隧道错车道开挖支护

（1）隧道错车道Ⅳ-1型开挖支护

隧道处于微风化、中等风化花岗岩的Ⅳ类围岩，施工时可采用锚喷挂网，设置超前小导管支护。Ⅳ-1型支护方案见图3.10。

（2）隧道错车道Ⅳ-2型开挖支护

隧道处于中等风化、破碎中等风化花岗岩的Ⅳ类围岩，施工时可采用锚喷挂网，设置超前小导管支护。Ⅳ-2型支护方案见图3.11。

3.4　本章小结

本章结合红沿河隧道的围岩分级，进行了关于构造地应力条件下围岩分级的考虑，优化了施工设计。

主要的研究结论如下。

①根据分析，在进行取水隧道围岩区划，判断隧道结构类型和出现危险性情况的基础上，提出取水隧道初期支护衬砌结构参数初步确定建议。

②隧道岩体基本质量指标(*BQ*)评价通过初始应力状态影响修正系数K_3考虑了地应力的影响。隧道巴顿岩体质量指标(*Q*)分级对高地应力条件有一定的考虑，通过对应力折减系数*SRF*的调整考虑地应力对围岩类别的影响，隧道岩体地质力学指标值(*RMR*)分级没有考虑地应力对岩体质量的影响。

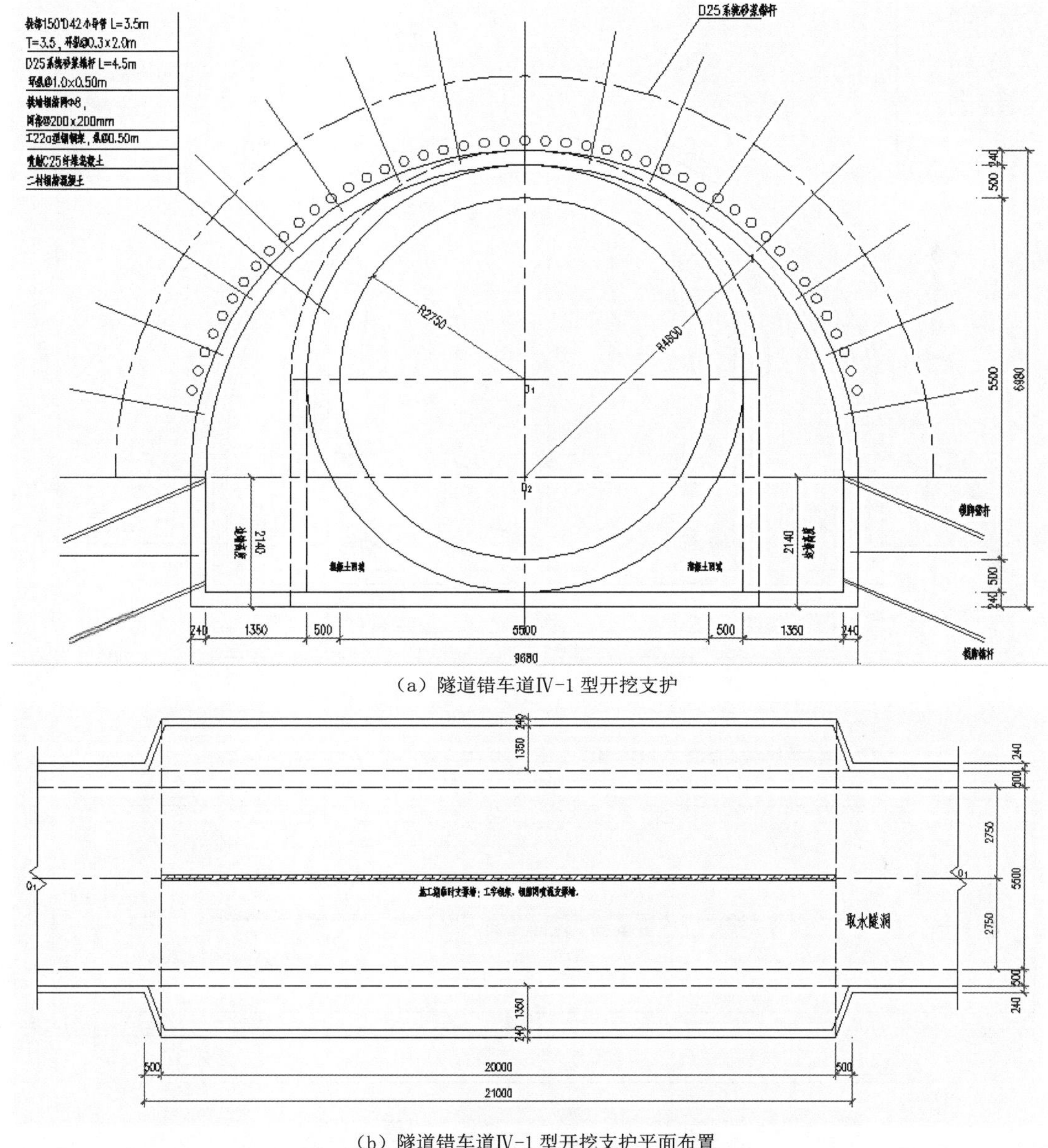

（a）隧道错车道Ⅳ-1 型开挖支护

（b）隧道错车道Ⅳ-1 型开挖支护平面布置

图 3.10　Ⅳ-1 型施工支护及平面布置示意图

③在获得隧道施工中掌子面多个关键技术参数的基础上，利用岩体基本质量指标(*BQ*)、巴顿岩体质量指标(*Q*)分级和岩体地质力学指标值(*RMR*)评价方法，进行了围岩级别分类的动态分析与评价，确立了合理的支护类型和施工参数。

④隧道处于中等风化花岗岩及片麻岩的Ⅳ类围岩和强风化花岗岩及片麻岩的Ⅴ类围岩，围岩极不稳定，视岩性可采用相应施工支护。

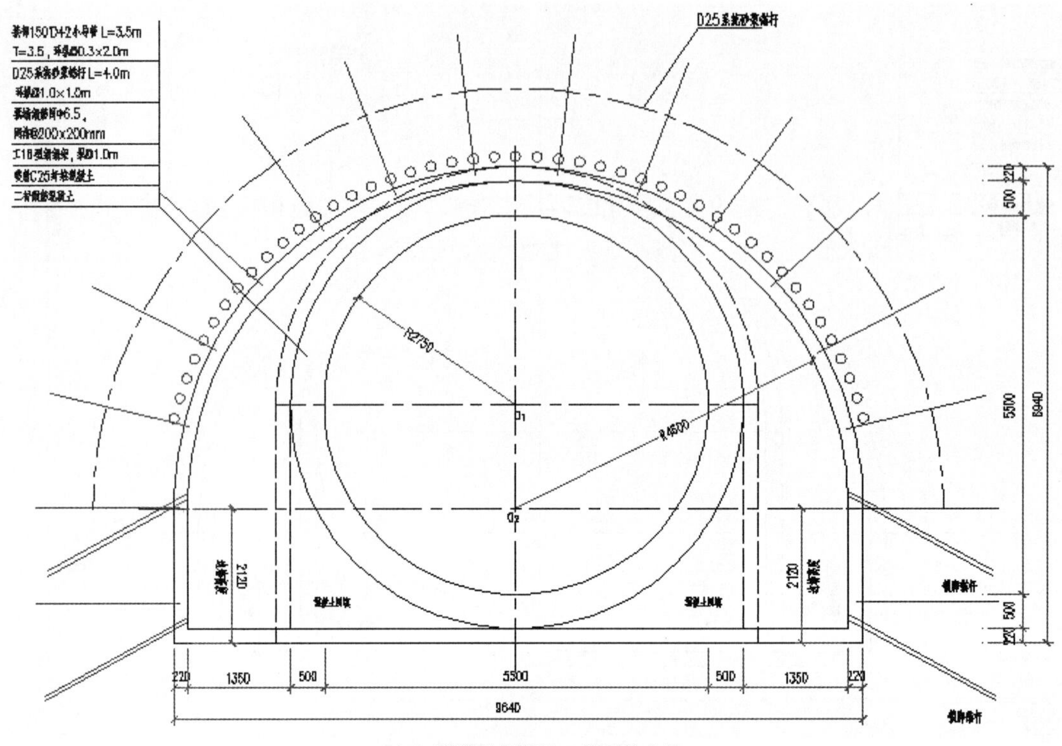

（a）隧道错车道Ⅳ-2 型开挖支护

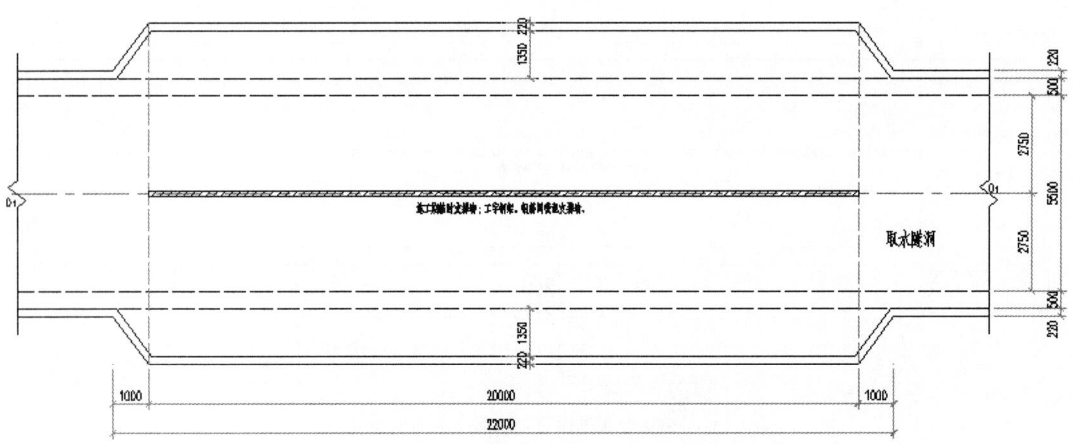

（b）隧道错车道Ⅳ-2 型开挖支护平面布置

图 3.11　Ⅳ-2 型施工支护及平面布置示意图

第 4 章　隧洞爆破振速测试分析

爆破地震作用下地下建筑物的安全问题与天然地震作用下的抗震问题非常相似[66-74]，也包括几个主要阶段(主要是地震作用和应力状态的确定，并实施相应的综合性措施)。但是爆破地震波自身的特点又决定了其对地下建筑、构筑物的作用与天然地震不相同。

4.1　爆破振动作用下隧洞稳定性的计算方法

天然地震作用下地下建筑物的破坏主要是由惯性力决定的，而邻近爆破对既有隧洞的破坏则以体波破坏为主，因而两者的安全计算方法也有着很大的不同。在爆破地震波作用下，无衬砌隧道围岩稳定的条件是岩体产生的静应力与爆破地震波产生的动应力之和，它小于或等于岩体的动力强度：

$$\sigma = \sigma_1 + \sigma_2 \leqslant [\sigma] \tag{4.1}$$

式中：σ—岩体中产生的总应力，MPa；$[\sigma]$—岩体允许极限动力强度，MPa；σ_1—岩体中产生的静应力，MPa；σ_2—爆炸地震波作用下岩体的动应力，MPa。

这里

$$\sigma_2 = \frac{1}{K_0}\frac{k_1 \cdot \gamma}{g} \cdot C_p \cdot V \cdot 10^3 \tag{4.2}$$

式中：K_0从实测资料可知，当炸药药室与相邻隧洞垂直，亦即相邻隧洞受爆炸地震波的入射作用时，取K_0=2；当爆炸药室与相邻隧洞平行时，亦即相邻隧洞受爆炸地震波的反射作用时，取K_0=1.41；K_1—与岩石结构有关的动应力集中系数；γ—岩石容重，t/m^3；C_{P}—岩石中弹性纵波速度，m/s；V—爆炸地震波作用下隧洞围岩质点的振动速度，cm/s；g—重力加速度。

σ_2'、σ_1'是特指岩石的动、静抗拉强度，可按照下式计算：

$$\sigma_2' = K_2 \cdot \sigma_1' \tag{4.3}$$

式中：σ_2'—岩石的动抗拉强度，MPa；σ_1'—岩石的静抗拉强度，MPa；K_2—岩体的动强度提高系数。

当巷道表面的岩石稳定时，可以在巷道表面喷射5cm的混凝土，取K_2=1.04～1.26；当巷道的岩石不稳定时，通常先打锚杆加固，再喷射5cm的混凝土，取K_2=1.3～1.4。通过上面的计算方法可以看出，对于爆破地震波作用下隧洞的稳定性分析，需建立在现场测试数据的基础上，且判断的经验性较强，因而不准确。

4.2　爆破振动破坏的主要判据

关于爆破振动安全判据，目前仍然多采用质点振动速度作为衡量爆破振动强度的唯一指标。大量的工程实践和试验研究表明，选用单一的振动参数来描述爆破振动的特征是很不全面的，爆破地震振动频率对建筑物的安全也有很重要的影响。

因此，人们提出在评价爆破振动对建(构)筑物的危害时，除用振动速度作为破坏判据外，还应考虑爆破振动持续时间对建(构)筑物的累积破坏作用、振动频率与建(构)筑物固有频率之间的关系。目前，许多国家都提出采用质点峰值振动速度和振动主振频率两个基本参数作为爆破振动安全判据。一些发达国家(如美国、德国等)在制定爆破安全标准时，都普遍考虑了爆破地震频率和振动速度的共同影响。

4.2.1 国外的一些爆破振动安全判据

鉴于爆破振动判据单一指标的缺陷，目前一些国家已经制定了考虑质点振动速度和爆破振动频率两个因素的爆破振动安全判据，如美国的USMBE和OSMRE安全判据和德国的DIN4150爆破振动安全标准就综合考虑了质点振动速度和振动频率两个因素的影响。但是也有一些国家仍就使用质点振动速度控制的单一判据，如瑞典的爆破振动安全标准。

（1）美国爆破振动安全判据。美国矿业局(USMBE)和露天矿复垦管理局(OSMRE)将各自制定的标准合成为一个标准，制定出如图4.1所示的爆破振动安全判据。

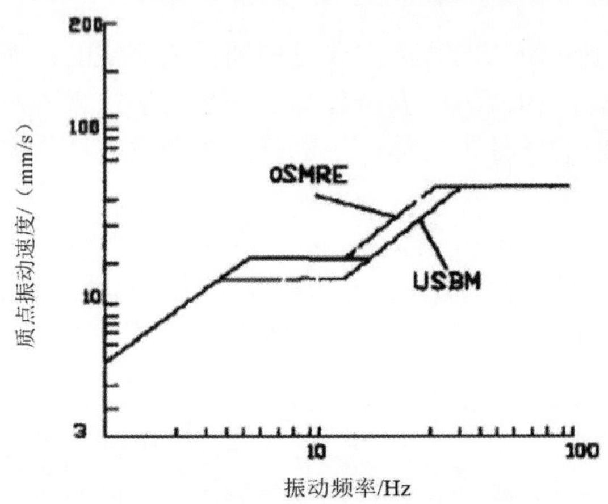

图 4.1　USMBE 和 OSMRE 安全判据图

（2）德国爆破振动安全判据(BRD-DIN4150)。德国将建筑物分为工商业建筑、居住建筑和敏感性建筑三类，综合考虑爆破引起的峰值质点振动速度和振动频率的影响，提出了如图4.2所示的标准。

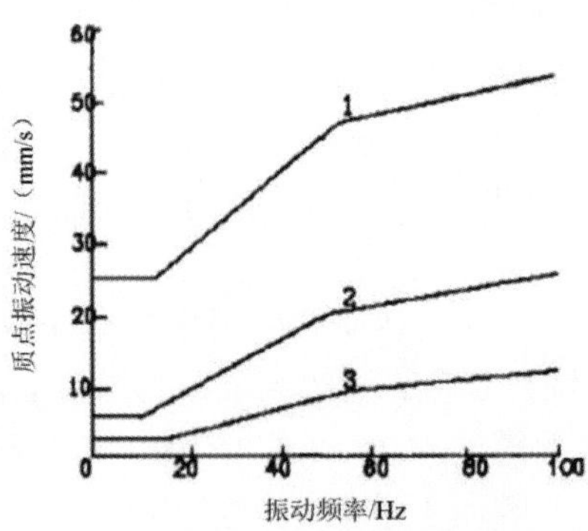

图 4.2　DIN4150 爆破振动安全标准

（3）瑞典爆破振动安全标准

另外，国外的一些学者也根据研究提出了隧洞围岩破坏判别标准(见表4.1)。

表 4.1　瑞典爆破振动安全标准

支撑构筑物的岩土类型	振动速度限定值/（cm/s）
松散的冰碛、砂、卵石、黏土层	≤1.8
紧密的冰碛、砂岩、软弱灰岩	≤3.5
花岗岩、片麻岩、石灰岩、石英砂岩	≤7.0

①Langefors和Kihlstroml[75]提出以25cm/s的振动速度作为保守壁墙破坏标准，把30cm/s的峰值质点速度作为不衬砌隧道中岩石产生坠落的临界值，把60cm/s的峰值质点速度作为岩石形成新裂缝的临界值。②Persso和Holmberg[76]建议:完整、坚硬的岩石初始破裂的临界值为70cm/s，比较塑性的节理岩体以40m/s和120cm/s分别作为初始破坏和再破坏标准。

4.2.2 国内的一些爆破振动安全判据

我国在1986年颁布的《爆破安全规程》(GB 6722—1986)中规定，一般建筑物和构筑物的爆破安全性应满足以下安全速度的要求(见表4.2)。

我国新实行的《爆破振动安全允许标准》(GB 6722—2003)[77]（表4.3）在某些方面考虑了振动速度和振动频率两方面的因素，但是对于地下隧洞则仍采用单一的振动速度判别标准。另外，我国的一些行业也根据自身需要提出了隧洞受振动破坏的标准，如我国长江水利水电研究院建议的允许爆破振动速度和破坏标准见表4.4。

表 4.2　爆破振动安全判据(GB6722—1986)

保护对象类别	安全允许振速/(cm/s)
土窑洞、土坯房、毛石房屋	1
一般砖房、非抗震性的大型砌块建筑物	2.0-3.0
钢筋混凝土框架房屋	5
水工隧洞	10
交通隧洞	15
矿山巷道:围岩不稳定有良好支护	10
围岩中等稳定有良好支护	20
围岩稳定无支护	30

表 4.3　爆破振动安全允许标准(GB6722-2003)

序号	保护对象类别	安全允许振速/(cm/s)		
		＜10Hz	10Hz～50Hz	50Hz～100Hz
1	土窑洞、土坯房、毛石房屋 a	0.5～1.0	0.7～1.2	1.1～1.5
2	一般砖房、非抗震的大型砌块建筑物 a	2.0～2.5	2.3～2.8	2.7～3.0
3	钢筋混凝土结构房屋 a	3.0～4.0	3.5～4.5	4.2～5.0
4	一般古建筑与古迹 b	0.1～0.3	0.2～0.4	0.3～0.5
5	水工隧道 c	7～15		
6	交通隧道 c	10～20		
7	矿山巷道 c	15～30		
8	水电站及发电厂中心控制室设备	0.5		
9	新浇大体积混凝土 d 龄期：初凝～3d 龄期：3d～7d 龄期：7d～28d	 2.0～3.0 3.0～7.0 7.0～12		

标注说明：
a 选取建筑物安全允许振速时，应综合考虑建筑物的重要性、建筑质量、新旧程度、自振频率、地基条件等因素。
b 省级以上(含省级）重点保护古建筑与古迹的安全允许振速，应经专家论证选取，并报相应文物管理部门批准。
c 选取隧道、巷道安全允许振速时，应综合考虑构筑物重要性、围岩状况、断面大小、爆源方向、地震振动频率等因素。
d 非挡水新浇大体积混凝土的安全允许振速，可按本表给出的上限值选取。

注：①表列频率为主振频率，系指最大振幅所对应波的频率。②频率范围可根据类似工程或现场实测波形选取。选取频率时亦可参考下列数据：硐室破＜20Hz；深孔爆破 10Hz～60Hz；浅孔爆破 40Hz～100Hz。

表 4.4　地下结构允许的爆破振动速度和破坏标准

质点振动速度/(cm/s)	地下结构破坏现象
5.0～10.0	未衬砌的松散洞体有小的掉快
10.0～20.0	①隧洞原有裂缝有时扩大；②破落岩体有掉快；③管道接头有细微变位
20.0～30.0	①隧洞有大掉快有时有小的塌落；②岩柱有掉快
30.0～60.0	①衬砌出现裂缝；②管道变形；③顶板出现塌方
60.0～90.0	①地下建筑物或衬砌开裂；②硬岩体裂缝严重扩张

经验证明：尽管岩石特性有较大差异，但临界振动速度差值范围并不显著。国内的爆破专家对较完整坚硬的岩石，建议了以下的隧道破坏标准。

（1）陶颂霖[78]在《爆破工程》中提出:对岩石稳定的巷道临界振速V<40cm/s，对中等稳定的巷道临界振速V<30cm/s。

（2）唐春海[79]等在试验研究和参考国外爆破安全标准的基础上，考虑频率因素对矿山巷道和隧洞安全振速的影响，提出了如下安全判据:当爆破地震波的频率在10～50Hz范围内时，围岩的临界振速范围为10～20cm/s；频率范围在50～100Hz时，围岩临界振速范围为20～30cm/s。

（3）吴德伦[80]等参考欧洲国家的做法，建议水工隧道、下水管道、良好支护的地下洞室或地下构筑物在不同频率段的临界振速为：10～50Hz时，临界振速为12cm/s；50～120Hz时，临界振速为13cm/s。

（4）我国水电部门在考虑地下洞室的爆破振动安全时[81]，一般按下列标准考虑：与岩体结合为一体的钢筋混凝土衬砌隧洞，振速V<50～100cm/s；基岩或地下岩壁(中等岩石)，振速V<25～50cm/s，不衬砌的地下洞室和离壁式衬套结构，振速V<10cm/s。

4.2 针对爆破振动的控制措施与环境技术要求

4.2.1 爆破振动的控制措施

爆破振动效应的破坏作用已经成为爆炸公害之一，并已经成为国民经济建设中一个重要的环保问题。对爆破振动危害控制一直是国内外爆破安全技术的重大研究课题，亦是一些学者致力于解决的难题。

从对爆破振动危害控制的研究看，爆破振动危害控制的方法大致有三种：一是针对爆源所采取的控制措施；二是针对受控对象所采取的措施；三是针对爆破地震波在传播过程中所采取的措施。目前，在工程实际中应用最多的是针对爆源采取的降震措施，其中干扰降震法、控制最大段药量、改变爆炸参数是最常用的方法。

（1）干扰降震法

干扰降震法的原理是将可能引起较大振动强度的大药量爆破通过分段起爆法将其切分成许多部分，这些药包爆炸后以减弱的单个震波形式传递给结构体。若能选取合适的爆炸间隔时间，则各部分药包的爆炸所产生的震波能达到干涉降震的效应。工程爆破中的微差爆破技术即是实施干扰降震的最主要手段。

（2）控制最大段药量

从萨道夫斯基经验公式可以看出：爆破振动峰值强度主要与炸药量、爆心距及介质条件有关，而在这些条件中人为控制最有效的因素就是炸药量。

大量实践证明，爆破(特别是分段微差爆破)振动峰值强度的大小，主要取决于最大分段药量。将一次爆破药量分成多段微差延期起爆，使得爆动峰值减小为受最大段药量控制，这样一次爆破规模可扩大很多倍而不会产生大的振动，从而达到降振的目的。

（3）改变爆破参数

大量实践资料表明，爆破振动强度与爆破时采用的爆炸参数亦有关系，如炸药性质、炮孔直径、孔间距、排间距、装药结构、起爆方法、起爆顺序和起爆方向等。但采取改变爆炸参数来达到降低爆破振动效应的效果是很有限的，实际生产中往往受到限制。

4.2.2 工程概况与爆破规模

辽宁红沿河核电站1号、2号PX泵房取水隧洞洞口位于泵房基坑北侧边坡坡脚，见图4.3。根据设计要求，隧洞采用钻爆方式开挖。两隧洞中心间距为47.7m。取水隧洞开挖采用马蹄型断面，开挖高度6.8m，宽度也是6.8m，开挖面积约42m²。当开挖进尺为1m时，每次爆破方量42m³；当爆破进尺为1.5m时，每次爆破方量为63m³；当开挖进尺为1.2m时，每次爆破方量84m³。由于PX泵房土建施工已经开始，隧洞开挖爆破引起的振动可能影响混凝土结构的质量。为此，中国科学院武汉岩土力学研究所于2008年12月6日至12月28日对1号、2号PX泵房取水隧洞60m范围内的爆炸振动进行监测，确保隧洞爆破开挖对泵房混凝土结构的质量未产生不良影响。

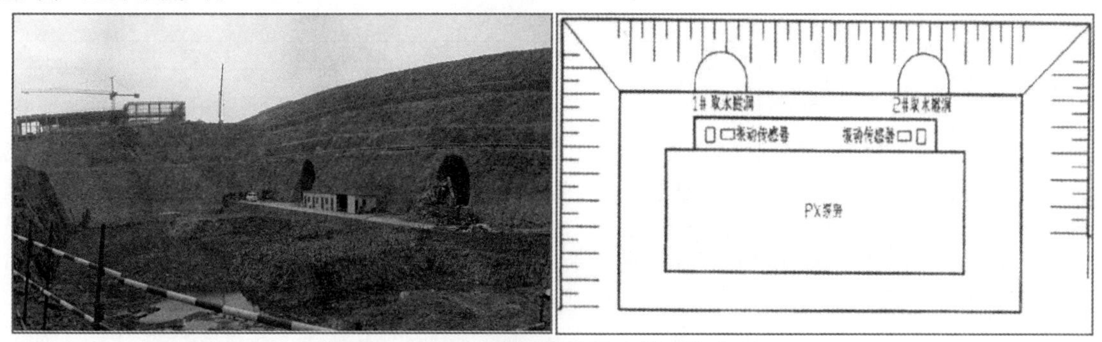

图 4.3　取水隧洞爆破振动监测点布置

4.2.3　爆破振动控制标准

根据核电站工程爆炸振动速度控制标准，对新浇混凝土爆炸振动控制标准确定如下：

混凝土龄期为1～3d，质点振动速度不大于1.5cm/s；

混凝土龄期为3～7d，质点振动速度不大于2.5cm/s；

混凝土龄期为7～28d，质点振动速度不大于5cm/s；

考虑到泵房区混凝土结构施工的实际情况：混凝土浇筑面积较大，各区域混凝土龄期存在差别，此外，在隧洞采用钻爆方式开挖之前，1号、2号隧洞均采用机械方式掘进了一定深度，其中1号隧洞进深28m，2号隧洞进深58m。为安全和保险起见，考虑不影响隧洞爆破施工进洞的条件下，新浇混凝土爆炸振动速度控制标准统一确定为1.5cm/s。

4.2.4　孔网参数及起爆方式

本项目隧洞采用气腿式钻机钻眼，钻孔直径为Φ42。

根据本项目地质情况，计划采用乳胶炸药进行爆破。按以往类似项目施工经验，Ⅳ级围岩炸药单耗暂定为0.86kg/m³，Ⅴ级围岩炸药单耗暂定为0.62kg/m³，施工过程中再根据爆破效果进行调整。

掏槽、掘进、二圈、底板眼采用乳胶炸药直径为Φ32，采用连续装药；周边眼采用Φ32乳胶炸药，采用不连续装药。

本项目采用上下台阶法施工，先施工拱部，再施工下部，上下台阶长度4m。Ⅳ、Ⅴ级围岩采用同一布眼方式。

拱部掏槽采用斜眼掏槽，布置掏槽眼6个，每排3个，每排掏槽眼中孔间距30cm，排距1.2m斜眼与轴线方向夹角15°；为保证光爆效果，周边眼间距为0.5m；二圈眼间距0.8m，与周边眼排距0.7m；掘进眼间距0.8m，排距0.75m，在二圈眼与掏槽眼之间均匀布置；底板眼间距0.6m，为实现翻渣效果，可适当增加装药。

下台阶爆破时，以拱部作为临空面，自上而下进行爆破，掘进眼孔距0.8m，排距0.75m；周边孔间距0.5m；底板眼间距0.6m，为实现翻渣效果，可适当增加装药。

本项目计划根据不同围岩类别按三种掘进进尺类型进行爆破施工。

Ⅴ级围岩拱部按每次掘进进尺1m、1.5m进行爆破施工(工字钢间距0.75m)，孔网参数及装药量计算见表4.5。

表 4.5 孔网参数及装药量计算表

（a）拱部孔网参数及装药量计算

序号	孔眼类型	孔深/m	孔数/个	每孔装药/kg	本段用药量/kg	装药结构	段别
1	掏槽眼	1.8	6	1.2	7.2	连续装药	1
2	掘进眼	1.5	6	1.2	7.2	连续装药	3
3	二圈眼	1.5	9	1.2	10.8	连续装药	5
4	周边眼	1.6	19	0.6	11.4	间隔装药	7
5	底板眼	1.6	11	1.0	11.0	连续装药	9
	合计		51		47.6		

（b）下台阶孔网参数及装药量计算

序号	孔眼类型	孔深/m	孔数/个	每孔装药/kg	本段用药量/kg	装药结构	段别
1	掘进眼	1.5	3	1.2	3.6	连续装药	1
		1.5	5	1.2	6.0	连续装药	3
		1.5	7	1.2	8.4		5
		1.5	4	1.2	4.8		7
		1.5	2	1.2	2.4		9
2	周边眼	1.6	12	0.6	7.2	间隔装药	11
3	底板眼	1.6	11	1.2	13.2	连续装药	13
	合计		44		45.4		

Ⅳ级围岩拱部按每次掘进进尺1.5m、2.0m进行爆破施工(工字钢间距1m)，见表4.6为孔网参数及装药量计算表。起爆方式(文字说明)：采用导爆管起爆。将炮孔内雷管之导爆管采用簇联方式，再用二发起爆雷管引出，将脉冲起爆器的爆针插入起爆雷管的导爆管内进行起爆。

表 4.6 孔网参数及装药量计算表

（a）拱部孔网参数及装药量计算

序号	孔眼类型	孔深/m	孔数/个	每孔装药/kg	本段用药量/kg	装药结构	段别
1	掏槽眼	2.3	6	1.8	10.8	连续装药	1
2	掘进眼	2.0	6	1.6	9.6	连续装药	3
3	二圈眼	2.0	9	1.6	14.4	连续装药	5
4	周边眼	2.1	19	0.8	15.2	间隔装药	7
5	底板眼	2.1	8	1.8	14.4	连续装药	9
	合计		51		64.4		

（b）下台阶孔网参数及装药量计算

序号	孔眼类型	孔深/m	孔数/个	每孔装药/kg	本段用药量/kg	装药结构	段别
1	掘进眼	2.0	3	1.6	4.8	连续装药	1
		2.0	5	1.6	8.0	连续装药	3
		2.0	7	1.6	11.2		5
		2.0	4	1.6	6.4		7
		2.0	2	1.6	3.2		9
2	周边眼	2.1	12	0.8	9.6	间隔装药	11
3	底板眼	2.1	8	1.2	9.6	连续装药	13
	合计		44		52.8		

起爆网路示意见图4.4（注：在O下方用数字表示非电导爆管雷管段数）。

4.3 爆破振动监测

（1）测点与测站布置

根据现场实际情况，爆破振动测点布设在距离1号、2号隧洞洞口最近的泵房混凝土表面，安装垂直向和水平向两个振动传感器，如图4.5所示。

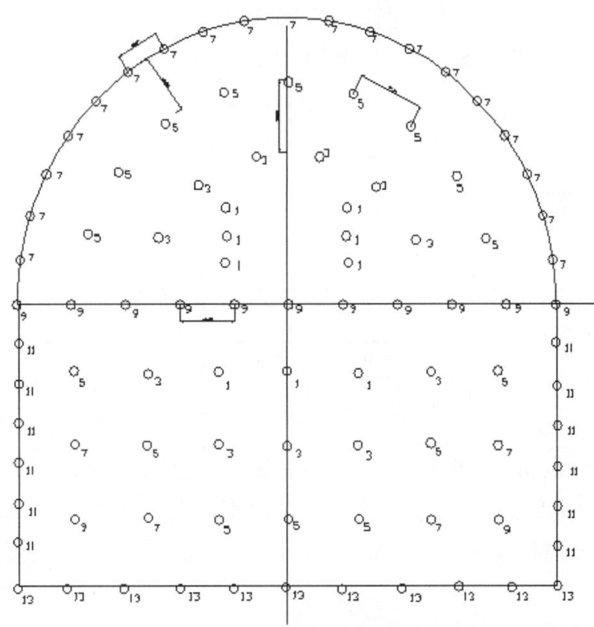

（a）炮孔布置图

（b）现场炮孔钻眼布置图

图 4.4　起爆网路示意图

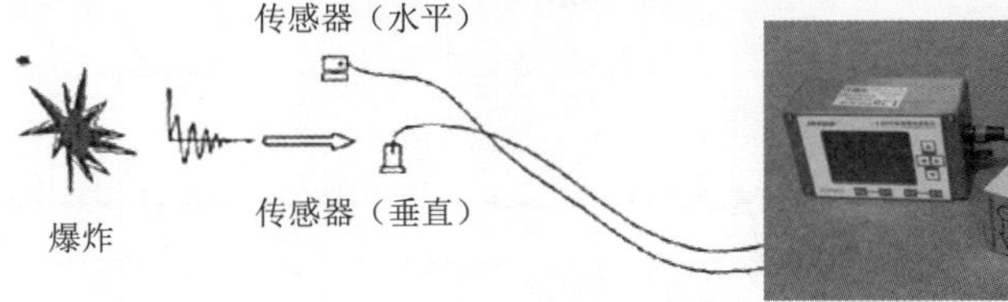

图 4.5　爆破振动监测系统

（2）监测系统

图4.5为爆破振动监测系统示意图，主要性能指标如下所述。

①891-Ⅱ速度放大器，主要性能指标如表4.7所列。

表 4.7　891-Ⅱ速度放大器主要性能指标

参数挡	放大倍数	开关位置									
		1	2	3	4	5	6	7	8	9	10
1	直通	10	20	50	100	200	500	1000	2000	4000	5000
2	直通	1	2	5	10	20	50	100	200	400	500
3	积分	5	10	25	50	100	250	500	1000	2000	2500
4	积分	1	22	5	10	20	50	100	200	400	500

②891-Ⅱ速度传感器，主要性能指标如表4.8所列。

表 4.8　891-Ⅱ速度传感器，主要性能指标

技术指标＼参数		挡位 1	挡位 2	挡位 3	挡位 4
		加速度	中速度	大速度	小速度
灵敏度		0.1 或 0.5	7	1	30
阻尼常数		7 或 5	0.65	0.65	0.65
最大量程	位移/mm		70	300	15
	速度/(m/s)		1.4	1.8	0.5
	加速度/(m/s^2)	100			
通频带/(Hz±1/3db)		0.5～80	1～100	0.5～100	2～100
输出负荷电阻/ kΩ		300	300	300	300
与 891 型放大器配接后的分辨率	位移/mm		1×10^{-7}	1×10^{-8}	1×10^{-8}
	速度/(m/s)		1×10^{-7}	1×10^{-8}	1×10^{-8}
	加速度/(m/s^2)	1×10^{-5} 或 1×10^{-7}			
尺寸，重量		Φ60×80mm，1kg			

③数据采集及分析设备。数据记录采用INV306U海量数据数字记录仪及Vib'SYS数值振动信号采集分析系统。Vib'SYS振动信号采集、处理和分析系统具有多种信号处理功能，能够对数字信号进行超长时间采集、时域、频域分析以及数字信号的基本数学运算等，其主要性能指标如下。

- 通道数，32通道；A/D转换分辨率，16bit；采样速度：1μs～10ms；
- 频带，0s～20kHz；放大倍数，1～1000(误差＜±3％)；
- 工作温度，－10℃～+40℃；通讯方式，USB接口。

4.3　爆破振动监测结果及分析

现场实测垂直向和水平向代表性波形分别如图4.6所示。

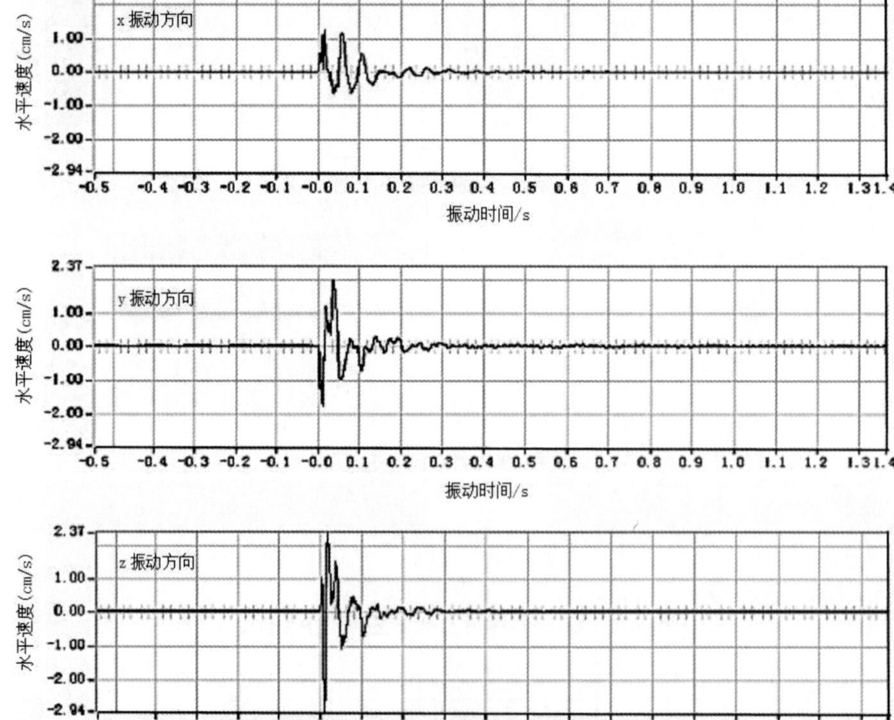

图 4.6　振动速度时程曲线

根据振动速度时程曲线可得到相应的振动速度值。隧洞进洞60m范围内各次爆破振动速度、振动频率以及相应的进洞尺寸、装药量等参数见表4.9。相应的振动速度衰减规律见图4.7，其中比例距离为$(R/\sqrt[3]{Q})$ 。

表 4.9　取水隧洞爆破振动监测结果总表

日期	隧洞编号	进深/m	药量/kg	垂直向		水平向	
				速度/(cm/s)	频率/Hz	速度/(cm/s)	频率/Hz
2008-12-6	1	30.0	50.5	0.523	41.87	0.224	47.36
2008-12-6	1	32.0	26.6	0.208	44.43	0.151	45.04
2008-12-6	2	58.0	26.6	0.234	46.69	0.0902	47.24
2008-12-6	1	37.7	50.5	0.562	47.61	0.197	48.95
2008-12-6	1	40.7	26.6	0.258	43.21	0.140	39.92
2008-12-6	1	42.0	26.6	0.186	24.17	0.107	21.00
2008-12-6	1	46.5	50.5	0.531	49.81	0.178	44.56
2008-12-6	1	50.4	40.0	0.449	46.02	0.171	46.02
2008-12-6	1	51.9	52.9	0.60	46.75	0.302	46.63
2008-12-6	1	53.4	52.9	0.502	44.07	0.234	44.19
2008-12-6	1	54.9	53.5	0.414	41.26	0.303	40.92
2008-12-6	1	56.4	53.3	0.505	48.22	0.116	48.95
2008-12-6	1	57.9	54.9	0.488	48.10	0.130	48.10
2008-12-6	1	57.4	57.4	0.409	42.48	0.137	42.73
2008-12-6	1	54.4	54.4	0.394	49.68	0.138	39.43
2008-12-6	1	55.5	55.5	0.344	38.57	0.471	33.45

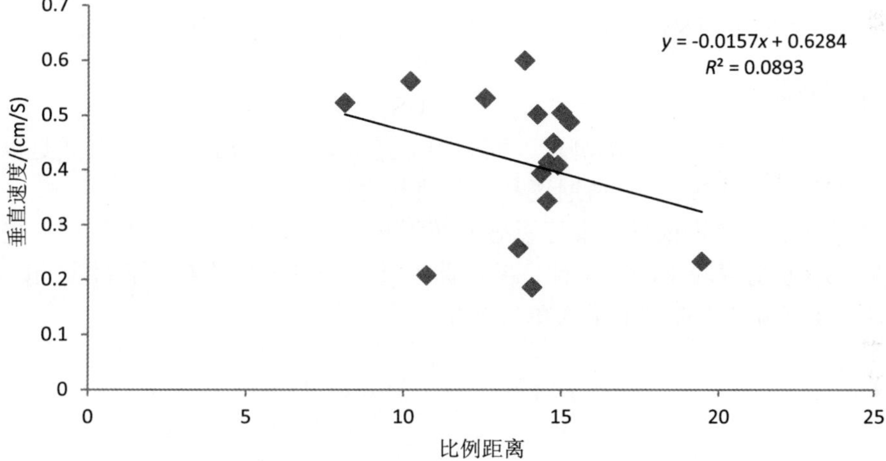

（a）垂直方向

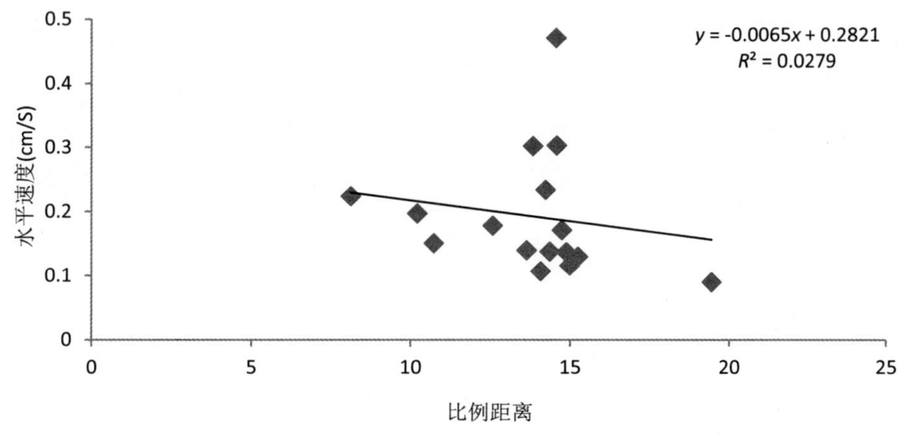

（b）水平方向

图 4.7　爆破振动速度衰减规律

爆破振动的衰减规律，在实际工程中的做法往往是根据爆破试验或生产爆破过程中所测得的实际数据，以萨道夫斯基公式为基本形式，采用最小二乘法进行拟合求得。即

$$V = k(\sqrt[3]{Q})/R)^{a} \tag{4.4}$$

对其中的K、a进行回归分析可得到泵房混凝土表面振动速度衰减规律经验公式如下：

垂直向

$$V_{\perp} = 1.493\left(\frac{R}{\sqrt[3]{Q}}\right)^{-0.517} \tag{4.5}$$

水平向

$$V_{\parallel} = 0.672\left(\frac{R}{\sqrt[3]{Q}}\right)^{-0.516} \tag{4.6}$$

式中：R—爆源距泵房新浇混凝土距离，m；Q—装药量，kg；k、a—回归系数。

在红沿河核电站1号、2号PX泵房取水隧洞进洞60m范围内，共进行了16次爆破振动监测。装药量范围为26.6～57.4kg，振动速度范围为0.09～0.60cm/s。从振动速度监测结果来看，隧洞爆破在泵房混凝土处引起的速度最大值为0.6cm/s，远小于1.5cm/s的控制标准。随隧洞进洞深度的增加，距离泵房混凝土的距离也在不断增大，其振动速度也将越来越小。因此，在不超过当前装药量的情况下，隧洞爆破开挖不会对泵房新浇混凝土产生影响。

4.4 本章小结

（1）通过对爆破现场的振动测试，回归出振速衰减规律公式（由于公式是以概率论为基础的，因而k有上下限值），再通过与实际值相比较，确定k、a值。

（2）以确定k、a值为依据，推导爆破的最大装药量，以满足工程的需要，提高施工进度以及保证PX泵房混凝土的安全性，并以此为基础来考虑爆破对隧洞衬砌的影响。在进行模拟时需要充分考虑爆破的最大单段药量。

第 5 章　隧洞开挖支护爆破振动数值模拟

钻孔爆破开挖施工法在隧洞工程中被广泛应用，但这种施工法存在着爆破引起的波传播和由此引起的振动对围岩和围岩支护的危害。为了减少爆破对围岩及其支护的损害，许多学者对爆破开挖的各种方面进行了研究。

爆破荷载的计算、模拟也得到很高的重视。在红沿河核电项目一期工程取水隧洞爆破分析中采用美国ITASCA公司岩土工程专业软件FLAC^{3D}。FLAC^{3D}是三维有限差分程序，主要应用在矿山、石油、水电、交通、核电等领域中解决复杂的开挖、加固、动力、大变形大应变、非线性及非稳定系统(甚至大面积屈服/失稳或完全塌方)等问题。

5.1　FLAC^{3D}动力计算的主要步骤

FLAC^{3D}的静力分析是动力分析的前提和基础。在运用FLAC^{3D}进行地下洞室、边坡爆破地振动力响应等动力问题计算之前，必须首先进行地下洞室、边坡开挖过程的静力分析。在完成静力分析的基础上，才能施加动载荷进行动力分析[82]。

FLAC^{3D}动力分析大致可以分为以下几个步骤：

①确定计算区域，并进行网格划分；

②选择动力计算模式，定义材料本构模型以及计算所需的物理力学参数；

③定义静力计算所需的边界条件和初始条件；

④进行计算，获得初始平衡状态，即开挖前的原岩应力状态；

⑤进行工程开挖计算分析，得到开挖后的静力计算结果；

⑥检查静力计算结果，认为满意后，设置动力计算边界条件和所需的阻尼；

⑦施加动载荷，进行动力计算，得到动力分析结果。一般的计算流程如图5.1所示。

5.2　爆破冲击荷载

在FLAC^{3D}爆破开挖数值模拟中，爆破振动影响的一个关键因素是爆破荷载加载模型，进行爆破动力分析时，可以通过施加在模型内部或边界的节点上来模拟冲击荷载。

在FLAC^{3D}中动力的输入有加速度时程曲线、速度时程曲线、位移时程曲线和应力时程曲线4种方式，本章在采用FLAC^{3D}模拟爆破动力分析时，采用应力时程曲线作为冲击荷载输入：分别计算同时起爆段的冲击荷载，以等效应力的方式加载于模型上进行计算。

5.2.1　爆破冲击荷载的施加区域

在数值计算过程中可以假设炸药爆炸后，爆炸波在经过压碎区，裂隙区衰减后，在裂隙区的边缘处均匀的作用在弹性区上。在岩体爆破地震效应数值模拟时通常有两种方式进行动力加载：一是按照炸药爆轰理论计算炮孔压力，直接将爆炸荷载作用于炮孔壁上；二是将利用经验公式计算得到的动荷载按照半经验化爆破模型施加于开挖边界[83]。

按照炸药爆轰理论计算炮孔压力，直接将爆炸荷载作用于炮孔壁时，模拟过程中不仅需要模拟炸药的爆轰过程，而且还要模拟炸药爆轰后作用于岩体的过程，因而在数值计算过程中不仅需要引入炸药的爆轰状态方程，而且还要引入岩体的状态方程和本构方程。目前，该加载方式多用于单孔爆破或集中装药爆破的岩体破碎判别数值计算[83-85]。

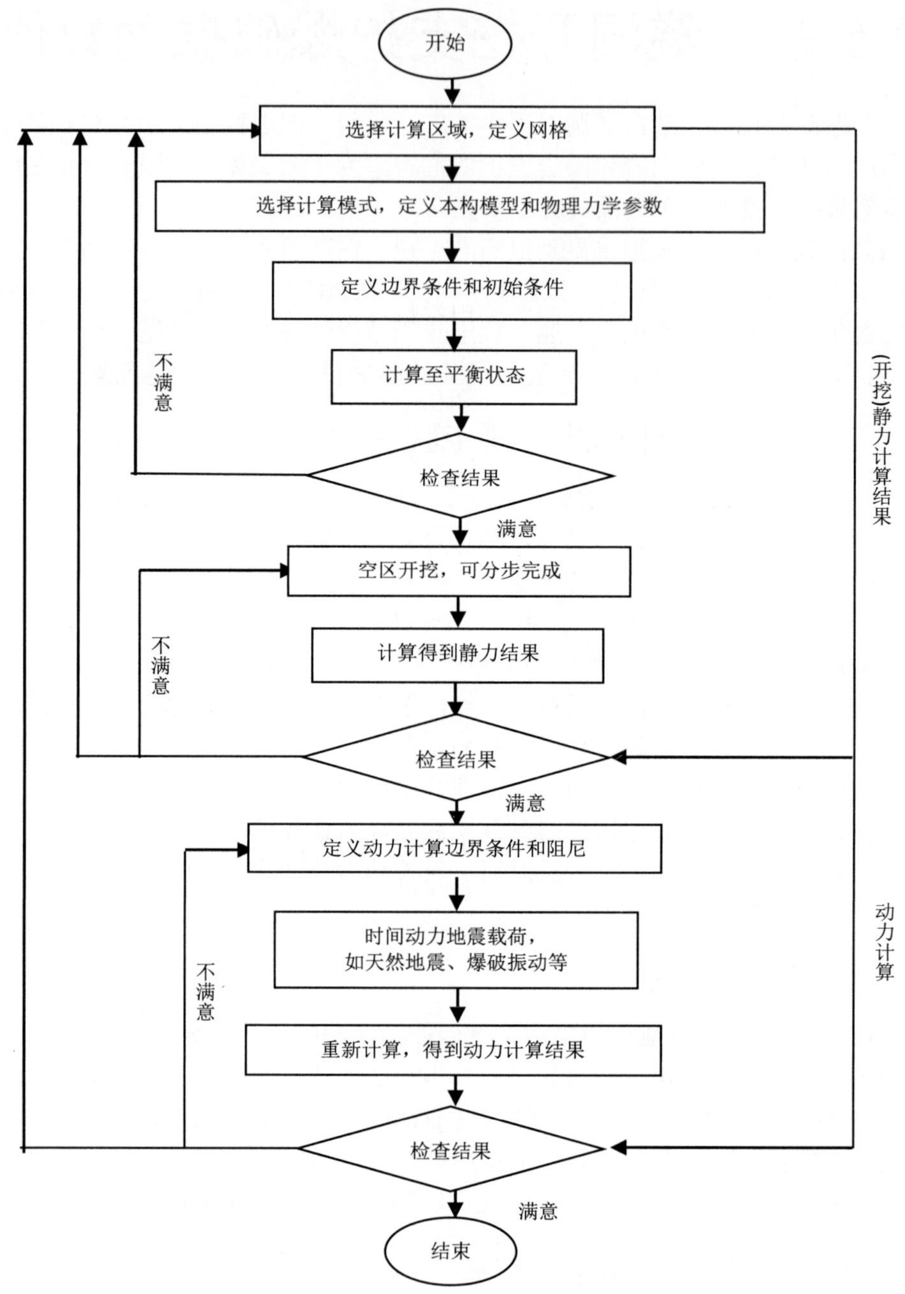

图 5.1　FLAC^{3D}动力分析流程图

从爆破地震波的形成过程分析，地震波是在爆炸冲击波经历了介质在爆破近区的粉碎压缩和中区各种爆破裂缝产生这样一个强非线性过程之后衰减、演化而来。如果将爆炸荷载作用于炮孔壁来模拟爆破地震效应，那就需要首先弄清楚爆源附近区域岩体破坏的强非线性过程。

此外，实际的爆破工程采用的往往不是单个炮孔的爆破，而是多孔爆破。对于多孔爆破，因炮孔分布于较大区域，模拟时不能直接使用单孔爆破计算获得的炮孔压力加载，只能按照当量炸药量以集中装药爆炸方式加载在等效孔壁上，而实际多孔装药起爆在任何一处产生的应力是多个单孔爆炸产生的应力波叠加的结果，这种加载形式无疑会降低模拟的精度，并且至今仍未能证明按照当量集中装药爆炸加载计算得到的振动参数与多孔爆破条件下的实测数据一致。考虑到隧洞掘进爆破的质量要求，爆破基本不会造成开挖区边界的围岩破裂，围岩属于弹性变形。

因此，在隧洞爆破振动效应模拟中多采用利用经验公式计算得到的动荷载按照半经验化爆破模型施加于开挖边界。

5.2.2　爆破冲击荷载的确定

确定爆破荷载时，首先需要确定作用在炮孔壁上的爆生气体峰值压力。在耦合装药的情况下，最大爆炸压力$P_{\max}$有许多表达式，各种表达式的计算结果也很接近[86-94]。

1956年Brown给出的最大爆炸压力表达式为

$$P_{\mathrm{b}}=\frac{0.45\rho V^{2}}{1.0+0.00008\rho} \tag{5.1}$$

1971年Sassa给出的表达式为

$$P_{\mathrm{b}}=0.042\rho V^{2}(1-0.543\rho+0.192\rho^{2}) \tag{5.2}$$

根据文献[95]，有

$$P_{\mathrm{b}}=\frac{1}{4}\rho_{0}D_{\mathrm{V}}^{2}\left(\frac{R_{\mathrm{c}}}{R_{\mathrm{b}}}\right)^{nv} \tag{5.3}$$

施加在裂隙区边缘的应力荷载可以通过下式进行计算：

$$P_{\max}=\frac{2P_{\mathrm{b}}}{1+\frac{\rho_{0}D_{\mathrm{V}}}{\rho C_{\mathrm{P}}}} \tag{5.4}$$

式中：P_{b}、$P_{\max}$—炸药的爆轰压力和岩石中冲击波的初始峰值压力；ρ_0、ρ—炸药和岩石的密度；D_{V}、C_{P}—炸药的爆速和岩石中应力波传播速度；R_{c}、R_{b}—药卷直径和炮孔直径；n—系数，柱状装药取 2，集中装药和球状装药取 3；v—绝热指数，又称气体多方指数，突变前取 3，突变后取 1.4。

2001年，Hsin Yu Low[96]考虑炸药药量经过统计分析得到冲击波初始峰值应力计算公式：

$$P_{\max}=\frac{139.97}{Z}+\frac{844.81}{Z^{2}}+\frac{2154}{Z^{3}}-0.8034 \tag{5.5}$$

式中：$Z=\frac{R}{\sqrt[3]{Q}}$—比例距离，其中Q—相当于TNT炸药的炮眼装药量，R—起爆中心到荷载作用面的距离。

5.2.3　爆破冲击荷载的加载模型

数值计算中可以将施加的爆破地震荷载简化为谐波的形式或者简化为三角形荷载的形式。当荷载简化为三角形曲线的形式时，一般认为冲击波阵面到达岩土中一点时，这一点将发生振动，由于波阵面峰值压力很高，所以在一瞬间，这点的应力将上升到一个较大值，但是由于阻尼的存在，这点的振动又将迅速衰减。

可见，这种爆破模型又可简化为三角形爆破荷载。假设爆破荷载曲线为一条三角形的波，爆破荷载曲线典型的加载到峰值应力的升压时间为8～12ms。卸载时间通常为40～120ms。分析中假定加载时间为12ms，卸载时间100ms，如图5.2所示[97]。

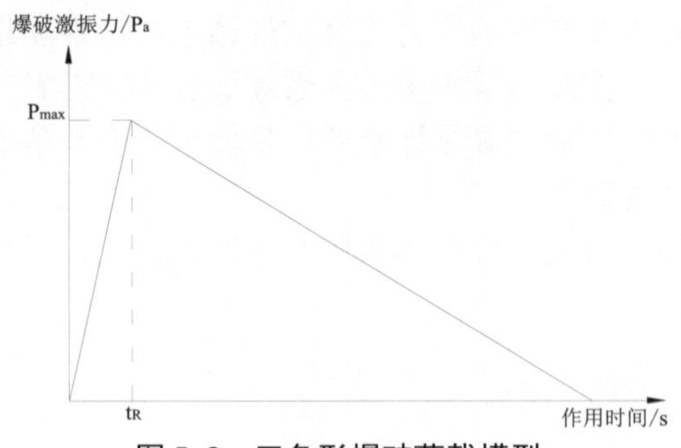

图 5.2　三角形爆破荷载模型

5.3　取水隧洞爆破参数

隧洞洞体爆破开挖，根据现场隧洞爆破开挖实际情况，采用微差光面爆破形成光面，正台阶上下断面爆破参数见前章，上下台阶法施工中爆破荷载、炸药参数和钻爆参数见表5.1～表5.3。

表 5.1　钻爆参数

药卷直径/mm	炮孔直径/mm	纵波波速/（m/s）	m	n	装药密度/（kg/m^3）
25，32	40～42	4800	0.035	0.055	1000

根据炮孔布置、装药量及钻爆参数，按公式分别计算同时起爆段的爆破动荷载及应力波函数，以三角形荷载多段微差加载于模型上进行计算。

表 5.2　上台阶各同时起爆段应力波峰值压力(单位：MPa)

起爆段号	1	3	5	7	9
峰值压力	6.95	6.95	9.69	10.21	9.8

表 5.3　下台阶各同时起爆段应力波函数(单位：MPa)

起爆段号	1	3	11	13
峰值压力	4.04	6.02	6.95	11.33

由 $FLAC^{3D}$ 绘制的 5 号起爆段应力波时程曲线(三角形爆破模型)如图 5.3 所示。

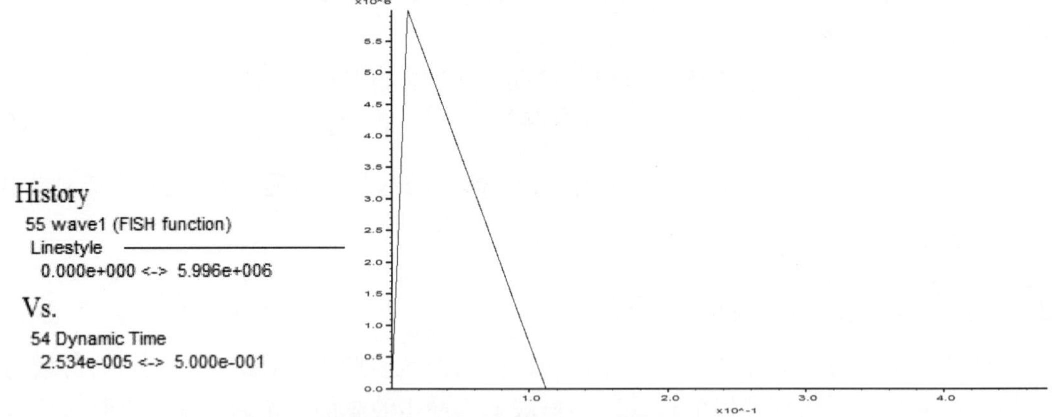

图 5.3　应力波时程曲线(单位：Pa)

5.4　隧洞爆破施工的数值模拟及分析

5.4.1　模型建立

本节主要目的是得出爆破振动对隧洞围岩和喷射混凝土的影响，对实际隧洞考虑其主要因素，对模型进行简化，忽略一些相对次要的因素，作以下假定。

模型衬砌采用线弹性模型，认为衬砌结构的受力和变形均在弹性范围内变化；爆破动荷载以均布压力形式作用在掌子面及一个开挖循环周边，作用方向为法线方向；隧洞周边处于爆炸作用远区，施加在隧洞周边上的爆破动荷载不会造成围岩破坏，此时围岩在爆破作用下处于弹性振动状态[97-99]。

有限差分模型及网格划分模型为 69960 个单元，共 74538 个节点。网格划分如图 5.4 所示。取水隧洞采用超前锚杆和钢拱架支护，初衬采用 *Shell* 单元，采用 *Cable* 单元模拟系统锚杆和超前锚杆。隧洞初步设计支护模型如图 5.5 所示。

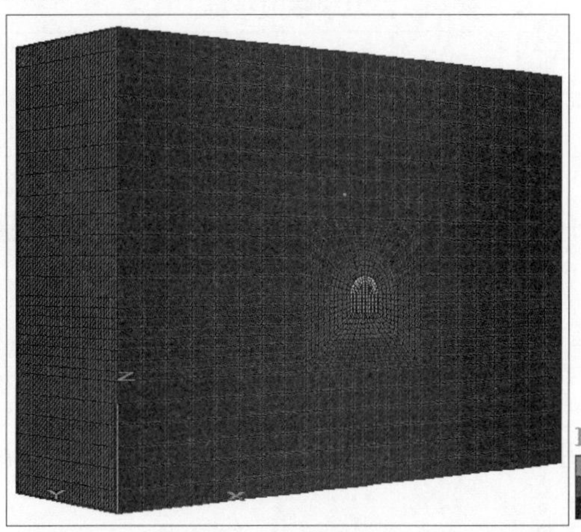

图 5.4　有限差分模型及网格划分

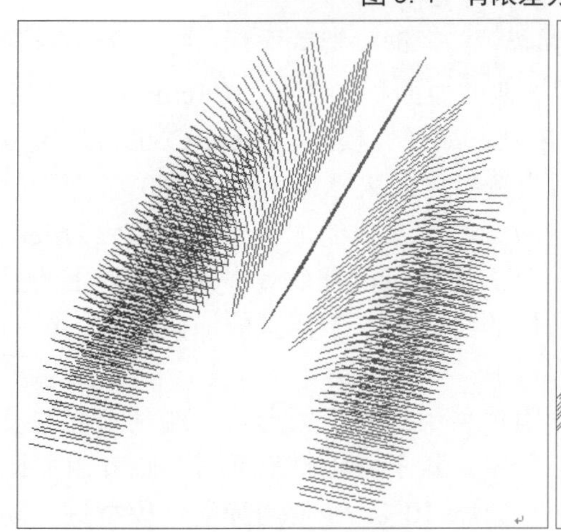

（a）系统锚杆模型

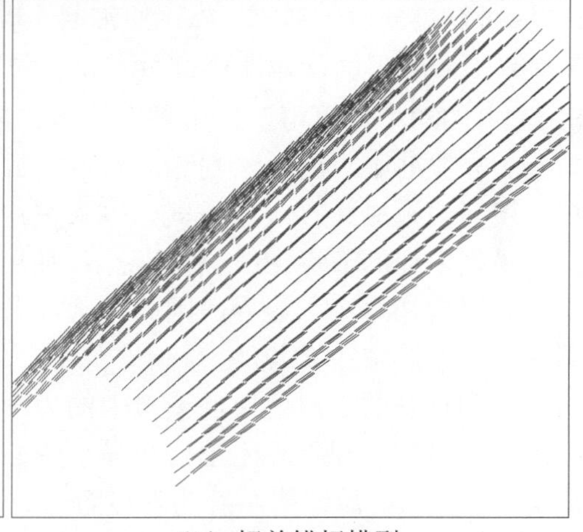

（b）超前锚杆模型

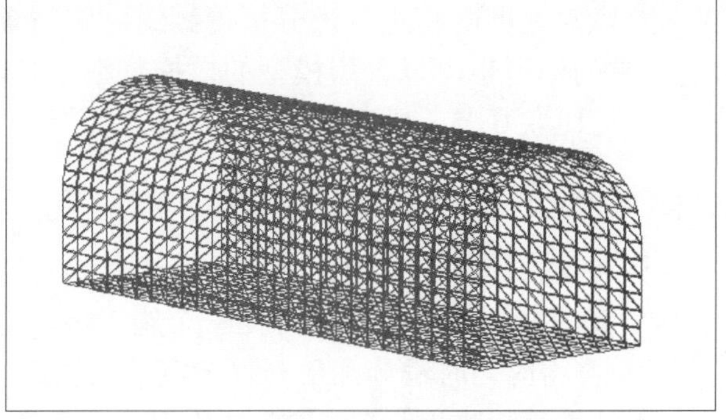

（c）喷射混凝土初期衬砌模型

图 5.5　隧洞施工支护模型

5.4.2 参数及边界条件的确定

计算围岩主要考虑Ⅳ、Ⅴ级，力学参数指标，参照选取围岩参数取值，参照东北大学设计院的《辽宁红沿河核电厂一期工程 CB 取水隧洞 1 号、2 号机隧洞初期支护施工图设计说明书 CFC)》(1993)中建议的围岩的力学指标表，其力学参数见表 5.4。初期支护采用 C25 喷射混凝土，采用工字钢拱架，锚杆采用 $\Phi25$ 中空、系统注浆砂浆锚杆，加固效果采用提高围岩力学指标进行模拟。

表 5.4 围岩力学参数指标

材料参数	密度 / (kN/m³)	弹性模量 /GPa	泊松比	凝聚力 /kPa	摩擦角 /（°）	抗拉强度 /MPa	体积模量 /GPa	剪切模量 /GPa
强风化花岗岩	23.3	2.50×5	0.38	60	27	0.25	0.905	3.47
中等风化花岗岩	25.0	8.0×5	0.29	400	32	0.5	3.100	6.35

在 FLAC^{3D} 计算中，岩体变形参数采用的是体积模量(K)和剪切模量(G)。因此，必须将弹性模量(或变形模量)(E)和泊松比(μ)转化成体积模量(K)和剪切模量(G)，转化公式如下：

$$K=\frac{E}{3(1-2\mu)} \tag{5.6}$$

$$G=\frac{E}{2(1+\mu)} \tag{5.7}$$

钢拱架的作用也采用等效方法考虑，即将钢拱架弹性模量折算给衬砌喷混凝土，其计算方法为：

$$E=E_0+(S_gE_g)/S_c \tag{5.8}$$

式中：E—折算后混凝土弹模；E_0—原混凝土弹模；S_g—钢拱架截面积；E_g—为钢材弹模；S_c—为混凝土截面积钢材弹性模量 206GPa，钢拱架截面面积为 30.6、26.1cm²，E_0为 23GPa[68]。

FLAC^{3D} 的动力计算可以采用不同的本构模型，如弹性模型、Mohr-Coulomb 模型，考虑到单元的屈服准则、流动法则等，本章的数值分析中仍采 Mohr-Coulomb 模型。如前所述，动力载荷的施加共有 4 种方式，本章采用应力时程曲线的加载方式，将应力波函数直接施加于模型内部的节点，在这种情况下，使用静态边界可以有效减小人工边界上的反射，并且不需要再施加自由场边界，因此在边界条件的考虑中，于模型的横向两侧、纵向两侧及模型底部设置静态边界条件。

为了达到较好的模拟效果，模拟中的力学阻尼采用瑞利阻尼形式。瑞利阻尼的设置主要需设定两个参数，即临界阻尼比和最小中心频率。对于岩土材料而言，临界阻尼比的范围一般是 2%～5%，而结构系统的临界阻尼比为 2%～10%，在使用弹塑性模型进行动力计算时，相当多的能量消散于材料发生的塑性流动阶段，此时只需要设置一个很小的阻尼比就能满足要求。中心频率可以对速度时程进行谱分析得到速度谱与频率之间的关系，进而得到中心频率[100]；对于简单的模型也可以采用模型的自振频率作为瑞利阻尼的中心频率。经计算分析，本章中临界阻尼比取 0.05，中心频率取 28Hz。

5.5 数值模拟结果及分析

计算过程分为静力计算和动力计算。动力计算以静力计算为前提，静力分析时，整个开挖分 5 个步骤完成，沿 Y 轴方向开挖，每一部开挖一个施工步，每一步开挖都计算至平衡状态；待静力计算完毕后，再将应力时程施加于开挖隧洞的内壁，得到动力计算的结果。爆破所引起的围岩振动与天然地震一样，是一个非常复杂的随机变量。以波的形式传播的，其振幅、周期和频率都随时间而变化。振动的物理量一般用质点的振速、加速度、位移和振动频率等表示。用振动的哪些物理量作为衡量爆破地震效应强度的判据，在不同的工程实践中各有侧重。目前，国内外多采用围岩质点的振动速度作为衡量爆破地震效应强度判据。

5.5.1　围岩振速的分布与衰减规律

隧洞在爆破掘进过程中常采用的是微差起爆方式，由表 5.1 和大量的实测速度时程曲线可以看出，振动速度的最大值是由掏槽孔爆破产生的，所以在数值模拟时仅考虑了掏槽孔爆破产生的动力荷载。为了比较不同爆心距处和相同爆心距不同部位的振动响应特性，模拟了分段爆破单段最大药量掏槽孔起爆起对隧洞围岩的影响。

（1）由图 5.6 和图 5.7 可以看出，在爆心距为 10.0m 处，单段炮孔起爆时，最大质点振速出现在隧洞边墙中部，为 X 向振速，最大值为 15.63cm/s，拱顶 Z 向的振速次之。

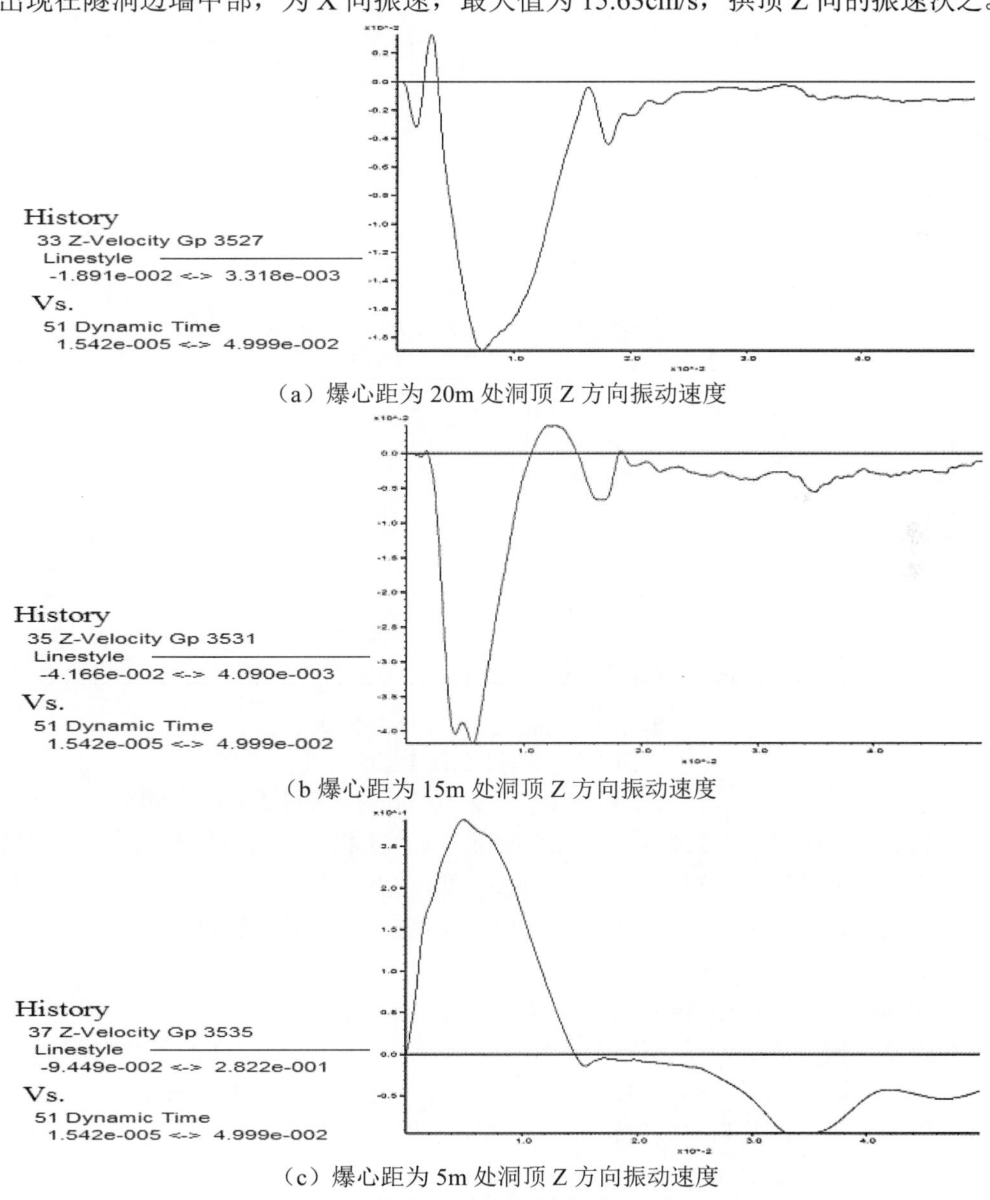

（a）爆心距为 20m 处洞顶 Z 方向振动速度

(b 爆心距为 15m 处洞顶 Z 方向振动速度

（c）爆心距为 5m 处洞顶 Z 方向振动速度

图 5.6　洞顶质点振速

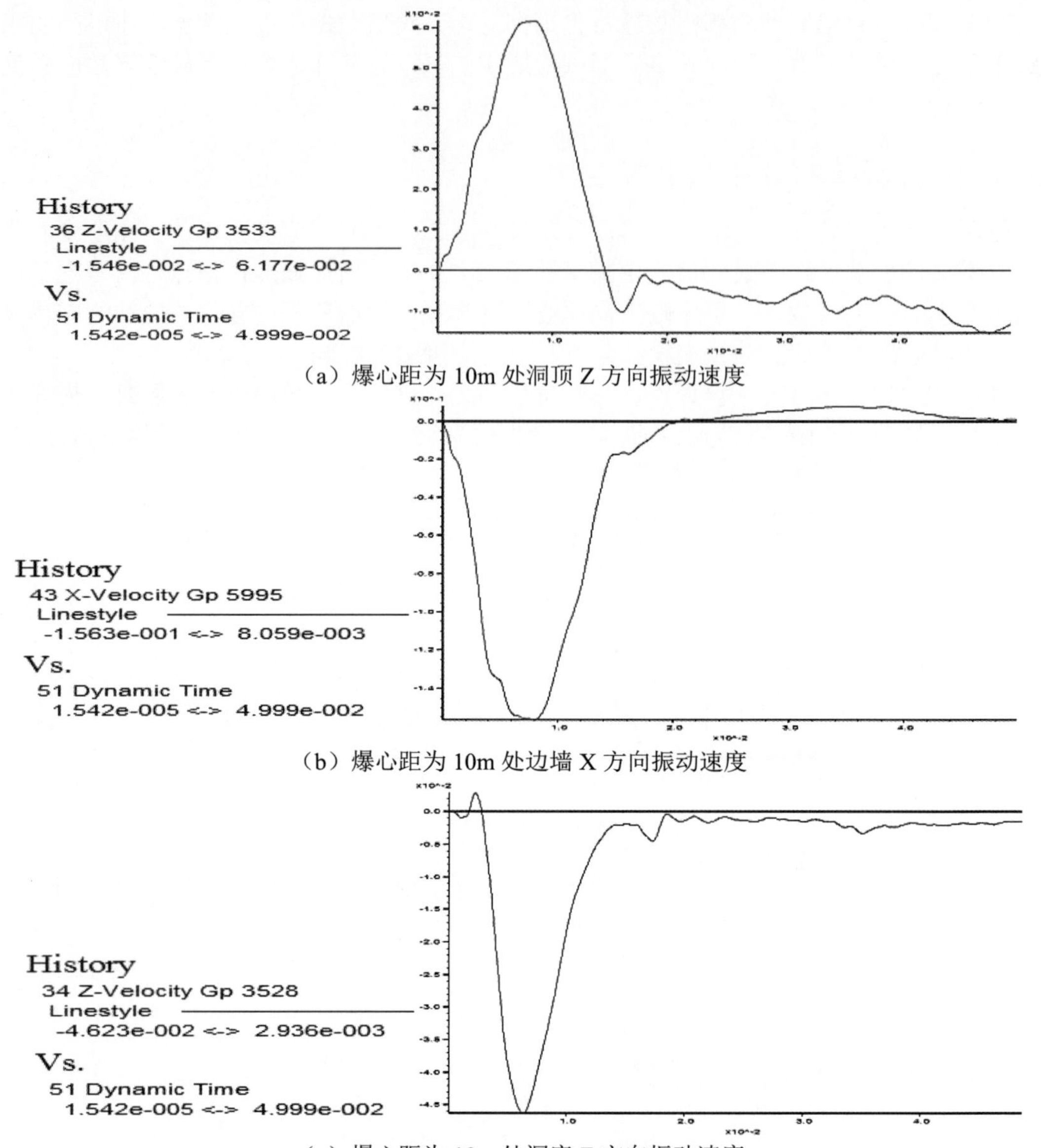

（a）爆心距为 10m 处洞顶 Z 方向振动速度

（b）爆心距为 10m 处边墙 X 方向振动速度

（c）爆心距为 10m 处洞底 Z 方向振动速度

图 5.7　不同部位质点振速

当掌子面进行爆破施工时，在直立墙上，X 方向的振速对围岩的影响最大，在拱顶和底板上，Z 方向的振动破坏性最大。由振速分布可知，在相同爆心距的截面上，直立墙上的 X 方向振速要大于拱顶和底板上 Z 方向的振速，这一点与文献是一致的。在实际工程中，隧洞围岩的稳定必须综合考虑爆破振动和静力的影响。由于重力的影响，实际工程中隧洞拱顶往往是最危险的部位。

（2）爆破引起的围岩振速沿轴线方向的衰减规律如图 5.8 所示。

（3）在实际隧洞爆破开挖工程中，一般都要求将隧洞的安全允许振速控制在 15cm/s 的范围内。由计算结果（图 5.8）可知，炮孔起爆时，都存在振速大于 15cm/s 的监测点，这是因为越靠近掌子面，监测点振速越大，而实际工程中采用的安全标准没有考虑爆心距的影响，具有片面性，给实际工程执行该标准带来一定的争议。因此，如何规范爆破振动对本隧洞围岩衬砌的影响，还必须结合实际工程进行分析。

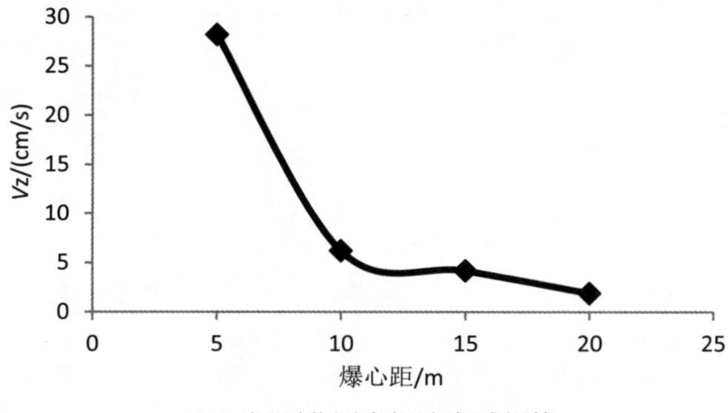

（a）洞顶监测点振速衰减规律

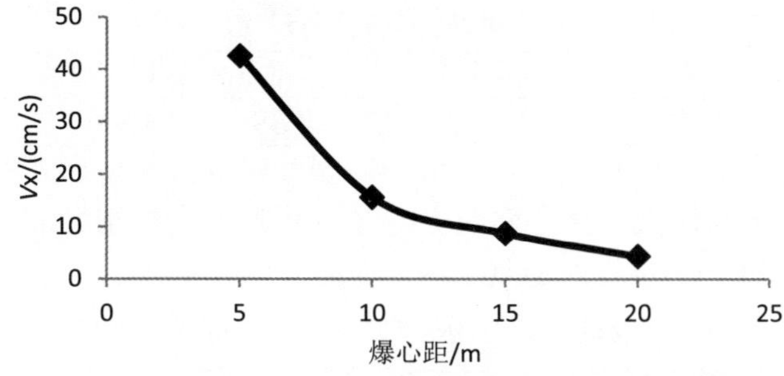

（b）边墙监测点振速衰减规律

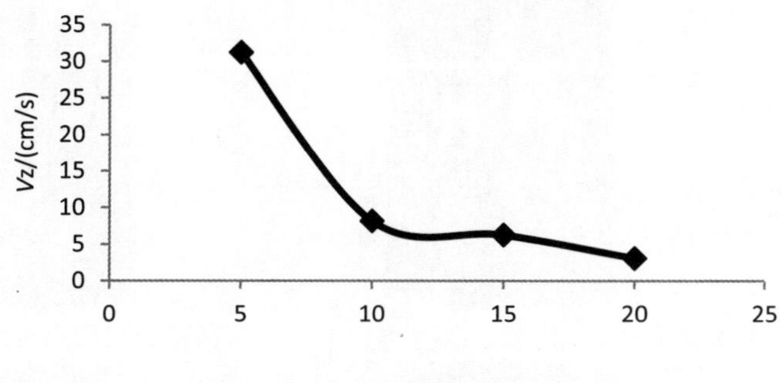

（c）底板监测点振速衰减规律

图 5.8　不同部位监测点振速沿轴线衰减规律

（4）从图 5.9 所拟合的曲线来看，数值计算结果和现场实测公式结构的衰减规律基本一致，这说明三角形荷载模型能够很好地模拟岩石在爆破振动作用下的衰减规律。数值模拟和测试结果间的误差存在是必然的，这是因为爆破荷载三角形模型是经验式的荷载模型，不够准确。同时，地质条件的复杂性以及爆破振动测试系统内误差的存在，也会导致误差的产生。这说明计算模型的参数选取比较合理，可见采用 FLAC^{3D} 可以较好地模拟爆破地震波在岩石中的衰减规律。

（5）喷射混凝土的安全距离。虽然爆破振动对邻近掌子面喷射混凝土的影响是显而易见的，但从目前来看，相关规范中并没有给出爆破振动作用下喷射混凝土的破坏判据以指导工程施工。一般认为，爆破振动对永久喷射混凝土的影响，主要是引起喷射混凝土和围岩交界面上的黏结强度下降甚至脱落。根据文献[99]，我们可以认为围岩的振动就是喷射混凝土的振动。由于没有相应的规范标准，可以借鉴文献中[100]的标准，确定计算条件下喷射混凝土的安全距离。文献[100]关于不同龄期喷射混凝土振动控制标准如表 5.5 所示。

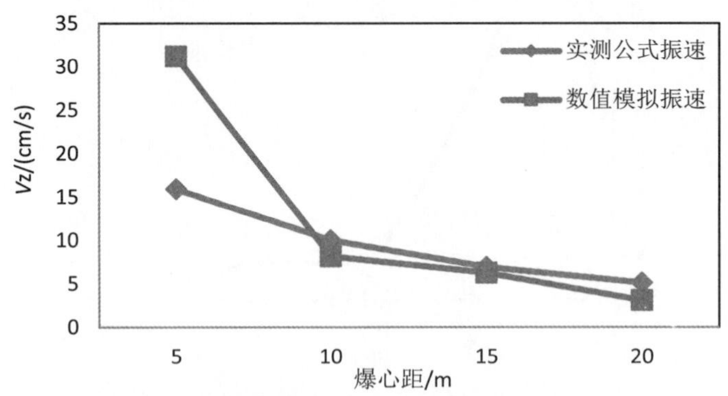

图 5.9　数值结果与实测结果拟合曲线对比

表 5.5　混凝土衬砌安全质点振动速度控制标准

龄期/d	1	3	7	28
安全振速/（cm/s）	1.0～5.59	2.75～14.39	4.98～26.3	9.10～56.4

由于喷射混凝土只存在于拱顶和直立墙上，因此应以拱顶和直立墙上的振速衰减规律来确定喷射混凝土的安全距离，直立墙上应以 X 向振速作为控制标准，而拱顶应以 Z 方向振动速度作为控制标准。确定喷射混凝土的安全距离时，必须综合考虑不同炮孔起爆时直立墙和拱顶的振速衰减规律。根据图 5.10，确定计算条件下不同龄期永久喷射混凝土的安全距离（如表 5.6 所列）。

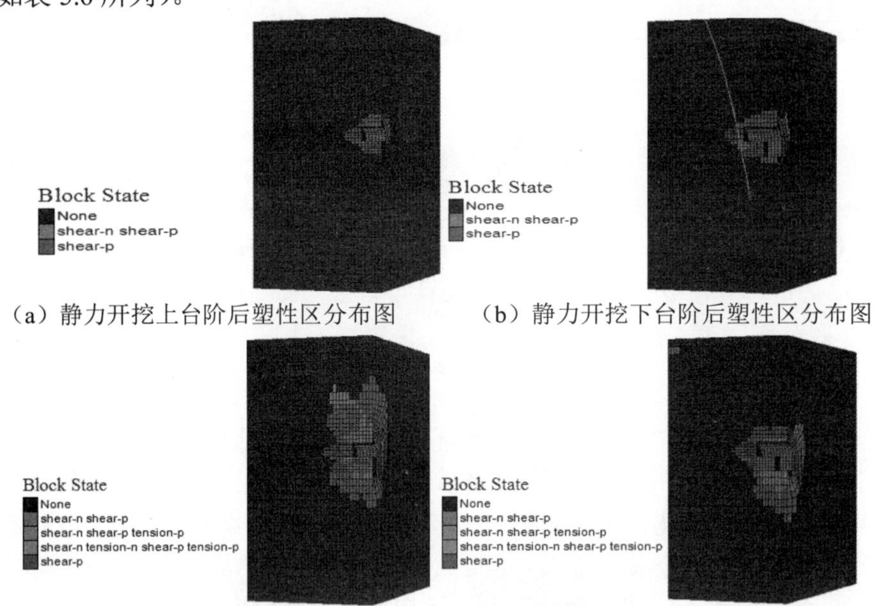

（a）静力开挖上台阶后塑性区分布图　　（b）静力开挖下台阶后塑性区分布图

（c）动载一上台阶开挖后塑性区分布图　　（d）动载一下台阶开挖后塑性区分布图

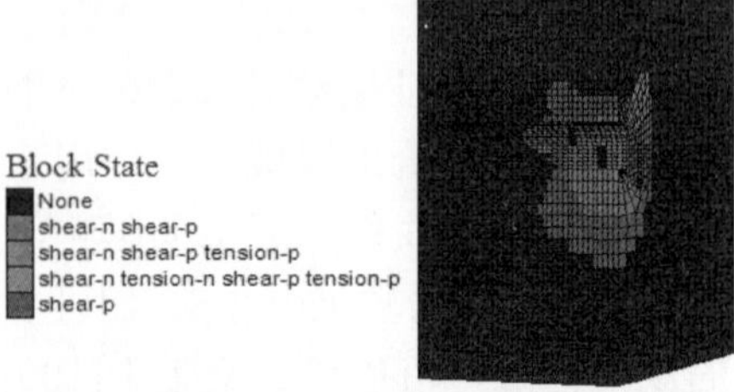

（e）动载二下台阶开挖后塑性区分布图

图 5.10　塑性区分布图

表 5.6　喷射混凝土安全距离

龄期/d	1	3	7	28
安全距离/m	＞18	＞10	＞6	＞3

5.5.2　塑性区分析

隧洞开挖过程中及爆破动载作用计算完成后，围岩塑性区分布情况如图 5.10 所示。

从图 5.10 可以看出：

（1）从塑性区分布情况来看，开挖后塑性区分布较广，以剪切塑性区为主。

（2）开挖过程中，最先出现的塑性区类型是受剪应力屈服，而且开挖的整个过程中塑性区分布几乎全部为受剪和受拉应力塑性区，这与岩体抗剪和抗拉强度较低有关，而爆破动荷载作用下，应力波对围岩的破坏作用是从降低其抗剪强度开始的。

（3）爆破动荷载作用后，围岩塑性区分布面积变化规律与实测非常相似，很明显，隧洞受爆破动载荷作用后，塑性区分布范围比静力计算结果大，且动载荷二作用后比动载荷一作用后，塑性区范围变大。

因此，围岩塑性区分布面积与爆破动载强度、爆破动载作用次数成正比。爆破动载强度越大，塑性区分布面积越大；由于爆破损伤累积效应，爆破动载作用次数越多，爆破振动持续时间越长，围岩塑性区分布面积也越大[101]。

5.5.3　爆破荷载冲击过程

爆破时通过炸药能量的释放，使炮孔周围介质破碎，同时爆破应力波作用又使远处介质产生剪应力和拉应力，使介质产生裂隙；剩余的一部分能量以波的形式传播到地面，引起地表点的振动，形成爆破振动。图 5.11 给出了上、下台阶炸药爆炸所产生的应力波在峰值时刻的作用图。

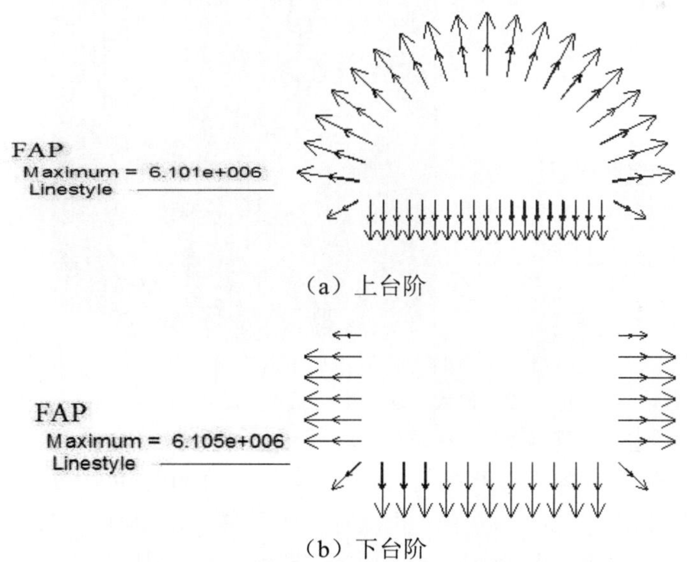

（a）上台阶

（b）下台阶

图 5.11　爆破应力波的施加(单位：Pa)

隧洞开挖过程中以及爆破冲击荷载作用后，模型中呈现不平衡状态。根据 FLAC^{3D} 基本原理可知，当经过若干计算循环后，才能重新达到新的平衡状态。因此，模型中最大不平衡力反映了外界活动(开挖卸载、爆破加载等)对模型受力状态的影响，也在一定程度上反映了炸药能量的释放及其在岩体内部传播、消散的过程。

隧洞开挖过程中围岩中的原始应力平衡被打破，必然引起应力重分布和应力集中现象；由于爆破动荷载的作用，围岩中的静应力与动应力叠加，应力分布更为复杂，部分关键区域岩体的应力集中更明显。由于岩体的抗拉强度远低于抗压和抗剪强度，当应力集中处的拉应力大于岩体的抗拉强度时，局部岩体发生破坏；若大面积岩体拉应力大于岩体的抗拉强度，则受拉屈服塑性区可能贯通，造成隧洞结构整体失稳。图 5.12 给出了台阶法爆破掘进过程中 2 个施工进度时刻的围岩最大主应力变化云图。

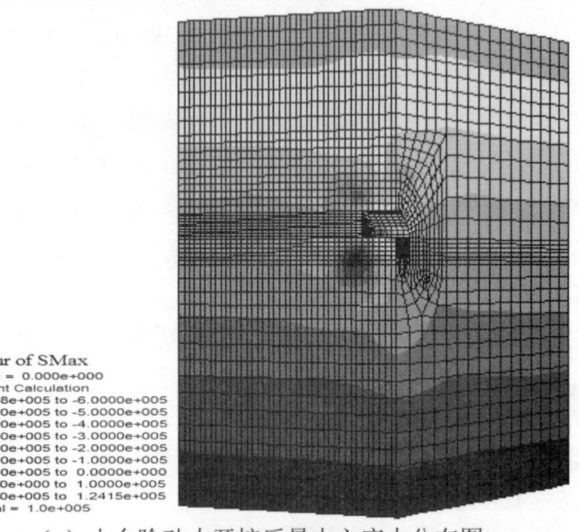

（a）上台阶动力开挖后最大主应力分布图

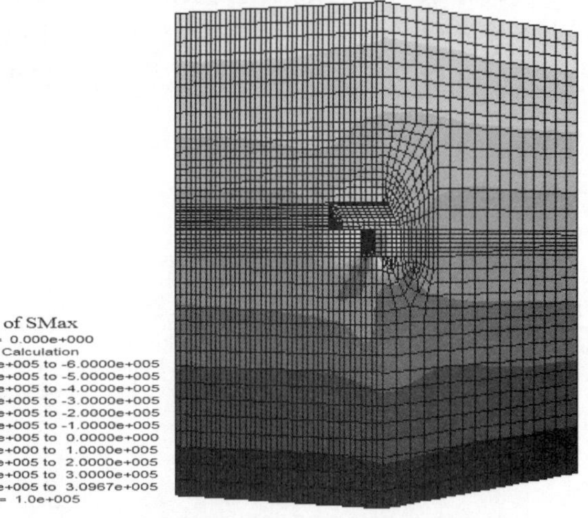

（b）下台阶动力开挖后主应力分布图

图 5.12　最大主应力变化云图(单位：Pa)

上台阶开挖后，隧洞两侧出现部分拉应力，最大约 0.124MPa，当上台阶开挖 7m、下台阶开挖 2m 后，隧洞两侧洞壁上最大拉应力增大为 0.310MPa；大于岩体的抗拉强度 0.25MPa；当全断面开挖结束后，洞壁上的拉应力达到最 0.532MPa，较规律的分布于洞壁的左右两侧帮及附近范围内。结合图 5.9 的围岩塑性区状态图，拉应力大于抗拉强度的围岩将发生拉裂屈服，出现受拉塑性区。若塑性区大面积贯通，则岩体发生失稳破坏的可能性增大。在开挖的整个过程当中，应力集中最明显的区域始终是侧帮及其附近一定范围，并出现大量的受拉塑性区，而且塑性区之间有大部分互相贯通，因此应采取有效的支护措施，预防侧帮及其附近围岩失稳、塌陷。

5.5.4 不同爆破方案分析

当采用适当延时的分段爆破方案时，各段的主振动基本上不叠加。为了减少计算量，可用炸药量最大段的爆破动力响应来评估分段爆破的影响。通过齐爆(Q=47.6kg)和分段爆破(最大段 Q=11.0kg)进行不同爆心距情况下的动力分析，得到相应的振动速度衰减规律，见图 5.13。

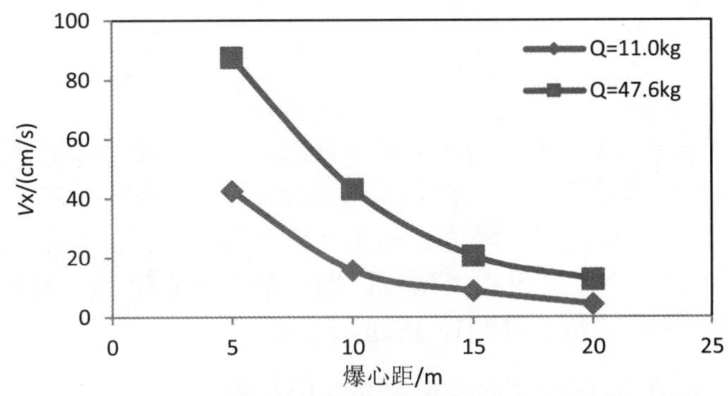

图 5.13　掌子面齐爆与分段爆破引起的最大振速衰减规律

（1）当爆心距为 10m 时，采用齐爆和分段爆破两种方案的应力矢量场，当 Q=47.6kg，隧洞边墙岩体产生的最大拉应力 1.51MPa，大于喷射混凝土抗拉强度 1.3MPa，隧洞衬砌已经破坏；而采用分段爆破衬砌则不会破坏。

（2）当爆心距＞25m 时，即使采用齐爆方案也不会对隧洞衬砌造成破坏；当 10m＜爆心距≤25m 时，应采用单段最大药量小于 11.0kg 的分段爆破方案；当爆心距≤10m 时，采用静态爆破技术。当炸药在炮孔周围岩体产生的拉应力大于岩体的抗拉强度时，岩体即被解体。当然也可以进一步减少单段的最大药量。相应地，也减少了需进行爆破开挖施工岩体的距离。由爆破振速峰值预报可以看出，在一定的单响药量范围内，爆源近区(10m 范围内）的峰值振速均较大，因此在地下洞室开挖过程中，应对最大单响药量进行严格控制。

根据经验，Ⅴ类强风化花岗岩围岩的岩石抗拉强度在 0.25MPa，根据已有隧洞洞壁和龄期≥28d 的混凝土的质点振动速度不大于质点安全振动速度 15cm/s 的要求，隧洞衬砌动拉应力峰值控制在 0.25MPa 以内。按照此要求，根据有限差分数值试验结果图 5.14 和图 5.15 得出：对于Ⅴ类围岩，爆破最小爆心距控制喷射混凝土衬砌的安全距离在 10m 时，最大单响药量应控制在 10kg。Ⅳ类中等风化花岗岩围岩的岩石抗拉强度在 0.5MPa，

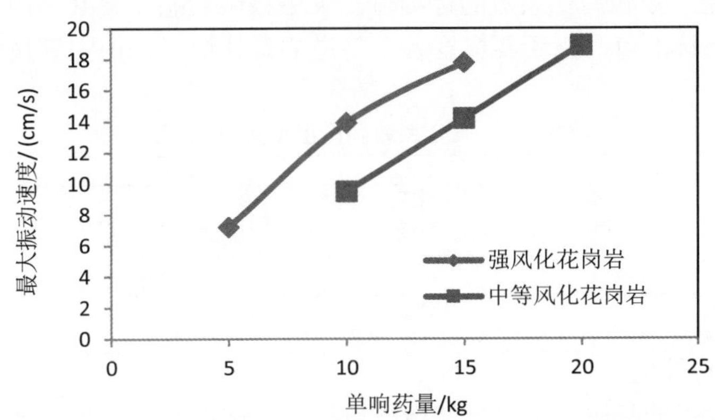

图 5.14　Ⅳ、Ⅴ类围岩在不同单响药量下边墙最大振动速度

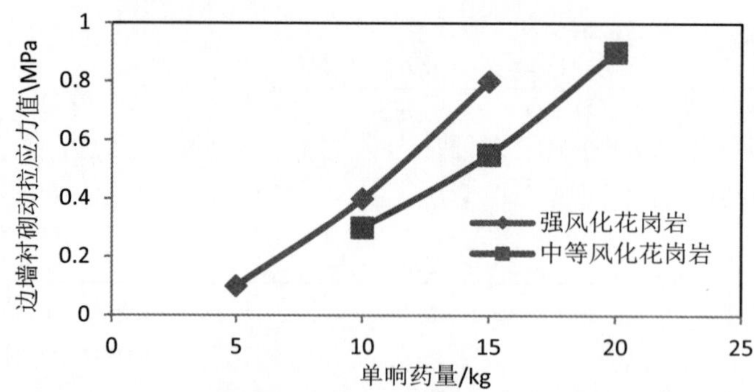

图 5.15 Ⅳ、Ⅴ类围岩在不同单响药量下边墙衬砌动拉应力值

根据已有隧洞洞壁和龄期≥28d 的混凝土的质点振动速度不大于质点安全振动速度 15cm/s 的要求，隧洞衬砌动拉应力峰值控制在 0.5MPa 以内[102]。按照此要求，根据有限差分数值试验结果，可以得出：对于Ⅳ类围岩，爆破最小爆心距控制喷射混凝土衬砌的安全距离在 10m 时，最大单响药量应控制在 15kg。

5.6 爆破荷载作用初衬极限动态设计方法

这是日本在《钢纤维混凝土设计施工手册(隧道篇)》中建议的设计方法[103]。日本建议采用钢纤维喷混凝土做隧道衬砌时，以极限状态设计方法为基本方法。目前，许多国家也都开始采用极限状态设计法。日本从 1986 年起，也向极限状态设计法过渡。这是一种趋势。因此，不仅包括山岭隧道也包括城市隧道，考虑两者共同的趋势和时代的要求，作为设计的基本理念应采用极限状态设计法。

5.6.1 钢纤维喷射混凝土衬砌的设计方法

（1）设计流程

钢纤维喷混凝土衬砌应按规范进行设计施工。

（2）安全系数和修正系数

根据材料强度求隧洞设计断面力的过程，要设定材料系数γ_m和构件系数γ_b。而在比较设计断面力和设计断面承载力的阶段，要设定结构物系数γ_i。对钢纤维喷混凝土的强度有以下的变动因素，用材料系数确保其安全性。①浇筑混凝土或喷混凝土的不均匀性；②养护差异的影响：③现场拌和对品质的影响；④浇注条件或喷射条件的影响。

表 5.7 是安全系数和修正系数的标准值。表中极限状态Ⅰ、Ⅱ、Ⅲ是指设计对象的状态。这些值虽然是标准值，但还要根据各个隧道的具体情况，由主管技术人员进行判断，选定合适的值。

表 5.7 安全系数和修正系数(标准值)

系数		极限状态Ⅰ	极限状态Ⅱ	极限状态Ⅲ
材料系数γ_m	压缩	1.3	1.3	1.0
	弯曲	1.3	1.3	1.0
构件系数γ_b	压缩	1.3	1.3	1.0
	弯曲	1.15	1.15	1.0
结构物系数γ_i		1.1	1.0	1.0
材料修正系数ρ_m		1.0	1.0	1.0

（3）材料的设计值

钢纤维喷混凝土的品质，不仅与使用材料和配比条件有关，也与施工条件和使用环境有关。因为这些条件是多种多样的，所以在通常的设计阶段，采用各种特性的一般值，并以通常环境条件下的混凝土为对象。表 5.6 所列的值是一个标准值。在条件变化时，变动幅度可能是很大的，因此，如有可资信赖的值，可以取代表列值。

钢纤维喷混凝土的性能，视设计的必要性，可用抗压强度、弯曲强度、抗拉强度等强度特性或弹性系数、韧性、其他变形特性、水密性、耐久性等材料特性表示。

①材料的强度

材料强度的特性值f_{k}，原则上基于 28d 材龄的试验强度决定。而低龄强度，则应视采用的水泥种类、混合材料的种类、骨料的种类、SF 的混入率及形状尺寸、水灰比等而定。在考虑试验值的离散性的基础上，取大部分试验值不低于该值为保证值。材料的设计强度f_{d}，采用材料强度的特性值f_{k}除以材料系数γ_{m}所得之值。材料强度的规格值f_{n}，在其特性值通过另外途径决定时，材料强度的特性值f_{k}取其规格值f_{n}乘以材料修正系数ρ_{m}所得之值。抗压强度希望等同或高于普通混凝土。用于计算钢纤维喷混凝土承载力的抗拉强度，不是采用最大荷载时的弯曲强度的计算式，而是采用考虑预计的破坏状态的开裂宽度和开裂深度的关系及构件尺寸影响的钢纤维的抗拉强度f。构件尺寸的影响，可参考有关规定，可用钢纤维的抗拉强度乘以下式的试验修正系数评价。

$$k_{\mathrm{tf}} = 0.53/h^{1/3} \tag{5.10}$$

式中：h—构件断面高度，m。

构件尺寸的影响，可参考有关规定，可用钢纤维的抗拉强度：系数评价见表 5.8。

表 5.8　试验修正系数

构件断面高度/m	<0.15	0.30	0.35	0.40
k_{tf}	1.00	0.79	0.75	0.72

构件断面高度不满 15cm 时，暂定k_{tf}=1.0。

②应力-应变关系

钢纤维喷混凝土的应力-应变关系，以普通混凝土的应力-应变关系为准。在承受弯矩或弯矩和轴力的构件断面的极限状态中，原则上采用应力-应变软化至理想塑性关系。

钢纤维喷混凝土的应力-应变曲线，研究时最好假定合适的曲线。在普通混凝土时，视混凝土的种类、材龄、作用的应力状态、加载速度及加载经路等，应力-应变曲线相应不同。但是，求构件断面最终承载力时，应力-应变曲线的不同对其结果影响不大，所以可以采用普通混凝土的应力-应变曲线。

③弹性系数

原则上钢纤维喷混凝土的弹性系数根据试验决定。求出应力-应变曲线，采用抗压强度的 1/3 点和应变为 50×10^{-6}点的连线的切线弹性系数试验值的平均值。低龄混凝土视水泥种类、水灰比、养护条件、材龄等，采用合适值。求钢纤维喷混凝土的弹性系数的试验方法和确定方法，与普通混凝土同样。采用弹性计算的钢纤维喷混凝土的弹性系数，钢纤维的混入率在 2%以下时，几乎不受钢纤维的影响。一般说，钢纤维的混入率在 0.5%～2.0%范围之内，可采用表 5.9 所示的普通混凝土同样的值。

表 5.9　钢纤维喷混凝土的弹性系数

f_{ck}/（N/mm²）	18	24	30	40	50	60
E_{c}/（kN/mm²）	22	25	28	31	33	35

弹性系数随强度增加而逐渐增大。此外，配比也有影响，同时在低龄混凝土时，因混凝土的流变或松弛，应力缓和显著。钢纤维喷混凝土的情况，流变或松弛比普通混凝土小，但与此有关的资料很少。

为此，在大体积混凝土施工时，参考低龄混凝土的弹性系数，并考虑流变、松弛等，可采用有效的弹性系数。此有效弹性系数的近似值，可由式(5.11)求出。

$$E_e(t) = 1.1 \times 10^4 \times \sqrt{f_e(t)(\text{材龄 3d 以内})}$$

$$E_e(t) = 1.1 \times 10^4 \times \sqrt{f_e(t)(\text{材龄 3d 以内})} \tag{5.11}$$

式中：E_e(t)—材料为 t(d)的有效弹性系数；f_e(t)—材龄为 t(d)的抗压强度。材龄在 3～5d 之间用插值法求出。

（4）极限状态

设计隧道衬砌时，应采用极限状态。钢纤维喷混凝土构件的构件极限状态分为以下 3 类。①极限状态 I 是根据确保衬砌长期耐久性的观点，规定的极限状态；②极限状态 II 是根据确保承受轴压和弯曲的构件所需的构件承载力的观点，规定的极限状态；③极限状态 III 是根据评价衬砌跟踪围岩大变形的钢纤维喷混凝土构件的变形特性的观点，规定的极限状态。根据以上观点，在讨论隧道的极限状态时，要充分考虑衬砌的变形特性及强度特性，以安全为基本理念，来规定钢纤维喷混凝土构件的极限状态。

（5）素混凝土时，达到最大荷载后的破坏，对钢纤维喷混凝土来说，是荷载逐步减小。而变形逐步增大，荷载到 0 附近时，构件也没有发生破断，这是一个特征。为有效地利用此特征，应在设计时充分利用此应变能，但目前还没有合适的方法。所以，在设计中，视钢纤维喷混凝土构件的性能，把极限状态分为适用于永久衬砌的极限状态 I 、适用于作为永久衬砌一部分的极限状态 II 和适用于临时构件的极限状态 III。

①极限状态 I 。根据确保衬砌长期耐久性观点规定的极限状态。极限状态 I 原则上以极限开裂宽度 W_I 进行检查。但采用钢纤维喷混凝土作结构部件时，如能评价设计断面力，可进行结构物安全性的检查。其断面承载力的评价方法可按“极限状态 II ”进行。极限开裂宽度原则可取为 0.25mm。

②极限状态 II 。基于极限开裂宽度 W_II 计算的设计断面承载力。极限开裂宽度 W_II 是根据钢纤维喷混凝土构件的 2 点弯曲试验求出的。极限状态 II 的设计断面承载力，用 M-N 曲线表示。为导出 M-N 曲线进行的弯曲抗拉强度的计算，以下述假定进行。

• 断面的应力分布，按图 5.16 所示取。

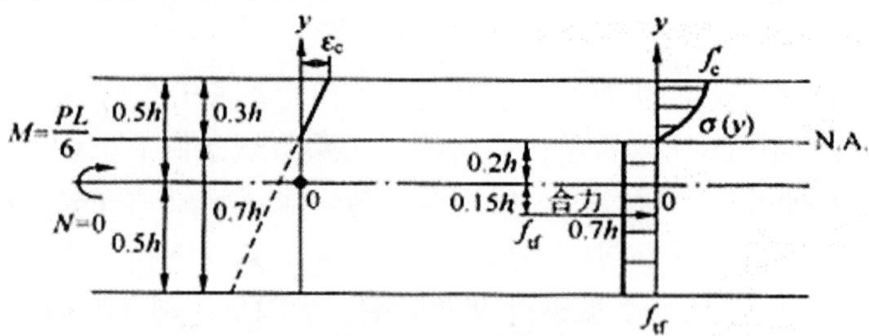

图 5.16　应力分布和应变分布

• 线应变与距压缩断面的中性轴的距离成比例。

•中性轴区开裂前端的位置，开裂深度区构件厚度的 70％的位置。即：构件厚度的 30％是受压断面，70％是受拉断面。

极限状态 II 作为钢纤维喷混凝土衬砌的构件性能，可用检验抗弯拉伸性能的抗弯试验决定，决定受弯及受压的构件的承载力时，可以此为准。极限开裂宽度 W_II 可用此除以合适的材料系数，决定合适的施工管理值。

极限状态Ⅱ根据弯曲试验决定，并根据极限状态Ⅱ的极限开裂宽度的荷载状态及变形状态来定义。根据此时的荷载状态求出抗拉强度，并导出 M-N 性能曲线，来检查断面的承载力。极限开裂宽度 W_{II} 由钢纤维喷混凝土构件的弯曲试验结构的 B 点来定义。B 点的开裂宽度由式(5.12)求出。

$$W_{\mathrm{II}} = 0.0035 \times \frac{0.7}{0.3} \times I_s \tag{5.12}$$

此处 0.0035 是压缩侧的极限应变，0.7 及 0.3 是受拉受压断面高度的比值。此处I_s的严密值还不能明确的提出，但可根据各种实验的结果，在 0.7～1.0h 范围内选择。参考钢纤维喷混凝土的试验结果I_s取 0.7h。所以，极限开裂宽度 W_{II}在构件厚度为 150mm 时，取 0.86mm。构件厚度与 150mm 不同时可用式(5.12)求极限开裂宽度。但此时，根据式(5.12)求出的极限开裂宽度，因构件的尺寸效应或钢纤维的形状尺寸等不同，不一定能确保与极限状态Ⅱ的应力状态和变形状态等效。因此，构件厚度与 150mm 不同时，要进行实际构件厚度的抗弯试验，来确认由式(5.12)求出的与极限开裂宽度对应的抗拉强度。

钢纤维喷混凝土在开裂后的抵抗力是优越的，抗拉强度也随钢纤维的混入率增加而增大。同时，开裂横切钢纤维，可传递拉力，保持力的平衡。所以，即使开裂宽度增大，承载力也具有残余的特性。根据这一特点，衬砌的一部分断面发生开裂，设计时也可预计钢纤维承受拉应力。极限状态Ⅱ的钢纤维喷混凝土构件的抗拉强度f_{tf}假定为图 5.18 的应力分布和应变分布。弯曲试验得到的弯矩 $M=P_{\mathrm{t}}L/6$ 及轴压力 $N=0$ 的平衡式，可联立式(5.13)及式(5.14)导出的式(5.15)求出：

$$M = \frac{P_{\mathrm{t}}L}{6} = f_{\mathrm{tf}} \cdot 0.7h \cdot 0.15h \cdot b + b\int_0^{0.3h} \sigma(y)(+0.2h)\mathrm{d}y \tag{5.13}$$

$$N = f_{\mathrm{tf}} \cdot 0.7h \cdot b - \mathrm{b}\int_0^{0.3h} \sigma(y)\mathrm{d}y \tag{5.14}$$

式中：

$$\sigma(y) = k_1 \cdot f_{\mathrm{c}} \cdot \frac{\varepsilon(y)}{0.002} \cdot \left[2 - \frac{\varepsilon(y)}{0.002}\right]$$

$$\varepsilon(y) = \frac{\varepsilon(\mathrm{c})}{0.3h} \cdot y$$

P_{t}—弯曲荷载，L—弯曲试验的试件跨度，b、h—试件宽度和高度。

$$f_{\mathrm{tf}} = 0.44P_{\mathrm{t}}L/(h^2 b) \tag{5.15}$$

根据采用 150mm×150mm×530mm 试件的试验结果，求抗拉强度时，可采用式(5.16)。

$$f_{\mathrm{tf}} \approx \frac{1}{1700} \cdot P_{\mathrm{t}}(\mathrm{N/mm}) \tag{5.16}$$

③极限状态Ⅲ

极限状态Ⅲ原则上是检查极限开裂宽度 W_{III}。极限开裂宽度 W_{III}是考虑保持施工中钢纤维喷混凝土构件的破断和剥落的安全性及支护的功能的一个限界。极限状态Ⅲ是注重钢纤维喷混凝土变形特性的，并不期待抗弯的承载力(图 5.17)。

喷射混凝土做支护时，在设计上最好不容许开裂。但在不容许剥落剥离的范围内，开裂的发生是不可避免的。为此，采用钢纤维喷混凝土对跟踪围岩的变形有相当的改善，即使产生较大的开裂也不会造成剥离或剥落。所以，在预计可能发生大变形的围岩中，充分利用钢纤维喷混凝土的这种特性来进行设计是合适的。

极限状态Ⅲ的开裂深度大致与构件厚度相当。根据构件厚 150mm，钢纤维长 25mm 情况的弯曲试验，开裂宽度超过 10mm 也没有发生破断。为此，在 150mm 厚的构件中，极限开裂宽度 W_{III}原则上取 10mm。此极限宽度 W_{III}除以合适的材料系数可作为施工管理值。但对构件厚度大于 150mm 的最终破断，规定其极限开裂宽度时，要考虑钢纤维的形状和自重的影响。发生的开裂达到极限开裂宽度时，开裂已到达背面。一断面如产生多处开裂，轴力的传递是不连续的，会造成局部应力集中，会使衬砌丧失作为支护构件的功能。为此，极限开裂宽度 W_{III} 也要考虑这一点加以规定。

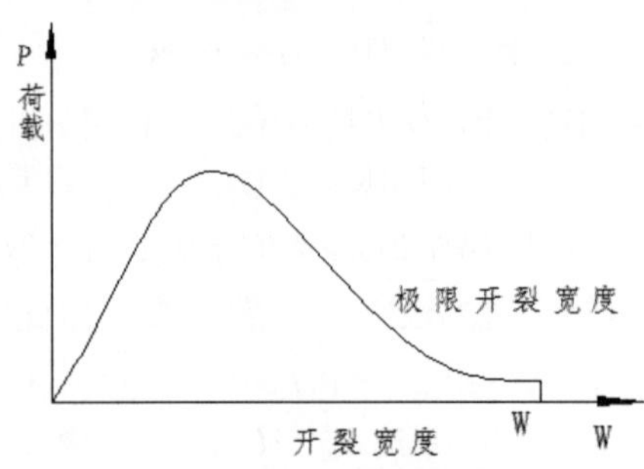

图 5.17　荷载-开裂宽度关系图

5.6.2　喷射钢纤维混凝土衬砌承载力计算

红沿河取水隧洞工程在Ⅴ级围岩中修建了四条取水隧洞。因为围岩力学性能较差，所以采用钢纤维喷射混凝土作为初期支护（钢纤维掺量 45kg/m³），并施作二次衬砌作为永久支护。初期支护和二次衬砌都承受地层传来的荷载。为了得到钢纤维喷射混凝土初期支护的力学性能[104]，根据实验数据，可以得到 45kg/m³ 钢纤维掺量下钢纤维混凝土的抗拉强度 σ_{tf} 和棱柱体抗压强度 f_{c}。可计算钢纤维混凝土抗拉强度 f_{tf} 的平均强度为 2.1MPa，均方差为 0.59。95％保证率下的强度标准值为 $f_{\mathrm{tf}} = \bar{f}_{\mathrm{tf}} - 1.645\sigma = 2.1 - 1.645 \times 0.59 = 1.13(\mathrm{MPa})$，可计算钢纤维棱柱体抗压强度 f_{c} 的平均强度为 27MPa，均方差为 1.54，95％保证率下的强度标准值为 $f_{\mathrm{c}} = \bar{f}_{\mathrm{c}} - 1.645\sigma = 27 - 1.645 \times 1.54 = 24.47(\mathrm{MPa})$。

根据截面应力应变关系可得到钢纤维混凝土在极限状态Ⅱ下承受的弯矩 M_{II}。

$$M_{\mathrm{II}} = \frac{P_{\mathrm{t}}L}{6} = f_{\mathrm{tf}} \cdot 0.7h \cdot 0.15h \cdot b + b\int_0^{0.3h} \sigma(y)(y + 0.2h)\mathrm{d}y \tag{5.17}$$

$$\varepsilon(y) = \frac{\varepsilon(c)}{0.3\mathrm{h}} \cdot y \tag{5.18}$$

当 $\varepsilon(y) < 0.002$ 时，

$$\sigma(y) = k_1 \cdot f_{\mathrm{c}} \cdot \frac{\varepsilon(y)}{0.002} \cdot \left[2 - \frac{\varepsilon(y)}{0.002}\right] \tag{5.19}$$

当 $\varepsilon(y) \geq 0.002$ 时，

$$\sigma(y) = k_1 \cdot f_{\mathrm{c}} \tag{5.20}$$

因此 M_{II} 的计算公式可写成

$$M_{\mathrm{II}} = f_{\mathrm{tf}} \cdot 0.7h \cdot 0.15h \cdot b + b\int_0^{0.3h} \sigma(y)(y + 0.2h)\mathrm{d}y \tag{5.21}$$

$$= f_{\mathrm{tf}} \cdot 0.7h \cdot 0.15h \cdot b + b\int_0^{\frac{6h}{35}} \sigma(y)(y + 0.2h)\mathrm{d}y + b\int_{\frac{6h}{35}}^{0.3\mathrm{h}} \sigma(y)(y + 0.2h)\mathrm{d}y$$

$$= 0.105\mathrm{bh}^2 f_{\mathrm{tf}} + bk_1 f_{\mathrm{c}}\int_0^{\frac{6h}{35}} \frac{0.0035\mathrm{y}}{0.002 \times 0.03\mathrm{h}} \cdot \left[2 - \frac{0.0035\mathrm{y}}{0.000.002 \times 0.03\mathrm{h}}\right](y + 0.2h)\mathrm{d}y$$

$$+ bk_1 \cdot f_{\mathrm{c}}\int_{\frac{6h}{35}}^{0.3\mathrm{h}} (y + 0.2h)\mathrm{d}y = 0.105bh^2 f_{\mathrm{tf}} + 0.0911 \times 0.85bh^2 f_{\mathrm{c}}$$

将衬砌厚度 h 用实际值代入上式，可得到极限状态Ⅱ下承受的弯矩M_{II}，将得到的$M_{\mathrm{II}}\langle \mathrm{h}\rangle$除以材料系数（$\gamma_{\mathrm{m}}=1.3$）和结构系数（$\gamma_{\mathrm{b}}=1.15$）可得到设计断面承载力$\acute{M}_{\mathrm{II}}\langle h\rangle$。

$$\acute{M}_{\mathrm{II}}\langle h\rangle=\frac{M_{\mathrm{II}}\langle \mathrm{h}\rangle}{\gamma_{\mathrm{m}}\cdot\gamma_{\mathrm{b}}} \tag{5.22}$$

从$\acute{M}_{\mathrm{II}}\langle h\rangle$的表达式可以看出设计截面承载力$\acute{M}_{\mathrm{II}}\langle h\rangle$时衬砌厚度 h 的函数，因此只要给定一个截面承载力，就可以得到该承载力下的初期支护厚度。

表 5.10 为给定截面厚度计算出的在极限状态Ⅱ下承受的弯矩$M_{\mathrm{II}}\langle \mathrm{h}\rangle$和设计截面承载力。

表 5.10　钢纤维喷射混凝土截面承载力

衬砌厚度/mm	$M_{\mathrm{II}}\langle \mathrm{h}\rangle$/（kN·m）	$\acute{M}_{\mathrm{II}}\langle \mathrm{h}\rangle$/（kN·m）
100	20.14	13.42
150	45.31	30.31
220	97.45	53.89
240	115.98	84.20

5.6.3　爆破荷载作用下支护所受的荷载

有限元差分法 FLAC^{3D} 计算采混凝土围岩-支护模型，可以反映围岩开挖过程中地层应力的释放，更好地模拟隧洞爆破开挖后地应力场的变化。在 FLAC^{3D} 中，可采用“生”、“死”单元的非线性方法对隧洞的瞬时动力开挖过程进行模拟[105]。计算完毕后得到的弯矩如图 5.18 所示。其中最大弯矩位于接近掌子面处的初期支护。参考表 5.9 可知，钢纤维混凝土 C30，掺量 45kg/m^3 设计厚度为 240mm 时的弯矩设计值$\acute{M}_{\mathrm{II}}\langle \mathrm{h}\rangle$为 84.20kN·m。小于药量为 100kg 时的弯矩 103.85kN·m，大于药量为 60kg 时的初衬弯矩 48.63kN·m。

当设计厚度为 220mm 时，弯矩设计值$\acute{M}_{\mathrm{II}}\langle \mathrm{h}\rangle$为 53.89kN·m，小于药量为 100kg 时的弯矩 78.216kN·m，大于药量为 80kg 时的初衬弯矩 39.19kN·m，因此Ⅴ级围岩爆破药量可以控制在 60kg 以下，Ⅳ级围岩爆破药量可以控制在 80kg 以下，不配钢拱架或设置钢筋网。采用极限状态Ⅱ设计方法设计钢纤维喷射混凝土隧道初期支护，可以体现钢纤维喷射混凝土开裂后仍能在开裂处提供拉力的特点。从计算结果看，钢纤维喷射混凝土作为初期支护满足强度要求，可以不对刚开挖的毛洞架设钢拱架或设置钢筋网，而直接钢纤维喷射混凝土，从而简化了施工程序，加快了施工进度。因此采用湿喷钢纤维混凝土在施工程序上优于传统的施工方法，在承载力上，能保证结构正常使用的承载力要求。

5.7　本章小结

本章对地下结构爆破动力分析的若干关键问题进行了详细探讨。

（1）通过对隧洞围岩不同部位振速的分布与衰减规律进行分析，提出以动力分析和摩尔-库伦强度准则为基础的隧洞爆破围岩衬砌距离的安全评估和施工方案优选方法，借助爆破荷载作用下隧道的动力分析，为动静应力场联合分析和安全性判断提供了条件。以质点振动速度为代表的经验判据法是从爆破振动表现形式的角度来评价隧洞的安全状况。

（2）爆破对结构的应力敏感部位易造成损害。混凝土衬砌的破坏位置与范围受静应力场和爆破动应力场的共同影响，由于混凝土的抗压强度远大于抗拉强度，衬砌的破坏常受拉应力控制。所以，研究喷射混凝土在爆破动荷载作用下的最大主应力是保障支护安全的必要条件。

（3）通过对动荷载作用下围岩塑性区的分布与围岩拉应力的分析，有效地预防隧洞侧帮及其附近围岩的失稳、塌陷，施工过程中为了简化施工程序，加快施工进度，提出了以钢纤维喷射混凝土作为初期支护的施工方法，通过对不同药量、不同药量、不同衬砌厚度的方案比选，确定了以钢纤维喷射混凝土作为初期支护的安全施工方案。

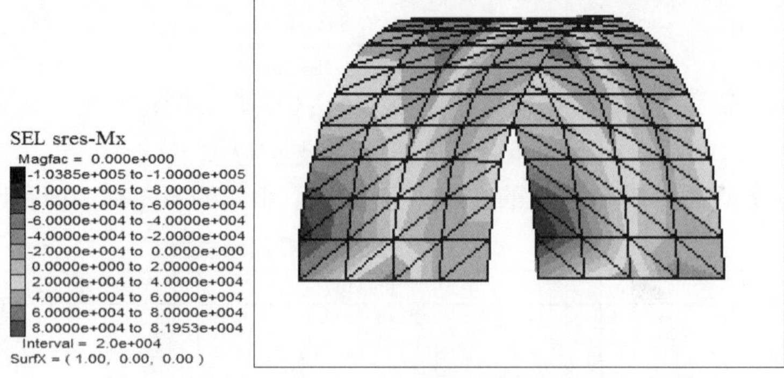

（a）衬砌厚度 240mm 、*Q*=100kg 爆破动载下弯矩图

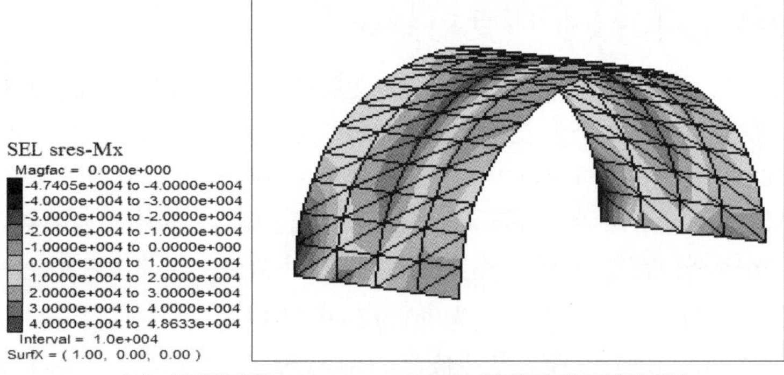

（b）衬砌厚度 240mm、*Q*=60kg 爆破动载下弯矩图

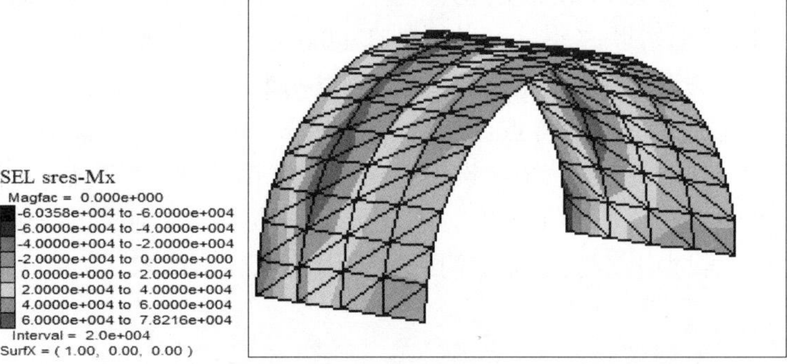

（c）衬砌厚度 220mm、*Q*=100kg 爆破动载下弯矩图

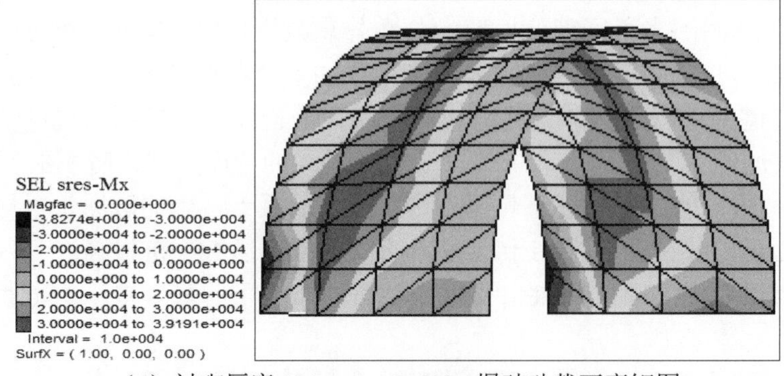

（d）衬砌厚度 220mm、*Q*=80kg 爆破动载下弯矩图

图 5. 18　初衬弯矩图

第 6 章　爆破振动相邻隧洞施工影响分析

爆破开挖不可避免地会对邻近隧洞、建筑及构筑物产生影响。由于爆破振动引起的工程事故时有发生，爆破振动已是最主要的爆破公害。如在铁路工程建设中，有时会在一条既有隧道旁再开挖一条隧道；在水电工程中，有并行开挖地下隧洞的情况；在矿山工程中，有巷道并行开挖或采场和巷道交替开挖的情况。爆破地震波作用下邻近隧洞的响应是一个复杂的动力学问题。数学解析法虽然能给出准确可靠的分析结果，但数学处理上的困难制约了它的适用范围。目前，理论分析仍只能解决介质、结构线弹性，入射波为稳态波，边界条件较简单的情况。要分析更复杂的实际问题，则需借助实验或数值计算方法。计算机数值模拟技术的发展为这一问题的研究提供了有效的工具，很多学者已经做过这方面研究。

6.1　隧洞爆破开挖对邻近隧洞的影响

6.1.1　邻近隧洞爆破的影响因素

（1）爆破地震波因素

根据动力弹性理论[106-114]，爆破时，岩体中产生的应力与质点的振动速度成正比。在爆破地震波引起相同振速的情况下，低频波比高频波对隧洞围岩的影响要大。目前，许多国家在制定或修订爆破振动安全判据时，普遍考虑了振速和频率两个指标的共同影响。

（2）地质条件因素

地质条件主要指相临隧洞之间的地质材料与地质构造，也是地震波的传播介质。研究表明，在相同爆破地震波的作用下，岩石越硬，围岩中引起的峰值振动速度越小。从波动力学的角度讲，爆破振动对邻近隧洞的影响是地震波在传播过程中与地质介质相互作用的结果。

（3）隧洞条件因素

隧洞的横断面形状、被覆材料，衬砌结构、爆源的相对位置、洞径与爆破应力波长的相对尺寸等直接影响洞壁周边的应力分布，而洞径是影响围岩应力和振速的重要因素。在其他条件相同的情况下，随着隧洞直径的增大，迎爆一侧主要由于应力波的反射拉伸作用，其动力集中因子增大，而背爆一侧没有明显的变化。

6.1.2　数值计算模型

计算模型由两个截面为直墙拱形的隧洞及其围岩组成，隧洞断面上半部分为半径 4.25m 的半圆，下半部分为 4.25m×4.25m 的矩形。两隧洞中心相距 20m。进行隧洞开挖计算时，模型的外边界与隧洞中心的距离应在隧洞直径的 10 倍左右，取爆破振动对邻近隧洞影响的 FLAC 模拟模型 X 方向范围为-80～50m，Y 方向范围为 0～3m，Z 方向范围为 28.25～-33.25m。用 FLAC^{3D} 进行动力计算，网格剖分的尺寸受输入波动的最短波长控制。设网格的最大尺寸与之配合，输入波动的最短波长为λ，则 ΔL 必须小于(1/10～1/8)λ。另外，动力计算要求网格划分的尺寸要相对均匀，网格最大尺寸和最小尺寸的比例一般不超过 5。据此，划分模型为 44160 个单元，共 50094 个节点。网格划分如图 6.1 所示。

图 6.1 FLAC3D 计算网格

6.1.3 岩石物理力学参数及力学模型

围岩参数取值参照东北大学设计院的《辽宁红沿河核电厂一期工程 CB 取水隧洞 1 号、2 号机隧洞初期支护施工图设计说明书(CFC)》(1993)中建议的围岩的力学指标表，以及中核勘测设计研究院提供的岩体质量分级及其建议力学参数值（表 6.1）。

表 6.1 岩石物理力学参数

材料参数	重度 /（kN/m^3）	弹性模量 /GPa	泊松比	凝聚力 /kPa	摩擦角 /（°）	抗拉强度 /MPa	体积模量 /GPa	剪切模量 /GPa
强风化片麻岩	23.0	1.50	0.40	45	24	0.1	2.5	0.536
中等风化片麻岩	24.5	4.0	0.33	300	30	0.4	3.92	1.50

此次模拟采用理想弹塑性模型，计算时屈服准则采用 Mohr-Coulomb 强度准则，并设置大应变计算模式。

6.1.4 初始条件与边界条件

（1）初始地应力场：这里仅按照自重应力场考虑。根据弹性力学原理，竖向应力$\sigma_v=H\gamma$，水平应力$\sigma_h = K\sigma_v$。其中：γ为岩体容重；H 为埋置深度；K 为侧压力系数，K=2.3。

（2）静力计算边界条件：采用位移边界条件，即模型的左右(X 方向)边界，前后(Y 方向)边界和底边界均施加位移约束条件，上边界取自由边界。

（3）动力计算边界条件：FLAC^{3D} 求解动力问题时，边界条件设置有远置人工边界和黏滞边界条件两种。远置人工边界就是在动力计算中沿用静力计算中使用的边界条件，但是这样的边界对波起着完全反射的作用，计算中要求将模型的范围取得足够大，从而给计算造成很大的负荷。因此，一般使用黏滞边界条件。采用黏滞边界条件，在模型的左右边界、前后边界和下边界均施加黏滞边界条件，上边界作为自由边界。

6.1.5 爆破冲击荷载的输入及阻尼的选取

考虑全断面法爆破施工，荷载以压力历程的形式均布作用在隧洞壁上，方向垂直于边界面。爆破荷载可简化为具有线性上升段和下降段的三角形荷载，参考相应的文献并考虑岩石的物理力学性质，爆破荷载曲线典型的加载到峰值应力的升压时间为 8～12ms。卸载时间通常为 40～120ms。分析中假定上升段加载时间取 12ms，卸载时间取 100ms。为了了解爆破振动波在岩体中的传播规律，总的计算时间取为 500ms，爆破荷载的应力最大值采用下式计算：

2001年，Hsin Yu Low[66]考虑炸药药量，经过统计分析得到冲击波初始峰值应力的计算公式：

$$P_{\max} = \frac{139.97}{Z} + \frac{844.81}{Z^2} + \frac{2154}{Z^3} - 0.8034 \tag{6.1}$$

式中：$Z = \frac{R}{\sqrt[3]{Q}}$—比例距离，其中$Q$—相当于TNT炸药的炮眼装药量；$R$—起爆中心到荷载作用面的距离。本次计算的加载曲线如图6.2所示。

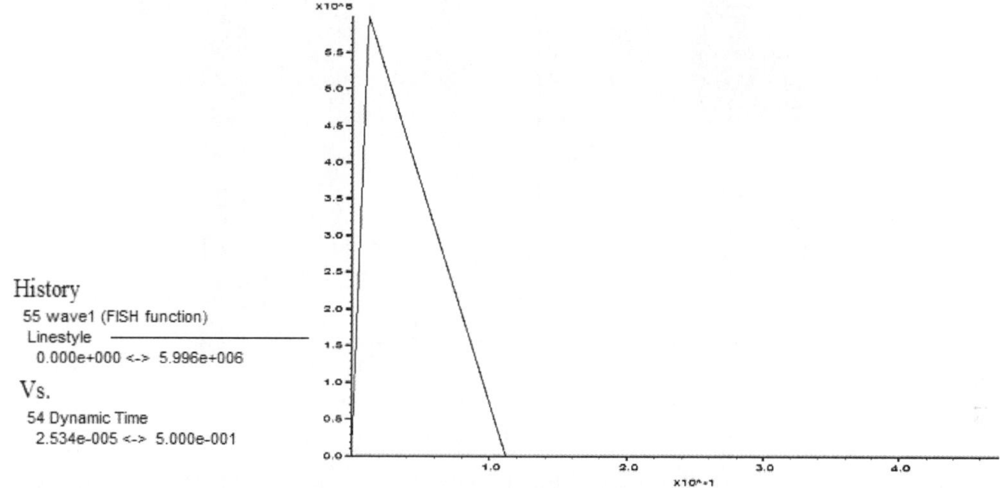

图 6.2　Ⅳ、Ⅴ级围岩爆破荷载历程图

FLAC3D 中，采用了两种形式的阻尼、瑞雷阻尼和局部阻尼，计算中多采用瑞雷阻尼。这里采用瑞雷阻尼，设置瑞雷阻尼时需要确定两个参数：阻尼比和中间频率。其中阻尼比按照给定的设计参数经验取值，强风化花岗岩一般取 0.20；中等风化花岗岩取 0.06；中间频率则取自振频率或者输入波的主频率，这里取输入波的频率。

6.1.6　数值仿真试验成果分析

邻近隧洞施工的主要影响因素考察两方面：一是隧洞开挖引起的围岩动应力变化，二是爆破作业引起的隧洞衬砌的动拉应力。一方面，隧洞开挖时，支配隧洞动态变化的几个特别重要的因素是岩层的非线形特性与时间的依存性、隧洞开挖顺序、支护的施工时间、由开挖面推进引起地层应力的变化等。隧洞开挖面向前推进时，由开挖面引起的支护能力随之减弱，隧洞就发生变形，相应地将出现非稳定状态区。当近距离的相邻个隧洞之间的应力变化较大的区域连成一体时，就会出现较大的松弛范围，两个隧洞之间的岩柱将处于不稳定状态，相邻两个隧洞衬砌内力也将会发生变化。另一方面，新建隧洞采用钻爆法开挖时，大量装药爆破释放的能量直接以应力波的形式传播到周围岩体中及衬砌上，进而产生拉应力。当已有隧洞距离较小、围岩软弱、衬砌质量较差时，隧洞结构就容易破坏。通过波动力学的有关理论，以及相邻洞室的爆破研究初步认为：背爆一侧的动应力及应力集中水平大大低于迎爆一侧。而且，在其他条件相同情况下，洞室尺寸越大，迎、背爆两侧的差别也越大。本节中所提成果均指已有隧洞迎爆一侧数据。

研究成果拟从两种不同围岩类别分析相邻洞室爆破对已有洞室的影响。整个计算过程分为静力计算和动力计算。动力计算以静力计算为前提，静力分析时，整个开挖沿 Y 轴方向开挖，开挖至计算至平衡状态；待静力计算完毕后，再将动力爆破荷载施加于开挖隧洞的内壁，得到动力计算结果。

（1）应力分析

图 6.3 是静力开挖后的最大主应力分布图，可以看出：邻近隧洞开挖后，隧洞的两边墙、底板和顶板均产生一定程度的拉应力集中，底板的拉应力集中程度最大，最大拉应力达到 0.0252MPa，隧洞两边墙的拉应力集中值较小，几乎为 0。

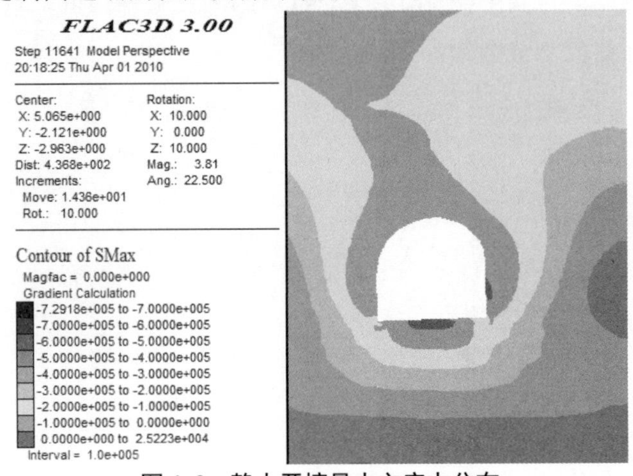

图 6.3　静力开挖最大主应力分布

图 6.4 是动荷载施加 0.25 MPa 以后，隧洞周围的最大主应力分布，可以看出：邻近隧洞的两边墙、底板和顶板的拉应力集中程度均不同程度地增大，尤其是邻近开挖隧洞一侧，拉应力集中程度增大最明显，最大拉应力达到了 0.0292MPa，比静力开挖后底板的最大拉应力增大了 15.8%。

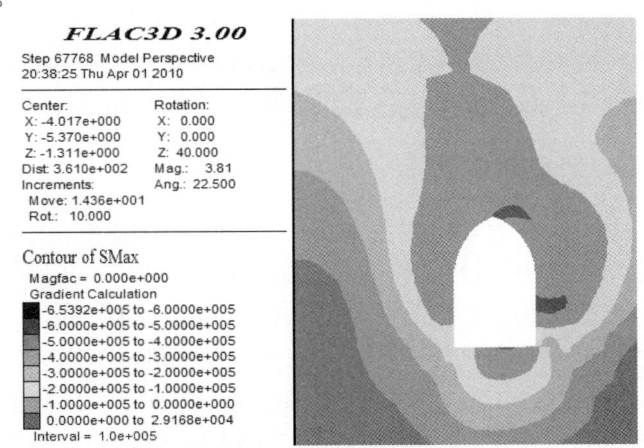

图 6.4　动力开挖最大主应力分布

图 6.5 是动荷载施加 0.25MPa 以后，隧洞周围的压应力分布情况，可以看出：应力同样出现了重分布，静力开挖时最大压应力出现在远离开挖隧洞一侧的底角，而施加动荷载后，则最大压应力除了出现在远离开挖隧洞一侧的底角附近外，还出现在了邻近开挖隧洞一侧的圆弧位置，最大值也由 1.04MPa 增大到 2.6MPa，同样是邻近开挖隧洞一侧的应力变化最明显。每次开挖的最大主应力、最小主应力以及剪应力分布规律相似，即最大主压应力值都出现在隧洞的右侧底角附近，最大主拉应力都出现在隧洞底板，随着开挖的继续，隧洞周围最大主拉应力和最小主压应力都有增大的趋势，但是并不明显。

比较图 6.6～图 6.8 分析结果可以看出，两者均在隧洞周围产生明显剪应力集中，并呈反对称的形式分布，但是动力荷载施加后的剪应力集中程度要明显大于静力开挖，尤其是右侧底角和右半圆弧部分两个位置，无论从剪应力集中的区域还是最大剪应力值来看，均有明显的增大，静力开挖后最大剪应力值为 0.253MPa，动力开挖后，右侧底角的剪应力值为 0.278MPa，右侧圆弧部分的剪应力为 0.389MPa，分别增大 9.88%和 53.8%，增大程度明显。

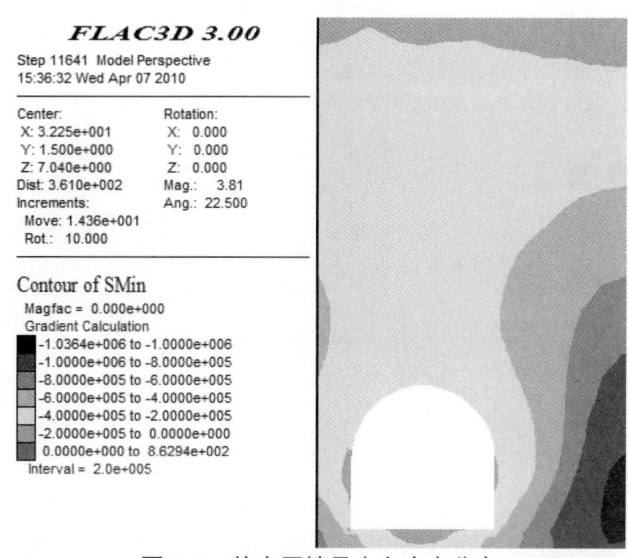

图 6.5　静力开挖最小主应力分布

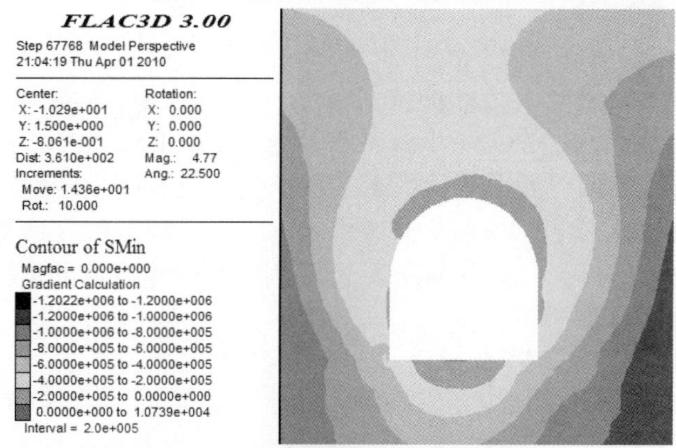

图 6.6　动力开挖最小主应力分布

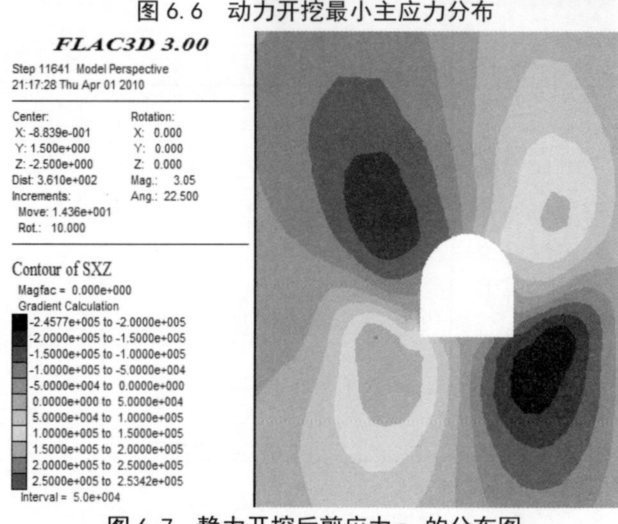

图 6.7　静力开挖后剪应力σ_{xz}的分布图

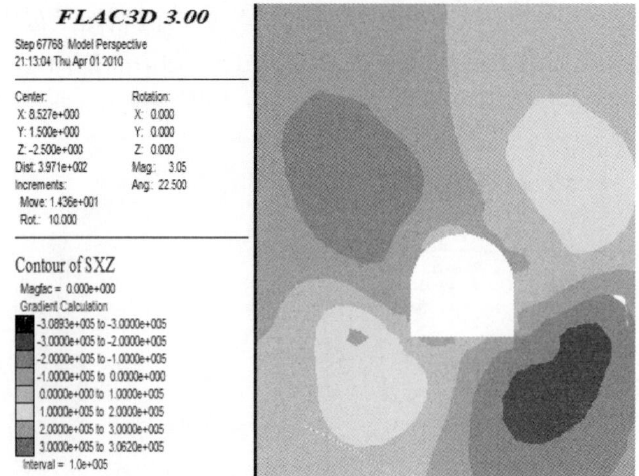

图 6.8　动力开挖后剪应力σ_{xz}的分布图

在动力计算过程中，分别对爆破振动荷载作用时间为 0.03s、0.14s、0.25s 时的应力分布情况进行记录。记录结果显示，最大拉应力分布规律是：在邻近开挖隧洞一侧直墙的中上部均会产生明显的拉应力集中现象，并且是隧洞周围最大拉应力值出现的位置，其应力程度要明显大于远离开挖隧洞一侧；随着作用时间的增长，最大拉应力值有增大的趋势，在 0.03s 时刻最大拉应力值为 0.0088MPa，在 0.14s 时刻为 0.0192MPa，在 0.25s 时刻为 0.0292MPa。

（2）位移分析

此次计算对既有隧洞围岩 X 方向的位移进行了重点监测。各监测点的位移振动变化形式是一样的，图 6.9 分别为点(-25.75，1.5，0)和点(-34.25，1.5，0)X 方向位移随时步的变化曲线。从图可以看出，迎爆一侧要明显大于背爆一侧，背爆侧由于地震波衍射过来以后，衰减很大，所以垂直位移很小。与水平位移相比，垂直方向上的位移要小很多。迎爆侧直墙上部的区域合位移峰值最大，为 0.24cm，背爆侧主要受地震波的衍射作用，强度低，故合位移很小。合位移最后都趋于 0.060cm。

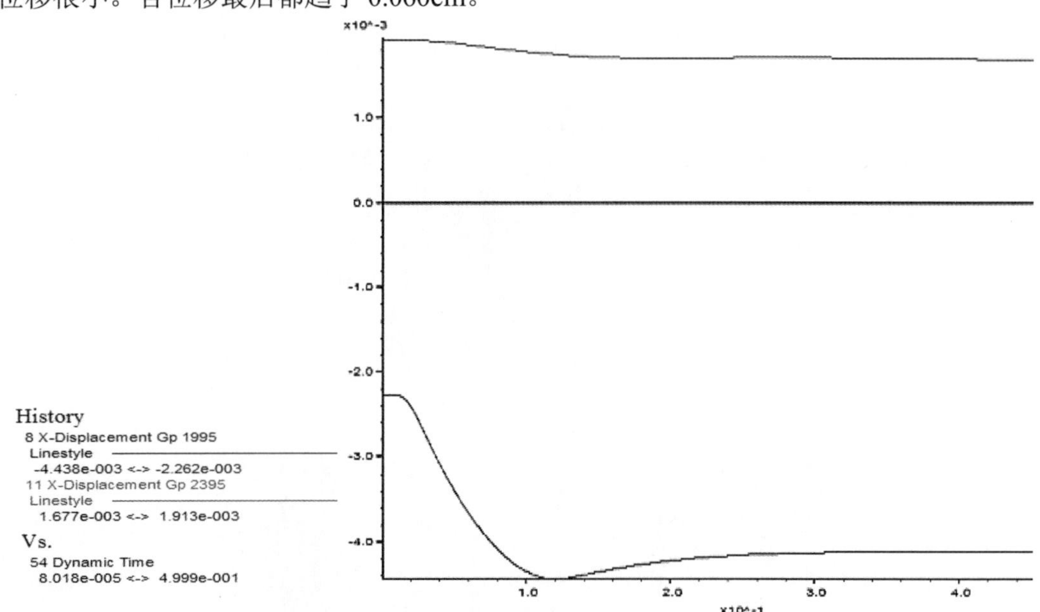

图 6.9　隧洞边墙监测点 X 方向位移曲线

图 6.10 为动载施加 0.5s 后既有隧洞初衬 X 方向位移分布图，最大位移出现在迎爆侧直墙的中上部，右侧直墙 X 方向的位移要明显大于左侧直墙的位移。

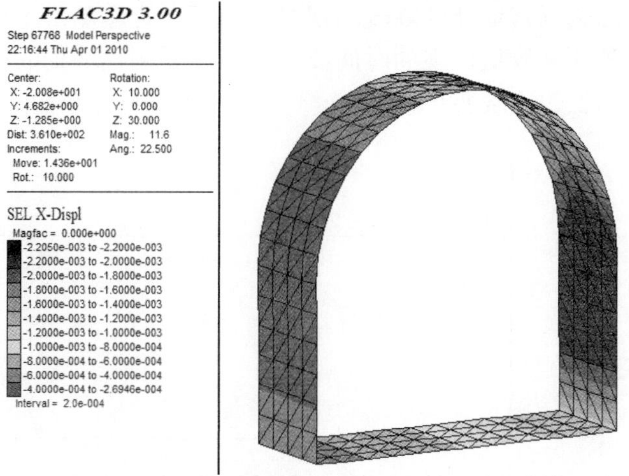

图 6.10　动载施加后隧洞初衬 X 方向位移图

（3）振速分析

由于现在围岩峰值振动速度是判别围岩安全的标准，因此计算中重点对隧洞围岩的振动速度进行了监测，监测的点包括既有隧洞不同部位的X、Z方向的振动速度，从图6.11～图6.17中可以看出。

①水平方向上，临近爆源的隧洞直墙上部附近点(-25.75，1.5，0)的振动速度峰值最大，为3.568cm/s，此区也正是爆炸波正入射作用点；起拱线以上为拱形区域，由于拱形结构的几何特征，削弱了地震波对结构的破坏作用，使得振动速度减小。

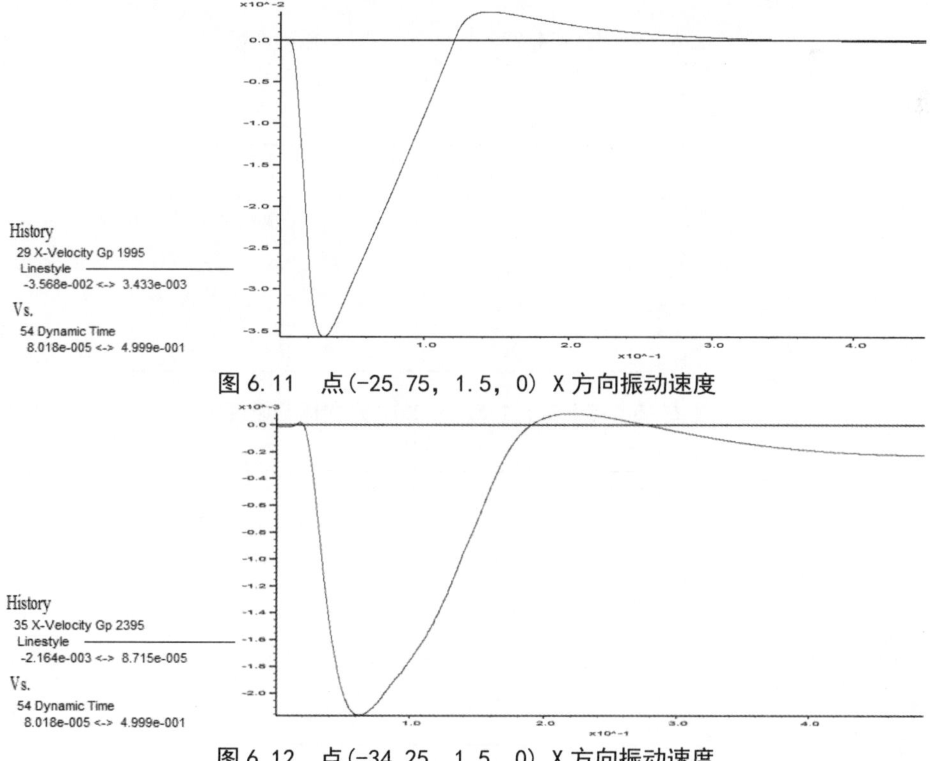

图 6. 11　点(-25. 75，1. 5，0) X 方向振动速度

图 6. 12　点(-34. 25，1. 5，0) X 方向振动速度

②垂直方向上，尽管拱顶处受到的约束较小，但此处地震波的能量也较小，故速度还是要小于直墙处。而在背爆侧，质点的速度为最低。同时，可以看出，拱顶处的速度峰值出现的时间要滞后于迎爆侧直墙处的峰值出现时间。而在背爆侧，垂直速度很低。图中同时可以看出，拱顶处的速度峰值出现的时间要滞后于迎爆侧直墙处的峰值出现时间。与水平速度相比，垂直方向上的速度要小很多。

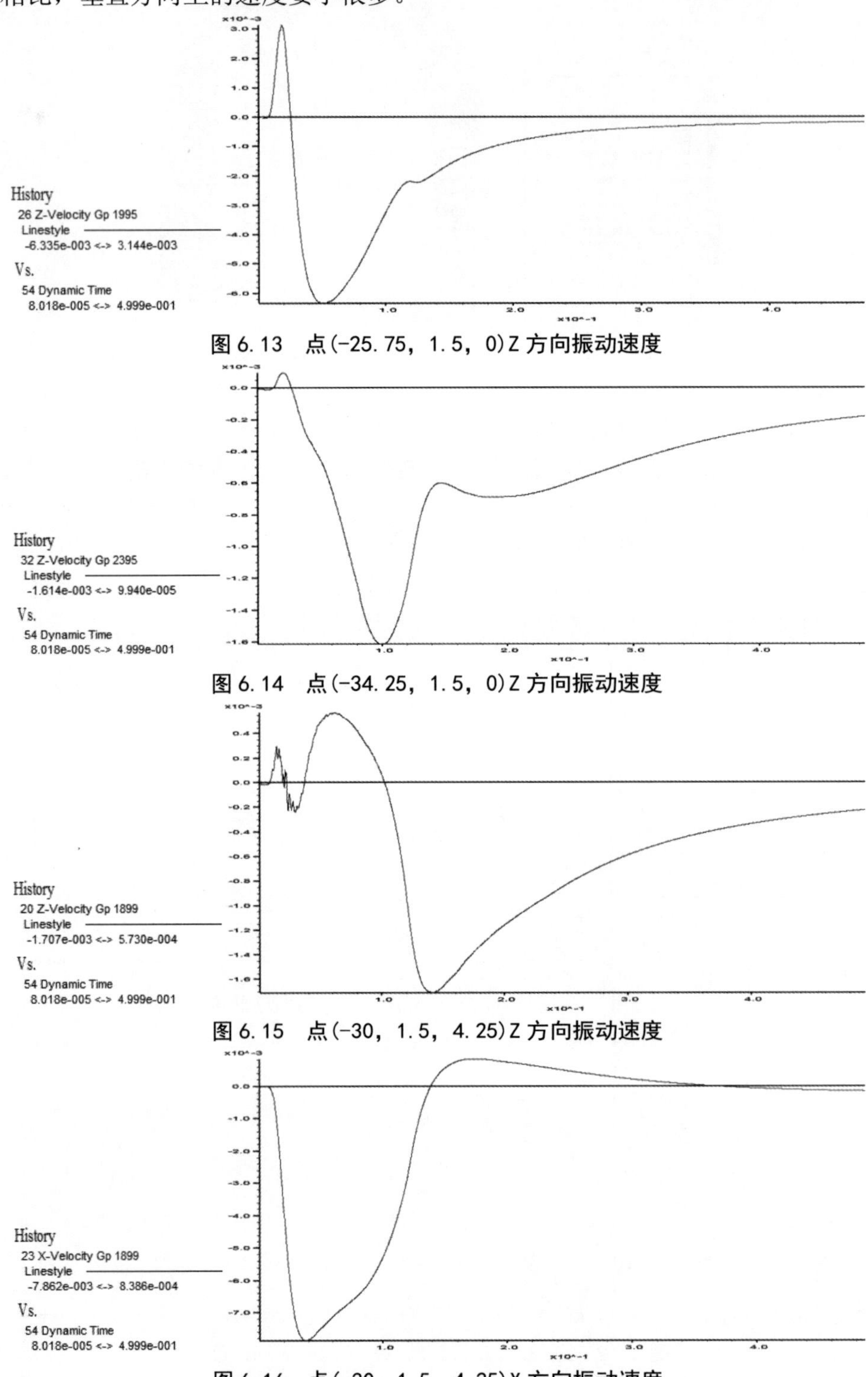

图 6.13　点(-25.75，1.5，0)Z 方向振动速度

图 6.14　点(-34.25，1.5，0)Z 方向振动速度

图 6.15　点(-30，1.5，4.25)Z 方向振动速度

图 6.16　点(-30，1.5，4.25)X 方向振动速度

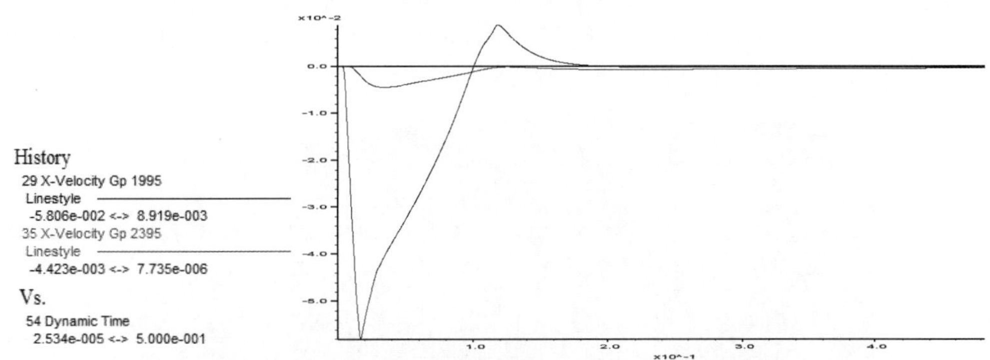

图 6.17　Ⅴ类强风化花岗岩围岩 X 方向振动速度曲线图

③合速度峰值的最大值发生在迎爆侧直墙的上部，此处是振动危险的区域。

④在拱顶处，合速度峰值的最大值也较高，同时拱顶岩石受到自身重力的作用，所以也是振动危险的区域。在底板的两个脚处，由于受到夹制作用，故不是危险区域。背爆侧速度很小，故安全性很高，可不设防护措施。根据位移和速度分析，迎爆侧直墙起拱线处是振动最危险的区域，在爆破施工中，应作为重点来进行监测。

表6.2为Ⅳ类中等风化花岗岩和Ⅴ类强风化花岗岩既有隧洞衬砌不同部位振动速度。

表 6.2　既有隧洞衬砌不同部位的振动速度(cm/s)

围岩类型	测点位置	迎爆侧		背爆侧	
		X方向振速	Z方向振速	X方向振速	Z方向振速
Ⅴ类强风化花岗岩	边墙	5.806	1.05	0.442	0.195
	洞顶	1.628	0.874		
	洞底	1.91	0.567		
Ⅳ类中等风化花岗岩	边墙	3.568	0.634	0.216	0.161
	洞顶	0.786	0.170		
	洞底	1.371	0.258		

比较表中数据可以看出，Ⅳ类围岩中既有隧洞衬砌的振动明显小于Ⅴ类围岩，这是因为Ⅳ类围岩的稳定性比Ⅴ类围岩高，而且对爆破振动波的阻尼效应大，减弱了爆破振动波传到既有隧洞衬砌时的能量，从而导致既有隧洞衬砌的振动速度降低。

6.2　隧洞群爆破动力分析

钻孔爆破开挖施工在隧洞工程中被广泛应用，但这种施工方法存在着爆破引起的波传播和由此引起的振动对围岩和地面建筑的危害。根据工作大纲的要求，需要验算3号、4号隧洞开挖爆破对1号、2号隧洞运行的影响。

6.2.1　分析模型

根据《辽宁红沿河核电一期工程施工图设计阶段补充地质详勘报告》提供的地质和地形资料，建立分析模型，模型宽209m，左右取5倍隧洞洞径，其中左侧两条隧洞为1、2号隧洞，右侧两条隧洞为3、4号隧洞，进行爆破振动计算时，考虑两条隧洞同时起爆的最不利情况。在2号隧洞右边墙中点设置速度监测点，如图6.18所示。

6.2.2　爆破荷载

考虑全断面法爆破施工，荷载以压力历程的形式均布作用在隧洞壁上，方向垂直于边界面。爆破荷载可简化为具有线性上升段和下降段的三角形荷载，参考相应的文献并考虑岩石的物理力学性质，上升段加载时间取10ms，卸载时间取80ms。爆破荷载的应力最大值采用公式6.1计算：本次计算的加载曲线如图6.19和图6.20所示。

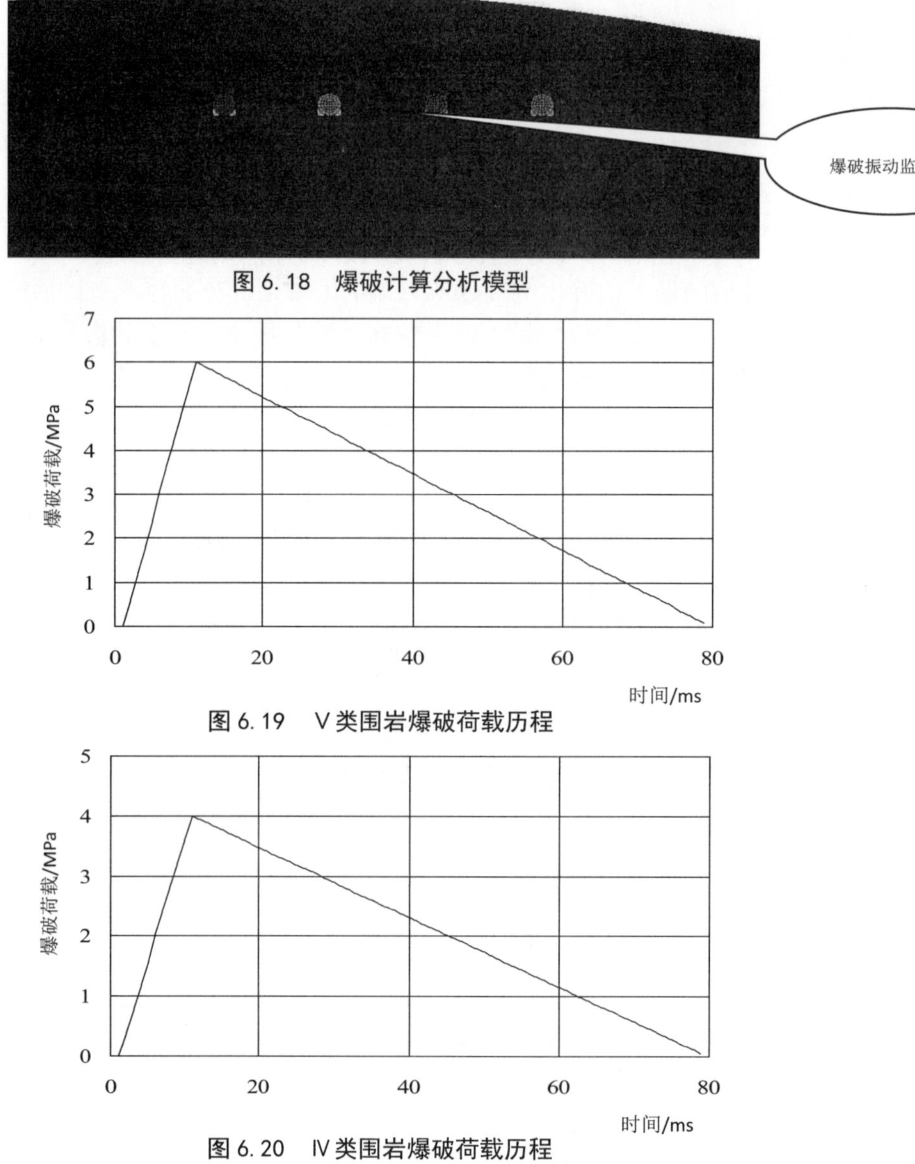

图 6.18　爆破计算分析模型

图 6.19　Ⅴ类围岩爆破荷载历程

图 6.20　Ⅳ类围岩爆破荷载历程

6.2.3　控制标准

对于混凝土二次衬砌，质点振速度是一个重要的控制指标。《爆破安全规程》（GB 6722—2003）规定（见表2.5），一般建筑物和构筑物的爆破振动安全性应满足安全振动速度的要求。对于隧洞，规定安全振动速度应小于15cm/s。

6.2.4　计算结果分析

图6.21～图6.24给出了不同岩性条件下爆破计算的结果，以及2号隧洞边墙的质点振动速度。从图中可以看出，Ⅳ类花岗岩质点最大振动速度为6cm/s；Ⅳ类片麻岩质点最大振动速度为9.2cm/s；Ⅴ类花岗岩质点最大振动速度13.2cm/s；Ⅴ类片麻岩质点最大振动速度

14.3cm/s。均满足《爆破安全规程》中关于振动速度的规定，故四种岩性的隧洞爆破均满足要求。

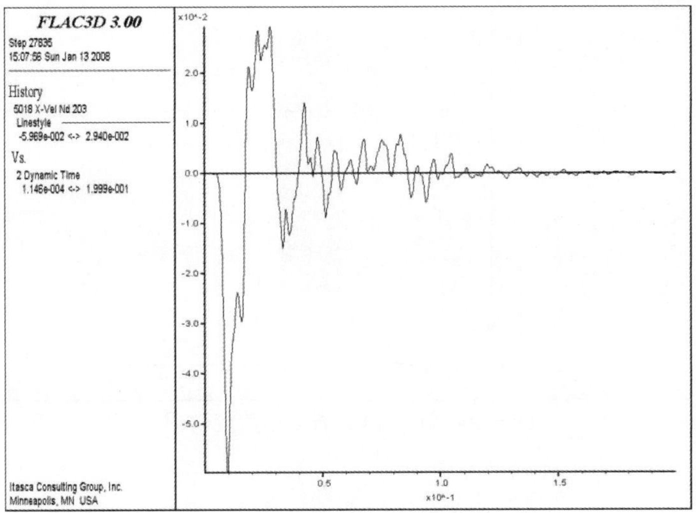

图 6. 21　Ⅳ类花岗岩振动速度时程

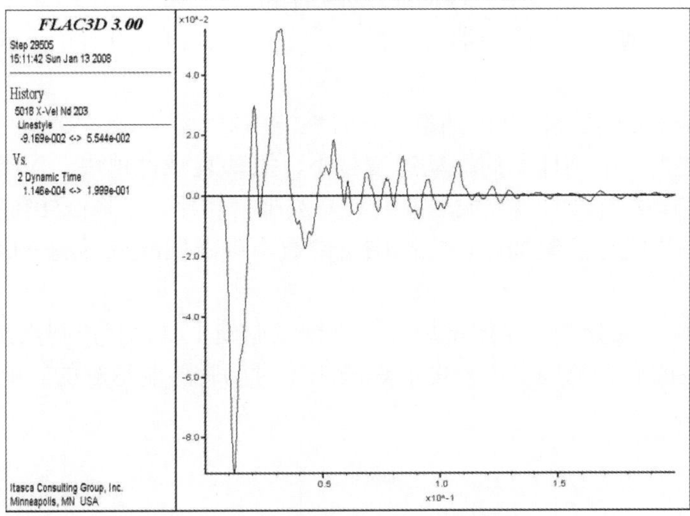

图 6. 22　Ⅳ类片麻岩振动速度时程

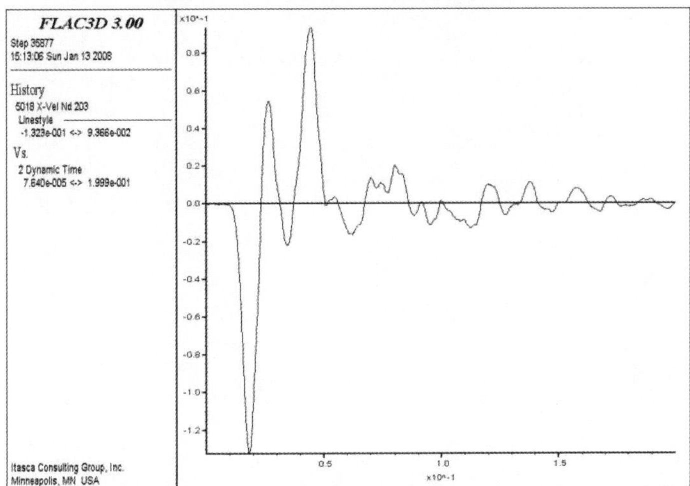

图 6. 23　Ⅴ类花岗岩振动速度时程

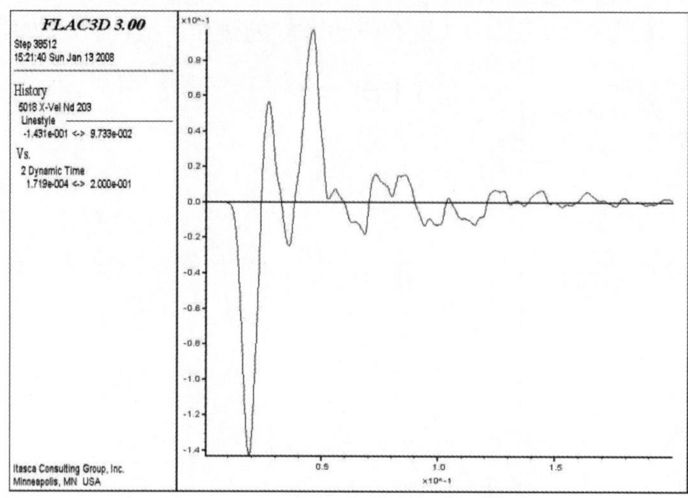

图 6.24　Ⅴ类片麻岩振动速度时程

6.3　本章小结

（1）爆破施工时，隧洞体系的振动速度是监测的一个重要的控制指标。开挖爆破产生的振动对邻近隧洞衬砌迎爆侧的边墙影响最大，在施工过程中应对这个部位施行有效的加固措施。

（2）对应相同的最大一段爆破药量，围岩性能不同，各测点振动响应也不同，围岩越稳定，阻尼效应越大，隧洞体系的振动速度越小，振动衰减也越快。Ⅳ类围岩的抗震性能要比Ⅴ类围岩强，Ⅳ类围岩的最大振动速度和Ⅴ类围岩相比，要降低50%左右。因此，对于低类别围岩，对围岩进行注浆加固，提高围岩参数，可降低既有隧洞峰值振动速度，对爆破控制较为有利。

（3）通过爆破振动分析，在按常规方法进行隧洞施工时，其控制点振动速度均在《爆破安全规程》规定的允许范围之内，隧洞爆破施工对已有隧洞运行的影响可以忽略。

第 7 章　隧道围岩松动圈探测与施工监控量测方法

对隧道围岩松动与稳定的研究，现有成果多把隧道围岩分为弹性区、塑性区和最内的破裂区。对弹性区和塑性区的解答已有了一些较成熟的理论，但对于破裂区的尺寸，如果进行理论计算，则仍没有定论。虽然对破裂区已有一些计算式，但是，由于其对破裂区内岩石破裂后的性质认识不充分，用于定量分析还与实际情况差距较大。主要是由于现有计算理论的一些基本假设与实际围岩的状态存在较大差距[115-121]。

隧道松动圈是围岩应力超过岩体强度之后在隧道周边形成的破裂带，其物理状态表现为破裂缝的增加及岩体应力水平的降低。松动圈测试就是探测开挖后新增破裂缝及其分布范围，围岩中有破裂缝与没有破裂缝的界面就是松动圈的边界[122]。在现场，对松动范围的厚度测试，可用声波法、多点位移计法或探地雷达法等方法测试。

7.1　探地雷达探测原理与方法

7.1.1　探地雷达探测原理

探地雷达探测的基本原理是使用电磁波穿透工程介质，当存在电磁性质差异界面时，电磁波发生反射，根据反射波的时程与动力学特征确定介质的结构。探地雷达利用主频为10^6～10^9Hz波段的电磁波，以宽频带短脉冲的形式，由地面通过天线发射器发送至地下，经地下目的体或地层的界面发射后返回地面，被雷达天线接收器所接收，通过对所接收的雷达信号进行处理和图像解译，达到探测前方目标体的目的。探测原理如图7.1所示。

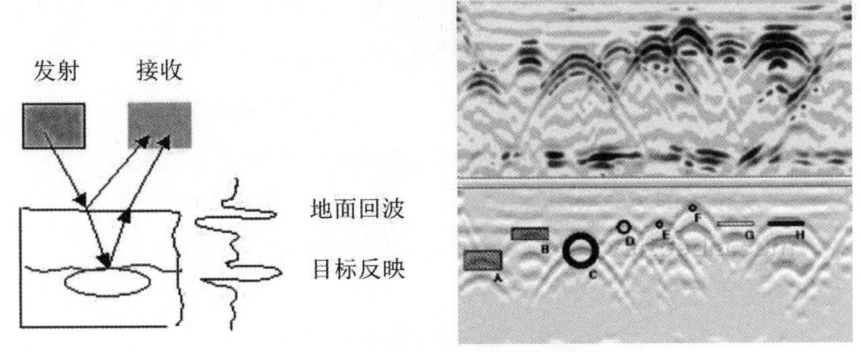

图 7.1　探地雷达工作原理图

设探测深度为X，则

$$X = \frac{1}{2}VT \tag{7.1}$$

式中：V—雷达波传播速度，T—双程旅行时间。其中

$$V = \frac{C}{\sqrt{\varepsilon}} \tag{7.2}$$

式中：$C = 3.0 \times 10^8 \mathrm{m/s}$电磁波在真空中传播的速度，即光速)，$\varepsilon$—相对介电常数，常见材质相对介电常数值如表7.1所列。

表 7.1 常见材质相对介电常数、电导率、速度表

介质	电导率/（s/m）	介电常数/（相对值）	速度/（m/ns）
空气	0	1	0.3
纯水	10^{-4}～3×10^{-2}	81	0.033
海水	4	81	0.01
冰		3.2	0.17
花岗岩(干)	10^{-8}	5	0.15
花岗岩(湿)	10^{-3}	7	0.1
玄武岩(湿)	10^{-2}		8
灰岩(干)	10^{-9}	7	0.11
灰岩(湿)	2.5×10^{-2}		8
砂(干)	10^{-7}～10^{-3}	4～6	0.15
砂(湿)	10^{-4}～10^{-2}	30	0.06
淤泥	10^{-3}～0.1	5-30	0.07
黏土(湿)	10^{-1}～1	8～12	0.06
页岩(湿)	10^{-1}	7	0.09
砂岩(湿)	4×10^{-2}		
土壤	$1.4\times10\text{-}^{4}$	2.6～15	0.13～0.17(ε_r=3～5)
永久冻土	10^{-5}～10^{-3}	4-8	0.12
混凝土		6.4	0.12
沥青		3～5	0.12～0.18

7.1.2 电磁波的工程介质传播特性

介质的电特性决定了探地雷达的使用范围和使用效果，在介质的诸多物性参数中，电导率和介电常数是两个关键指标，其中，电导率决定了电磁波在该介质中的穿透深度，而介电常数则决定了电磁波在该介质中的传播速度，同时它还决定了两种不同介质的对比度以及电磁波在介质中的“足印”(电磁波在介质中的覆盖范围)。

地磁波在工程介质中的传播，遇到电特性差异的介质时发生透射和反射，透射的地磁波继续向前传播，反射的电磁波一样发生透射和反射，透射回介质表面的地磁波被雷达接收天线接收，地磁波传播路径如图 7.2 所示。

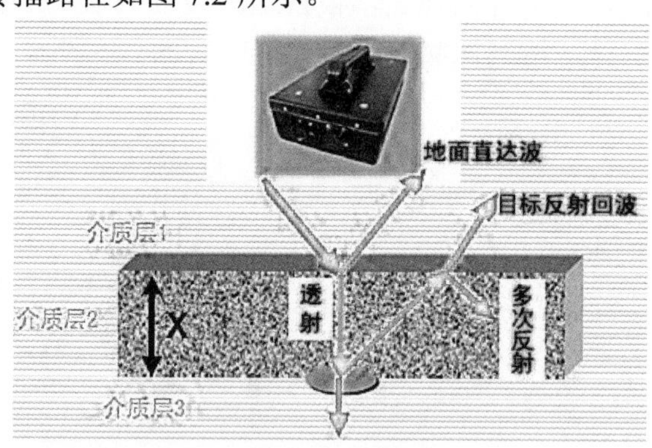

图 7.2 雷达波传播路径示意图

介电常数不仅确定了电磁波在介质中传播的速度，同时，不同材质的介电常数的差异决定了电磁波反射程度，反射系数用 R 表示：

$$R=\frac{\sqrt{\varepsilon_1}-\sqrt{\varepsilon_2}}{\sqrt{\varepsilon_1}+\sqrt{\varepsilon_2}} \tag{7.3}$$

式中：ε_1、ε_2—分别是反射界面两侧的相对介电常数。

通过对反射系数公式进行分析，可以得出两点：

①界面两侧介质的电磁学性质差异越大，反射波越强。②地磁波从介电常数小的介质进入介电常数大的介质，即从高速介质进入低速介质时，反射系数为负，即反射波振幅反向。这是判定界面两侧介质性质与属性的重要依据。

在隧道工程探地雷达探测中，电磁波如从空气(相对介电常数为 1)中进入混凝土(初衬或二衬)(相对介电常数约为 6.4)，根据式(7.3)反射系数 R 小于零，反射振幅反向，折射波不反向；从衬砌后边的脱空区再反射回来时，反射系数 R 大于零，反射波不反向，因而，脱空区的反射与混凝土表面的反射方向正好相反。反射波的振幅和方向特征是雷达波判别最重要依据。

如果衬砌后边富水(相对介电常数为 81)，电磁波从该界面反射也发生反向，与表面反射波同向，而且反射振幅较大。混凝土中的钢筋，波速近乎为零，反射波反向，而且反射波振幅特别强。

7.1.3　雷达探测数据处理

（1）软件简介

LTD 探地雷达后处理软件(目前版本号为：IDSP6.0)是一款针对 LTD 系列探地雷达产品的综合性后处理软件。能够对 LTD 系列产品采集的雷达数据以及国际上流行的其他探地雷达数据格式进行数据显示、滤波、反褶积、偏移等操作，方便用户发现雷达数据中的异常情况及生成后续报表文件。软件界面如图 7.3 所示。

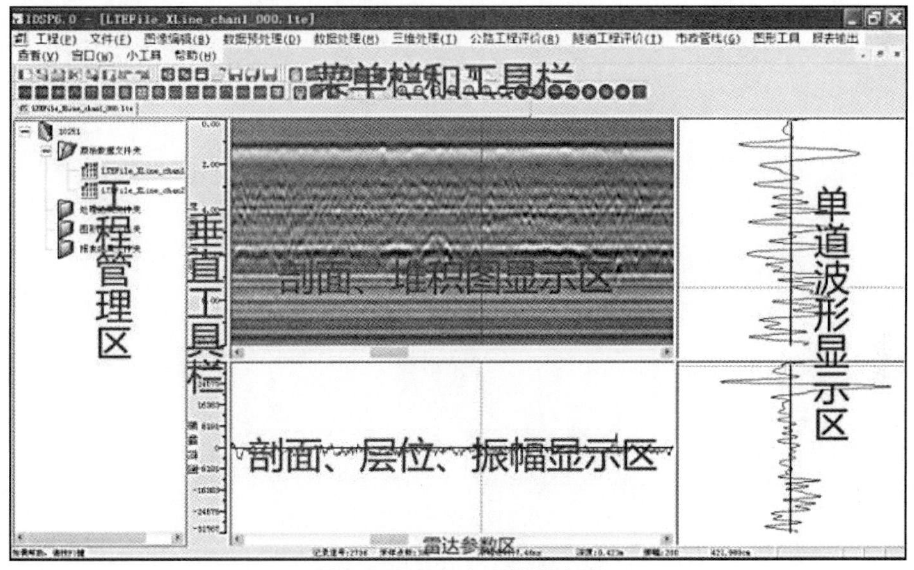

图 7.3　IDSP 6.0 软件布局

（2）数据处理流程

不同的探测目的，所采集到的雷达数据也千差万别，因此在进行数据处理之前，需要确定合理的处理流程——主要包括：显示方式的改变、噪声的去除、增益的调整等。具体的流程如图 7.4 所示。

（3）数据处理方法

目前的探地雷达都是以超宽带雷达为主，因此在记录了各种有效波的同时，也记录了干扰波。而滤波的作用主要是压制干扰信号提高信噪比，提取地下介质的响应特征信号。滤波（尤其是一维滤波）是雷达信号处理上的常用方法。

小波变换(Wavelet Transform)，有人称为“子波变换”，是一种新发展起来的数学分析与信号处理方法。小波变换克服了傅里叶分析方法在描述信号频率特征的同时，却无法同时反映局部时间的频率变化的局限性。

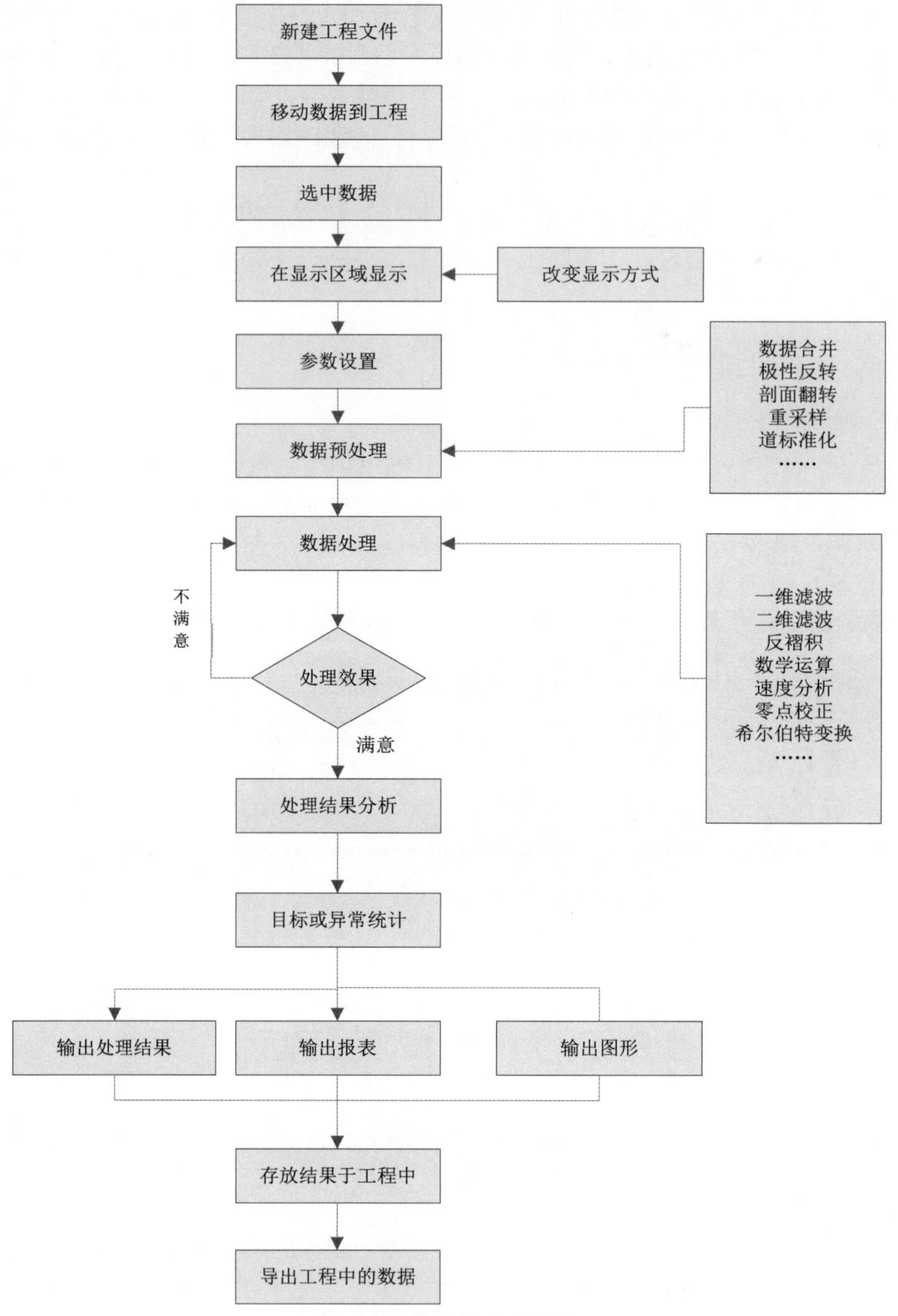

图 7.4　数据处理流程图

小波变换用于压制噪声信号，提高有用信号。小波变换的思想是根据信号的最高主频范围，依据选定的尺度参数来压制干扰信号。理论上，小波变换对数据进行处理，信号的畸变最小。尺度参数越小，保留信号的频率越高，尺度参数越大，保留信号的频率成分越低。通过对尺度参数的不同选择来得到最佳的分析处理结果[123]。

图 7.5 是雷达图像经过小波变换处理前后对比图，经过对比可以发现，处理前的雷达图 7.5（a）较为杂乱，干扰信号较多，经过小波变化处理后的雷达图 7.5（b）信噪比明显提高，有利于探测目标的识别。

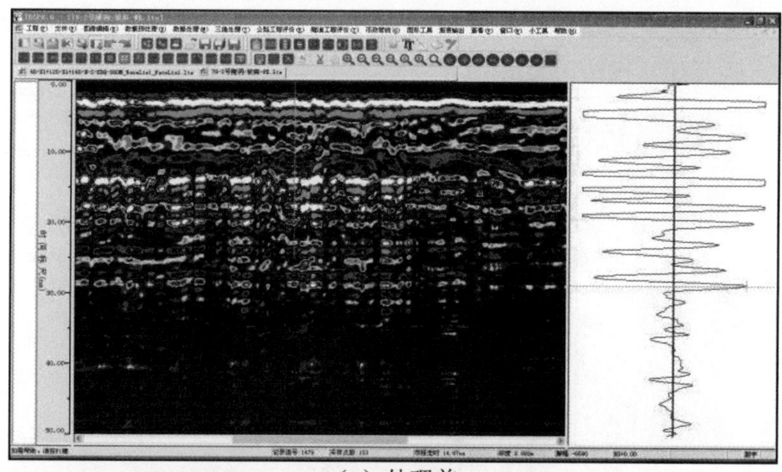

（a）处理前

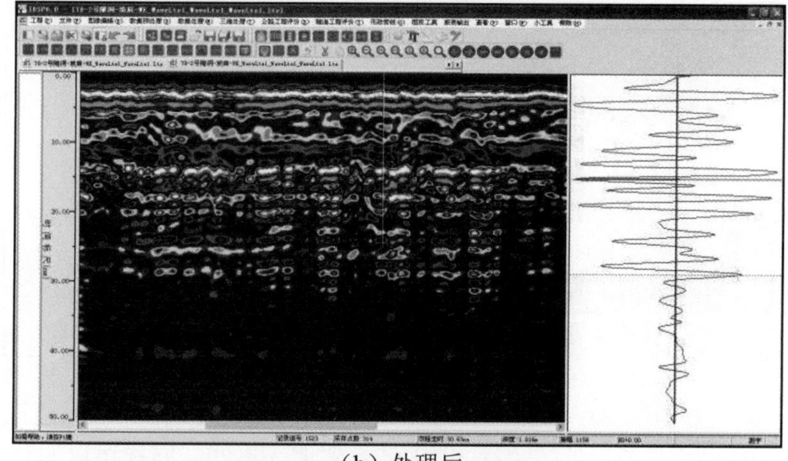

（b）处理后

图 7.5　小波变换处理前后对比图

7.1.4　隧道围岩松动的探地雷达波相识别

隧道开挖后，其围岩在高应力作用下发生了松动、破碎，电磁波从衬砌表面向围岩深处传播过程中，遇到破碎的围岩会产生相对杂乱的反射回波信号，围岩破碎区同相对完整的弹塑性区交界面将造成雷达波的强反射，波幅骤增，之后迅速恢复正常变化规律；又由于强反射造成透射波能量很小，很快消失殆尽，据此追踪电磁波同相轴的连续性，即可确定围岩松动范围[124-129]。

从图7.6中右边的单道波形来看，以竖向红线为中心，从零深度(初衬喷射混凝土表面)到第一条横线(24cm深度)，介质较为均匀，反射不明显，在第一条横线(24cm深度)处，波相发生反向，且振幅很强，结合该隧道设计资料，明显可以得出此处深度为初衬喷射混凝土厚度，与实际情况吻合良好。

从第一条横线往下到第二条横线，电磁波反射强烈，且振幅较大，表明此间介质不均一，在此下方，从图右边的该单道波形振幅来看，雷达波振幅迅速下降，反射很弱，可以得出从此处围岩开始相对完整，围岩强度增强，根据围岩松动特征，即可判断两条横线间距离为该处围岩松动圈厚度。同样，从图7.7（单道波形-灰度图）可以看出，两条横线间灰度差异较大，且较为杂乱，第二条横线深度下方灰度值较为均一，表明从此处开始下方围岩相对完整，同样可判断横线深度即为此处松动圈厚度。

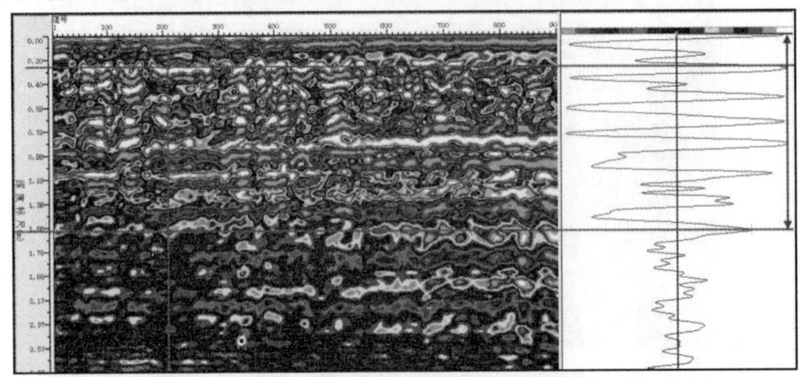

图 7.6　围岩探地雷达单道波形——伪彩色图

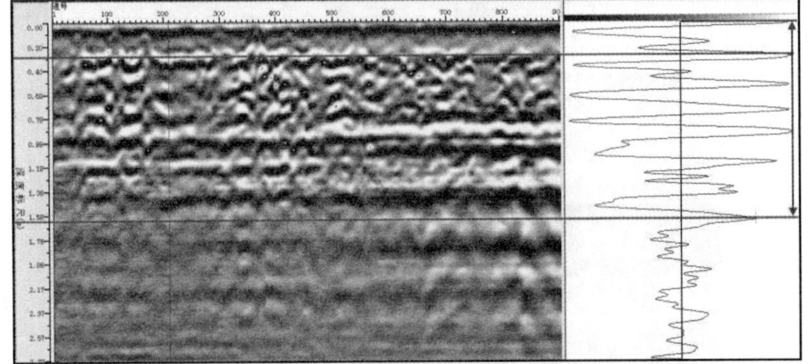

图 7.7　围岩探地雷达测试单道波形——灰度图

从图7.8（a）下方的该深度处测向振幅波形来看，横线深度处的地磁波振幅较大，对比图7.8（b），相对横线下降5cm处(虚线)，电磁波振幅明显减小，同样可以对比电磁波从零深度到探测的最大深度的振幅，可以明显发现横线深度处即为围岩相对破碎范围，即可得出松动圈厚度值。

根据围岩松动的特征，电磁波穿过围岩破碎区同相对完整区域交界面将造成电磁波波的强反射，致使穿过反射界面的透射波能量很小，很快消失殆尽，据此追踪同相轴的连续性。从图7.9波形堆积图来看，零深度到第一条横线间距离即为初衬喷射混凝土的厚度，第一条和第二条横线间距离即为围岩松动的范围。

综合上述单道波形图、灰度图、振幅曲线图和波形堆积图的隧道围岩松动圈的判读方法，根据围岩松动特征，把每道波形附近的松动圈厚度值连续标定出来，即为隧道围岩沿测线的松动圈厚度值。

7.2　超声波测试原理与方法

7.2.1　超声波测试原理

隧道围岩松动圈超声波测试技术就是利用超声波在岩土介质和结构物中的传播参数(声时值、声速、波幅、衰减系数等)与岩土介质和结构物的物理力学指标(动弹模、密度、强度等)之间的相关关系。基于弹性理论，由弹性波的波动方程通过弹性力学空间问题的静力方程推导，得出超声波纵波波速与介质的弹性参数之间的关系[130]。

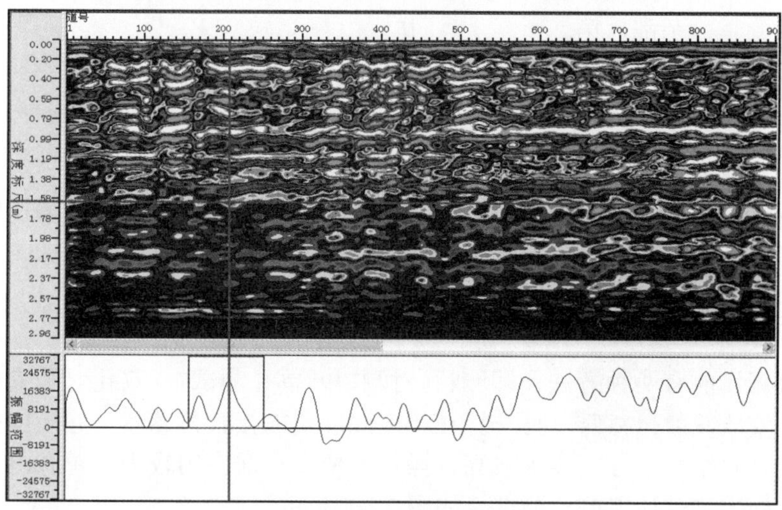

（a）处理前

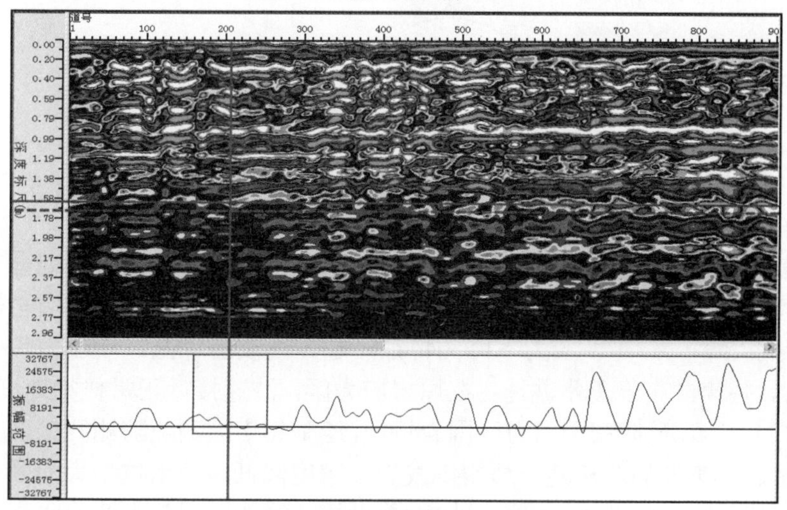

（b）处理后

图 7.8　围岩探地雷达测试振幅波形-伪彩色图

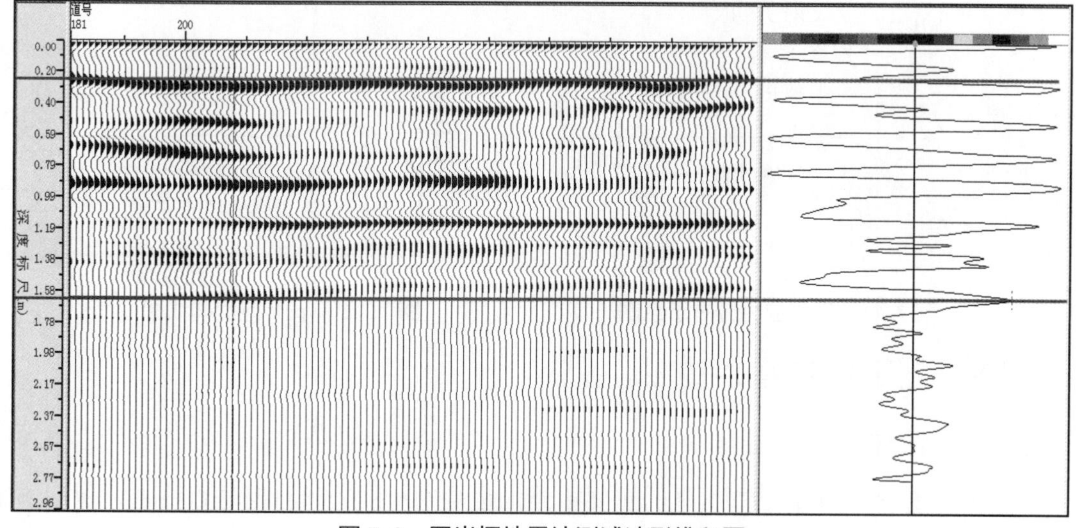

图 7.9　围岩探地雷达测试波形堆积图

$$V_p = \sqrt{\frac{E}{\rho} \cdot \frac{1-\nu}{(1+\nu)(1-2\nu)}} \tag{7.4}$$

$$V_s = \sqrt{\frac{E}{\rho} \cdot \frac{1}{2(1+\nu)}} \tag{7.5}$$

式中：ρ—为密度；E—为弹性模量；ν—为泊松比。

由于不同的岩石、岩体和结构、构造，其物理参量不同，因此其传播速度也不相同，反过来说，可以根据岩体的声波传播速度来判别岩石、岩体的情况。

7.2.2 超声波现场测试与数据处理方法

超声波检测目前有两种方法，即“双孔对测”和“单孔测试”。双孔对测需要一对平行钻孔，其中以孔安放发射传感器，另一孔在相应深度安放接收传感器，它反应的是径向裂隙特征。双孔测试对钻孔平行度要求较高，操作不便，目前应用较少。单孔测试反映的是环向裂隙特征。本次测试使用单孔测试，如图 7.10 所示。

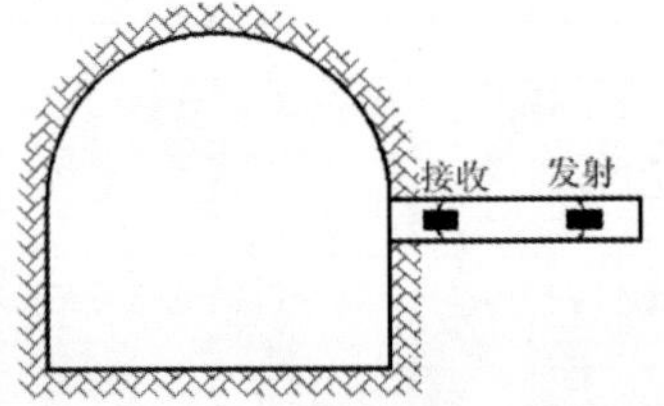

图 7.10 单孔测试示意图

隧道开挖后，围岩应力将重新分布，研究表明，从围岩表面往围岩深处分布三个区域：应力降低区、应力集中区和原岩应力区。围岩出现的应力降低区也就是围岩松动范围，根据围岩松动裂隙增多、破碎，应力下降的特征，超声波波速降低；在应力集中区，应力升高，裂隙压实，超声波高于正常波速；在原岩应力区，波速接近正常传播速度[130-149]，应力区分布如图 7.11 所示。根据三个应力区围岩特征，绘制超声波测速随测孔深度关系曲线图，如图 7.12 所示。超声波的波速随介质裂隙发育、密度降低、声阻抗增大而降低，随应力增大、密度增大而增加。利用这一特性可知，围岩的完整性好则其纵波速就高，反之就低。因此，结合相关地质资料可推断出围岩的松动圈范围。

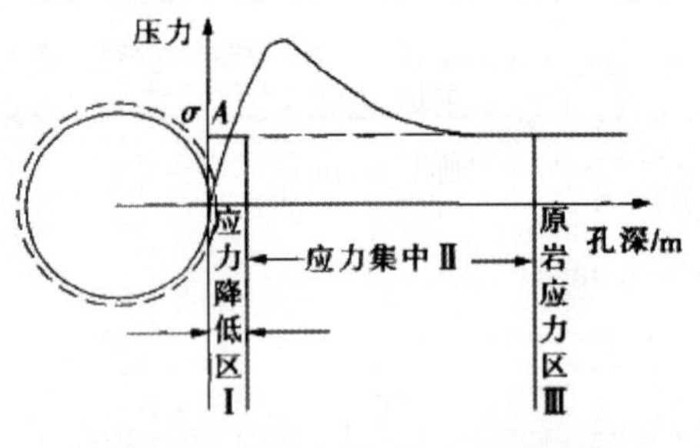

图 7.11 围岩应力分布示意图

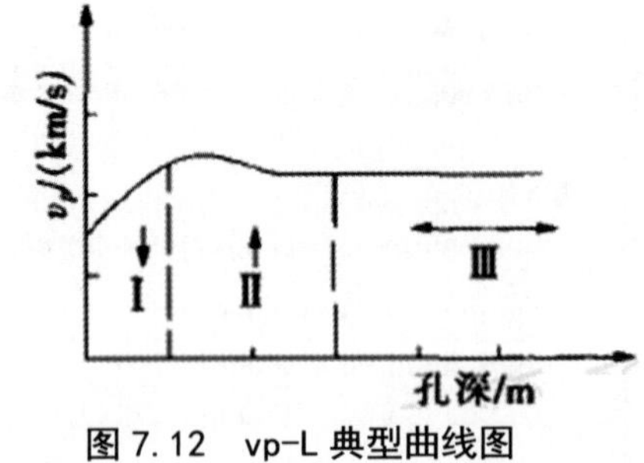

图 7.12 vp-L 典型曲线图

7.3 隧道施工监控量测方法

7.3.1 监测目的

隧道施工监测是保证工程质量的重要措施，也是判断围岩和衬砌是否稳定、保证施工安全、指导施工顺序、进行施工管理、提供设计信息的主要手段[150-152]。

①掌握围岩和支护结构的工作动态，对围岩稳定性做出评价；②了解支护结构的应力状态和应力分布；③通过对收集到的信息进行处理分析，反馈设计，确定或调整支护结构形式、支护参数和支护时间，指导施工；④对支护结构的合理性评价及其安全性评估，以便确保施工安全和隧道的稳定性。在隧道施工过程中，测量数据及其分析结果应及时与预设计进行比较，并对预设计做出正确的评价。如果量测的结果与预设计有较大的出入，应对预设计支护参数做出加强或减弱的修正。

7.3.2　监测项目

隧道施工监控量测旨在收集反映施工过程中围岩的动态信息，通过对其处理分析来判定隧道围岩-支护体系的稳定状态，以及所定支护结构参数和施工方法的合理性。现场监控量测根据其量测目的不同，在实际工作中，常将量测项目分为 A 类(必测项目)和 B 类(选测项目)两大类。隧道工程地质条件、围岩类别、围岩应力分布情况、隧道跨度、埋深、工程性质、开挖方法、支护类型等因素不同选择不同的监测项目。表 7.2 中的 1～4 项为 A 类监测项目；5～9 项为 B 类监测项目。

表 7.2　隧道主要监测项目表

测试项目类别	编号	项目名称
A 类	1	洞内观察
	2	周边收敛
	3	拱顶下沉
	4	锚杆拉拔力
B 类	5	锚杆内力量测
	6	浅埋段地表沉降
	7	围岩压力
	8	钢支撑内力
	9	支护混凝土内应力

7.3.3　监控量测方法

（1）周边收敛。目前周边收敛量测最常用、精度也相对较高的方法就是使用收敛计量测，收敛值是两测点之间测线距离在某段时间内的改变量。令 t_1 时刻的观测值为 L_1，t_2 时刻的观测值为 L_2，那么收敛值为$\triangle U=L_1-L_2$，收敛速度为收敛值除以时间间隔。必须指出的是，前后两次测量方法必须相同，以消除系统误差。

（2）拱顶下沉。拱顶下沉采用精密水准仪量测，通常在周边收敛量测同一断面的拱顶轴线处设一个带钩的测桩，吊挂水准尺。前后不同两次量测的拱顶高程差即为该时间间隔内的拱顶下沉量。图 7.13 为量测示意图。

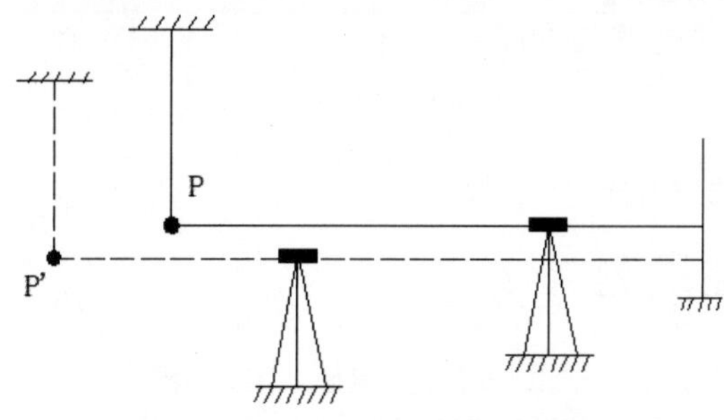

图 7.13　拱顶下沉量测示意图

（3）锚杆内力量测。系统锚杆的主要作用是限制围岩的松弛变形。这个限制作用的强弱，一方面受围岩地质条件的影响，另一方面受锚杆工作状态的影响。锚杆的工作状态好坏主要以其受力后的应力-应变来反映。采用钢筋计量测，二次仪表可自动录制接收到的电信号，并显示应力-应变值。

（4）支护混凝土内应力。支护(喷射混凝土或模筑混凝土衬砌)的内应力及其与围岩之间的接触应力大小，既反映了支护的工作状态，又反映了围岩施加于支护的形变压力情况，因此，应对支护的内应力及其与围岩接触应力进行必要的量测。支护混凝土内应力采用盒式压力传感器(称压力盒)进行测试。将压力盒埋置于混凝土内的测试部位及支护-围岩接触面的测试部位，则压力盒所受压力即为该部位(测点)应力。

7.3.4 监测断面布置与量测频率

根据《公路隧道施工技术规范》(JTGF60-2009)，围岩周边位移、拱顶下沉、地表下沉等监测项目的断面布置、监测频率和精度如表 7.3 所列。实际监测频率根据前两次测量情况而定。当观测值相对稳定时，可适当降低观测频率；当达到报警指标或观测值变化速率加快、出现危险事故征兆时，应加密观测。

7.3.5 数据处理方法

（1）周边位移数据处理公式：

$$U_t = L_0 - L_t + X_{t_1} - X_{t_0} \tag{7.6}$$

式中：U_t—t 时刻周边收敛值；L_0—收敛尺的初始读数；L_t—收敛尺 t 时刻读数；X_{t_1}—t_1 时刻的温度修正值；X_{t_0}—初始时刻的温度修正值。

表 7.3 监测项目布置与量测频率

序号	项目名称	布置	量测精度	量测间隔时间			
1	地质和支护状况观察	开挖后及初期支护后进行		每次爆破后进行			
2	围岩周边位移	每 10～50m 一个断面，每断面 2～3 对测点	0.1mm	1～2 次/天	1 次/2 天	1～2 次/周	1～3 次/月
3	拱顶下沉	每 10～50m 一个断面	0.1mm	1～2 次/天	1 次/2 天	1～2 次/周	1～3 次/月
4	地表下沉	每 5～50m 一个断面，每断面至少 7 个测点，每个隧洞至少 2 个断面	0.5mm	开挖面距量测断面前后<2B，1～2 次/天； 开挖面距量测断面前后<5B，1～2 次/天； 开挖面距量测断面前后>5B，1～2 次/天；			
5	围岩内部位移	每 5～100m 一个断面，每断面 2～11 个测点	0.1mm	1～2 次/天	1 次/2 天	1～2 次/周	1～3 次/月
6	锚杆轴力	每 10m 一个断面，每个断面至少 3 根锚杆	0.01MPa	–	–	–	–
7	钢支撑应力	每 10 榀钢拱支撑一对测力计	0.1MPa	1～2 次/天	1 次/2 天	1～2 次/周	1～3 次/月
8	衬砌应力	每代表性地段一个断面，每断面宜 11 个测点	0.01MPa	1 次/2 天	1 次/2 天	1～2 次/周	1～3 次/月

（2）拱顶下沉的数据处理公式：

$$\Delta h = h_t - h_0 \tag{7.7}$$

式中：Δh—t 时刻的拱顶下沉；h_t—t 时刻收敛尺的读数；h_0—初始时刻收敛尺的读数。

7.4 本章小结

本章主要介绍了隧道围岩松动范围探测的两种方法，以及隧道施工监控量测方法。详细介绍了隧道围岩松动范围雷达探测原理和电磁波的工程介质传播特性，数据处理方法；利用雷达探测原理，根据隧道围岩松动特征，提出了隧道围岩松动的雷达波相识别方法。简要介绍了超声波测试围岩松动的原理与测试方法以及测试结果分析。简要介绍了隧道施工监控量测的目的、量测项目、主要量测项目的量测方法、断面布置和数据处理方法。

第 8 章　隧道开挖支护施工围岩松动圈探测分析

围岩松动圈是围岩应力超过岩体强度之后在围岩周边形成的破裂带，其物理状态表现为破裂缝的增加和岩体应力水平的降低。松动圈测试就探测开挖后新的破坏裂缝及其分布范围，围岩中有的新的裂缝与没有破裂缝的界面位置就是松动圈的边界[121]。

基于松动圈测试原理，根据前文的分析结果，选择以探地雷达技术为主，超声波测试技术验证的测试方针。

8.1　探地雷达松动圈探测方案

8.1.1　准备工作

探测前需要对隧道进行踏勘，了解探测条件，保障探测工作能够顺利进行。

①了解隧道几何尺寸，按照每 5m 用明显标记在边墙标明；

②搜集设计和施工资料，了解施工过程出现的灾害地质情况；

③记录隧道电缆、积水位置、障碍物和干扰源段，并记录其准确位置。

8.1.2　雷达天线频率选择

现场采用国产青岛 LTD-2200 探地雷达(图 8.1)和其配套使用的相应配件进行探测。针对本次隧道围岩松动圈探测的具体情况，主要从分辨率、穿透力和稳定性三个方面综合衡量，选择 900MHz 天线。900MHz 天线分辨率较高，且探测深度较大，基本能满足探测围岩松动圈厚度的目的。900MHz 天线如图 8.2 所示。

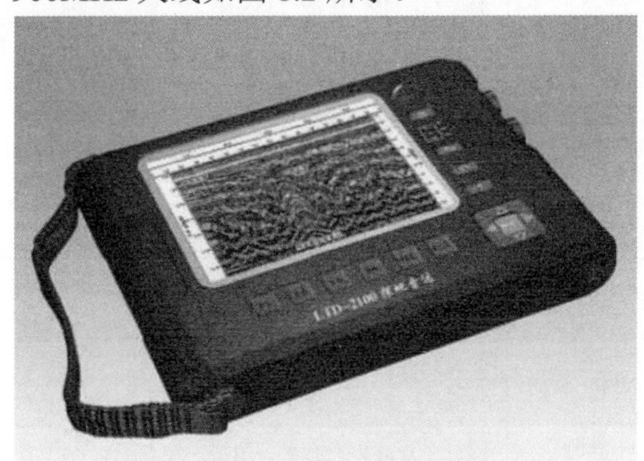

图 8.1　LTD-2200 探地雷达主机

图 8.2　900MHz 天线

8.1.3 测试参数选取

在确定测量天线后，进行了记录参数选取试验。根据现场调试分析，确定参数如下。

①时窗(记录长度)为 50ns，由天线主频、探测深度和精度综合确定。

②每道采样点 512 个。

③采用 9 点分段增益，现场调试，基本原则为由浅至深线性增益。

④采用分段连续检测方式，每分段内每隔 5m 打一个标记。

8.1.4 探测测线布置

根据本次隧道围岩松动圈探测的目的以及现场施工环境，沿隧道洞轴线方向不同级别围岩段、断面不同围岩位置进行测试，测试情况及成果见图 8.3 和图 8.3 所示。

测试里程和对应围岩级别见表 8.1～表 8.4。

表 8.1　1 号隧道探地雷达测试测线布置段表

序号	里程范围	围岩类别	围岩岩性描述	备注
1	K1 洞口	Ⅴ	中等风化花岗岩	
2	K1+120～K1+140	Ⅴ	破碎，中等风化，中等风化花岗岩	
3	K1+190～K1+210	Ⅳ	破碎，中等风化花岗岩	错车道
4	K1+210～K1+230	Ⅳ	破碎，中等风化花岗岩	
5	K1+280～K1+300	Ⅳ	中等风化、微风化花岗岩	
6	K1+320～K1+340	Ⅳ	中等风化、微风化花岗岩	
7	K1+405～K1+425	Ⅳ	破碎，中等风化、中等风化花岗岩	
8	K1+500～K1+520	Ⅴ	强风化、中等风化片麻岩，强风化、破碎，中等风化花岗岩	

表 8.2　2 号隧道探地雷达测试测线布置段表

序号	里程范围	围岩类别	围岩岩性描述	备注
1	K2 洞口	Ⅴ	中等风化花岗岩	
2	K2+120～K2+140	Ⅴ	破碎，中等风化花岗岩	
3	K2+180～K2+200	Ⅳ	中等风化花岗岩	错车道
4	K2+300～K2+320	Ⅳ	破碎，中等风化、中等风化花岗岩	
5	K1+420～K2+400	Ⅳ	中等风化、微风化花岗岩	错车道
6	K2+440～K2+480	Ⅴ	强风化、破碎，中等风化花岗岩	
7	K2+500～K2+520	Ⅴ	强风化片麻岩，破碎，中等风化花岗岩	

表 8.3　3 号隧道探地雷达测试测线布置段表

序号	里程范围	围岩类别	围岩岩性描述	备注
1	K3 洞口	Ⅴ	中等风化花岗岩	
2	K3+060～K3+050	Ⅳ	破碎，中等风化、中等风化花岗岩	
3	K3+160～K3+140	Ⅴ	破碎，中等风化花岗岩	节理裂隙密集带
4	K3+260～K3+240	Ⅳ	微风化花岗岩	错车道
5	K3+545～K3+525	Ⅳ	强风化、破碎，中等风化花岗岩	
6	K3+680～K3+650	Ⅴ	强风化花岗岩	
7	K3+845～K3+825	Ⅳ-1	强风化片麻岩，破碎，中等风化花岗岩	错车道

表 8.4　4 号隧道探地雷达测试测线布置段表

序号	里程范围	围岩类别	围岩岩性描述	备注
1	K4 洞口	Ⅴ	中等风化花岗岩	
2	K4+045～K4+070	Ⅴ	强风化片麻岩、中等风化、微风化花岗岩	
3	K4+100～K4+075	Ⅴ	强风化片麻岩、中等风化花岗岩	节理裂隙密集带
4	K4+140～K4+160	Ⅴ	破碎，中等风化、中等风化花岗岩	节理裂隙密集带
5	K4+265～K4+285	Ⅳ	中等风化花岗岩	错车道
6	K4+340～K4+360	Ⅴ	强风化、中等风化片麻岩，破碎，中等风化花岗岩	
7	K4+450～K4+470	Ⅴ	强风化、中等风化片麻岩，破碎，中等风化花岗岩	
8	K4+600～K4+620	Ⅳ	破碎，中等风化花岗岩	
9	K4+700～K4+720	Ⅳ	强风化、破碎，中等风化花岗岩	
10	K4+830～K4+850	Ⅳ	强风化、中等风化花岗岩	
11	K4+920～K4+900	Ⅴ	中等风化、微风化花岗岩	

图 8.3　隧道围岩松动圈现场测试图

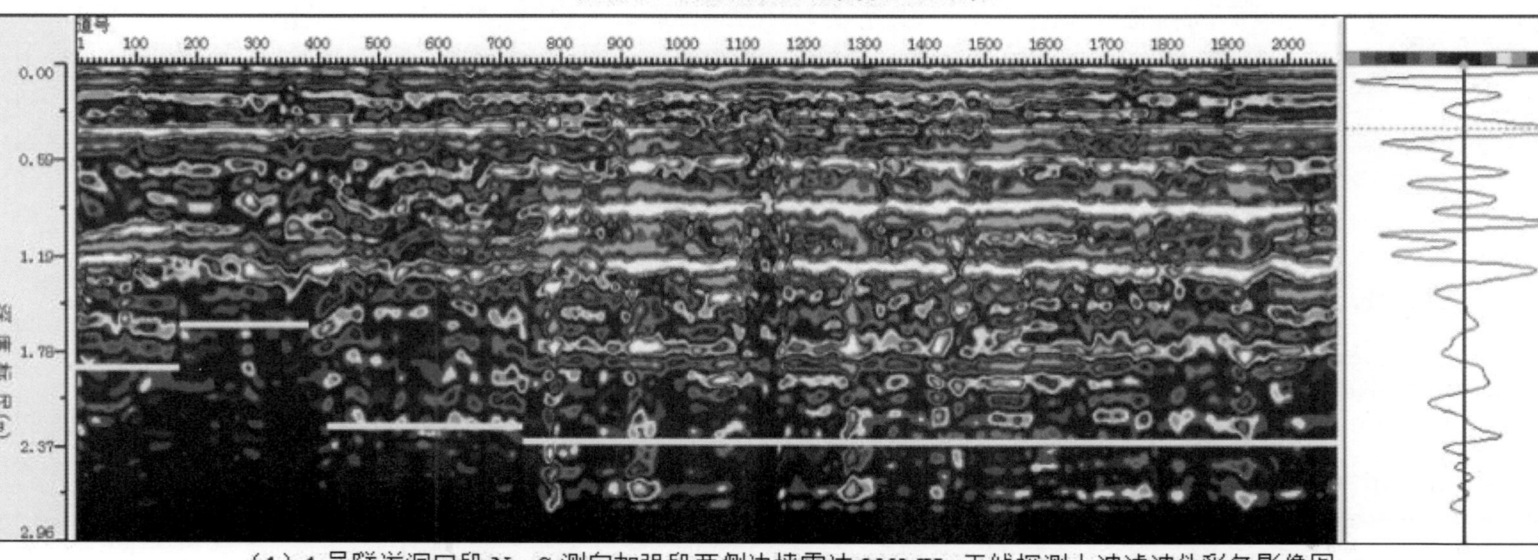

（1）1 号隧道洞口段 N→S 测向加强段西侧边墙雷达 900MHz 天线探测小波滤波伪彩色影像图

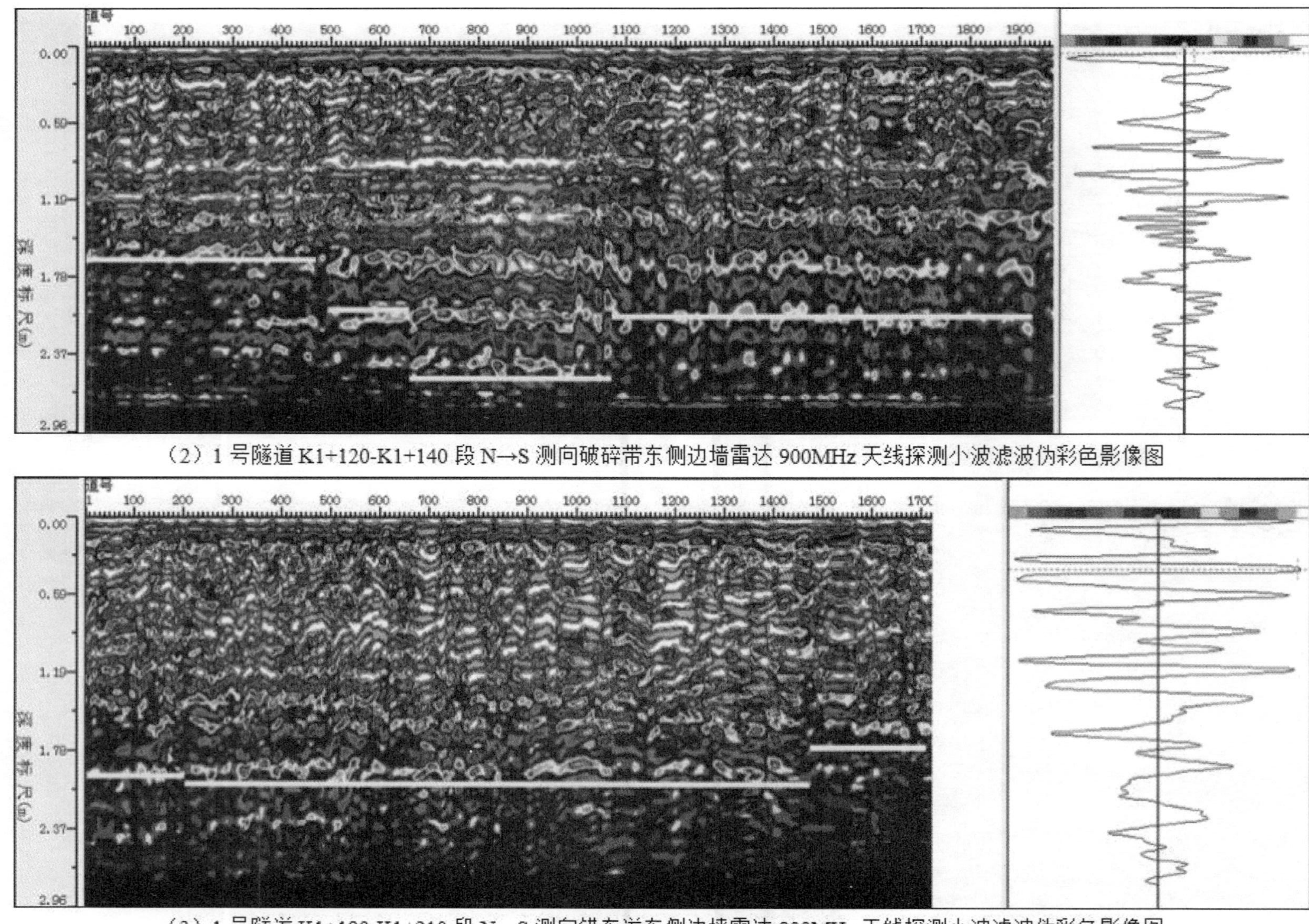

（2）1 号隧道 K1+120-K1+140 段 N→S 测向破碎带东侧边墙雷达 900MHz 天线探测小波滤波伪彩色影像图

（3）1 号隧道 K1+190-K1+210 段 N→S 测向错车道东侧边墙雷达 900MHz 天线探测小波滤波伪彩色影像图

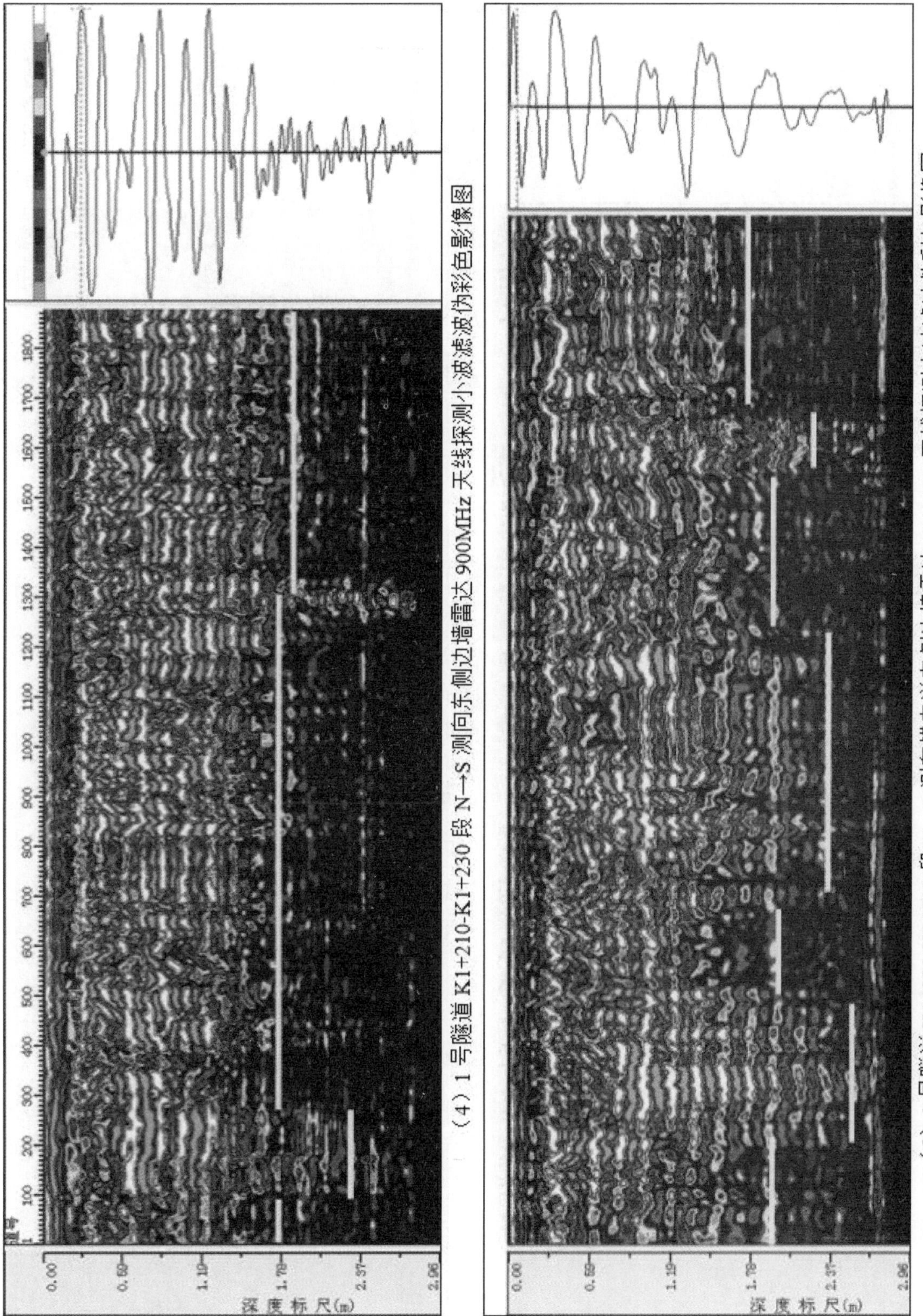

（4）1 号隧道 K1+210-K1+230 段 N→S 测向东侧边墙雷达 900MHz 天线探测小波滤波伪彩色影像图

（5）1 号隧道 K1+280-K1+300 段 N→S 测向错车道东侧边墙雷达 900MHz 天线探测小波滤波伪彩色影像图

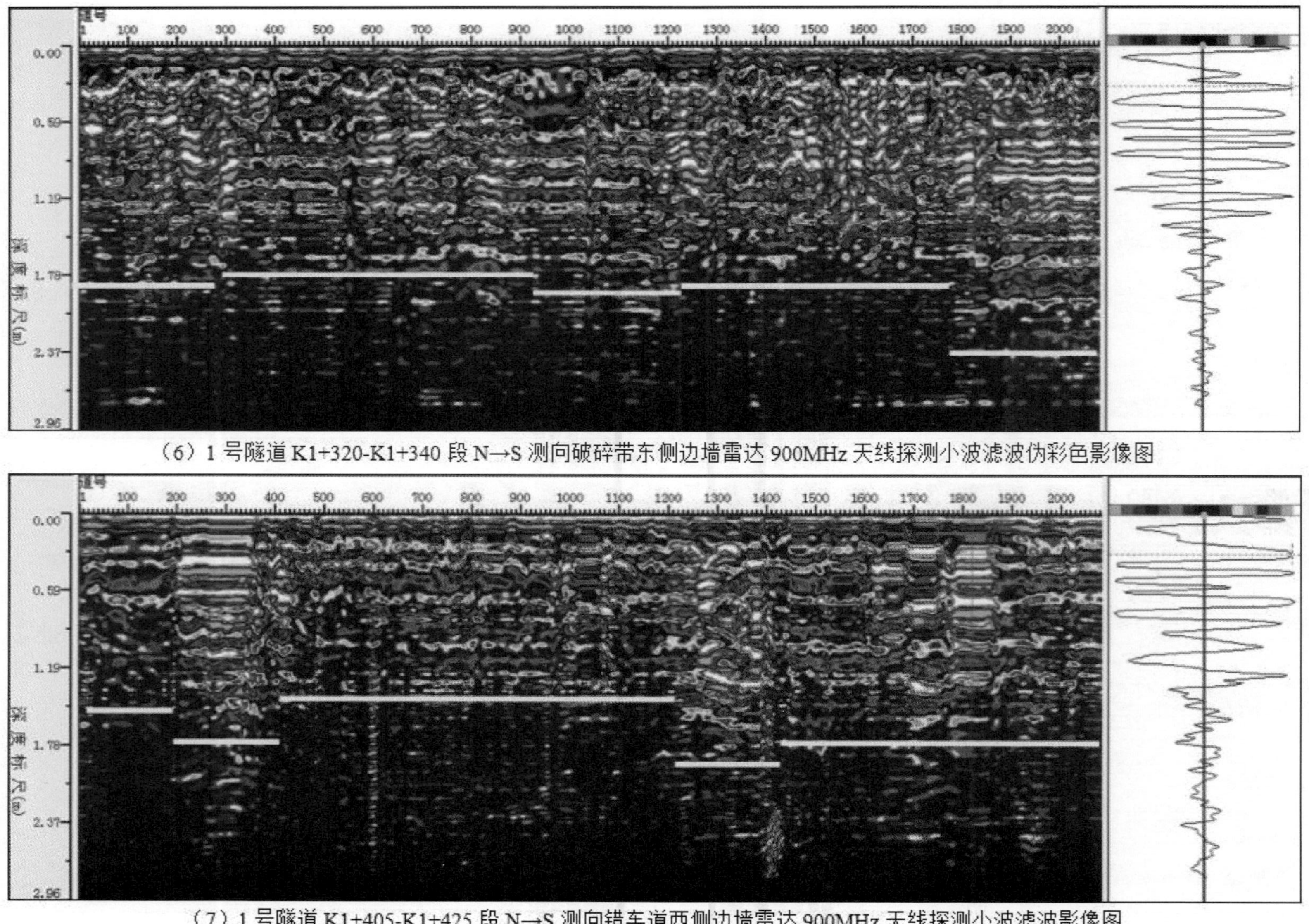

（6）1 号隧道 K1+320-K1+340 段 N→S 测向破碎带东侧边墙雷达 900MHz 天线探测小波滤波伪彩色影像图

（7）1 号隧道 K1+405-K1+425 段 N→S 测向错车道西侧边墙雷达 900MHz 天线探测小波滤波影像图

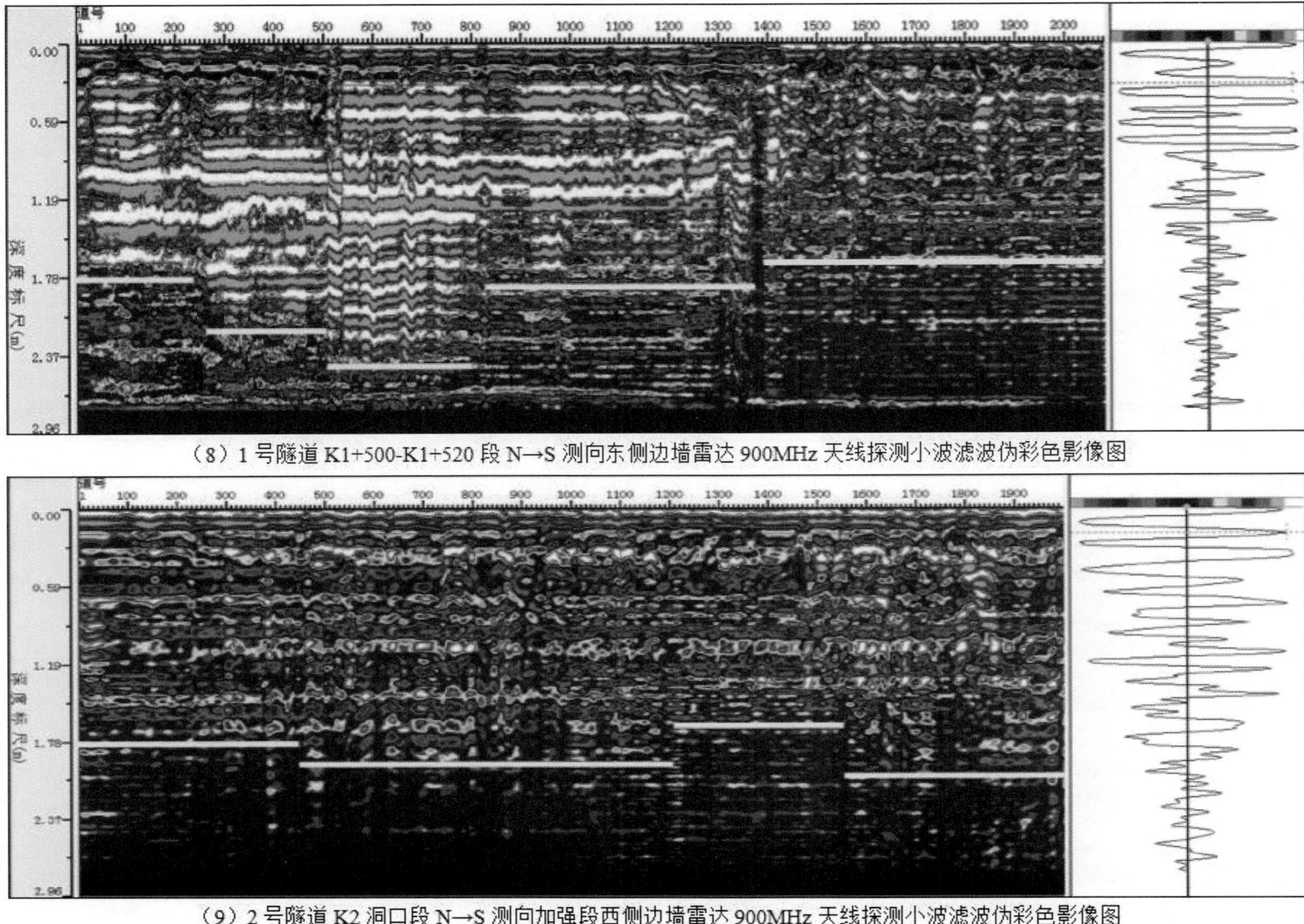

（8）1 号隧道 K1+500-K1+520 段 N→S 测向东侧边墙雷达 900MHz 天线探测小波滤波伪彩色影像图

（9）2 号隧道 K2 洞口段 N→S 测向加强段西侧边墙雷达 900MHz 天线探测小波滤波伪彩色影像图

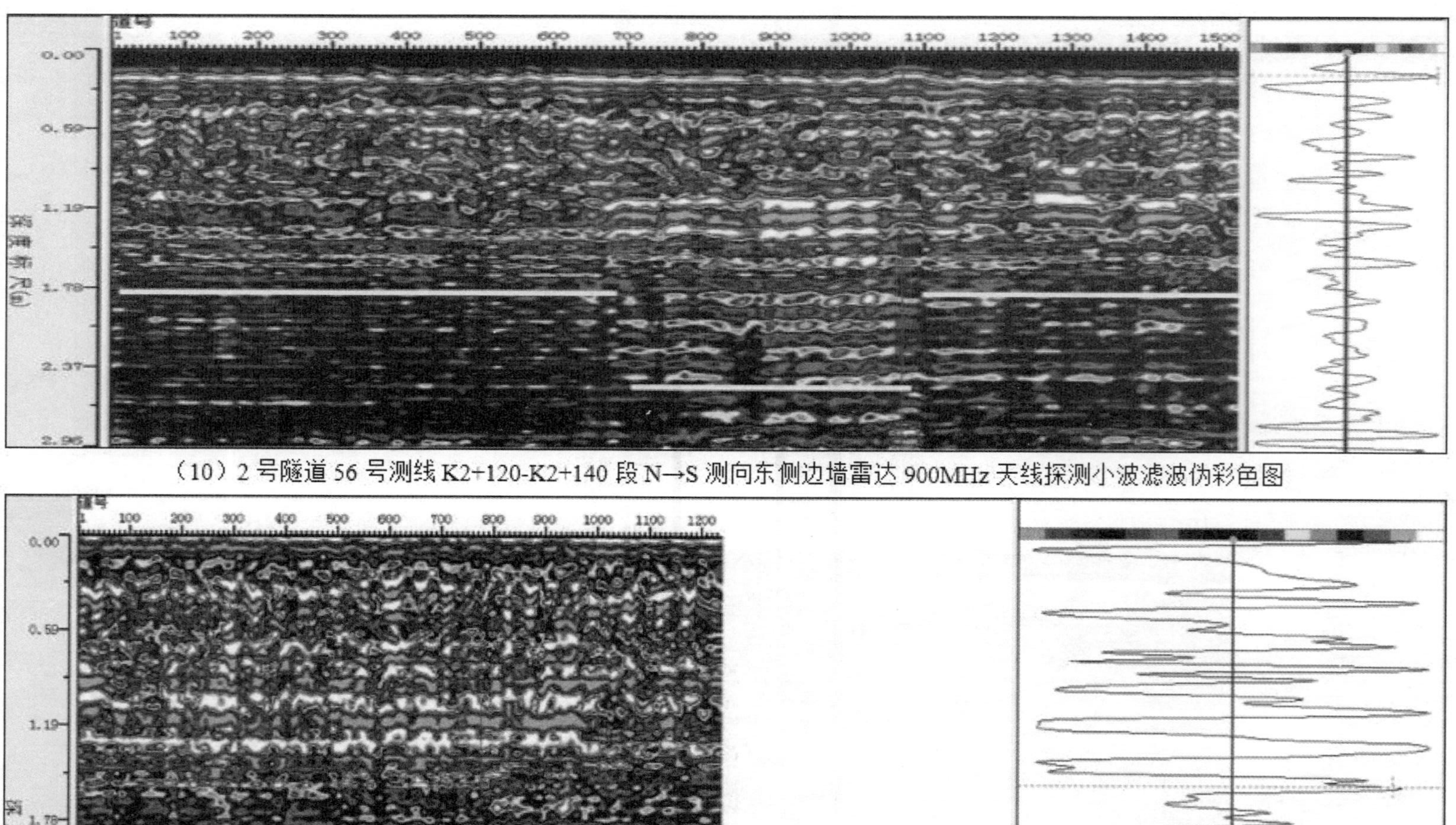

（10）2 号隧道 56 号测线 K2+120-K2+140 段 N→S 测向东侧边墙雷达 900MHz 天线探测小波滤波伪彩色图

（11）2 号隧道 K2+180-K2+200 段 N→S 测向西侧边墙雷达 900MHz 天线探测小波滤波伪彩色图

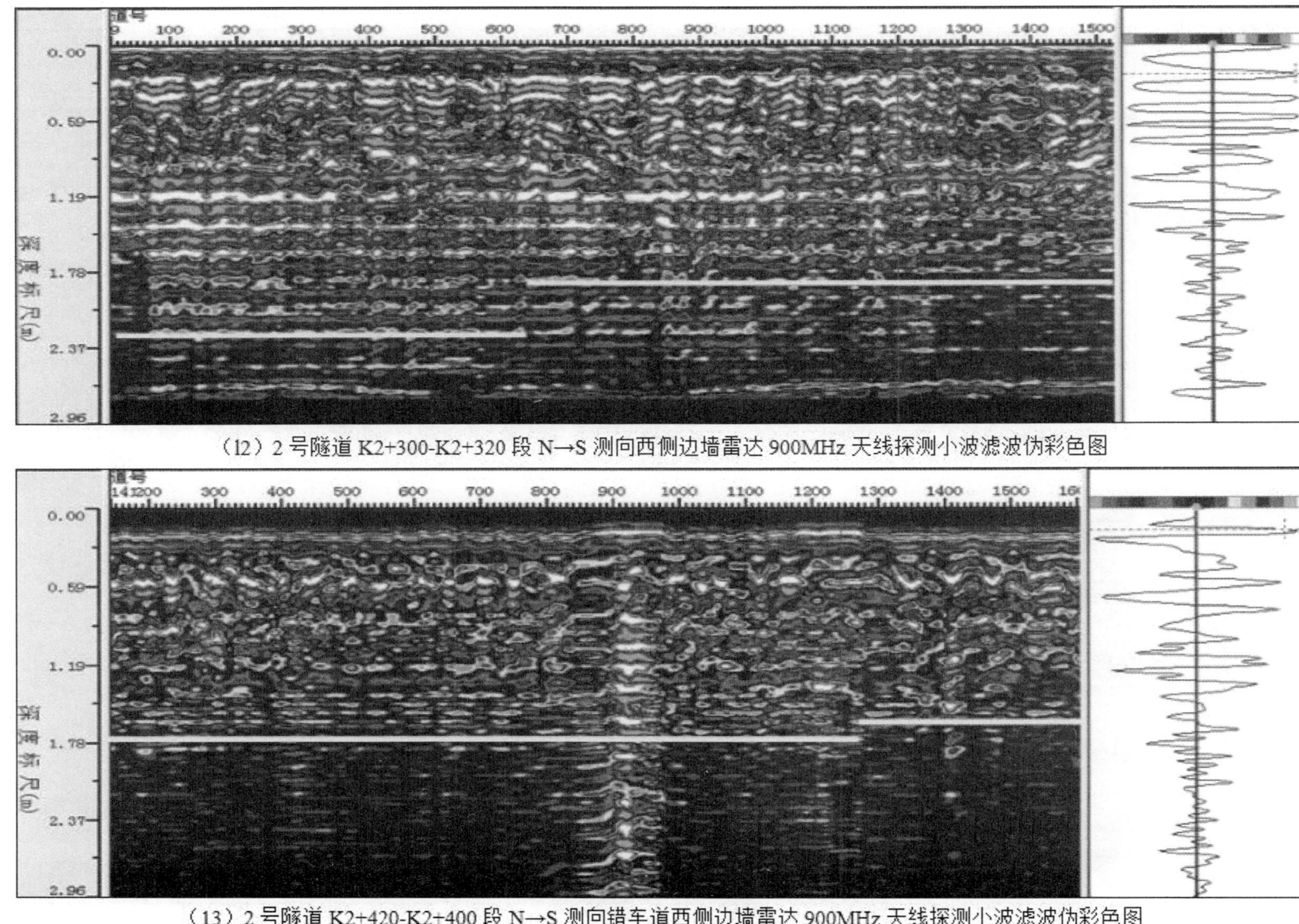

（12）2 号隧道 K2+300-K2+320 段 N→S 测向西侧边墙雷达 900MHz 天线探测小波滤波伪彩色图

（13）2 号隧道 K2+420-K2+400 段 N→S 测向错车道西侧边墙雷达 900MHz 天线探测小波滤波伪彩色图

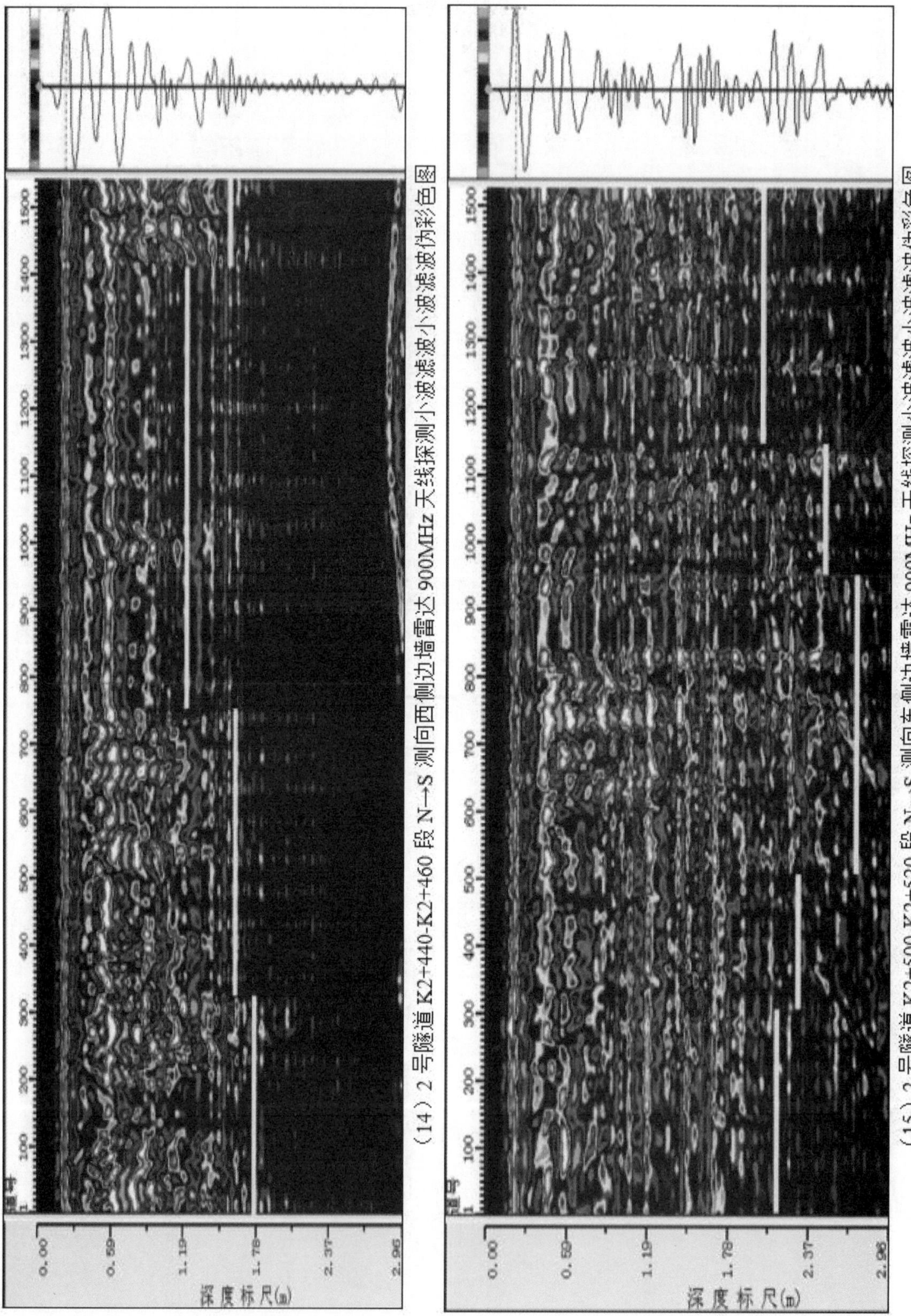

（14）2 号隧道 K2+440-K2+460 段 N→S 测向西侧边墙雷达 900MHz 天线探测小波滤波伪彩色图

（15）2 号隧道 K2+500-K2+520 段 N→S 测向东侧边墙雷达 900MHz 天线探测小波滤波伪彩色图

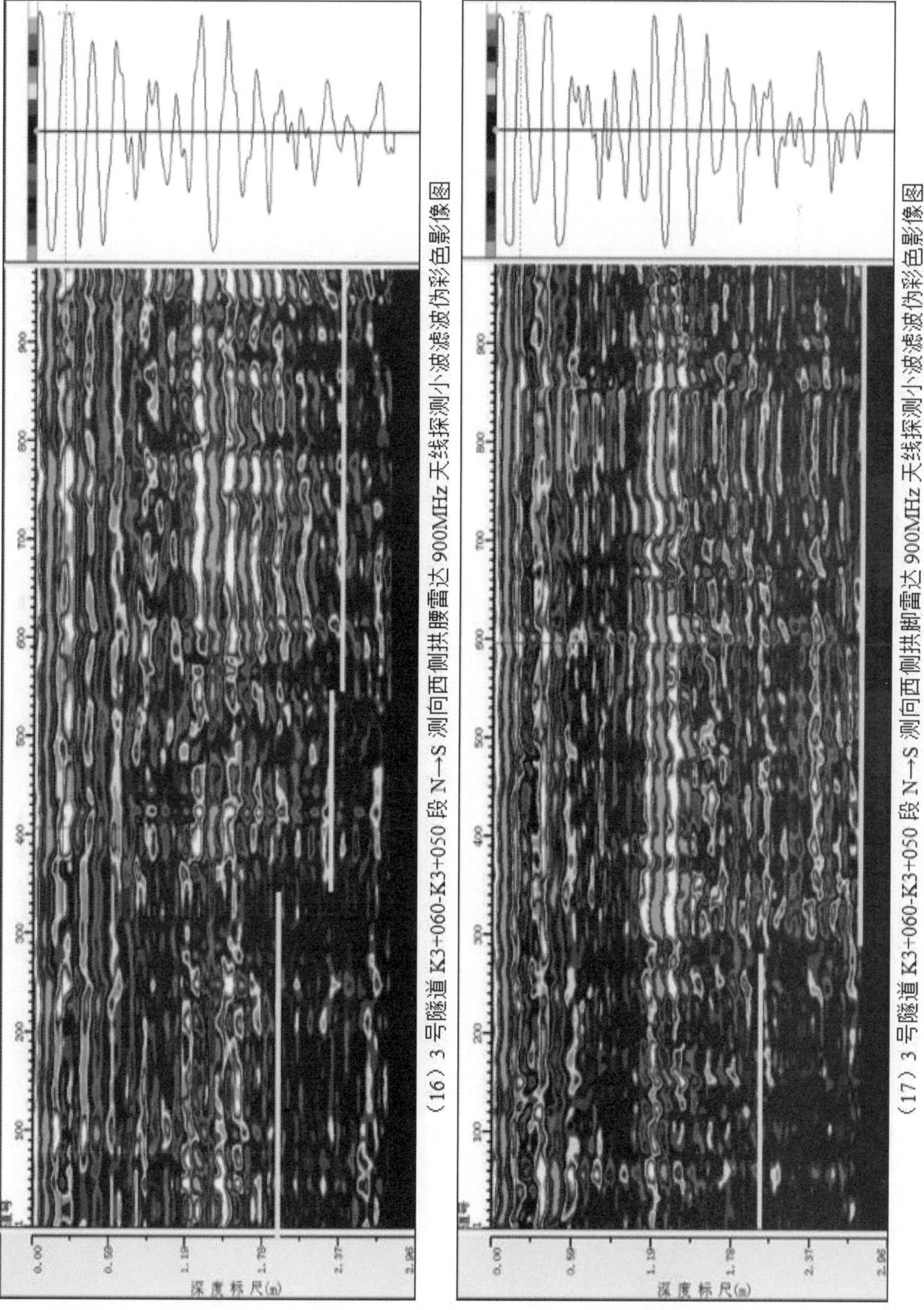

（16）3 号隧道 K3+060-K3+050 段 N→S 测向西侧拱腰雷达 900MHz 天线探测小波滤波伪彩色影像图

（17）3 号隧道 K3+060-K3+050 段 N→S 测向西侧拱脚雷达 900MHz 天线探测小波滤波伪彩色影像图

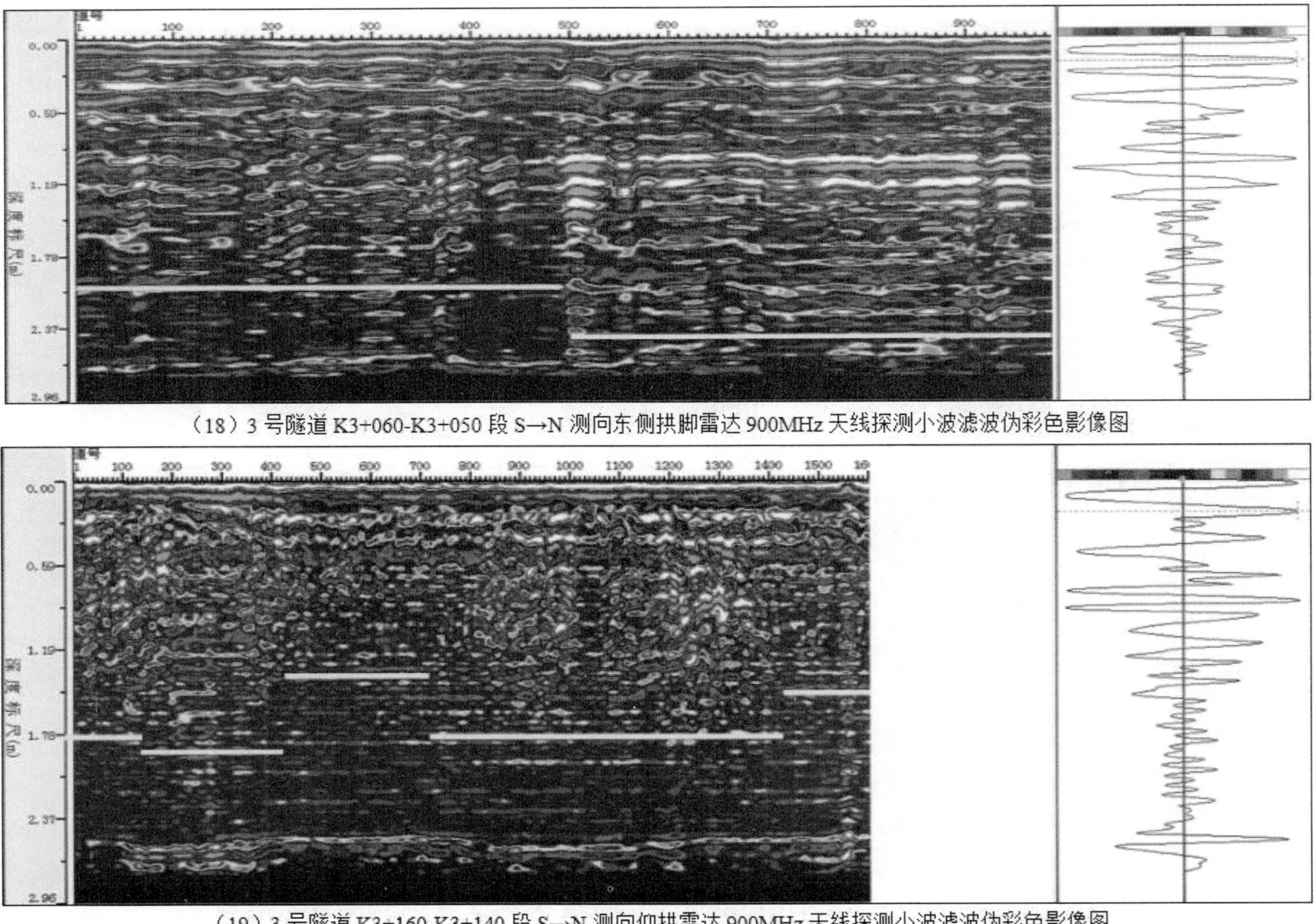

（18）3 号隧道 K3+060-K3+050 段 S→N 测向东侧拱脚雷达 900MHz 天线探测小波滤波伪彩色影像图

（19）3 号隧道 K3+160-K3+140 段 S→N 测向仰拱雷达 900MHz 天线探测小波滤波伪彩色影像图

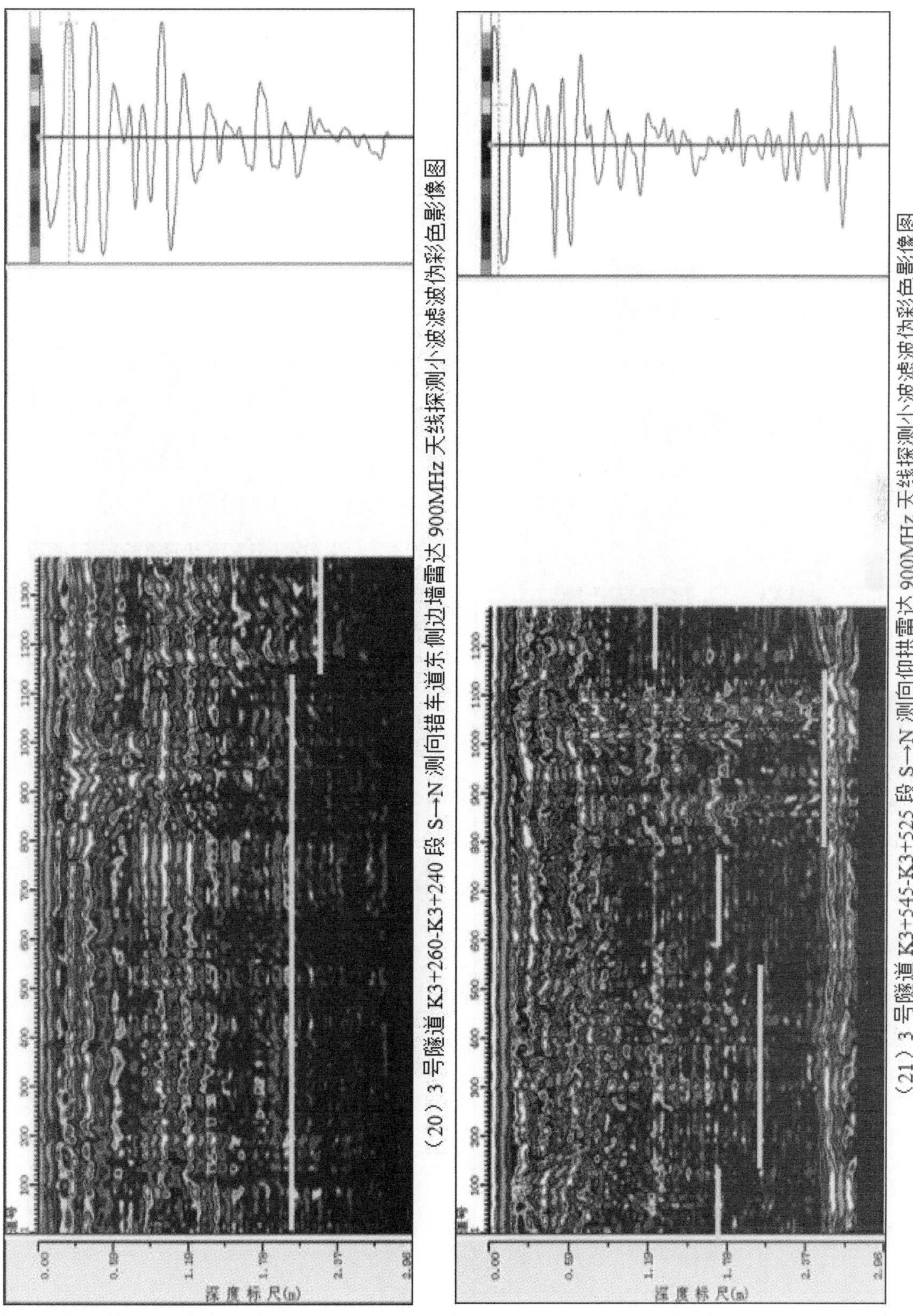

（20）3 号隧道 K3+260-K3+240 段 S→N 测向错车道东侧边墙雷达 900MHz 天线探测小波滤波伪彩色影像图

（21）3 号隧道 K3+545-K3+525 段 S→N 测向仰拱雷达 900MHz 天线探测小波滤波伪彩色影像图

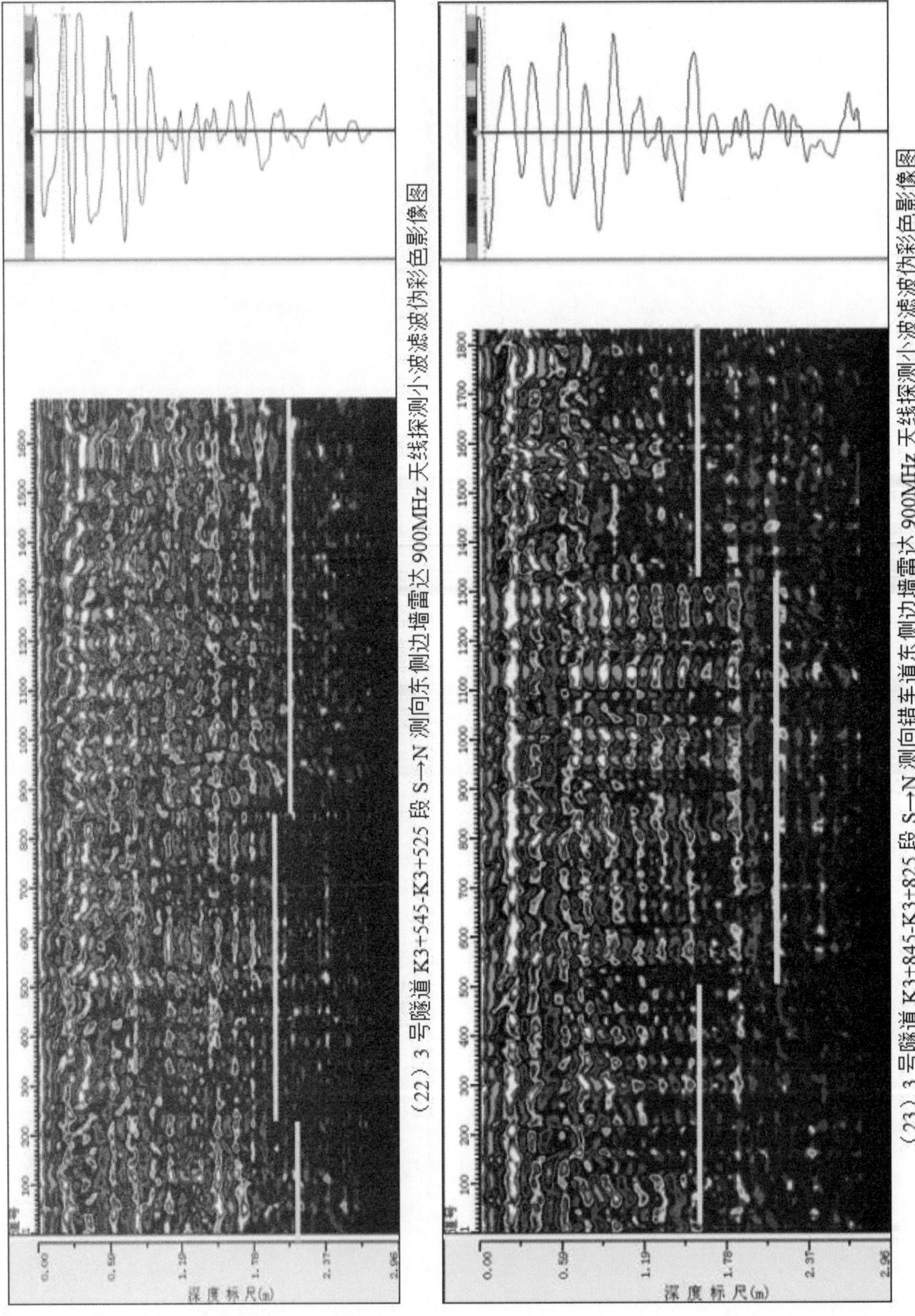

（22）3 号隧道 K3+545-K3+525 段 S→N 测向东侧边墙雷达 900MHz 天线探测小波滤波伪彩色影像图

（23）3 号隧道 K3+845-K3+825 段 S→N 测向错车道东侧边墙雷达 900MHz 天线探测小波滤波伪彩色影像图

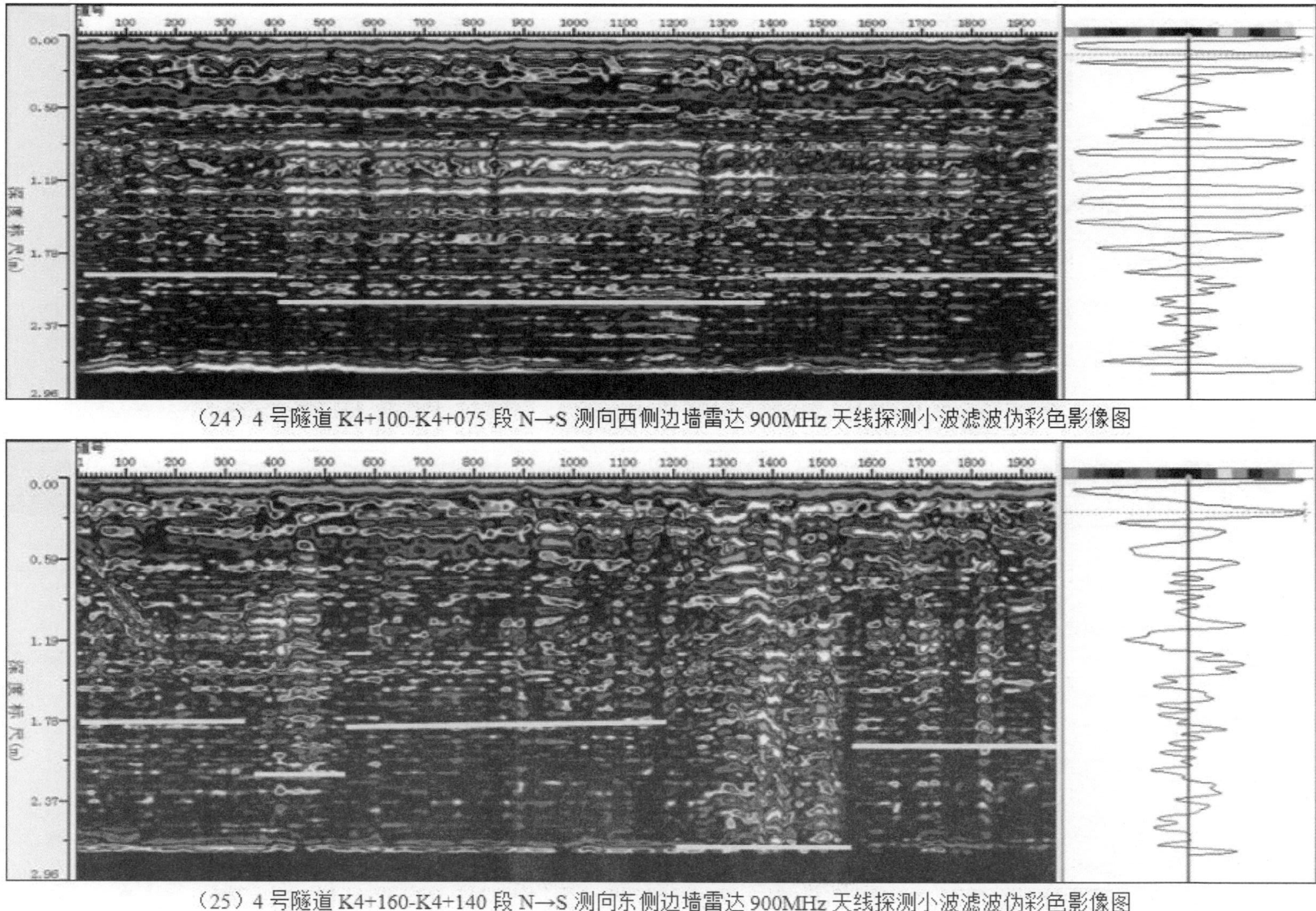

（24）4 号隧道 K4+100-K4+075 段 N→S 测向西侧边墙雷达 900MHz 天线探测小波滤波伪彩色影像图

（25）4 号隧道 K4+160-K4+140 段 N→S 测向东侧边墙雷达 900MHz 天线探测小波滤波伪彩色影像图

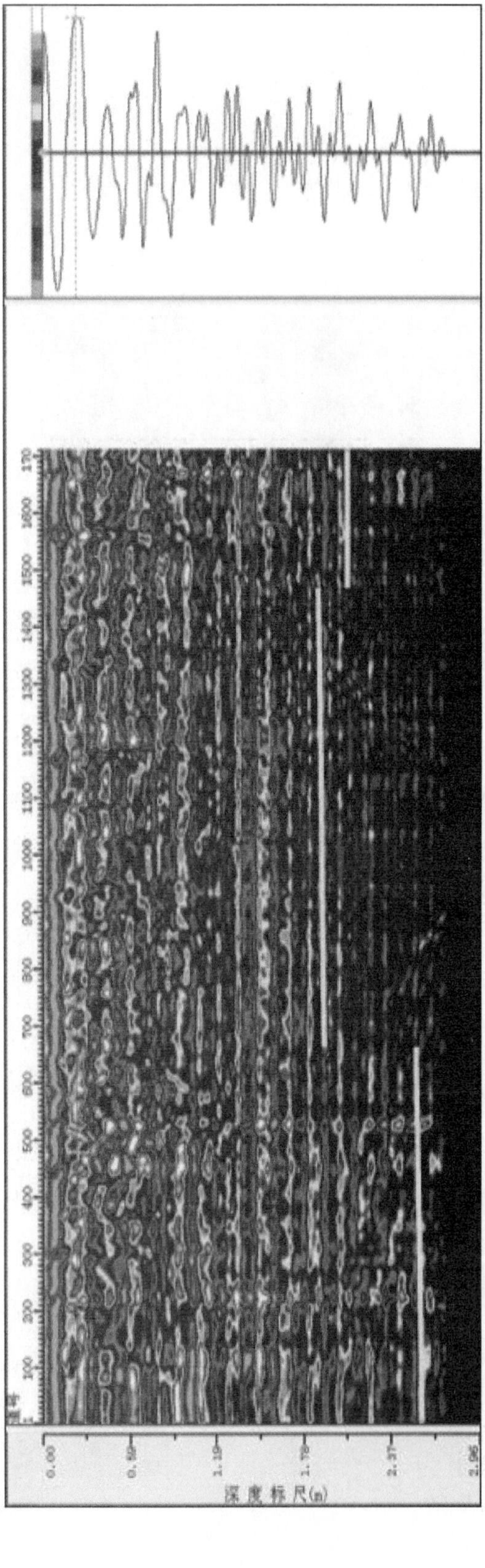

（26）4 号隧道 K4+285-K4+265 段 N→S 测向错车道东侧边墙雷达 900MHz 天线探测小波滤波伪彩色影像图

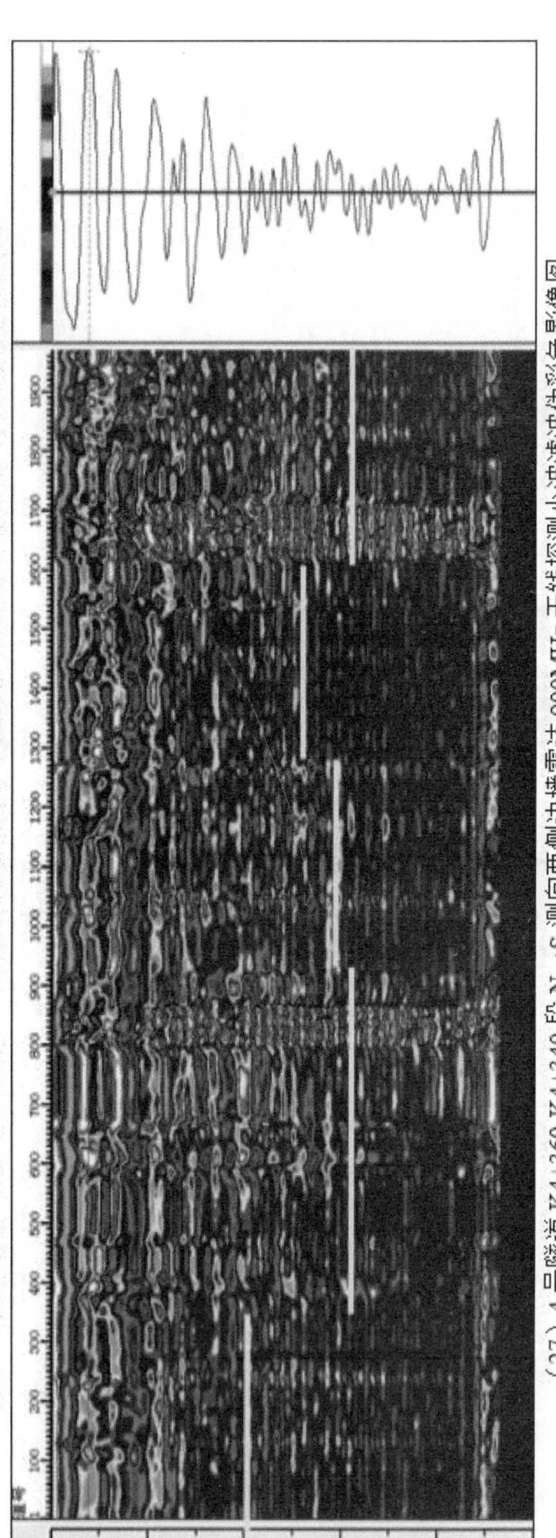

（27）4 号隧道 K4+360-K4+340 段 N→S 测向西侧边墙雷达 900MHz 天线探测小波滤波伪彩色影像图

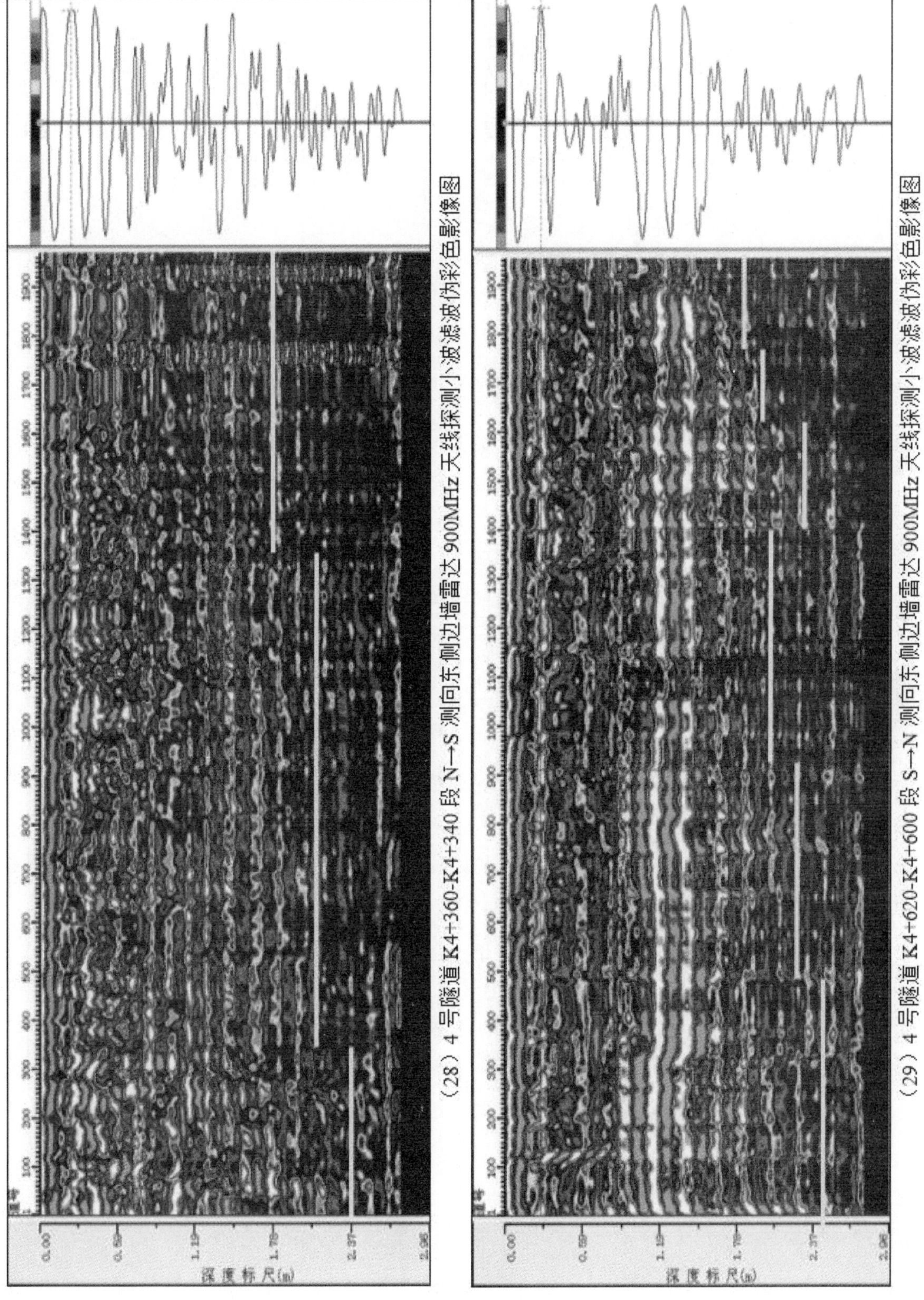

（28）4 号隧道 K4+360-K4+340 段 N→S 测向东侧边墙雷达 900MHz 天线探测小波滤波伪彩色影像图

（29）4 号隧道 K4+620-K4+600 段 S→N 测向东侧边墙雷达 900MHz 天线探测小波滤波伪彩色影像图

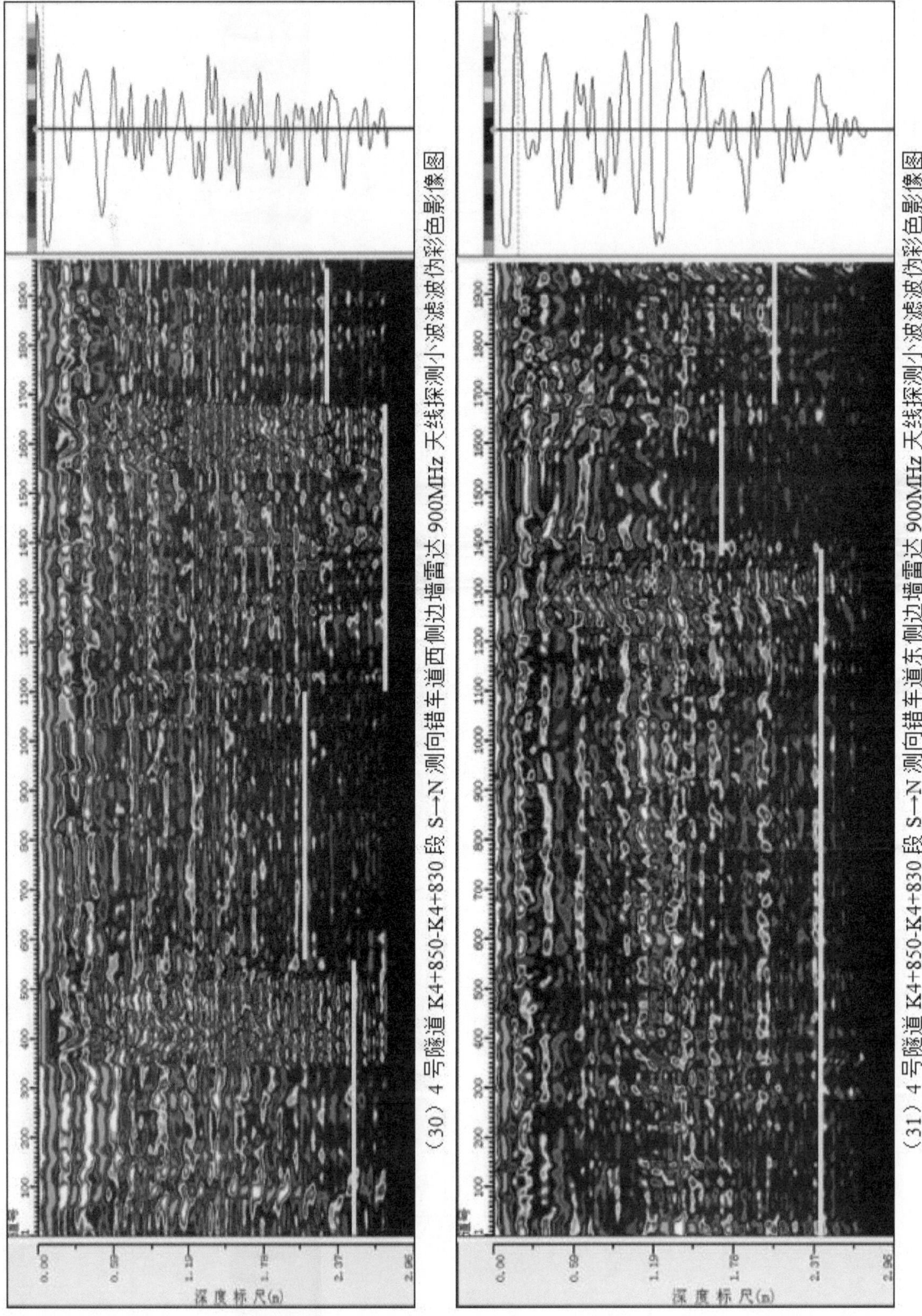

（30）4号隧道K4+850-K4+830段S→N测向错车道西侧边墙雷达900MHz天线探测小波滤波伪彩色影像图

（31）4号隧道K4+850-K4+830段S→N测向错车道东侧边墙雷达900MHz天线探测小波滤波伪彩色影像图

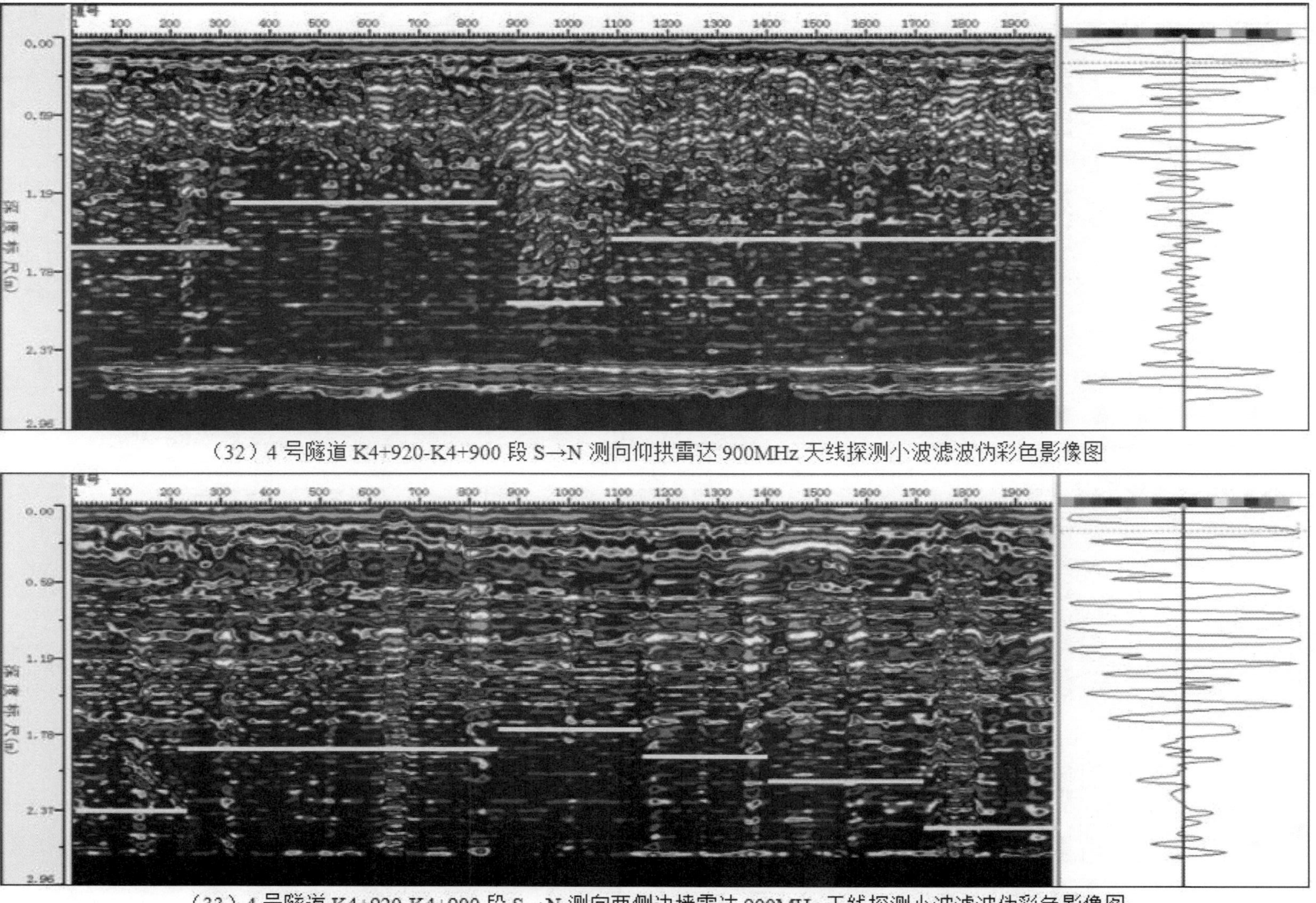

（32）4 号隧道 K4+920-K4+900 段 S→N 测向仰拱雷达 900MHz 天线探测小波滤波伪彩色影像图

（33）4 号隧道 K4+920-K4+900 段 S→N 测向西侧边墙雷达 900MHz 天线探测小波滤波伪彩色影像图

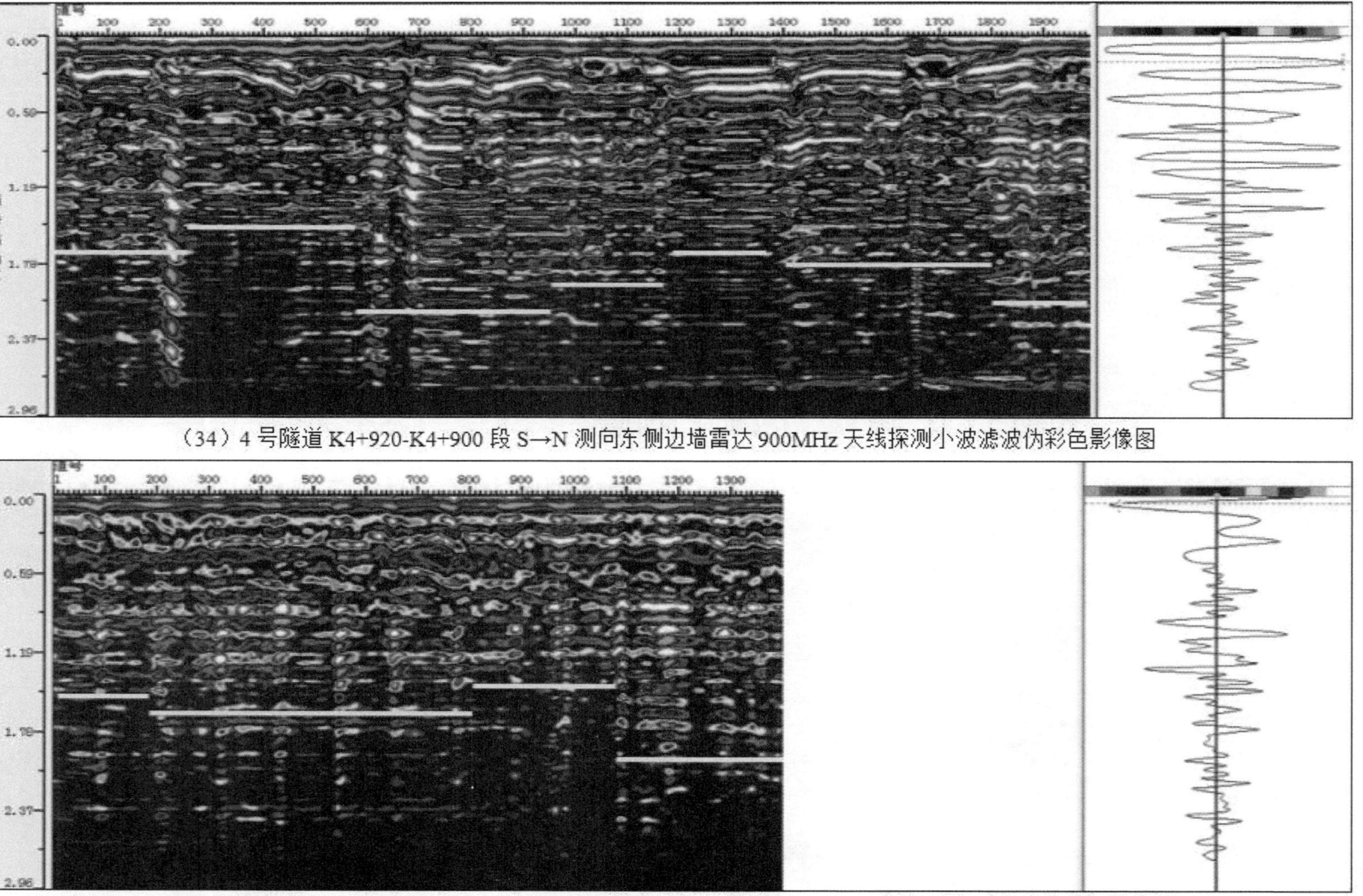

（34）4 号隧道 K4+920-K4+900 段 S→N 测向东侧边墙雷达 900MHz 天线探测小波滤波伪彩色影像图

（35）4 号隧道 PX 泵房加强段 10m 段 S→N 测向东侧边墙雷达 900MHz 天线探测小波滤波伪彩色影像图

图 8.4 隧洞围岩松动圈探地雷达测试结果图

8.2 探地雷达松动圈探测结果与分析

（1）探地雷达松动圈探测结果

根据探地雷达现场测试方案，分别对其测线段进行测试，现场测试图如图 8.3，测试结果如图 8.4 所示，白色横线即为围岩松动范围。

（2）围岩松动圈及空洞非密实区判别与分析

根据围岩松动圈支护理论，围岩松动圈分类方法如表8.5所列。

表 8.5　围岩松动圈分类表

围岩类别		分类名称	围岩松动圈/cm	支护机理及方法	备注
小松动圈	Ⅰ	稳定围岩	0～40	喷射混凝土支护	围岩整体性好，不易风化的可不支护
中松动圈	Ⅱ	较稳定围岩	40～100	锚杆悬吊理论喷射局部支护	
	Ⅲ	一般围岩	100～150	锚杆悬吊理论喷射局部支护	刚性支护局部破坏
大松动圈	Ⅳ	一般不稳定围岩	150～200	锚杆组合拱理论，喷层、金属网局部支护	刚性支护大破坏
	Ⅴ	不稳定围岩	200～300	锚杆组合拱理论层、金属网局部支护	围岩变形有稳定期
	Ⅵ	极稳定围岩	>300	待定	围岩变形在一般支护条件下无稳定期

根据围岩松动圈支护理论围岩松动圈分类方法，对1～4号隧道围岩松动范围和空洞非密实区进行统计，结果如表8.6～表8.9所列。

表 8.6　1 号隧道松动圈与空洞非密实区统计表

里程	长度/m	0～0.4/m	0.4～1.0/m	1.0～1.5/m	1.5～2.0/m	2.0～3.0/m	空洞非密实区/m
K1+000～K1+015-WBQ	15	0	0	0.94	0.66	13.4	11.8
K1+120～K1+140-EBQ	20	0	0	0	14.67	5.33	10.0
K1+190～K1+210-EBQ	20	0	0	0	20	0	14.1
K1+210～K1+230-EBQ	20	0	0	0	12.05	7.95	18.9
K1+280～K1+300-EBQ	20	0	0	0	11.31	8.69	17.5
K1+320～K1+340-EBQ	20	0	0	0	16.44	3.56	17.2
K1+405～K1+425-WBQ	20	0	6.74	1.63	11.63	0	4.9
K1+500～K1+520-EBQ	20	0	0	0	15.03	4.97	11.7
总计	155		6.74	2.57	101.79	43.9	106.1
百分比			4.35%	1.66%	65.67%	28.32%	68.45%

表 8.7　2 号隧道松动圈与空洞非密实区统计表

里程	长度/m	0～0.4/m	0.4～1.0/m	1.0～1.5/m	1.5～2.0/m	2.0～3.0/m	空洞非密实区/m
K2+000～K1+015-WBQ	15	0	0	0	10.89	4.11	3.1
K2+120～K1+140-EBQ	20	0	0	16.25	0	3.75	6.6
K2+180～K1+200-WBQ	20	0	0	0	20	0	17.1
K2+300～K1+320-WBQ	20	0	0	0	12.65	7.35	18.2
K2+400～K1+420-WBQ	20	0	0	20	0	0	0
K2+440～K1+460-WBQ	20	0	8.5	11.5	0	0	11.5
K2+500～K1+520-EBQ	20	0	0	0	9.7	10.3	5.0
总计	135	0	8.5	47.75	53.24	25.51	61.5
百分比		0	6.30%	35.37%	39.44%	18.90%	45.56%

表 8.8　3 号隧道松动圈与空洞非密实区统计表

里程	长度/m	0～0.4/m	0.4～1.0/m	1.0～1.5/m	1.5～2.0/m	2.0～3.0/m	空洞非密实区/m
K3+060～K3+050-WGY	10	0	0	0	3.36	6.64	4.7
K3+060～K3+050-WGJ	10	0	0	0	2.31	7.69	6.9
K3+060～K3+050-EGJ	10	0	0	0	4.14	5.86	4.7
K3+160～K3+140-YG	20	0	4.21	8.19	7.6	0	6.6
K3+260～K3+240-EBQ	20	0	0	17	3	0	6.0
K3+545～K3+525-EBQ	20	0	0	0	20	0	0
K3+845～K3+825-EBQ	20	0	0	11.52	8.48	0	2.3
总计	90		4.21	36.71	42.35	6.73	31.2
百分比			4.68%	40.79%	47.06%	7.48%	34.67%

表 8.9　4 号隧道松动圈与空洞非密实区统计表

里程	长度/m	0～0.4/m	0.4～1.0/m	1.0～1.5/m	1.5～2.0/m	2.0～3.0/(m	空洞非密实区/m
K4+100～K4+075-WBQ	25	0	0	0	12.65	12.35	2.1
K4+160～K4+140-EBQ	20	0	0	0	8.72	11.28	3.9
K4+285～K4+265-EBQ	20	0	0	0	13.53	6.47	0
K4+360～K4+340-EBQ	20	0	1.22	6.15	7.1	5.53	8.0
K4+620～K4+600-EBQ	20	0	0	0	8.64	11.36	19.0
K4+850～K4+830-WBQ	20	0	0	0	4.14	15.86	2.0
K4+850～K4+830-EBQ	20	0	0	4.82	12.67	2.51	1.0
K4+920～K4+900-WBQ	20	0	0	0	8.56	11.44	5.0
K4+920～K4+900-EBQ	20	0	0	1.25	15.18	3.57	12.8
K4+PX 泵房洞口加强段	10	0	0	3.24	4.42	2.34	0.8
总计	195		1.22	15.46	95.61	82.71	54.55
百分比			0.63%	7.93%	49.03%	42.42%	27.98%

通过对表8.3～表8.6统计分析，可以得出如下结果。

①洞体、错车洞围岩松动圈影响范围1.5～2.5m，符合设计要求；

②紧邻CA取水口隧道节理裂隙密集围岩松动圈的影响范围1.5～3.0m，符合设计调整要求；

③隧道施工质量对围岩松动范围影响较大——围岩超欠挖和爆破震动影响松动范围；衬砌后面的空洞非密实区影响松动范围。

8.3　围岩松动圈超声波测试与探地雷达探测成果认证

8.3.1　围岩松动圈超声波测试成果分析

针对探地雷达测试结果，本次测试采用传统的成熟可靠的超声波测试技术在K1+280～K1+300段错车道选择5个测孔进行了测试。松动圈超声波测试布置如图8.5所示。对5个超声波测孔数据进行整理，绘成曲线图（图8.6）。曲线图直观显示，超声波测试围岩松动范围为2.2～2.8m，与探地雷达探测结果吻合较好。

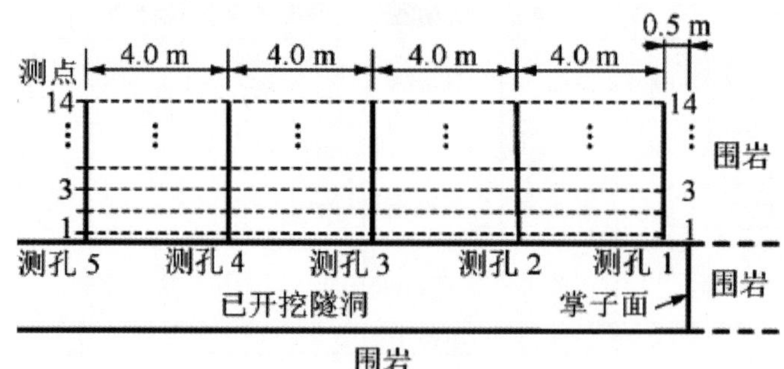

图 8.5　声波、电磁波测区布置图

8.3.2　围岩松动圈超声波测试与探地雷达探测成果对比

通过上述围岩松动圈范围超声波测试结果，与探地雷达探测成果(见图8.7)的对比分析如下：

（1）波速沿径向略渐增大，经历一个小波峰后逐渐降低，最后趋于稳定，小波峰的出现是围岩与支护共同作用的结果，即围岩自撑压密区。

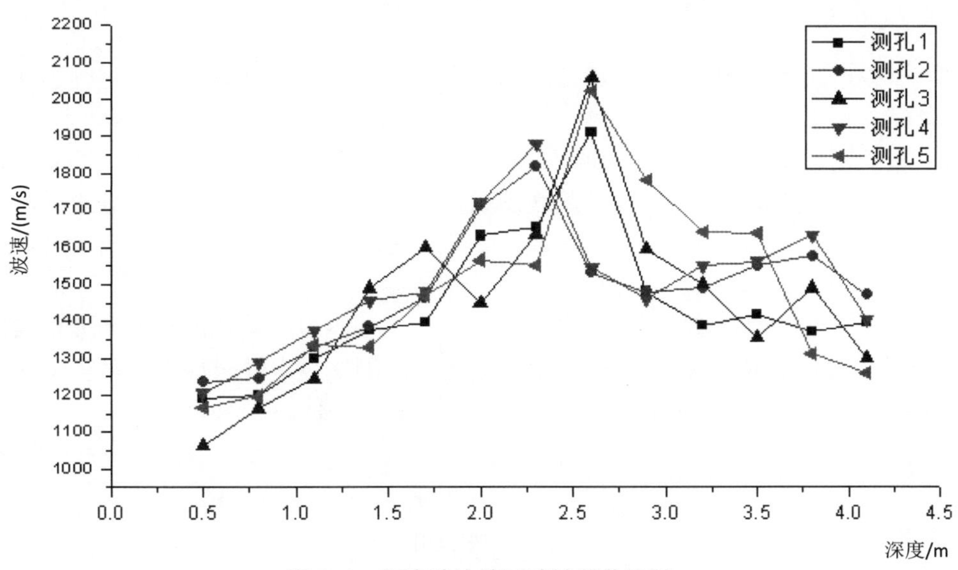

图 8.6　超声波边墙测试结果曲线图

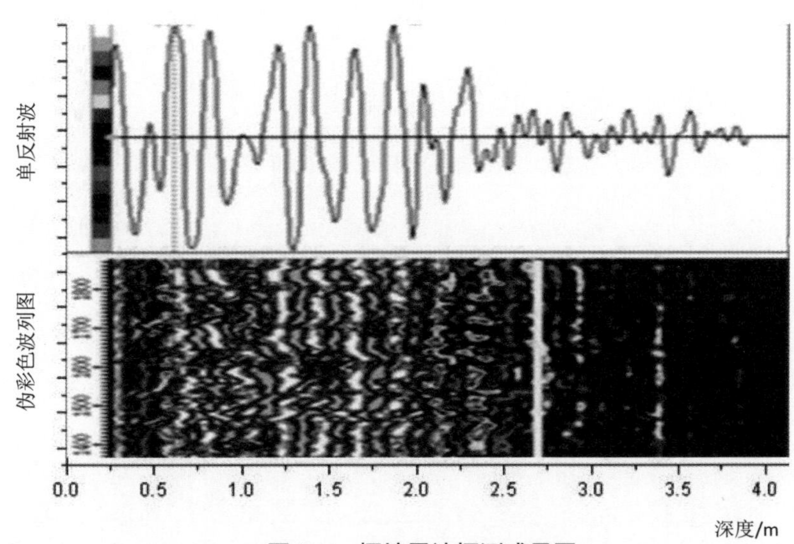

图 8.7　探地雷达探测成果图

（2）隧道施工过程每一循环进尺，测区中都存在强化和弱化区域，分布比较复杂，与爆破前松动圈的大小以及爆破效果密切相关[150-152]。而爆破循环的累积影响效应表明，弱化带位于裂隙区，其损伤是纵波和横波共同作用的结果；强化带位于应力集中区，主要得益于爆破的振实效应以及碎胀力的挤压。

当测孔离掌子面达到一定距离之后，波速虽有小幅的调整但不影响松动圈的形状，应力集中区不会产生偏移，据此得出松动圈测定的原则和时机。沿着隧道轴线方向，当测点离掌子面一定距离之后，波速趋于稳定，据此给出爆破施工影响范围。

（3）主要从不同围岩类别进尺、爆破参数、爆破药量等有效地进行爆破循环控制，即有效控制围岩松动圈影响范围，为节理裂隙发育的隧道围岩坍塌和有效支护提供了依据。

（4）隧道施工过程中进行的补充地勘、设计优化和有效管理决策，为隧道安全施工奠定了基础，确保了施工进度和质量。

8.4 本章小结

本章讲述了隧道围岩松动圈现场雷达探测、数据处理和结果分析，并进行了认证。小结如下：

（1）根据围岩松动探测目的和现场施工环境，设计了探地雷达现场测试方案，包括机型、天线频率，探测参数的选择以及测线的布置；经过现场探测，获得数据之后，需要雷达数据进行数据处理，简要介绍了探地雷达数据处理软件IDSP 6.0，数据处理流程，并介绍了小波变换处理方法。

（2）分析了不同围岩段雷达测试结果，统计了不同围岩松动范围量值和非密实区段范围；针对探地雷达探测结果，利用成熟可靠的超声波测试技术针对性地测试，认证了围岩松动范围探地雷达结果，验证了探地雷达测试结果的正确性。

第 9 章　岗丘冲沟地貌隧道开挖支护力学特性分析

在隧道开挖过程中，每次开挖进尺、开挖顺序、循环时间、地下水渗漏、岩性强度变化、爆破强弱等因素影响，直接威胁到隧道安全开挖与及时支护施工。

针对复杂地形地质的特殊情况，采用数值模拟方法模拟施工过程，开展不同地貌地层隧道开挖支护力学特性研究，对隧道施工具有非常重要的实际指导意义。

9.1　隧道开挖支护模型建立与材料物理力学参数选取

（1）隧道开挖支护模型建立

CA-CB-PX 系统隧道施工方法采用新奥法施工，针对中等风化花岗岩、片麻岩和强风化花岗岩、片麻岩，以及岗丘和冲沟地貌节理裂隙密集带围岩，采用台阶法分步开挖和锚喷支护方式。即第一步开挖上半断面并及时支护，第二步开挖下半断面的左半部分并及时支护，第三步开挖下部断面的右半断面并及时支护，将二次支护作为安全储备，在分析中不予考虑。CA-CB-PX 系统隧道开挖断面为城门形，开挖外轮廓直径为 6.98m。考虑隧道不受边界条件的影响，横向以隧道中心线为中心取 80m，垂直方向取实际隧道埋深为建模边界，支护参数见前节。隧道开挖支护模型如图 9.1 所示。

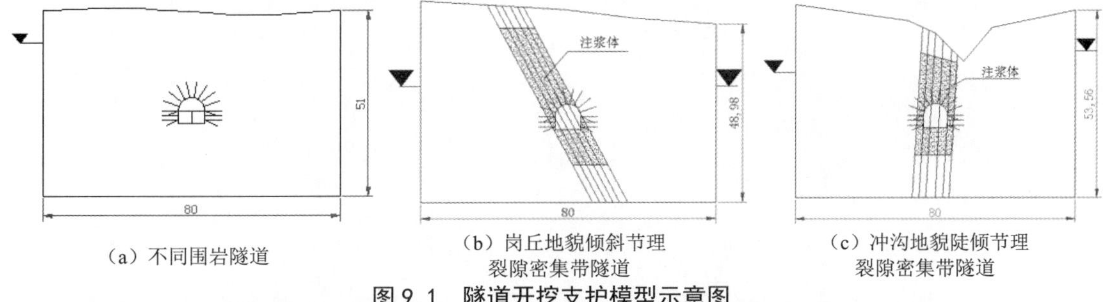

图 9.1　隧道开挖支护模型示意图

分析工况：针对隧道区地貌、地质条件和开挖支护的施工过程的实际情况，对隧道围岩开挖支护分以下四种情况进行力学特性分析：

①对隧道围岩为中等风化花岗岩和中等风化片麻岩开挖支护情况，考虑地下水和放水孔排水两种情况下，进行围岩力学特性以及强度折减稳定性分析；

②对隧道围岩为强风化花岗岩和强风化片麻岩开挖支护情况，考虑地下水和放水孔排水两种情况下，进行围岩力学特性以及强度折减稳定性分析；

③对隧道地表为岗丘地貌并经过倾斜节理裂隙密集带开挖支护情况，考虑放水孔排水和注浆两种情况下，进行围岩力学特性以及强度折减稳定性分析；

④对隧道地表为冲沟地貌并经过陡倾斜节理裂隙密集带开挖支护情况，考虑放水孔排水和注浆两种情况下，进行围岩力学特性以及强度折减稳定性分析。

（2）隧道开挖支护物理力学参数选取

大多数岩石为脆性材料，屈服即算是破坏，采用Mohr-Coulomb破坏准则；岩体材料类型采用弹塑性模型，支护材料采用弹性模型进行计算。围岩各岩体物理力学参数列于表9.1，支护材料参数列于表9.2。

表 9.1 岩体物理力学参数表

岩性参数	强风化花岗岩	中等风花岗岩	强风化片麻岩	中等风化片麻岩
γ /(kN/m^3)	23.3	25.0	23.0	24.5
C/kPa	60	400	45	300
φ/°	27	32	24	30
E/GPa	2.50	8.00	1.50	4.00
μ	0.38	0.29	0.40	0.33

表 9.2 支护材料物理力学参数表

材料	弹性模量/kPa	泊松比
喷射混凝土(C25)	2.8×10^7	0.15
锚杆	2.0×10^8	--

9.2 中等风化围岩隧道开挖支护力学特性分析

隧道在开挖支护施工过程中，中等风化花岗岩和中等风化片麻岩两类围岩分别在考虑地下水和放水孔排水的情况下进行开挖支护力学特性分析，并进行有限元强度折减围岩稳定性分析。

9.2.1 中等风化花岗岩考虑地下水情况

中等风化花岗岩开挖支护施工过程如图 9.2 所示。图 9.2（a）图为开挖之前的有限元网格划分，图 9.2（b）为进行上半断面开挖支护，图 9.2（c）为下半断面左半部分开挖支护，图 9.2（d）为下半断面右半部分开挖支护。

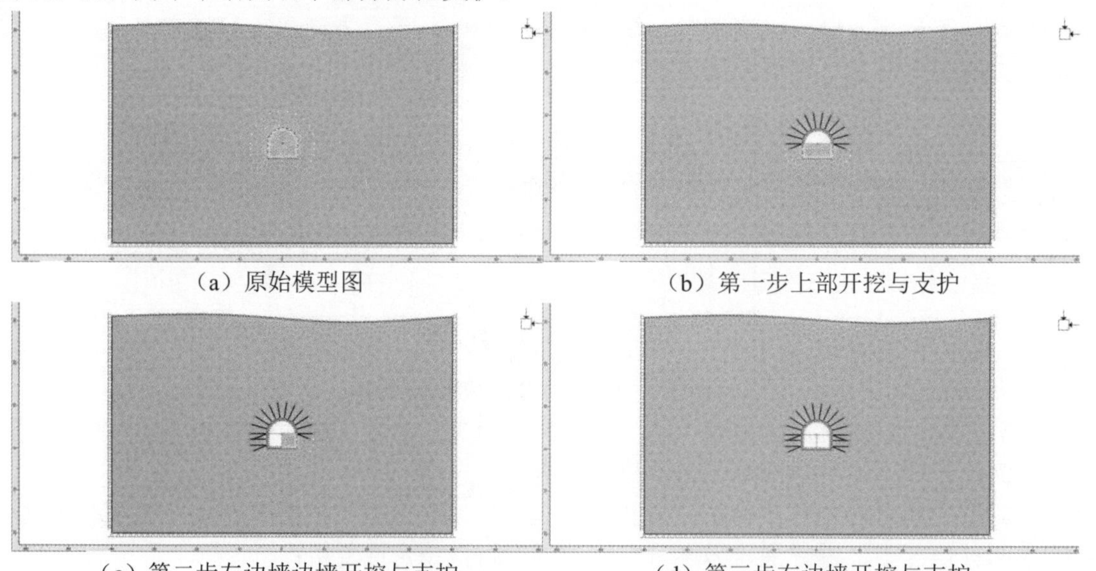

（a）原始模型图　（b）第一步上部开挖与支护

（c）第二步左边墙边墙开挖与支护　（d）第三步右边墙开挖与支护

图 9.2 中等风化花岗岩隧道开挖与支护和有限元网格划分图

隧道围岩为中等风化花岗岩，分步开挖并及时支护，在考虑地下水位 22m 情况下，随着隧道开挖泄压，水文地质特性如图 9.3 所示，地下水位下降到隧道拱腰位置，拱脚、边墙和仰拱有地下水位侵蚀。隧道围岩为中等风化花岗岩，隧道分步开挖并及时支护，力学特性分析结果如图 9.4 所示。

主应力总体随埋深分层增大分布，从围岩表面向围岩深部，主应力从零增大再恢复到正常分布，主应力分布如图 9.4（a）所示。位移场和矢量分布得到控制，拱部、边墙的变形量值基本接近，仰拱不需要增加锚杆加固，变形量值基本满足规范要求；总位移云图、矢量分布图新增拉剪破坏区如图 9.4（b）（c）（d）所示。

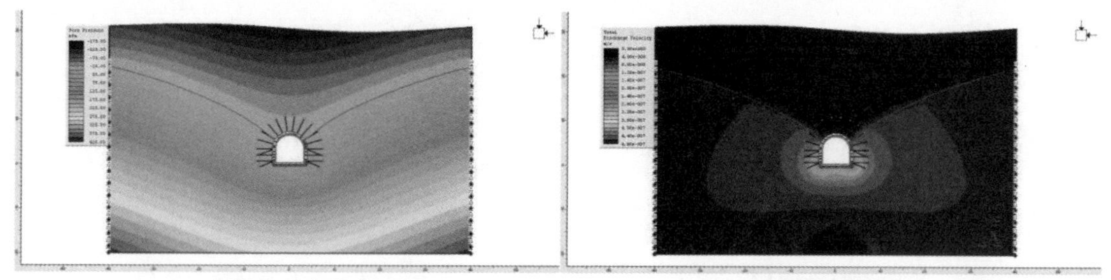

（a）孔隙水压力分布云图　　（b）总水压梯度值分布云图

图 9.3　中等风化花岗岩隧道开挖与支护水文地质特性图

隧道开挖在围岩周边产生应力集中，且最大、最小主应力发生偏转，集中应力大于围岩强度，岩体破坏，形成屈服区，范围大约 1.3m，如图 9.4（e）（f）所示。隧道围岩总屈服区、新增拉剪破坏区（即松动圈）得到有效控制，隧道围岩整体稳定。

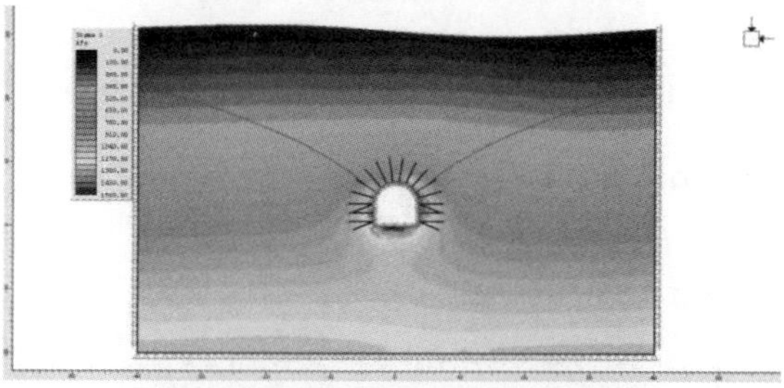

（a）主应力场云图分布图 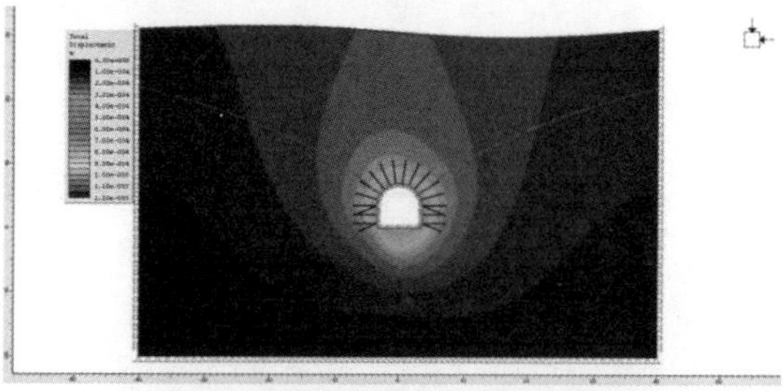　　（b）总位移场云图分布图

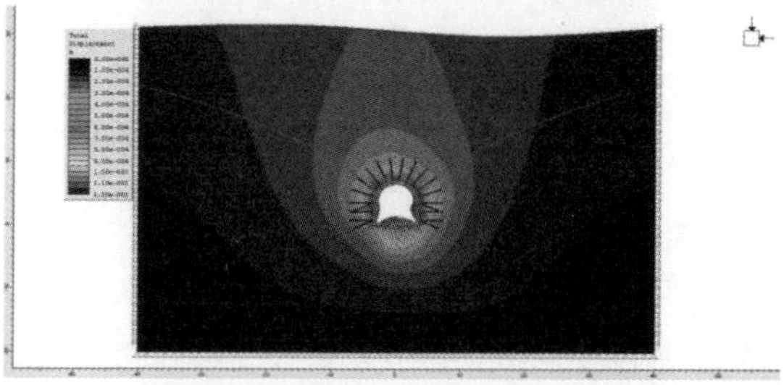

（c）总位移场云图与矢量分布图 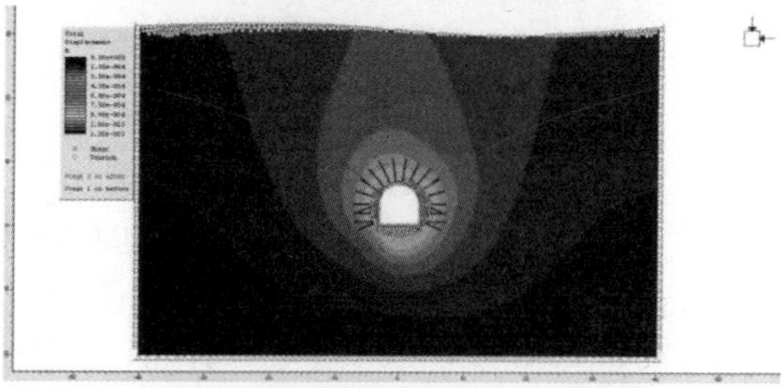　　（d）新增拉剪破坏区分布图

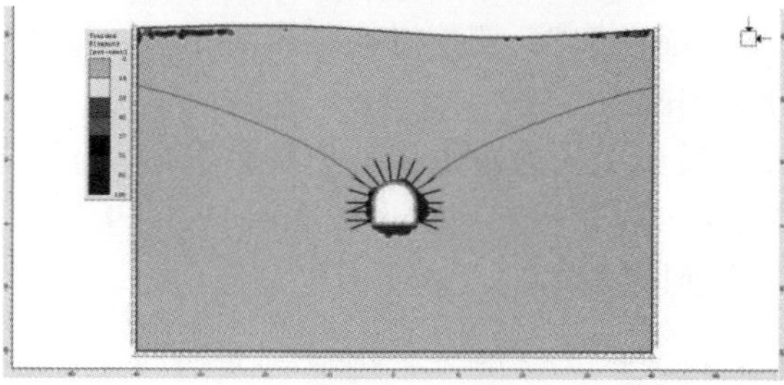

（e）屈服区分布图 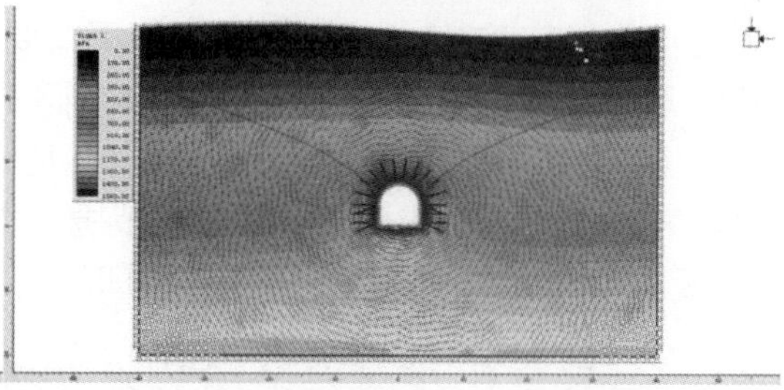　　（f）最大、最小主应力矢量分布图

图 9.4　中等风化花岗岩隧道开挖与支护力学特性分析结果图

9.2.2　中等风化片麻岩考虑地下水情况

中等风化片麻岩开挖支护施工过程如图 9.5 所示。

图 9.5（a）为开挖之前的有限元网格划分，图 9.5（b）为进行上半断面开挖支护，图 9.5（c）为下半断面左半部分开挖支护，图 9.5（d）为下半断面右半部分开挖支护。隧道围岩为中等风化片麻岩开挖支护，在考虑地下水位 22m 情况下，随着隧道开挖泄压，水文地质特性见图 9.6 所示，地下水位下降到隧道拱腰位置，拱脚、边墙和仰拱有地下水位侵蚀。

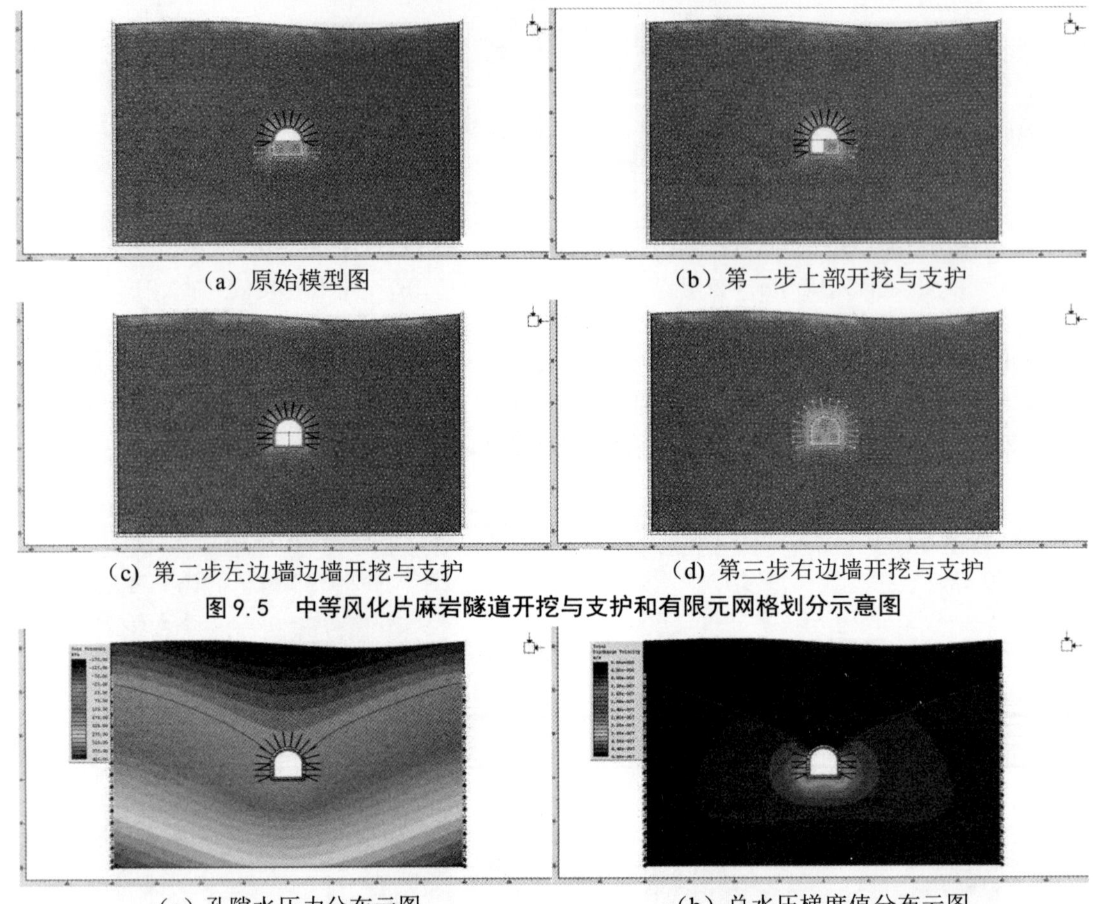

（a）原始模型图　（b）第一步上部开挖与支护

（c）第二步左边墙边墙开挖与支护　（d）第三步右边墙开挖与支护

图 9.5　中等风化片麻岩隧道开挖与支护和有限元网格划分示意图

（a）孔隙水压力分布云图　（b）总水压梯度值分布云图

图 9.6　中等风化片麻岩隧道开挖与支护水文地质特性图

隧道围岩为中等风化片麻岩，隧道开挖并及时支护，力学特性分析结果见图 9.7。

主应力总体随埋深分层增大分布，从围岩表面向围岩深部，主应力从零增大再恢复到正常分布，主应力分布如图 9.7（a）所示。总位移场和矢量分布得到控制，拱部、边墙的变形量值基本接近，仰拱屈服区增大但不需要增加锚杆加固，变形量值基本满足规范要求，总位移云图、矢量分布图和新增拉剪破坏区分布如图 9.7（b）（c）（d）所示。

隧道开挖在围岩周边产生应力集中，且最大最小主应力发生偏转，集中应力大于围岩强度，岩体破坏，形成屈服区，边墙范围大约 2m，隧道底部范围大约 3m，如图 9.7（e）（f）所示。隧道围岩新增拉剪破坏区即松动圈得到有效控制，隧道围岩整体稳定。

9.2.3　中等风化花岗岩考虑放水孔排水情况

中等风化花岗岩考虑放水孔排水开挖支护施工过程如图 9.8，图 9.8（a）为开挖之前的有限元网格划分，图 9.8（b）为进行上半断面开挖支护，图 9.8（c）为下半断面左半部分开挖支护，图 9.8（d）为下半断面右半部分开挖支护。隧道围岩为中等风化花岗岩，分步开挖并及时支护，在考虑地下水位 22m，在拱脚和边墙底部考虑放水孔排水情况下，随着隧道开挖和放水孔排水，水文地质特性图见图 9.9，地下水位下降到隧道放水孔位置，边墙和仰拱有地下水位侵蚀。

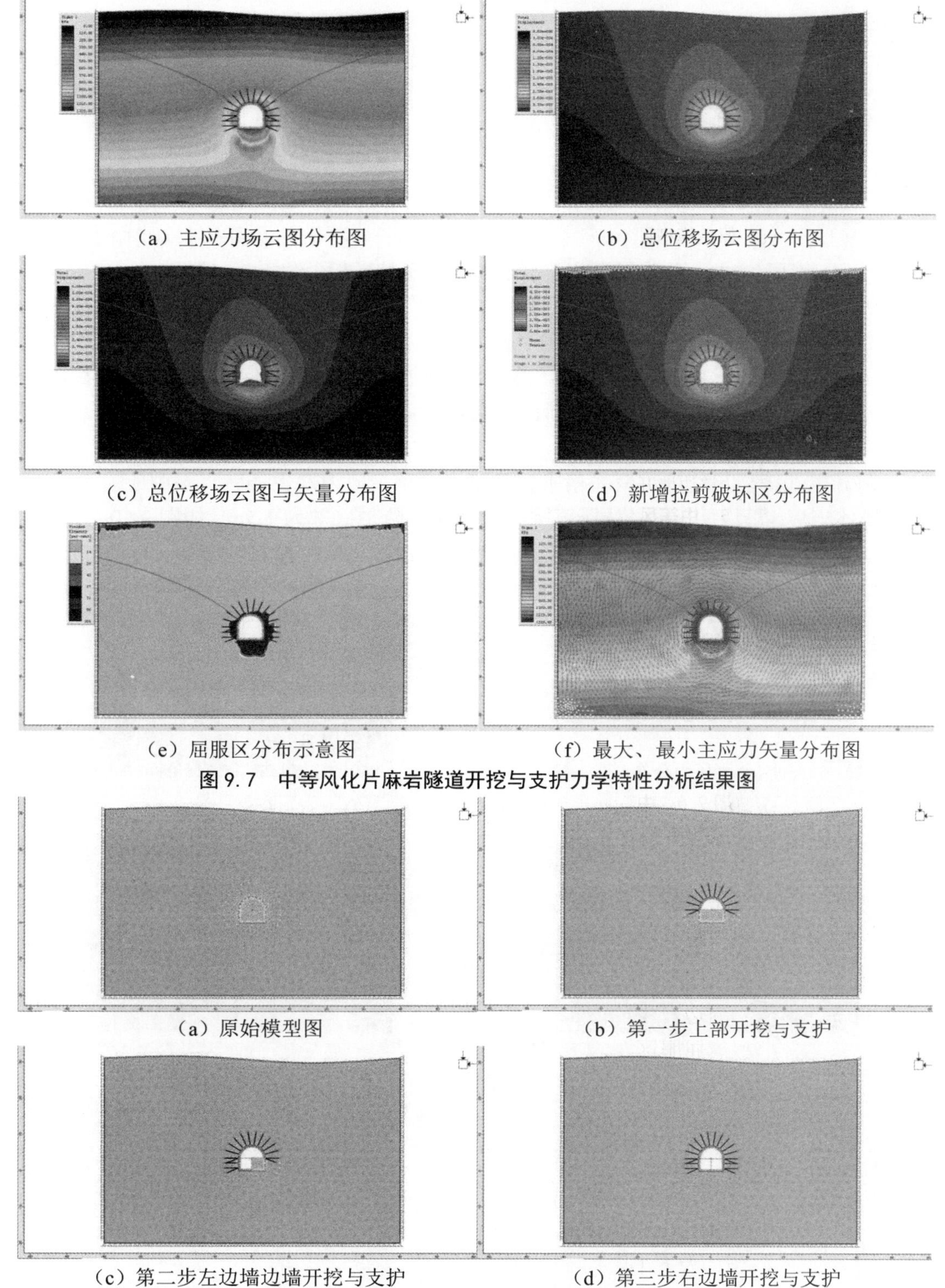

（a）主应力场云图分布图　（b）总位移场云图分布图

（c）总位移场云图与矢量分布图　（d）新增拉剪破坏区分布图

（e）屈服区分布示意图　（f）最大、最小主应力矢量分布图

图 9.7　中等风化片麻岩隧道开挖与支护力学特性分析结果图

（a）原始模型图　（b）第一步上部开挖与支护

（c）第二步左边墙边墙开挖与支护　（d）第三步右边墙开挖与支护

图 9.8　中等风化花岗岩隧道开挖与支护和有限元网格划分示意图

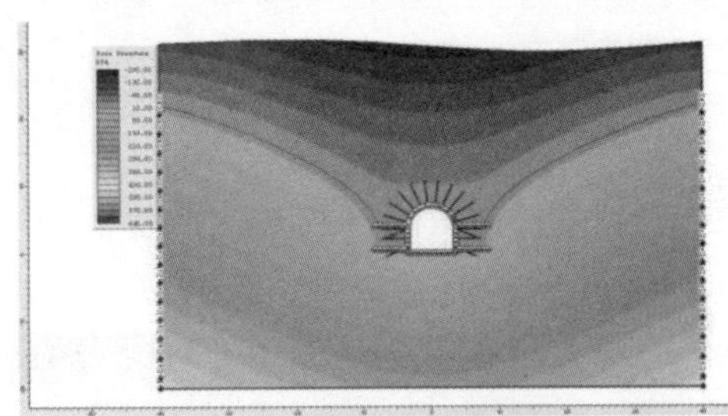

（a）孔隙水压力分布云图

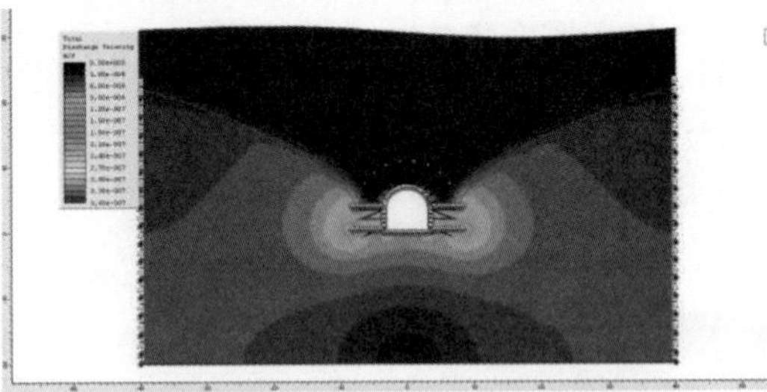

（b）总水压梯度值分布云图

图 9.9　中等风化花岗岩放水孔排水隧道开挖与支护水文地质特性图

隧道围岩为中等风化花岗岩，隧道分步开挖并及时支护，力学特性分析结果见图 9.10。主应力总体随埋深分层增大分布，从围岩表面向围岩深部，主应力从零增大再恢复到正常分布，主应力分布如图 9.10（a）所示。总位移场和矢量分布得到控制，拱部、边墙的变形量值基本接近，总位移云图和矢量分布图和新增拉剪破坏区分布如图 9.10（b）（c）（d）所示。

隧道开挖在围岩周边产生应力集中，且最大最小主应力发生偏转，集中应力大于围岩强度，岩体破坏，形成屈服区，边墙范围大约 0.5m，隧道底部为 1.5m，如图 9.10（e）（f）。隧道围岩整体稳定得到提高，可以不考虑放水孔排水。

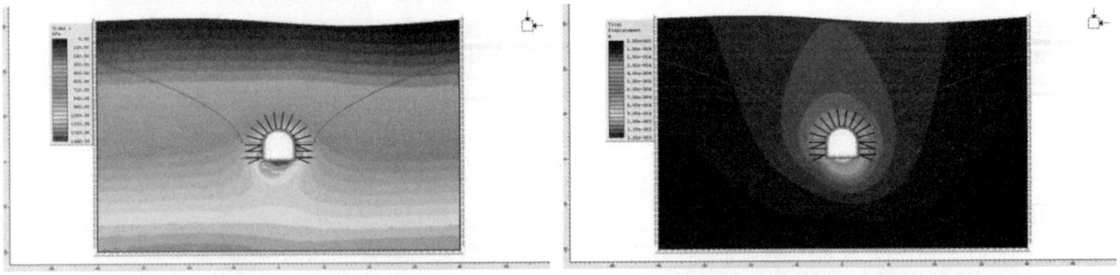

（a）主应力场云图分布图

（b）总位移场云图分布图

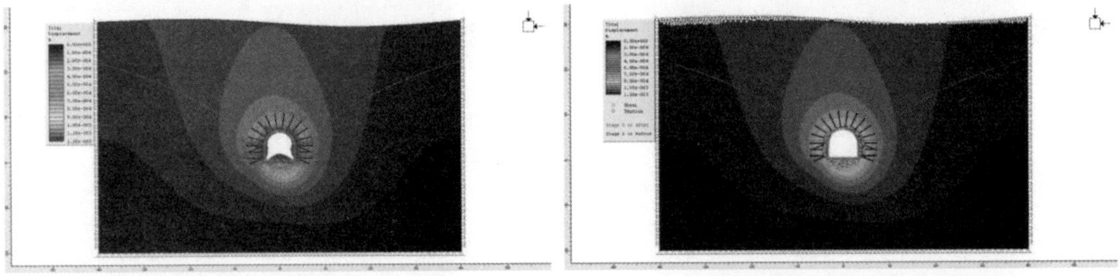

（c）总位移场云图与矢量分布图

（d）新增拉剪破坏区分布图

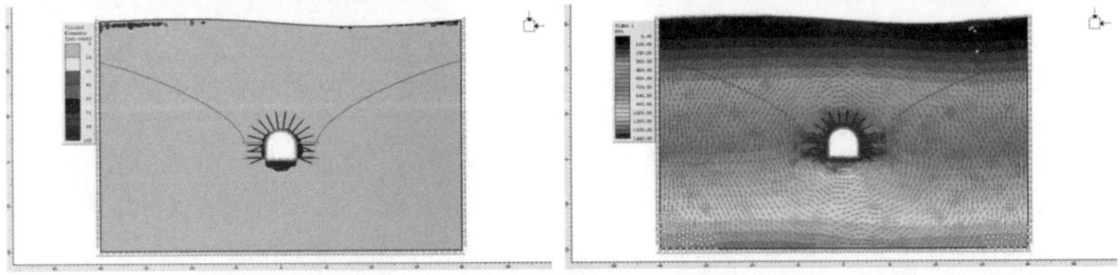

（e）屈服区分布示意图

（f）最大、最小主应力矢量分布图

图 9.10　中等风化花岗岩放水孔排水隧道开挖与支护力学特性分析结果示意图

9.2.4　中等风化片麻岩考虑放水孔排水情况

隧道围岩为中等风化片麻岩，考虑放水孔排水，分步开挖支护施工过程如图 9.11 所示。图 9.11（a）为开挖之前的有限元网格划分，图 9.11（b）为进行上半断面开挖支护，图 9.11（c）为下半断面左半部分开挖支护，图 9.11（d）为下半断面右半部分开挖支护。

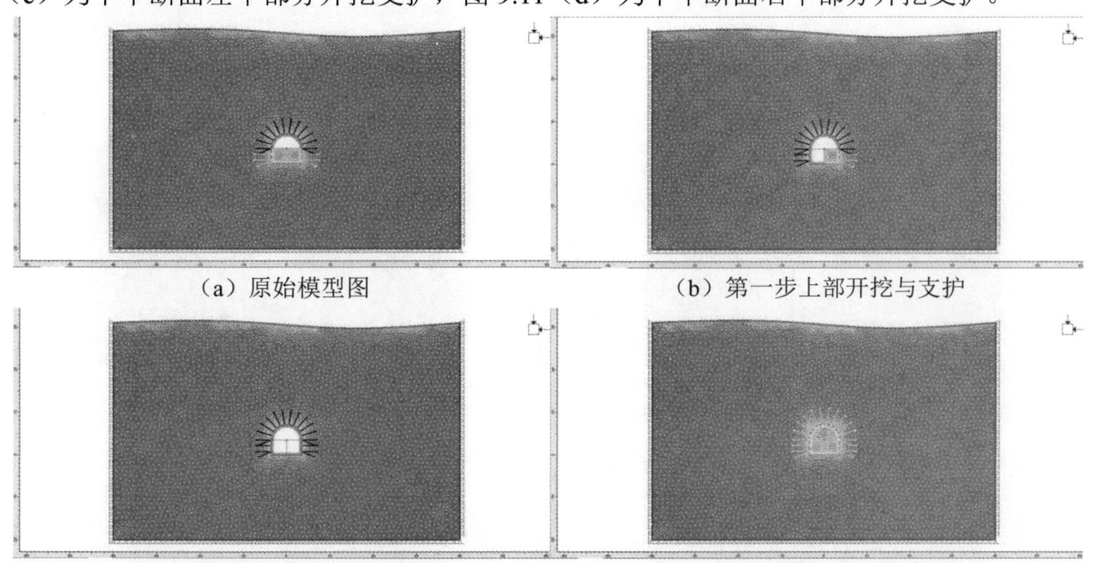

（a）原始模型图　（b）第一步上部开挖与支护

（c）第二步左边墙开挖与支护　（d）第三步右边墙开挖与支护

图 9.11　中等风化片麻岩放水孔排水隧道开挖与支护和有限元网格划分示意图

隧道围岩为中等风化片麻岩，分步开挖并及时支护，在考虑地下水位 22m，同时在拱脚和边墙底部考虑放水孔排水情况下，随着隧道开挖和放水孔排水，地下水位下降到隧道拱脚放水孔位置，边墙和仰拱有地下水位侵蚀如图 9.12 所示。

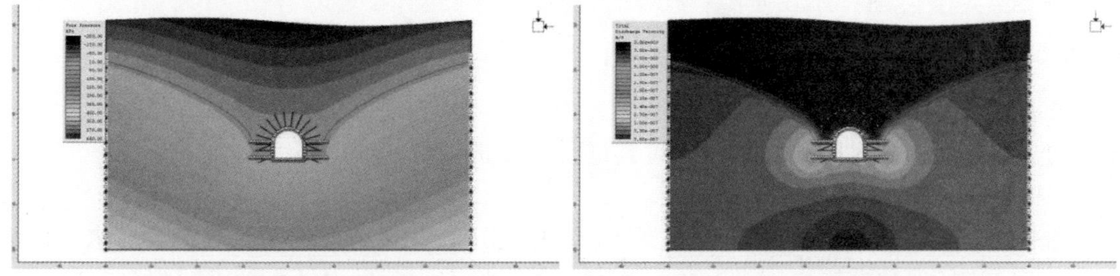

（a）孔隙水压力分布云图　（b）总水压梯度值分布云图

图 9.12　中等风化片麻岩放水孔排水隧道开挖与支护水文地质特性图

隧道围岩为中等风化片麻岩，隧道分步开挖并及时支护，力学特性分析结果见图 9.13。主应力总体随埋深分层增大分布，从围岩表面向围岩深部，主应力从零增大再恢复到正常分布，主应力分布如图 9.13（a）所示。

仰拱屈服区增大但不需要增加锚杆加固，变形量值基本满足规范要求，总位移云图、矢量分布图新增拉剪破坏区分布如图 9.13（b）（c）（d）所示。由于隧道开挖在围岩周边产生应力集中，且最大最小主应力发生偏转，集中应力大于围岩强度，岩体破坏，形成屈服区，范围大约 1.5m，隧道底部为 2.8m，如图 9.13（e）（f）所示。

新增拉剪破坏区（即松动圈）得到有效控制，隧道围岩整体稳定得到提高，可以不考虑放水孔排水。

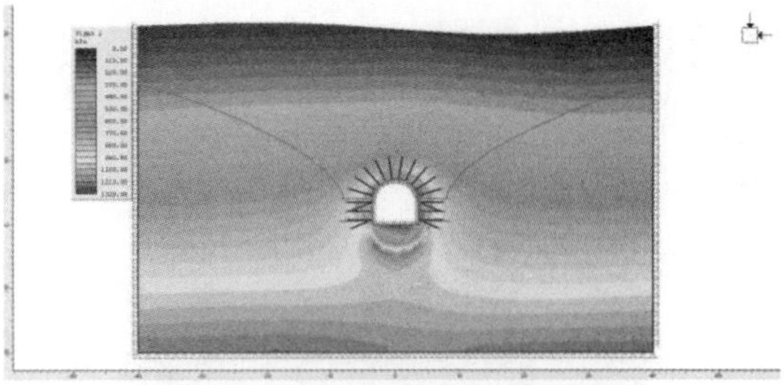

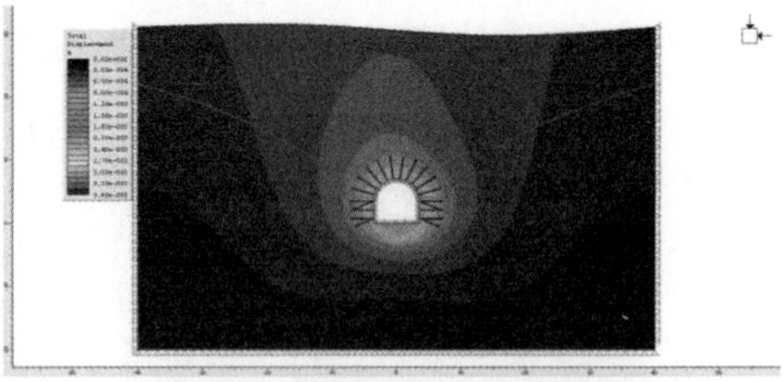

（a）主应力场云图分布图

（b）总位移场云图分布图

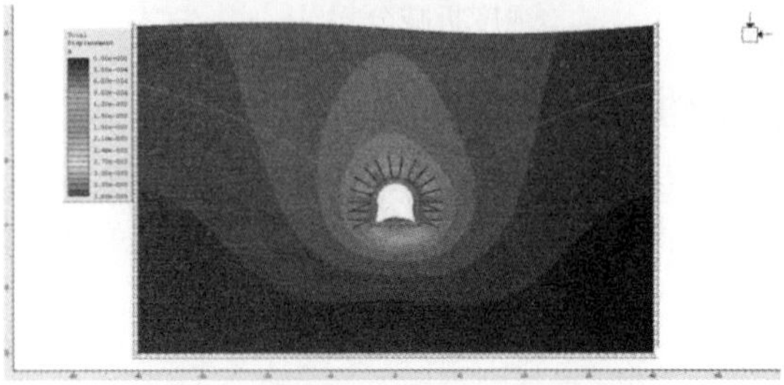

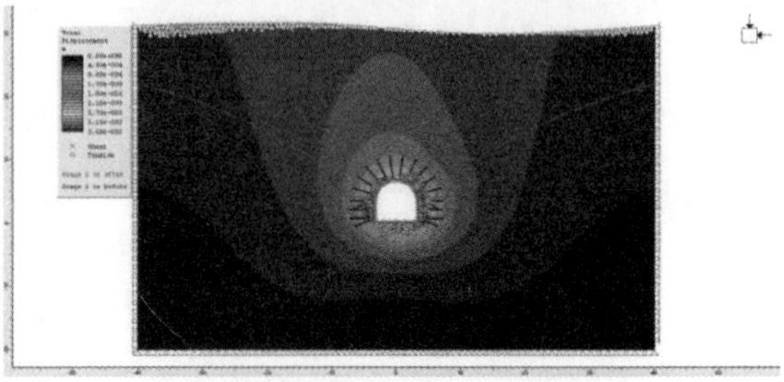

（c）总位移场云图与矢量分布图

（d）新增拉剪破坏区分布图

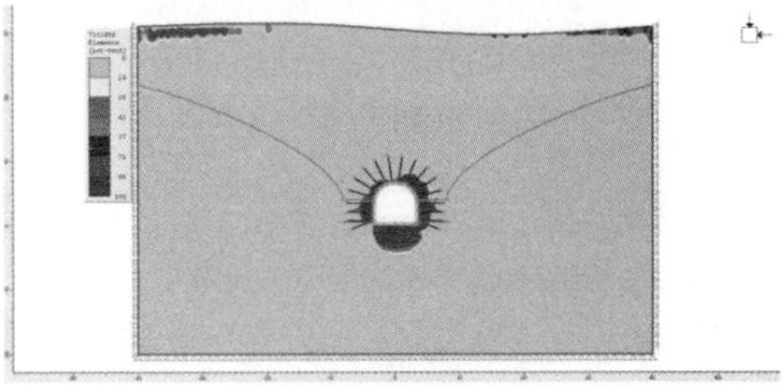

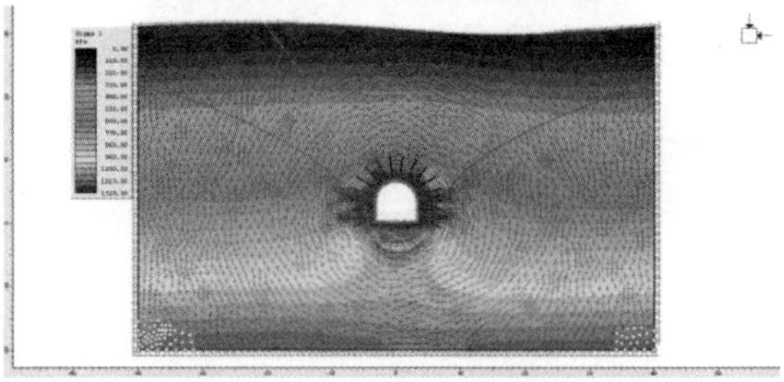

（e）屈服区分布示意图

（f）最大、最小主应力矢量分布图

图 9.13　中等风化片麻岩放水孔排水隧道开挖与支护力学特性分析结果图

9.2.5　有限元强度折减稳定性分析

隧道围岩为中等风化花岗岩和片麻岩，由于环境特殊原因，不能及时施作二衬，隧道处于初支环境下存放时间较长，所以对其进行强度折减稳定性分析。

（1）中等风化花岗岩

图 9.14 剪应变分布和总位移云图表明，在中等风化花岗岩开挖及时支护、放水孔排水的情况下，中等风化花岗岩安全系数为 9.01，围岩稳定，满足设计和施工的安全要求。

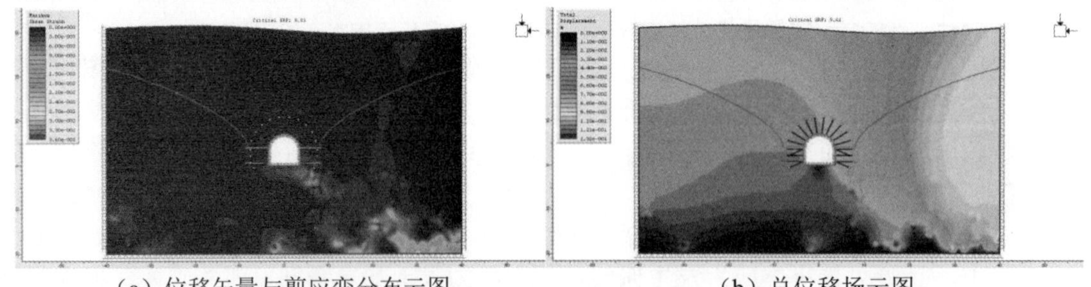

（a）位移矢量与剪应变分布云图

（b）总位移场云图

图 9.14　中等风化花岗岩放水孔排水隧道开挖与支护强度折减分析结果图

（2）中等风化片麻岩

图 9.15 剪应变分布和总位移云图表明，在中等风化片麻岩开挖及时支护、放水孔排水的情况下，中等风化片麻岩安全系数为 8.94，围岩稳定，满足设计和施工安全要求。

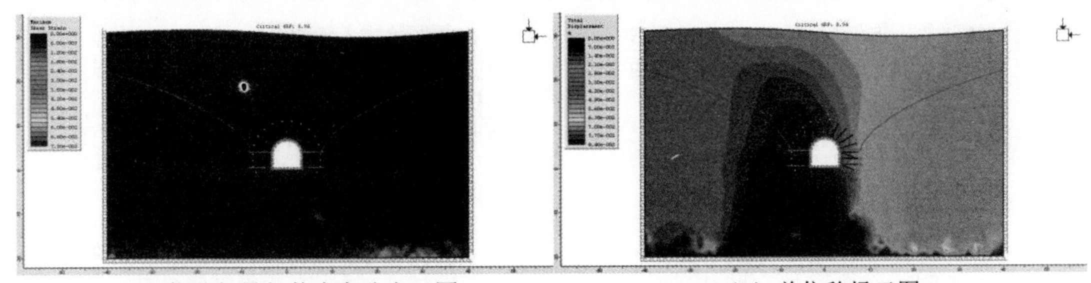

（a）位移矢量与剪应变分布云图　　（b）总位移场云图

图 9.15　中等风化片麻岩放水孔排水隧道开挖与支护强度折减分析结果图

9.3　强风化围岩隧道开挖支护力学特性分析

隧道在开挖支护施工过程中，中等风化花岗岩和中等风化片麻岩两类围岩分别在考虑地下水和放水孔排水的情况下进行开挖支护力学特性分析，并进行有限元强度折减围岩稳定性分析。

9.3.1　强风化花岗岩考虑地下水情况

强风化花岗岩开挖支护施工过程如图 9.16 所示。图 9.16（a）为开挖之前的有限元网格划分，图 9.16（b）为进行上半断面开挖支护，图 9.16（c）为下半断面左半部分开挖支护，图 9.16（d）为下半断面右半部分开挖支护。

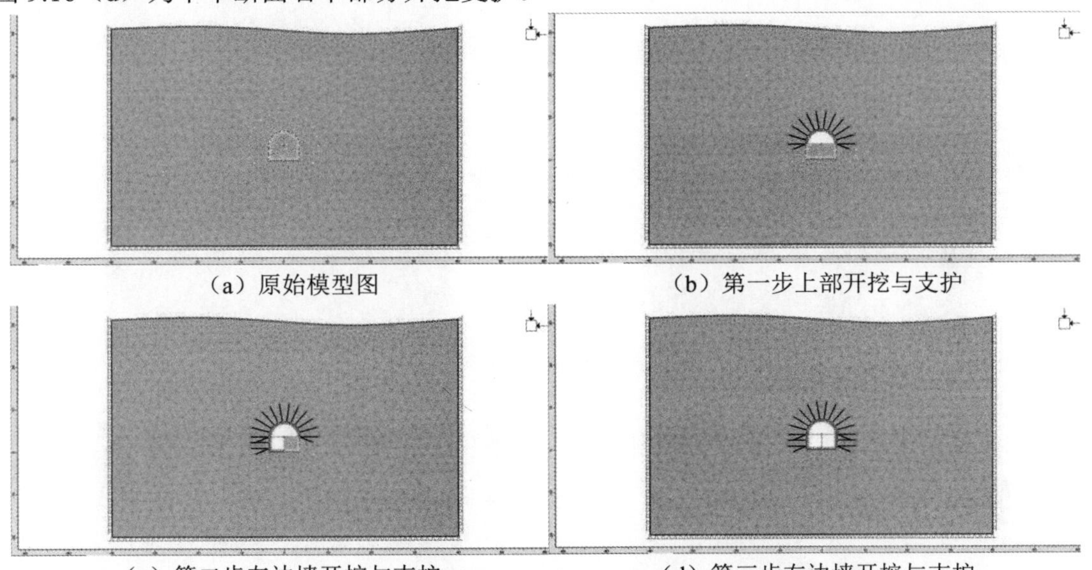

（a）原始模型图　　（b）第一步上部开挖与支护

（c）第二步左边墙开挖与支护　　（d）第三步右边墙开挖与支护

图 9. 16　强风化花岗岩隧道开挖与支护和有限元网格划分示意图

隧道围岩为强风化花岗岩，分步开挖并及时支护，在考虑地下水位 22m，随着隧道开挖排水，水文地质特性见图 9.17 所示。地下水位下降到隧道拱腰位置，拱脚、边墙和仰拱有地下水位侵蚀。

隧道围岩为强风化花岗岩，隧道分步开挖并及时支护，力学特性分析结果如图 9.18 所示。主应力总体随埋深分层增大分布，从围岩表面向围岩深部，主应力从零增大再恢复到正常分布，主应力分布如图 9.18（a）所示。

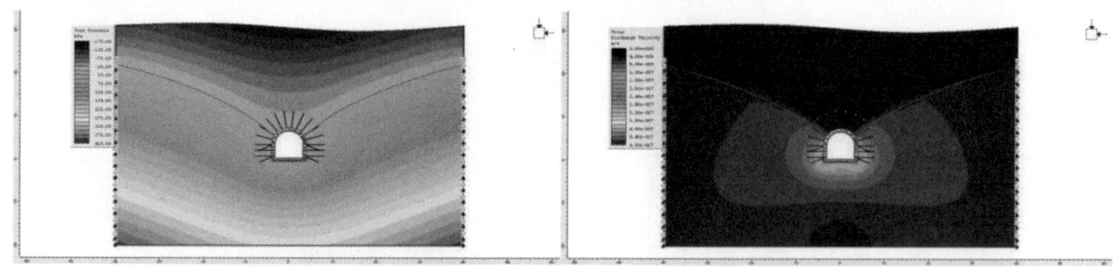

（a）孔隙水压力分布云图　　（b）总水压梯度值分布云图

图 9.17　强风化花岗岩隧道开挖与支护水文地质特性图

总位移场和矢量分布得到控制，拱部、边墙的变形量值基本接近，仰拱不需要增加锚杆加固，变形量值基本满足规范要求，总位移云图、矢量分布图和新增拉剪破坏分布如图 9.18（b）（c）（d）所示。隧道开挖在围岩周边产生应力集中，且最大最小主应力发生偏转，集中应力大于围岩强度，岩体破坏，形成屈服区，拱顶范围大约 2.5m，隧道边墙范围大约 4.3m，隧道底部大约 5.5m，如图 9.18（e）（f）。隧道围岩屈服区增大，而新增拉剪破坏区即松动圈得到有效控制，隧道围岩整体基本稳定。

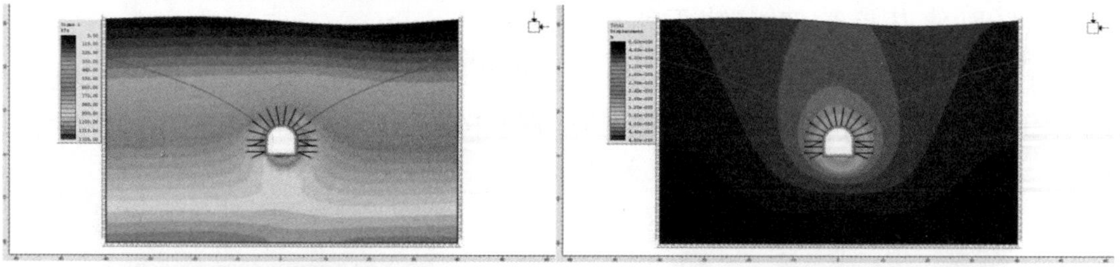

（a）主应力场云图分布图　　（b）总位移场云图分布图

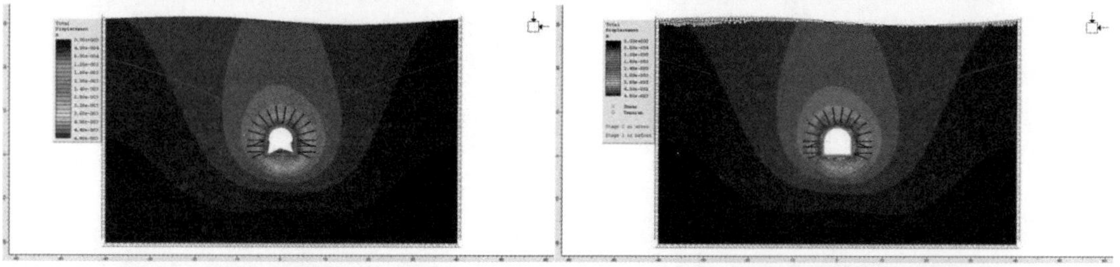

（c）总位移场云图与矢量分布图　　（d）新增拉剪破坏区分布图

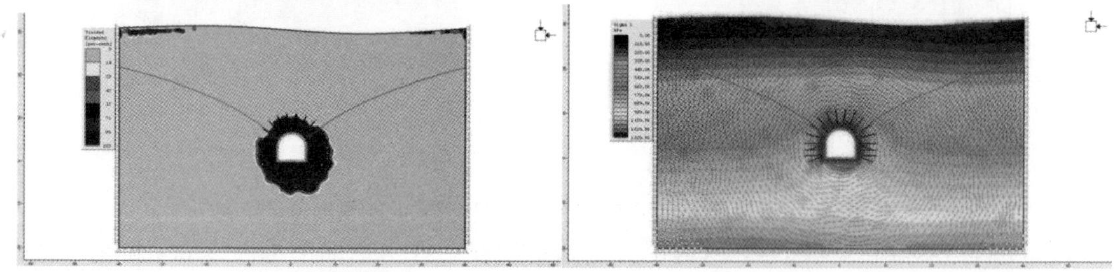

（e）屈服区分布示意图　　（f）最大、最小主应力矢量分布图

图 9.18　强风化花岗岩隧道开挖与支护力学特性分析结果图

9.3.2　强风化片麻岩考虑地下水情况

强风化片麻岩开挖支护施工过程如图 9.19 所示。图 9.19（a）为开挖之前的有限元网格划分，图 9.19（b）为进行上半断面开挖支护，图 9.19（c）为下半断面左半部分开挖支护，图 9.19（d）为下半断面右半部分开挖支护。

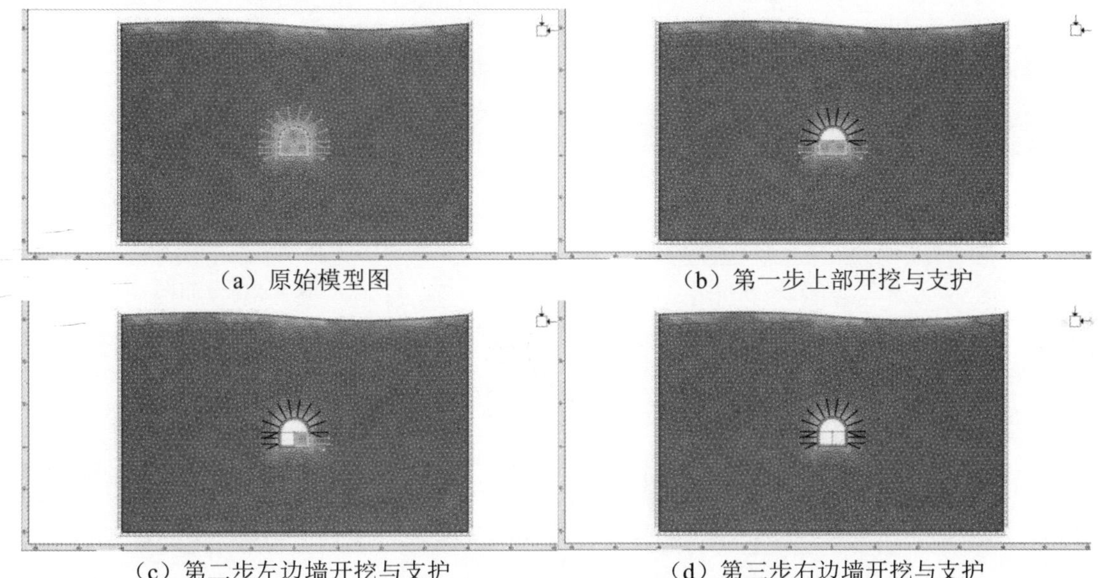

（a）原始模型图　（b）第一步上部开挖与支护

（c）第二步左边墙开挖与支护　（d）第三步右边墙开挖与支护

图 9.19　强风化片麻岩隧道开挖与支护和有限元网格划分图

隧道围岩为强风化片麻岩，分步开挖并及时支护，考虑地下水位 22m，随着隧道开挖排水，水文地质特性见图 9.20。地下水位下降到隧道拱腰位置，拱脚、边墙和仰拱有地下水位侵蚀。

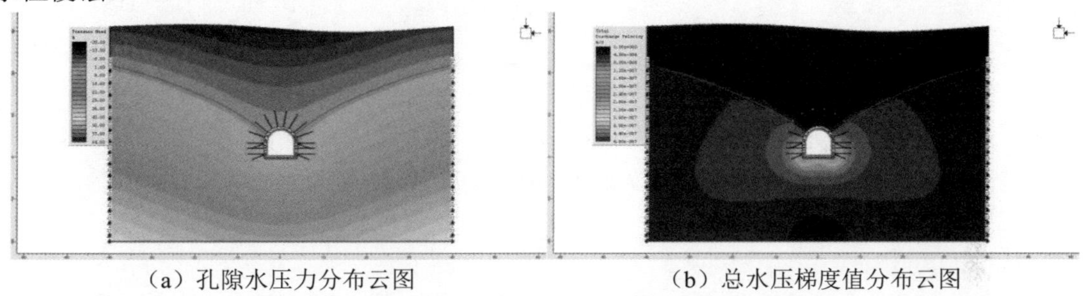

（a）孔隙水压力分布云图　（b）总水压梯度值分布云图

图 9.20　强风化片麻岩隧道开挖与支护水文地质特性图

隧道围岩为强风化片麻岩，隧道分步开挖并及时支护，力学特性分析结果如图 9.21 所示。主应力总体随埋深分层增大分布，从围岩表面向围岩深部，主应力从零增大再恢复到正常分布，主应力分布如图 9.21（a）所示。

总位移场和矢量分布得到控制，拱部、边墙的变形量值基本接近，仰拱不需要增加锚杆加固，变形量值基本满足规范要求，总位移云图、矢量分布图和新增拉剪破坏分布见图 9.21（b）（c）（d）。隧道开挖在围岩周边产生应力集中，且最大最小主应力发生偏转，集中应力大于围岩强度，岩体破坏，形成屈服区，拱顶范围大约 4.5m，隧道边墙范围大约 8m，隧道底部大约 12m，如图 9.21（e）（f）。隧道围岩屈服区增大，而新增拉剪破坏区即松动圈得到有效控制，隧道围岩整体基本稳定。

9.3.3　强风化花岗岩考虑放水孔排水情况

强风化花岗岩考虑放水孔排水开挖支护施工过程如图 9.22 所示，图 9.22（a）为开挖之前的有限元网格划分，图 9.22（b）为进行上半断面开挖支护，图 9.22（c）为下半断面左半部分开挖支护，图 9.22（d）为下半断面右半部分开挖支护。

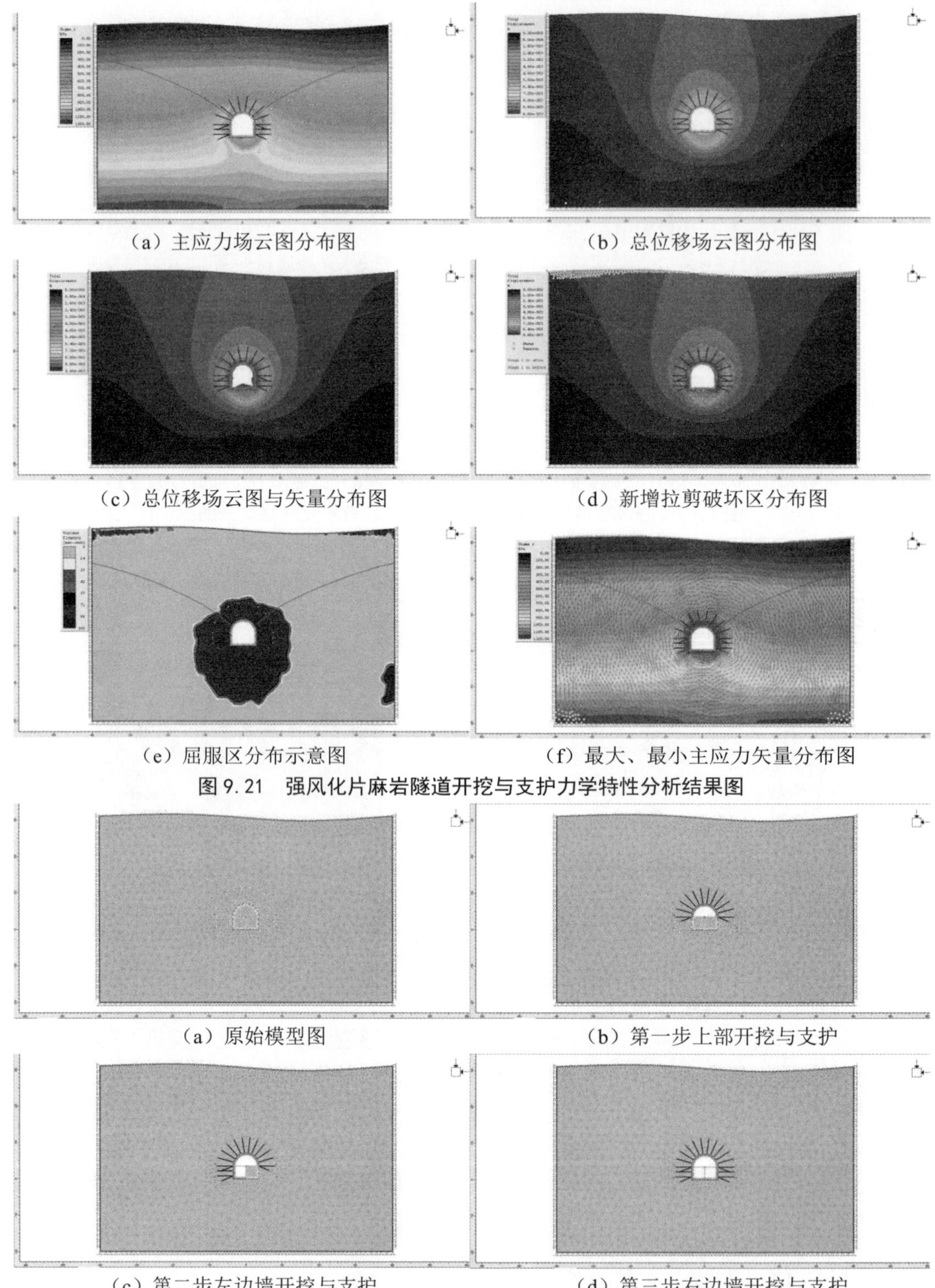

（a）主应力场云图分布图　（b）总位移场云图分布图

（c）总位移场云图与矢量分布图　（d）新增拉剪破坏区分布图

（e）屈服区分布示意图　（f）最大、最小主应力矢量分布图

图 9.21　强风化片麻岩隧道开挖与支护力学特性分析结果图

（a）原始模型图　（b）第一步上部开挖与支护

（c）第二步左边墙开挖与支护　（d）第三步右边墙开挖与支护

图 9.22　强风化花岗岩隧道开挖与支护和有限元网格划分示意图

隧道围岩为强风化花岗岩，分步开挖并及时支护，考虑地下水位 22m，在拱脚和边墙底部考虑放水孔排水情况下，随着隧道开挖和放水孔排水，水文地质特性见图 9.23 所示，地下水位下降到隧道放水孔位置，边墙和仰拱有地下水位侵蚀。

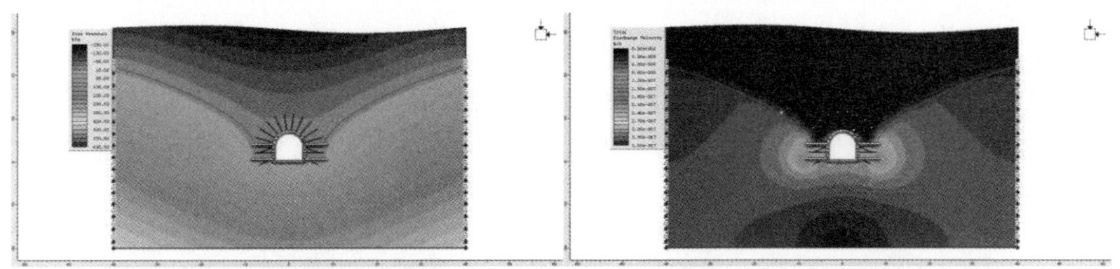

（a）孔隙水压力分布云图　　（b）总水压梯度值分布云图

图 9.23　强风化花岗岩隧道开挖与支护水文地质特性图

隧道围岩为强风化花岗岩，隧道分步开挖并及时支护，隧道开挖与支护力学特性如图 9.24 所示。主应力总体随埋深分层增大分布，从围岩表面向围岩深部，主应力从零增大再恢复到正常分布，主应力分布如图 9.24（a）所示。

总位移场和矢量分布得到控制，拱部、边墙的变形量值基本接近，仰拱不需要增加锚杆加固，变形量值基本满足规范要求，总位移云图和矢量分布见图 9.4（b）（c）（d）。隧道开挖在围岩周边产生应力集中，且最大最小主应力发生偏转，集中应力大于围岩强度，岩体破坏，形成屈服区，拱顶范围大约 2.4m，边墙范围大约 3.8m，隧道底部为 5m，如图 9.24（e）（f）所示。

考虑放水孔排水的情况下，屈服区范围缩小，有利用围岩稳定。隧道围岩整体稳定性得到提高，考虑放水孔排水。

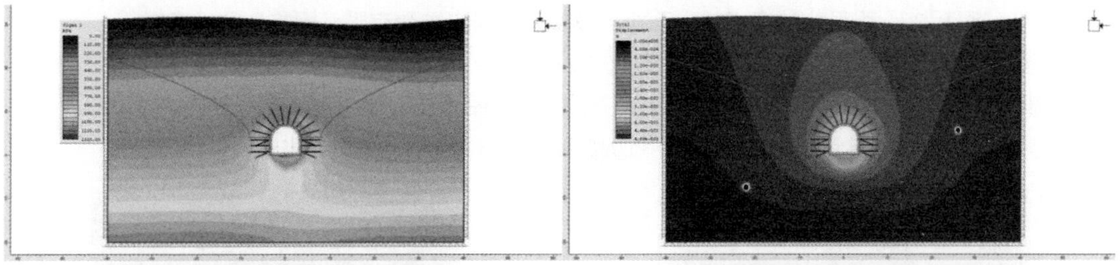

（a）主应力场云图分布图　　（b）总位移场云图分布图

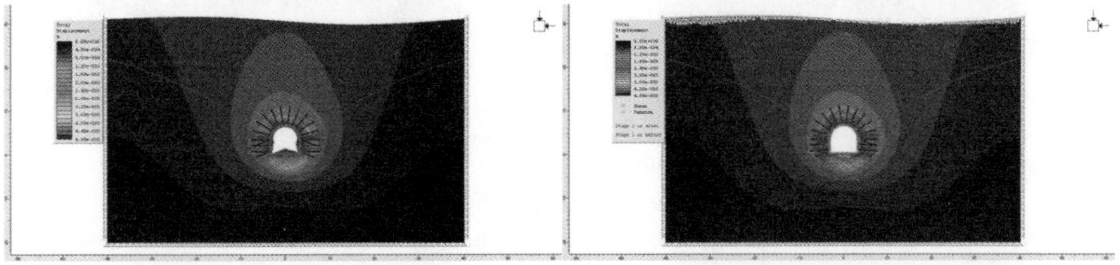

（c）总位移场云图与矢量分布图　　（d）新增拉剪破坏区分布图

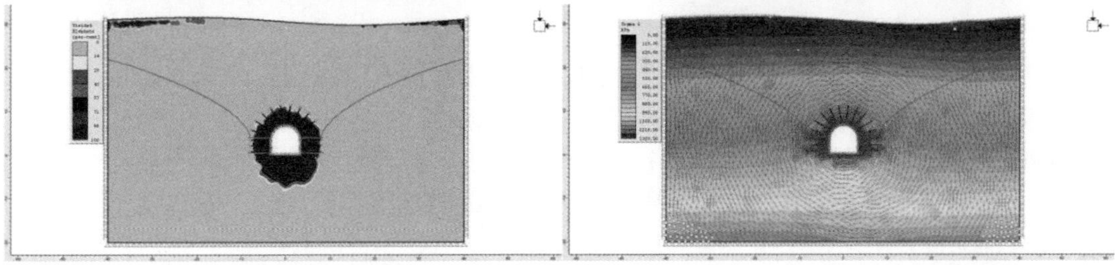

（e）屈服区分布示意图　　（f）最大、最小主应力矢量分布图

图 9.24　强风化花岗岩放水孔排水隧道开挖与支护力学特性分析结果图

9.3.4 强风化片麻岩考虑放水孔排水情况

强风化片麻岩考虑放水孔排水开挖支护施工过程如图 9.25 所示。图 9.25（a）为开挖之前的有限元网格划分，图 9.25（b）为进行上半断面开挖支护，图 9.25（c）为下半断面左半部分开挖支护，图 9.25（d）为下半断面右半部分开挖支护。

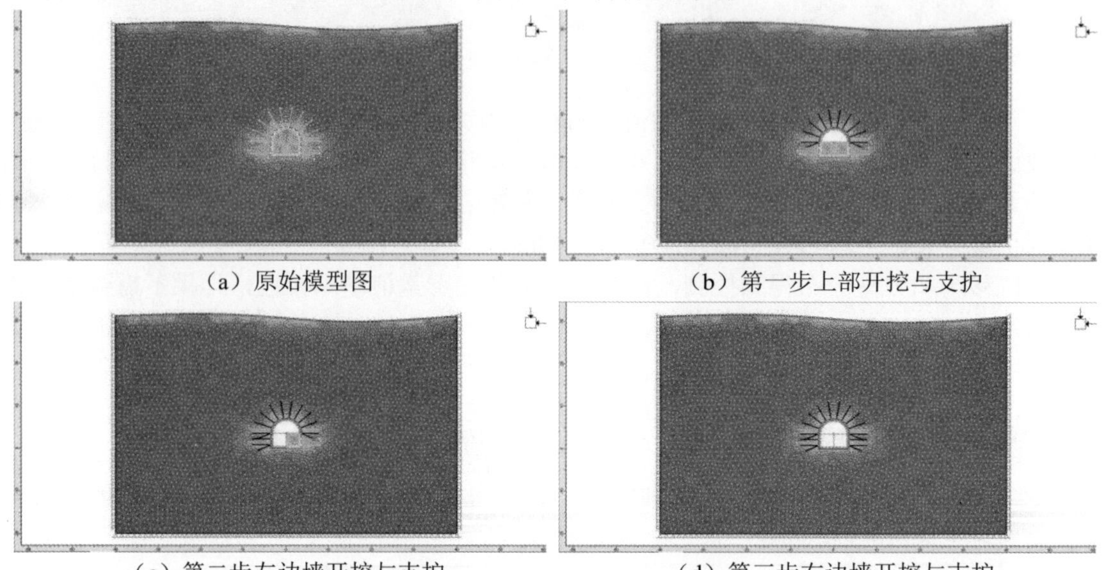

（a）原始模型图　　（b）第一步上部开挖与支护

（c）第二步左边墙开挖与支护　　（d）第三步右边墙开挖与支护

图 9.25　强风化片麻岩放水孔排水隧道开挖与支护和有限元网格划分示意图

隧道围岩为强风化片麻岩，分步开挖并及时支护，考虑地下水位 22m，同时在拱脚和边墙底部考虑放水孔排水情况下，水文地质特性见图 9.26 所示。随着隧道开挖和放水孔排水，地下水位下降到隧道放水孔位置，边墙和仰拱有地下水位侵蚀。

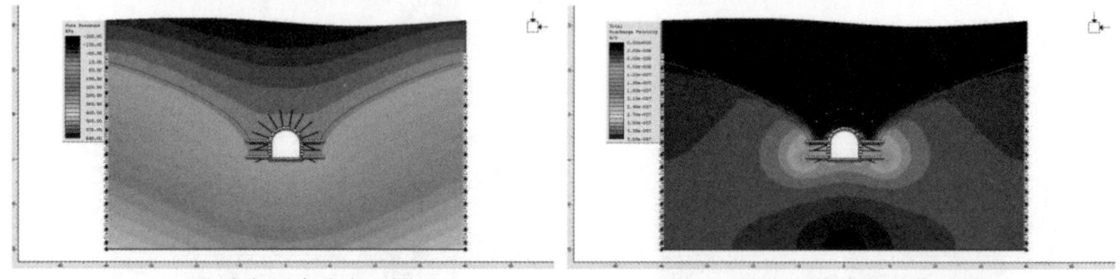

（a）孔隙水压力分布云图　　（b）总水压梯度值分布云图

图 9.26　强风化片麻岩放水孔排水隧道开挖与支护水文地质特性图

隧道围岩为强风化片麻岩，隧道分步开挖并及时支护，隧道开挖与支护力学特性如图 9.27 所示。主应力总体随埋深分层增大分布，从围岩表面向围岩深部，主应力从零增大再恢复到正常分布，主应力分布如图 9.27（a）所示。

仰拱屈服区增大但不需要增加锚杆加固，变形量值基本满足规范要求，总位移云图、矢量分布图和新增拉剪破坏分布见图 9.27（b）（c）（d）。

隧道开挖在围岩周边产生应力集中，且最大最小主应力发生偏转，集中应力大于围岩强度，岩体破坏，形成屈服区，拱顶范围大约 6.5m，边墙范围大约 7.5m，隧道底部为 10m，如图 9.27（e）（f）所示。

考虑放水孔排水的情况下，屈服区范围缩小，有利用围岩稳定。新增拉剪破坏区（即松动圈）得到有效控制，隧道围岩整体稳定，采取放水孔排水。

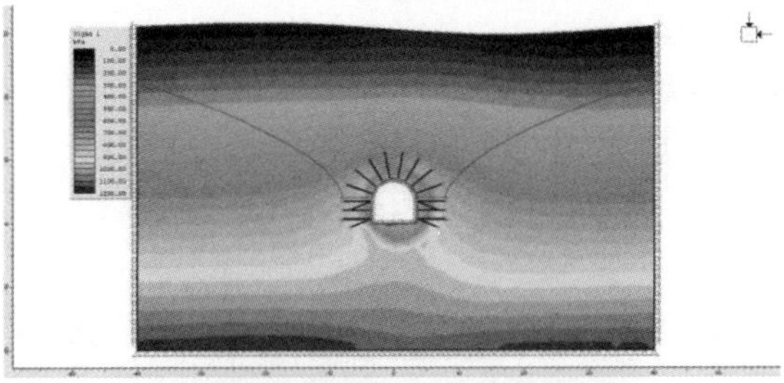

（a）主应力场云图分布图 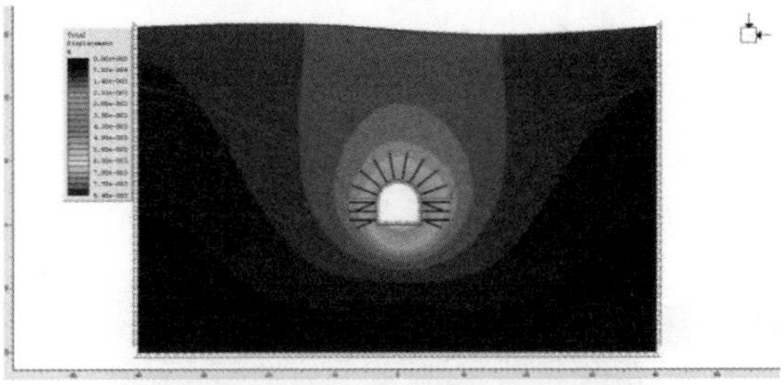　　（b）总位移场云图分布图

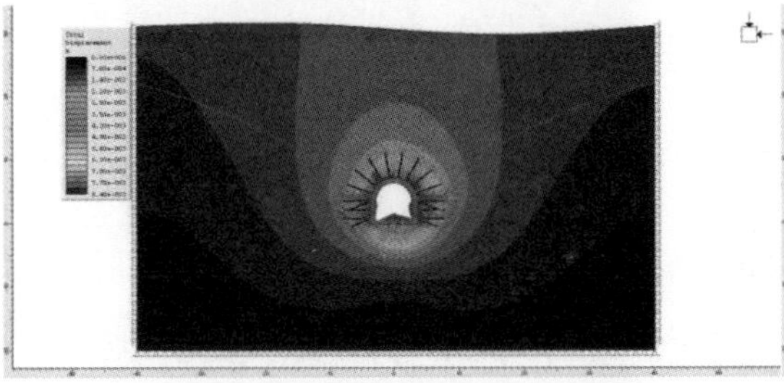

（c）总位移场云图与矢量分布图 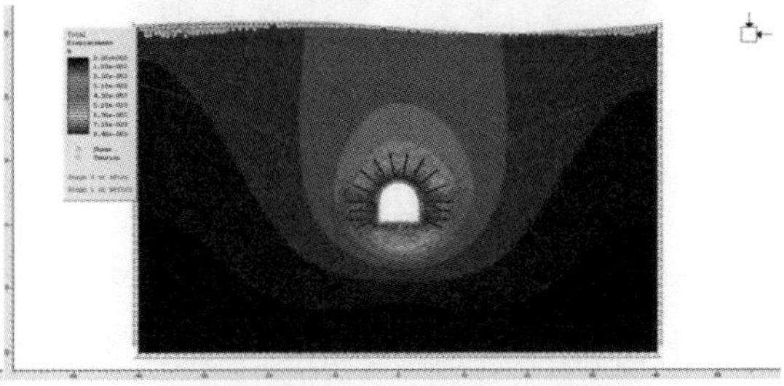　　（d）新增拉剪破坏区分布图

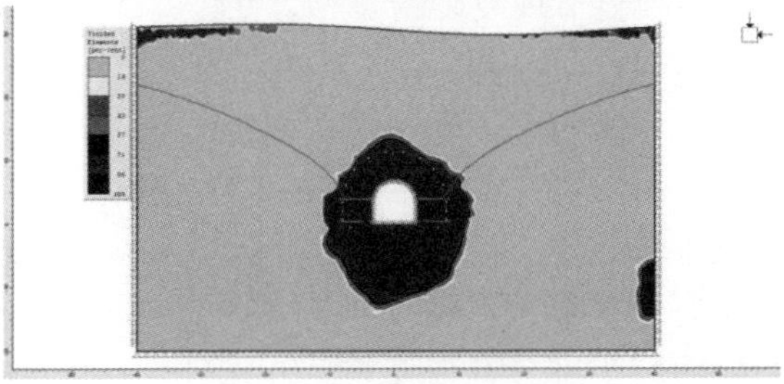

（e）屈服区分布示意图 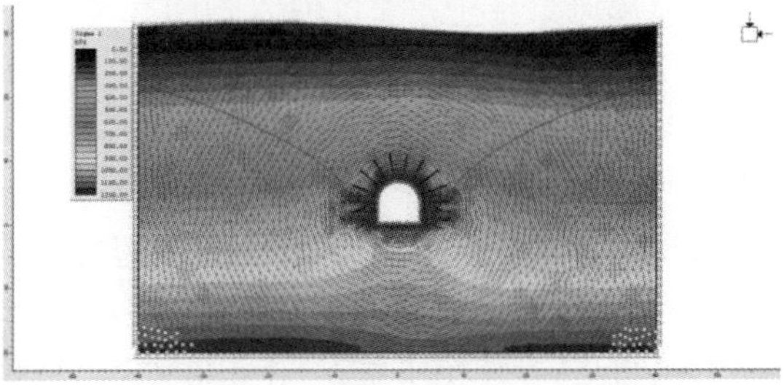　　（f）最大、最小主应力矢量分布图

图 9.27　强风化片麻岩放水孔排水隧道开挖与支护力学特性分析结果图

9.3.5　有限元强度折减稳定性分析

隧道围岩为强风化花岗岩和片麻岩放水孔排水的情况下，由于特殊环境原因，不能及时进行施工二衬，同时围岩强度很低，隧道处于初支环境下存放时间较长，所以对其进行强度折减稳定性分析。

（1）强风化花岗岩

图 9.28 剪应变分布和总位移云图表明，在中等风化花岗岩分步开挖及时支护、放水孔排水的情况下，强风化花岗岩安全系数为 14.05，围岩整体稳定，满足设计和施工安全要求，考虑采取放水孔排水。

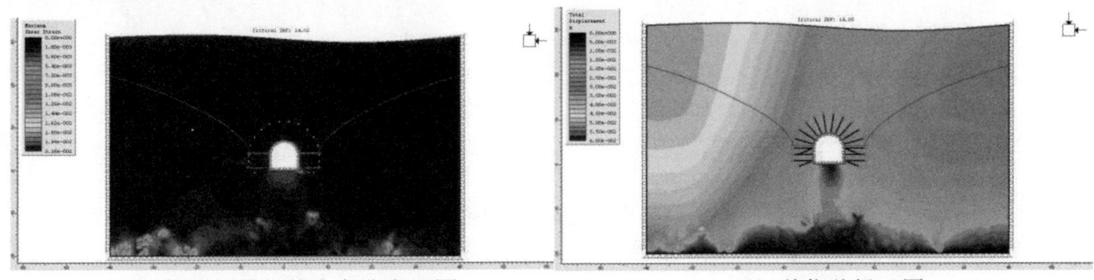

（a）位移矢量与剪应变分布云图　　（b）总位移场云图

图 9.28　强风化花岗岩放水孔排水隧道开挖与支护强度折减分析结果图

（2）强风化片麻岩

图 9.29 剪应变分布和总位移云图表明，在中等风化片麻岩开挖及时支护、放水孔排水的情况下，强风化片麻岩安全系数为 13.24，围岩整体稳定，满足设计和施工安全要求，考虑采取放水孔排水。

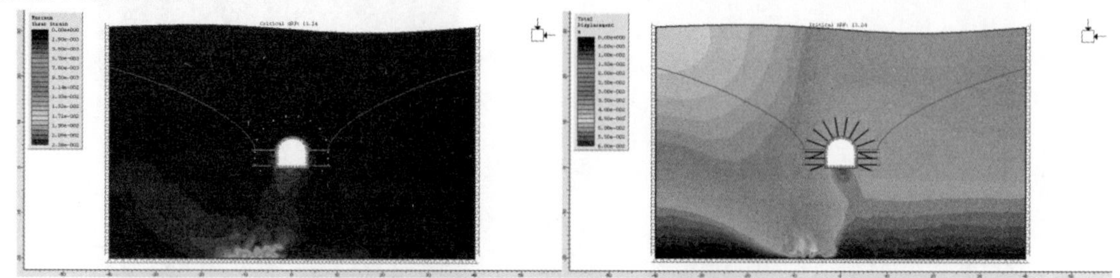

（a）位移矢量与剪应变分布云图　　（b）总位移场云图

图 9.29　强风化片麻岩放水孔排水隧道开挖与支护强度折减分析结果图

9.4　岗丘地貌倾斜节理裂隙密集带隧道开挖支护力学特性分析

隧道掘进过程中，经过地表为岗丘地貌，地层为倾斜节理裂隙密集带，对其进行放水孔排水的情况下进行开挖支护力学特性分析，并进行有限元强度折减围岩稳定性分析。

9.4.1　考虑地下水+放水孔情况

隧道经过岗丘地貌倾斜节理裂隙密集带开挖支护施工过程如图 9.30 所示。图 9.30（a）为开挖之前的有限元网格划分，图 9.30（b）为进行上半断面开挖支护，图 9.30（c）为下半断面左半部分开挖支护，图 9.30（d）为下半断面右半部分开挖支护。

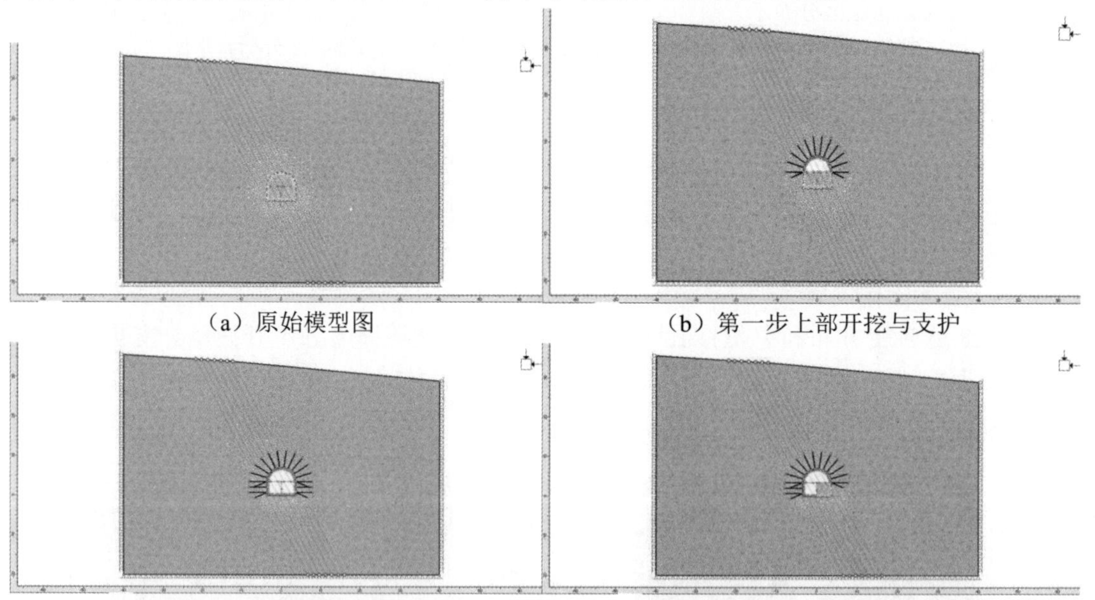

（a）原始模型图　　（b）第一步上部开挖与支护

（c）第二步左边墙开挖与支护　　（d）第三步右边墙开挖与支护

图 9.30　岗丘地貌倾斜节理裂隙密集带隧道开挖与支护和有限元网格划分示意图

隧道经过岗丘地貌倾斜节理裂隙密集带，分步开挖并及时支护，考虑左侧地下水位 13m，右侧为 12m，同时在拱脚和边墙底部考虑放水孔排水情况下，水文地质特性如图 9.31 所示，随着隧道开挖和放水孔排水，地下水位下降到隧道放水孔位置，边墙和仰拱有地下水位侵蚀。

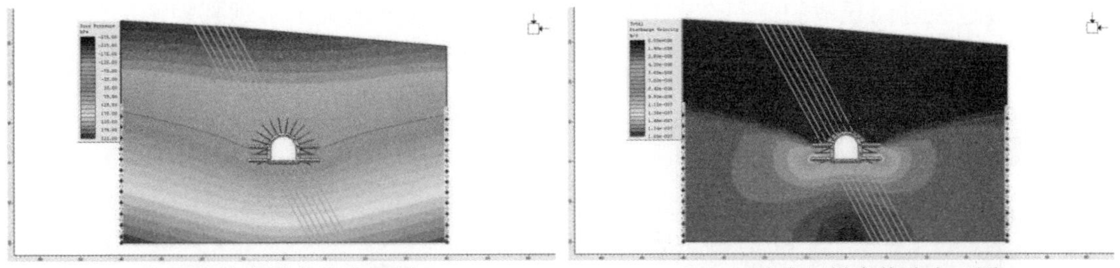

（a）孔隙水压力分布云图　　（b）总水压梯度值分布云图

图 9.31　岗丘地貌倾斜节理裂隙密集带隧道开挖与支护水文地质特性图

隧道经过岗丘地貌倾斜节理裂隙密集带，分步开挖并及时支护，力学特性分析结果见图 9.32 所示。主应力总体随埋深分层增大分布，但在节理裂隙影响下，分布较为紊乱，主应力分布如图 9.32（a）所示。

仰拱屈服区增大但不需要增加锚杆加固，变形量值基本满足规范要求，总位移云图、矢量分布图和新增拉剪破坏分布见图 9.32（b）（c）（d）。隧道开挖在围岩周边产生应力集中，集中应力大于围岩强度，岩体破坏，形成屈服区，沿着节理裂隙发展，基本贯穿地表，影响到地表，边墙范围大约 7.5m，隧道底部大约 10m，如图 9.32（e）（f）所示。总位移场和矢量分布无法控制，屈服区增大，而新增拉剪破坏区（即松动圈）也得不到有效控制，拱顶、仰拱出现大范围破坏，隧道围岩整体不稳定。

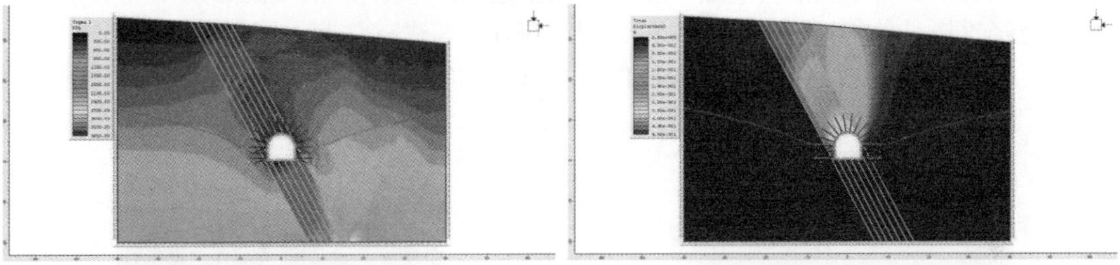

（a）主应力场云图分布图　　（b）总位移场云图分布图

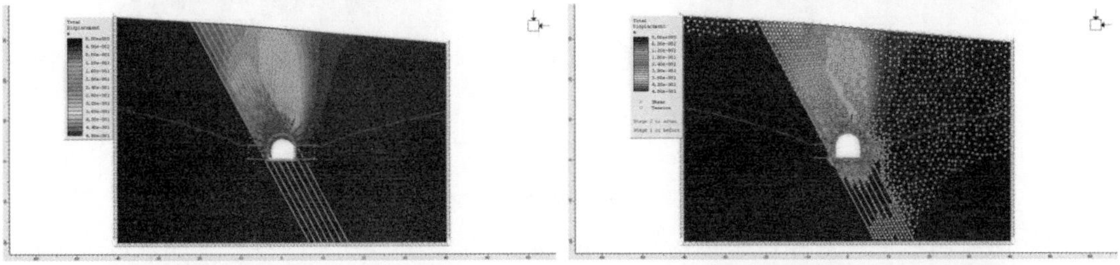

（c）总位移场云图与矢量分布图　　（d）新增拉剪破坏区分布图

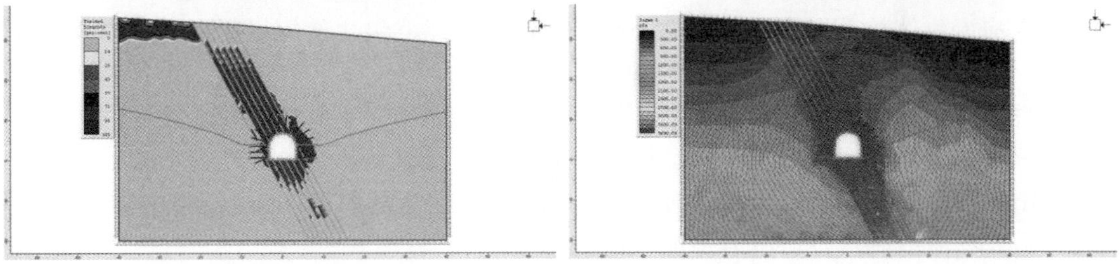

（e）屈服区分布示意图　　（f）最大、最小主应力矢量分布图

图 9.32　岗丘地貌倾斜节理裂隙密集带隧道开挖与支护力学特性分析结果图

9.4.2 考虑节理裂隙密集带注浆情况

针对隧道经过岗丘地貌倾斜节理裂隙密集带，考虑对隧道上下节理裂隙密集带注浆，施工开挖支护过程如图 9.33 所示，图中菱形区域为注浆体。

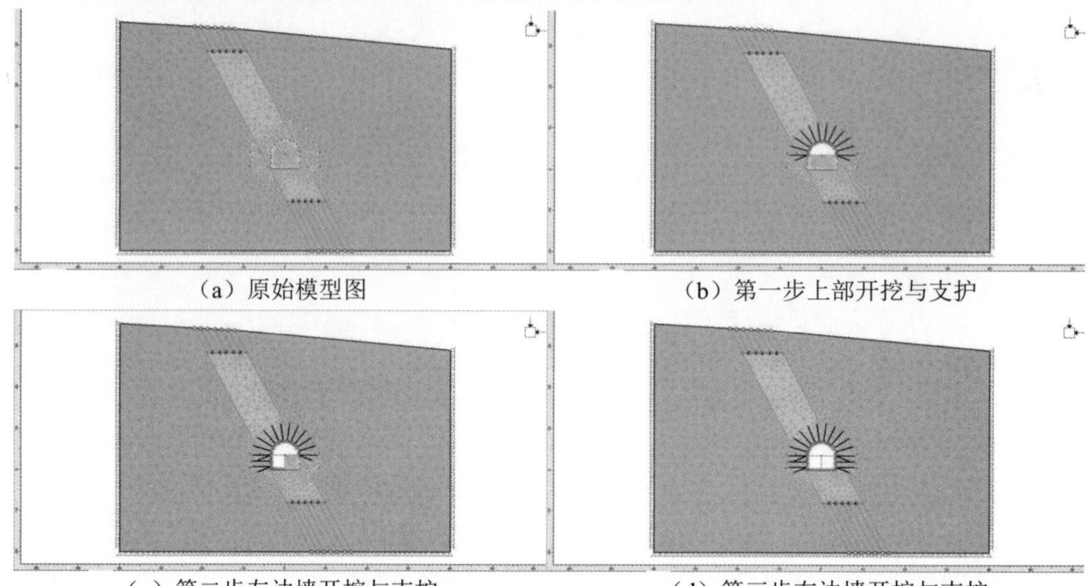

（a）原始模型图　（b）第一步上部开挖与支护

（c）第二步左边墙开挖与支护　（d）第三步右边墙开挖与支护

图 9.33　岗丘地貌倾斜节理裂隙密集带注浆隧道开挖与支护和有限元网格划分示意图

隧道经过岗丘地貌倾斜节理裂隙密集带，在开挖前进行注浆加固，然后分步开挖并及时支护，在考虑左侧地下水位 13m，右侧为 12m，同时在拱脚和边墙底部考虑放水孔排水情况下，水文地质特性如图 9.34 所示。随着隧道开挖和放水孔排水，地下水位下降到隧道放水孔位置，边墙和仰拱有地下水位侵蚀。

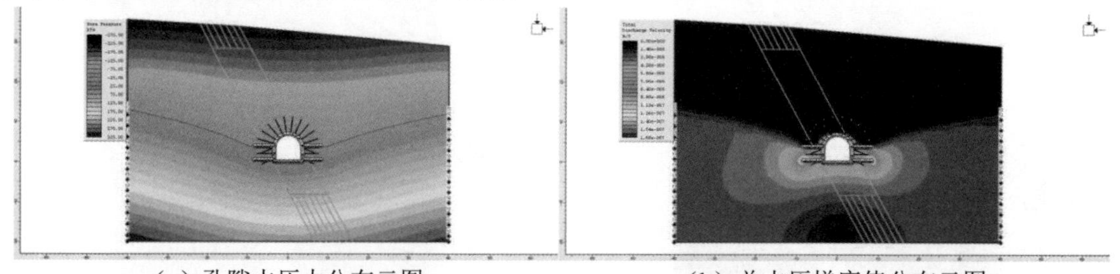

（a）孔隙水压力分布云图　（b）总水压梯度值分布云图

图 9.34　岗丘地貌倾斜节理裂隙密集带注浆隧道开挖与支护水文地质特性图

岗丘地貌倾斜节理裂隙密集带，注浆加固后，隧道开挖与支护力学特性分析结果如图 9.35 所示。

①主应力总体随着埋深分层增大分布，但在节理裂隙和注浆体复杂影响下，分布较为紊乱。

②总位移场和矢量分布得到控制，拱部、边墙和仰拱的变形量值基本接近，仰拱不需要增加锚杆加固，变形量值基本满足规范要求。

③隧道围岩屈服区仍有沿节理裂隙发展趋势，但围岩屈服区、新增拉剪破坏区（即松动圈）得到有效控制，隧道围岩整体稳定。

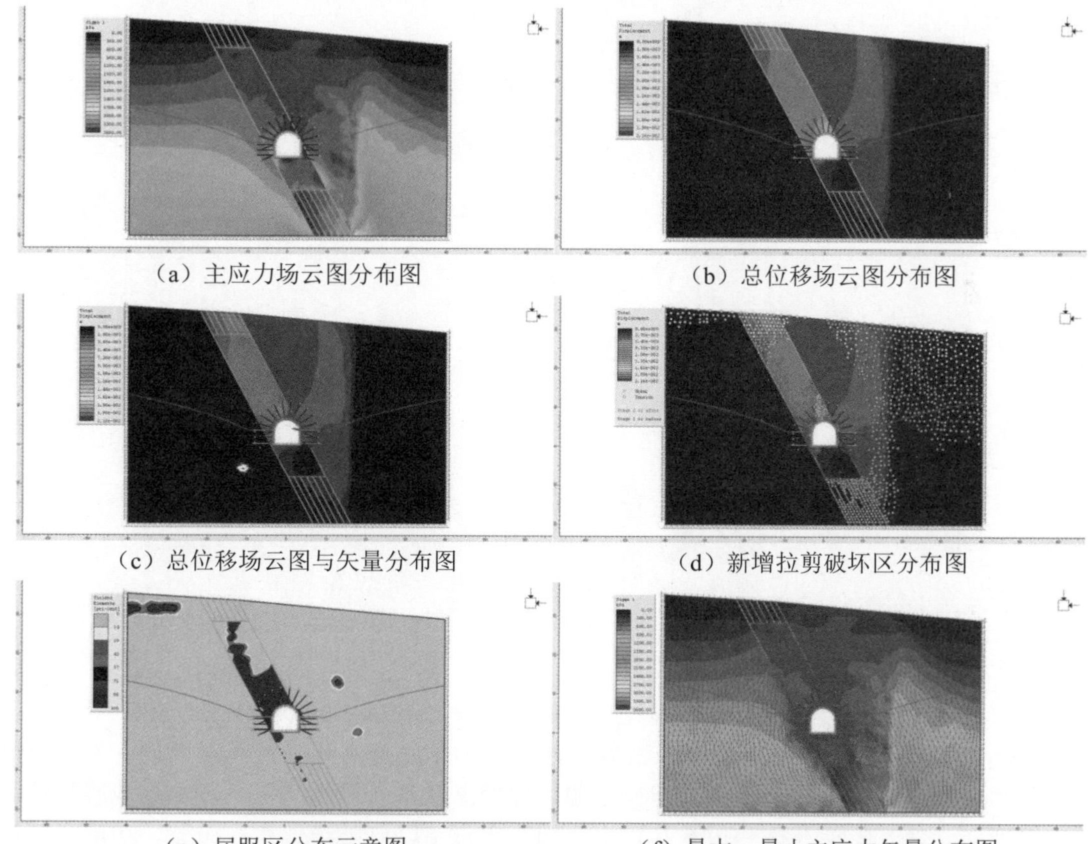

（a）主应力场云图分布图　（b）总位移场云图分布图

（c）总位移场云图与矢量分布图　（d）新增拉剪破坏区分布图

（e）屈服区分布示意图　（f）最大、最小主应力矢量分布图

图 9.35　岗丘地貌倾斜节理裂隙密集带注浆隧道开挖与支护力学特性分析结果图

9.4.3　有限元强度折减稳定性分析

隧道在经过岗丘地貌倾斜节理裂隙密集带注浆加固情况下，对其进行有限元强度折减稳定性分析，位移矢量与剪应变分布、总位移场云图（图 9.36）表明：对节理裂隙进行注浆加固处理，提高了围岩稳定性，隧道围岩整体基本稳定，但局部安全稳定系数为 1.2，安全储备偏小。

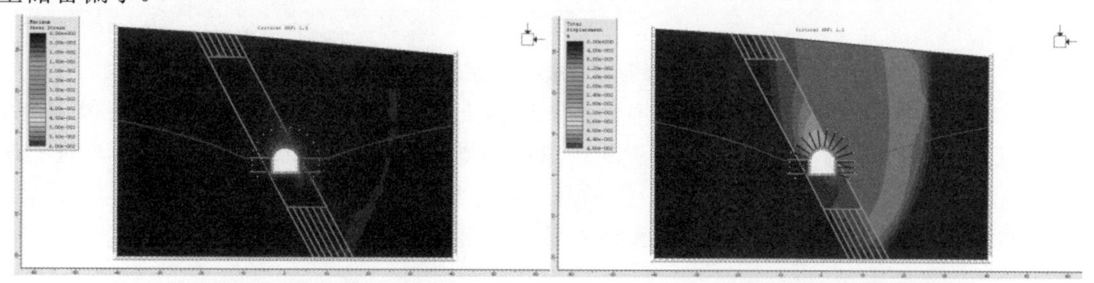

（a）位移矢量与剪应变分布云图　（b）总位移场云图

图 9.36　岗丘地貌倾斜节理裂隙密集带注浆隧道开挖与支护强度折减分析结果图

9.5　冲沟地貌陡倾节理裂隙密集带隧道开挖支护力学特性分析

隧道在掘进过程中，经过地表为冲沟地貌，地层为陡倾斜节理裂隙密集带，在对其进行放水孔排水的情况下进行开挖支护力学特性分析，并进行有限元强度折减进行围岩稳定性分析。

9.5.1 考虑地下水+放水孔情况

冲沟地貌陡倾节理裂隙密集带隧道开挖支护有限元网格划分如图 9.37 所示。

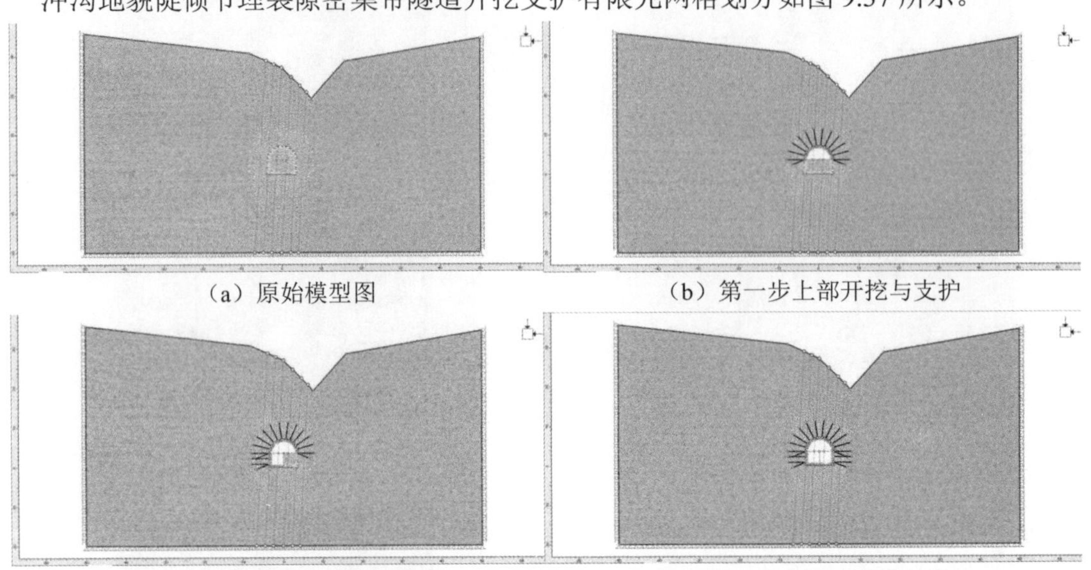

（a）原始模型图　（b）第一步上部开挖与支护

（c）第二步左边墙开挖与支护　（d）第三步右边墙开挖与支护

图 9.37　冲沟地貌陡倾节理裂隙密集带隧道开挖与支护和有限元网格划分示意图

隧道经过岗丘地貌倾斜节理裂隙密集带，注浆加固后分步开挖并及时支护，考虑左侧地下水位 16m，右侧为 22m，在拱脚和边墙底部考虑放水孔排水情况下，水文地质特性如图 9.38 所示。随着隧道开挖和放水孔排水，地下水位下降到隧道放水孔位置，边墙和仰拱有地下水位侵蚀。

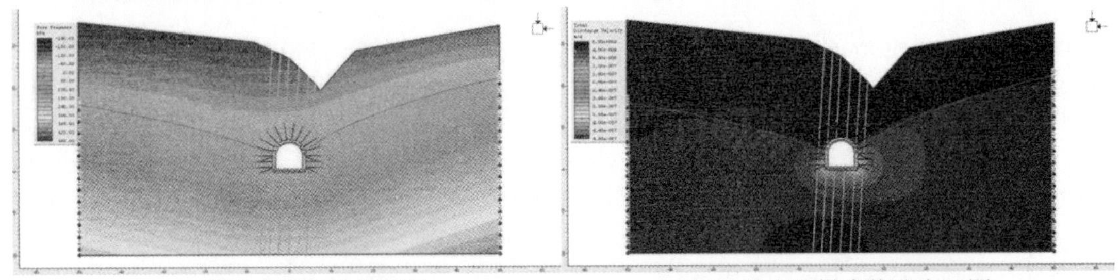

（a）孔隙水压力分布云图　（b）总水压梯度值分布云图

图 9.38 冲沟地貌陡倾节理裂隙密集带隧道开挖与支护水文地质特性图

冲沟地貌陡倾节理裂隙密集带隧道分步开挖与支护力学特性分析结果如图 9.39 所示，主应力在节理裂隙影响下，分布较为紊乱；总位移场和矢量分布受节理裂隙影响，且无法控制，屈服区增大，边墙大约 3.5m，拱顶基本贯穿地表，而新增拉剪破坏区（即松动圈）也得不到有效控制，拱顶、仰拱出现大范围破坏，隧道围岩整体不稳定。

9.5.2 考虑节理裂隙密集带注浆情况

针对隧道经过冲沟地貌陡倾斜节理裂隙密集带，考虑对隧道节理裂隙密集带注浆，施工开挖支护过程见图 9.40，图中梯形区域为注浆体。隧道经过冲沟地貌倾斜节理裂隙密集带注浆开挖支护，在考虑左侧地下水位 16m，右侧为 22m，同时在拱脚和边墙底部考虑放水孔排水情况下，水文地质特性见图 9.41，随着隧道开挖和放水孔排水，地下水位下降到隧道放水孔位置，边墙和仰拱有地下水位侵蚀。

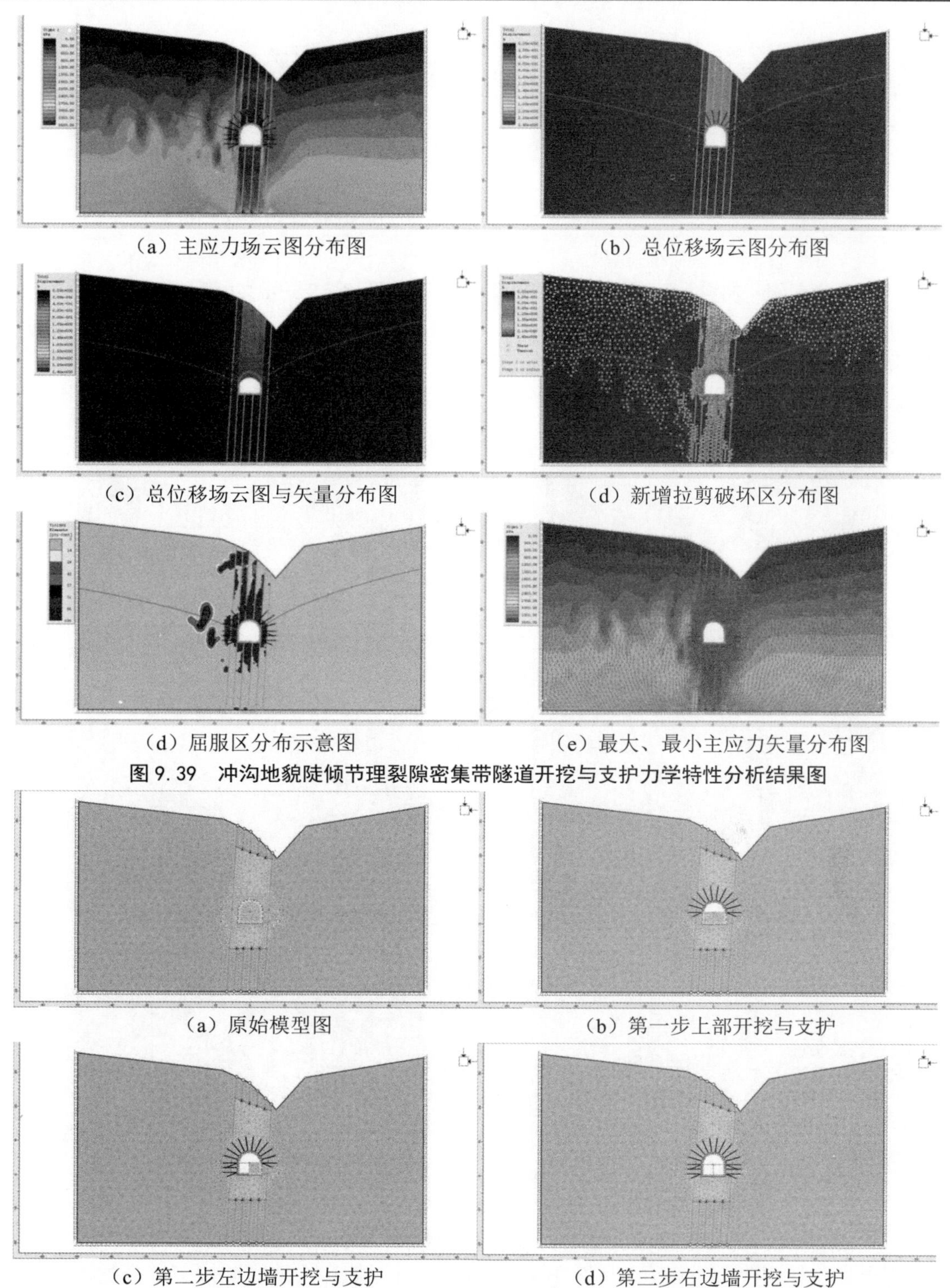

（a）主应力场云图分布图　（b）总位移场云图分布图

（c）总位移场云图与矢量分布图　（d）新增拉剪破坏区分布图

（d）屈服区分布示意图　（e）最大、最小主应力矢量分布图

图 9.39　冲沟地貌陡倾节理裂隙密集带隧道开挖与支护力学特性分析结果图

（a）原始模型图　（b）第一步上部开挖与支护

（c）第二步左边墙开挖与支护　（d）第三步右边墙开挖与支护

图 9.40　冲沟地貌陡倾节理裂隙密集带注浆隧道开挖与支护和有限元网格划分示意图

冲沟地貌倾斜节理裂隙密集带，注浆加固后隧道分步开挖并及时支护，力学特性分析结果见图 9.42。

①主应力总体随埋深分层增大分布，但在节理裂隙和注浆体复杂影响下，分布较为紊乱，但得到了改善。

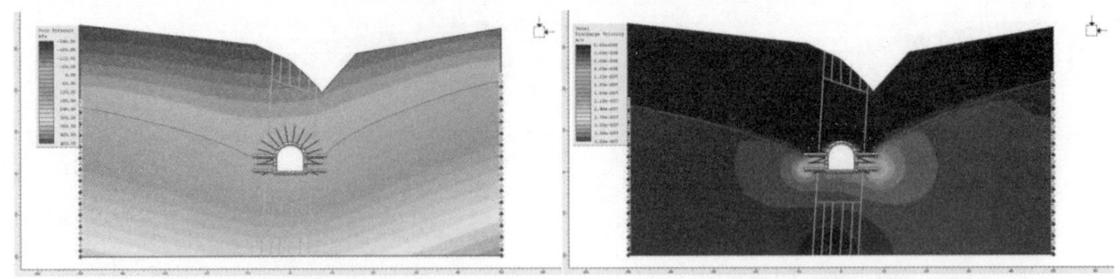

（a）孔隙水压力分布云图　　（b）总水压梯度值分布云图

图 9.41　冲沟地貌陡倾节理裂隙密集带注浆隧道开挖与支护水文地质特性图

②总位移场和矢量分布得以控制，屈服区得到控制，在拱顶、右侧松动范围大约 2.0m，隧道围岩屈服区受节理裂隙影响得到明显改善。

③隧道围岩围岩屈服区、新增拉剪破坏区（即松动圈）得到了有效控制，隧道围岩整体稳定好。

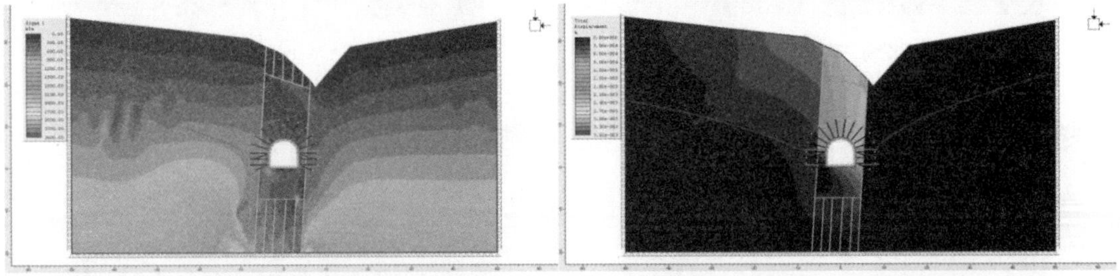

（a）主应力场云图分布图　　（b）总位移场云图分布图

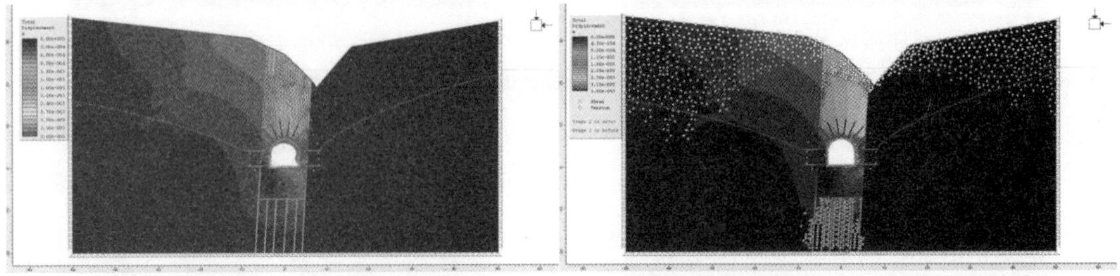

（c）总位移场云图与矢量分布图　　（d）新增拉剪破坏区分布图

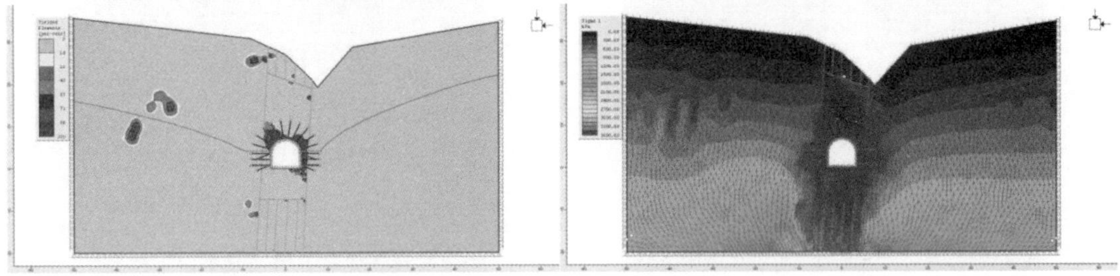

（e）屈服区分布示意图　　（f）最大、最小主应力矢量分布图

图 9.42　冲沟地貌陡倾节理裂隙密集带注浆隧道开挖与支护力学特性分析结果图

基于上述原因分析，结合现场实际，考虑两种可行的冲沟地貌陡倾节理裂隙密集带注浆处理意见：方案（1），穿越节理裂隙破碎带隧洞地表注浆加固+隧洞初衬施工加强支护；方案（2），穿越节理裂隙破碎带隧洞掌子面超前注浆加固+隧洞初衬施工加强支护处理。

通过专门方案比选建议采用方案（1）。穿越节理裂隙破碎带隧洞地表注浆加固范围见图 9.43，封堵与大海相连的冲沟型节理裂隙密集破碎带注浆加固区为 3 号隧洞洞体注浆加固区和 4 号隧洞洞体注浆加固区。

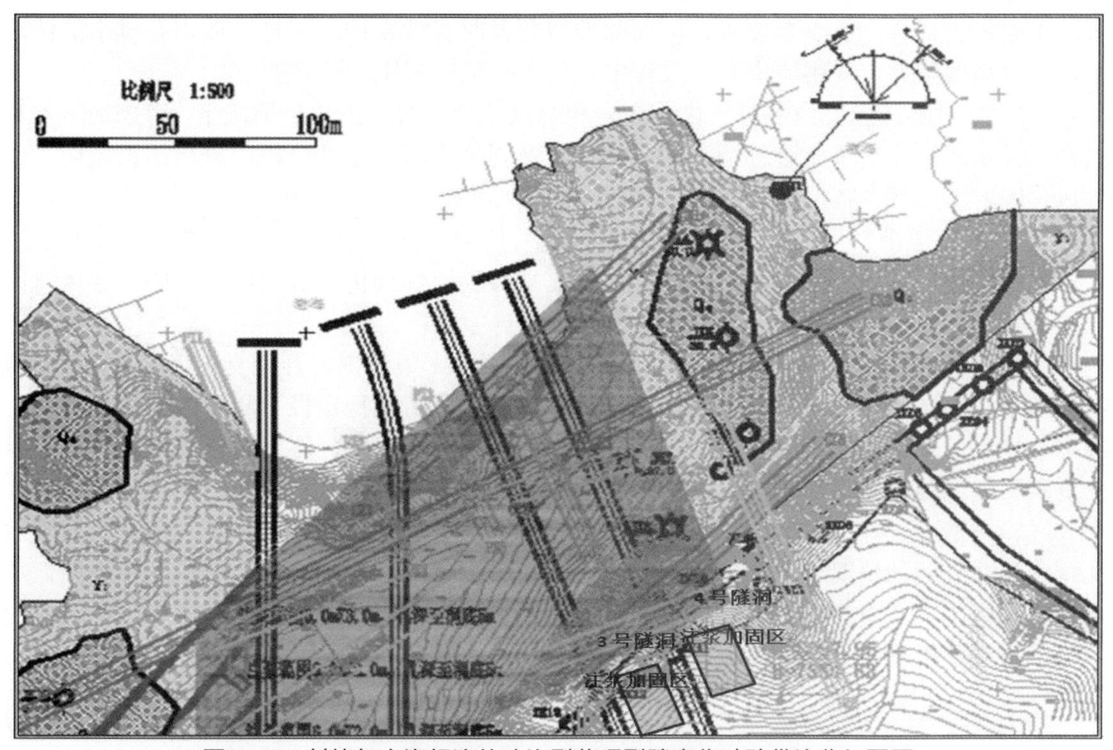

图 9.43 封堵与大海相连的冲沟型节理裂隙密集破碎带注浆加固区

9.5.3 有限元强度折减地表冲沟边坡稳定性分析

冲沟地貌倾斜节理裂隙密集带，注浆加固后隧道分步开挖并及时支护有限元强度折减稳定性分析见图 9.44。位移矢量与剪应变分布、总位移场云图表明：隧道在经过冲沟地貌倾斜节理裂隙密集带情况下，对其注浆加固处理，提高了围岩稳定性，隧道围岩整体基本稳定，冲沟边坡安全系数为 3.0，边坡稳定。

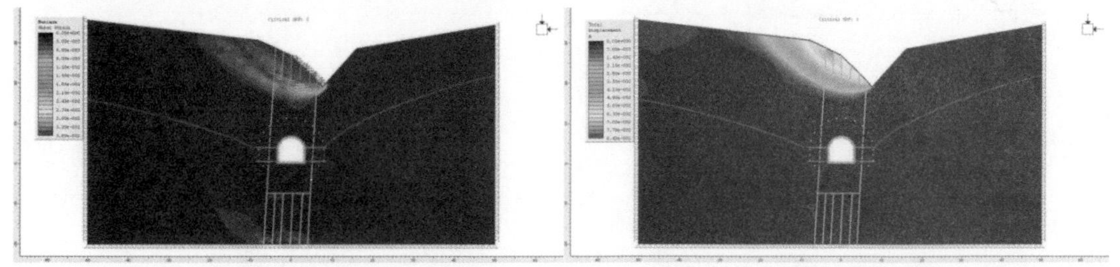

（a）位移矢量与剪应变分布云图　　（b）总位移场云图

图 9.44 冲沟地貌陡倾节理裂隙密集带注浆隧道开挖与支护强度折减分析结果图

9.6 本章小结

针对隧道区不同地貌地形、地质条件，分步开挖并及时支护的施工过程的实际情况，对隧道围岩开挖支护的四种情况进行力学特性分析，小结如下：

（1）对隧道各种开挖支护建立有限元模型，选取材料参数和破坏准则；在围岩为中等风化花岗岩和中等风化片麻岩开挖支护情况下，考虑地下水和放水孔排水两种情况，进行围岩力学特性以及强度折减稳定性分析。分析结果表明，中等风化花岗岩、中等风化片麻岩、强风化花岗岩和强风化片麻岩四种围岩类型，在考虑地下水，不进行支护或支护不及时，不满足设计合施工安全要求，因而需要进行及时有效支护；在考虑放水孔排水的情况下，安全系数增大，说明隧道施工过程中，放水孔疏干减压十分必要。

（2）在对隧道围岩为中等风化花岗岩和强风化片麻岩开挖支护情况下，考虑地下水和放水孔排水两种情况下，进行围岩力学特性以及强度折减稳定性分析。分析结果表明，中等风化围岩情况下，隧道围岩稳定，可以考虑不排水。

（3）在隧道围岩为强风化花岗岩和强风化片麻岩开挖支护情况下，考虑地下水和放水孔排水两种情况，进行围岩力学特性以及强度折减稳定性分析。分析结果表明，强风化围岩情况下，隧道围岩基本稳定，考虑放水孔排水。

（4）在隧道地表为岗丘地貌并经过倾斜节理裂隙密集带围岩开挖支护情况下，考虑放水孔排水和注浆两种情况，进行围岩力学特性以及强度折减稳定性分析。分析结果表明，放水孔排水情况下，隧道围岩不稳定；在考虑注浆加固情况下，隧道整体稳定；强度折减分析表明隧道围岩基本稳定，局部安全系数偏小。

（5）在隧道地表为冲沟并经过陡倾斜节理裂隙密集带围岩开挖支护情况下，考虑放水孔排水和注浆两种情况，进行围岩力学特性以及强度折减稳定性分析。分析结果表明，放水孔排水情况下，隧道围岩不稳定；在考虑注浆加固情况下，隧道围岩基本稳定；冲沟边坡强度折减分析表明安全系数为 3.0，边坡稳定。

第 10 章　隧道施工过程监控量测分析

自奥地利拉布西维兹(Rabcewicz)于 1948 年提出新奥法以来，新奥法已在我国隧道工程中得到了广泛应用。它从岩石力学的观点出发，采用喷锚技术、施工监测等，并与岩石力学理论构成一个体系，形成一种新的工程施工方法。其设计工作在其理论基础的指导下，参考已建工程的设计参数进行初选设计，再通过施工过程对围岩的量测分析来完善设计。因此，量测工作是监视设计、施工是否正确的眼睛，是监视围岩是否安全稳定的手段，它始终伴随着施工的全过程。

10.1　监控量测依据与监测布置

10.1.1　监测方案编制依据

(1) 设计施工图；现场踏勘资料、现有量测设备等；

(2)《锚杆喷射混凝土支护技术规范》(GB50086—2001)；

(3)《公路隧道施工技术规范》(JTGF60—2009)；

(4)《公路隧道设计规范》(JTGD70—2004)；

(5)《建筑变形测量规范》(JGJ8—2007)；

(6)《工程测量规范》(GB50026—2007)；

(7)《锚杆喷射混凝土支护技术规范》(GB50086—2001)。

10.1.2　监测项目

综合 CA-CB-PX 系统隧道工程地质条件、围岩类别、围岩应力分布情况、隧道跨度、埋深、工程性质、开挖方法、支护类型等因素，确定本工程监测项目：洞内观察、周边位移、拱顶下沉、锚杆拉拔力量测。

10.1.2　监测断面、测点布置

（1）周边位移

量测断面的间距与隧道长度、围岩条件、施工方法等多种因素有关。CA-CB-PX 系统隧道周边位移和拱顶下沉每 10m 布设一个监测断面，周边位移和拱顶下沉测点布置情况如如图 10.1 和图 10.2 所示。

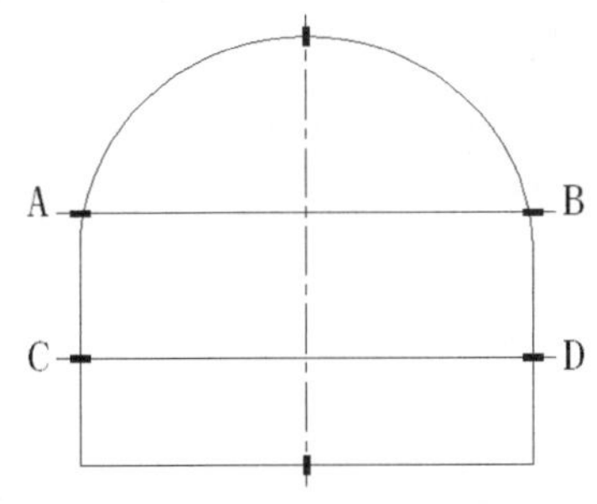

图 10.1　周边收敛测点布设

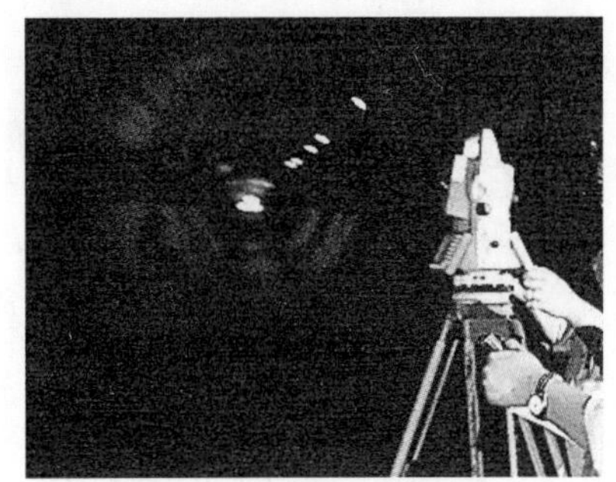

图 10.2　周边收敛测试

（2）拱顶下沉

隧道洞周位移、拱顶下沉监测测点一般应尽量布设在同一断面上。

（3）锚杆拉拔力

锚杆拉拔力量测一般每隔 10～20m 布设一个监测断面，断面不同位置选择代表性锚杆，采用拉拔计进行量测。

10.2 监测数据分析

现场海量监测数据，选取如表 10.1 所列典型围岩地段数据进行分析。

表 10.1 典型监测断面布置

序号	监测内容	断面位置	断面桩号
1	周边位移、拱顶下沉	洞口	K3+040
2	周边位移、拱顶下沉	节理裂隙密集带	K3+120
3	周边位移、拱顶下沉	V类围岩	K1+140
4	锚杆拉拔力	洞体	K1+55～K1+148

10.2.1 洞口段围岩监测数据分析

洞口段围岩选取 3 号隧道 K3+040 断面(20m 明洞)周边位移、拱顶下沉进行分析。拱顶下沉量变化曲线和变化速率如图 10.3 和图 10.4 所示。

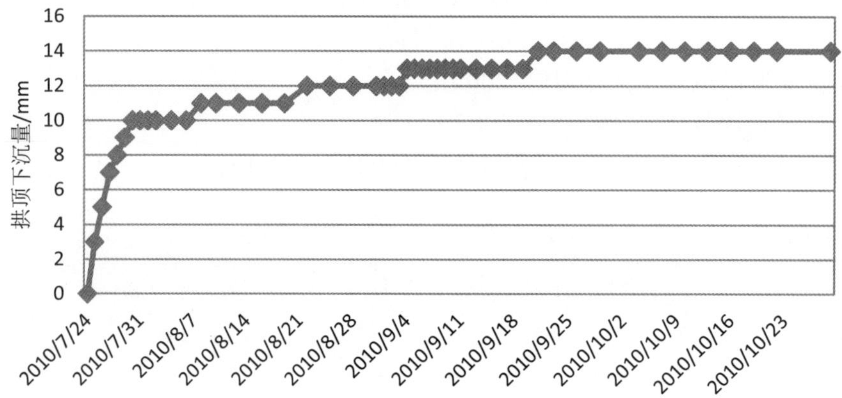

图 10.3 K3+040 拱顶下沉量变化曲线图

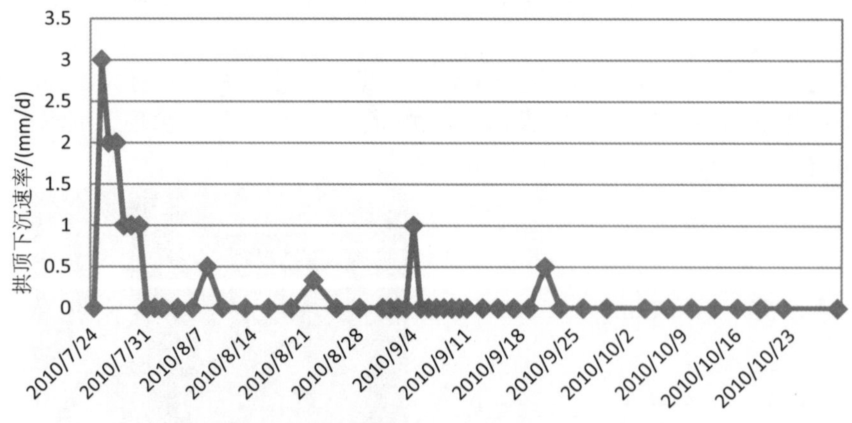

图 10.4 K3+040 拱顶下沉速率变化曲线图

图 10.3 表明，拱顶下沉急剧变化主要发生在开挖后大约 7 天内，总下沉量为 14mm，随后的一个多月变形缓慢，下沉较小，1 个月后基本稳定；图 10.4 表明，拱顶下沉速率在 7 天后不大于 1mm/d。

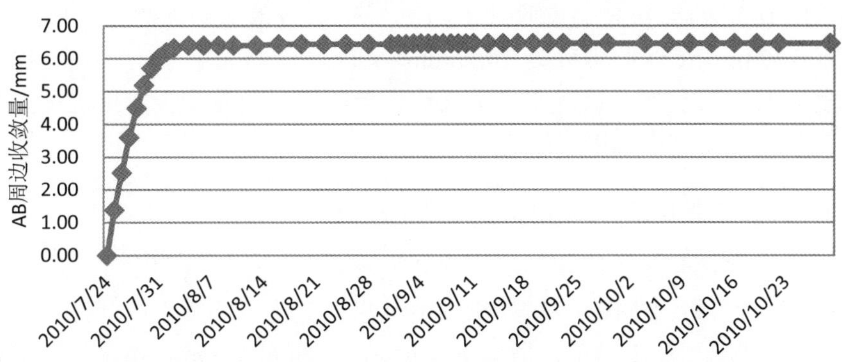

图 10.5　3 号隧道 K3+040(洞口)AB 周边收敛变化曲线图

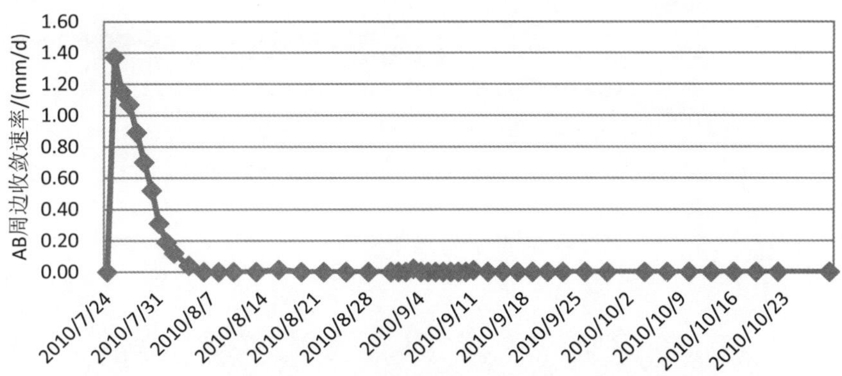

图 10.6　3 隧道 K3+040(洞口)AB 周边收敛速率变化曲线图

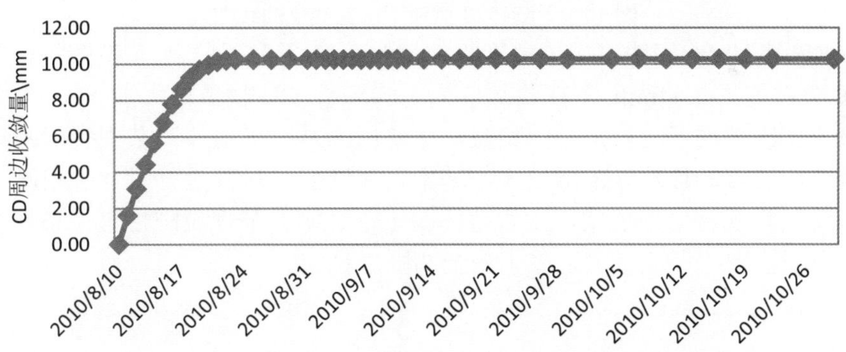

图 10.7　3 号隧道 K3+040(洞口)CD 周边收敛变化曲线图

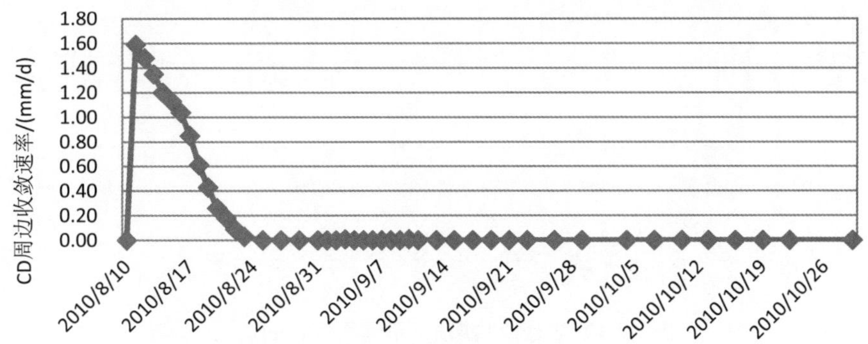

图 10.8　3 隧道 K3+040(洞口)CD 周边收敛速率变化曲线图

图 10.6～图 10.8 表明，周边急剧收敛大约在 7 天内，收敛速率大约在 7 天后小于 1mm/d，AB 收敛值为 6.47mm，CD 收敛值为 10.26mm，CD 收敛略大于 AB，一个月后基本稳定，与拱顶下沉稳定时间长基本一致，变形量大致相当，说明随着掌子面推进远离掌子面的断面围岩位移变化会逐渐减小且围岩稳定。

10.2.2 节理裂隙密集带围岩监测数据分析

本工程 4 条隧道都经过不同规模的节理裂隙密集带，选取 3 号隧道 K3+120 断面周边位移、拱顶下沉进行分析。图 10.9 表明，拱顶下沉急剧变化主要发生在开挖后大约 5 天内，随后一个多月有缓慢变形，1 个半月后基本稳定，总下沉量 15mm，相比其他围岩段拱顶下沉稳定时间较长；图 10.10 表明，拱顶下沉速率在 15 天后不大于 1mm/d。

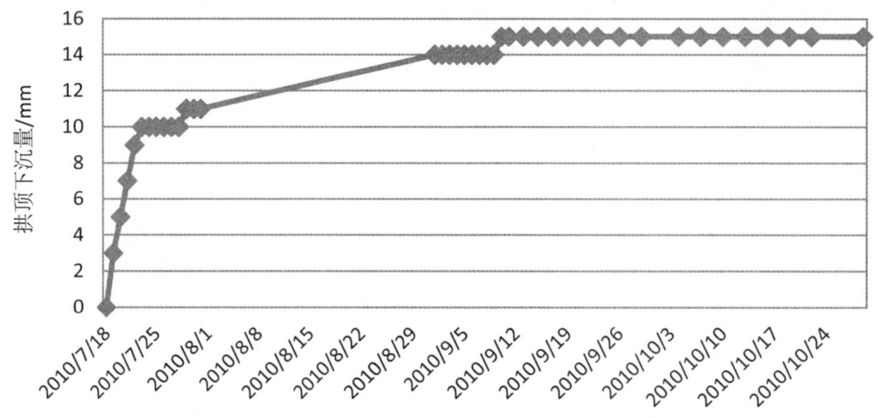

图 10.9 K3+120 拱顶下沉量变化曲线图

图 10.11～图 10.14 表明，周边急剧收敛大约在 7 天内，收敛速率大约在 7 天后小于 1mm/d，AB 收敛值为 7.54mm，CD 收敛值为 8.69mm，CD 收敛略大于 AB，半个月后基本稳定，周边位移比拱顶下沉稳定时间稍短，主要原因是在隧道经过节理裂隙密集带时拱顶围岩较隧道边墙破碎，且破碎范围较大，基本贯穿地表。对其进行了加强观测，观测时间大约 100 天。长期观测结果表明，围岩整体稳定，证明在节理裂隙密集带条件下支护设计合理，施工方法恰当，保证了隧道施工安全和围岩稳定。

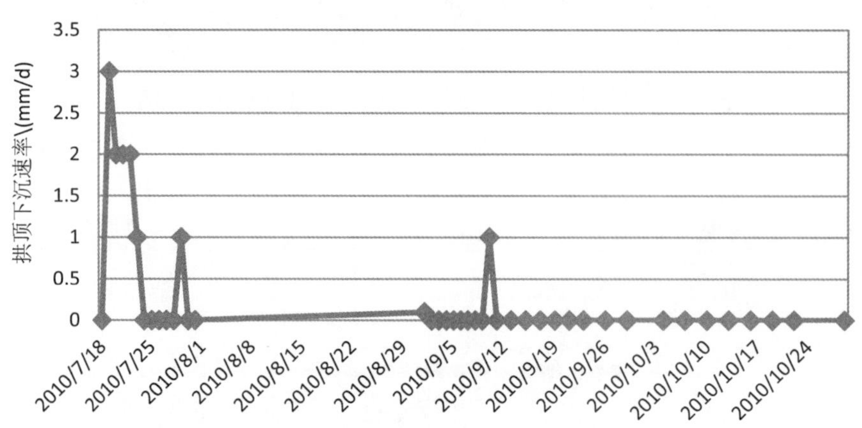

图 10.10 K3+120 拱顶下沉速率变化曲线图

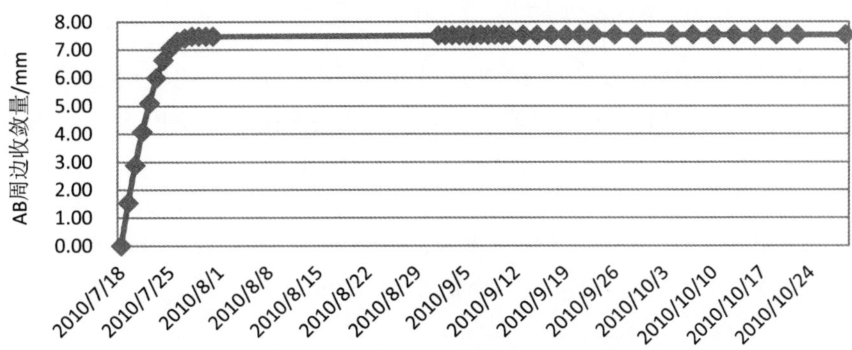

图 10.11　K3+120 AB 周边收敛值变化曲线图

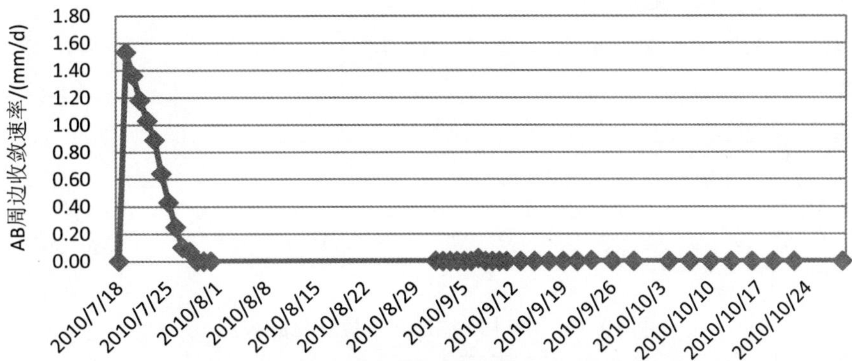

图 10.12　K3+120 AB 周边收敛速率变化曲线图

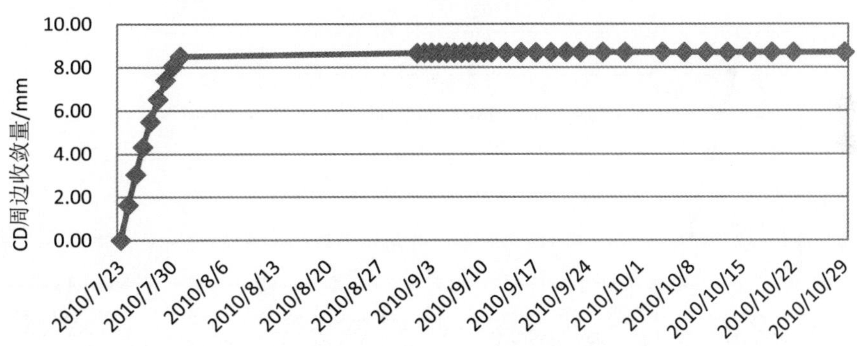

图 10.13　K3+120 CD 周边收敛值变化曲线图

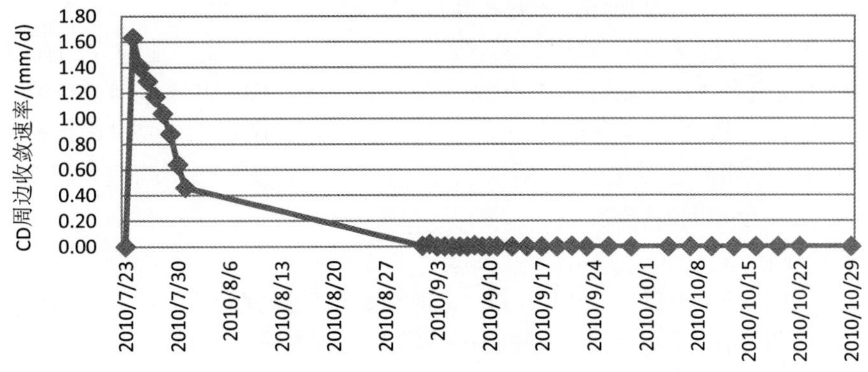

图 10.14　K3+120 AB 周边收敛速率变化曲线图

10.2.3 Ⅴ类围岩监测数据分析

隧道区岩性主要为花岗岩及片麻岩(捕虏体)，花岗岩以强风化花岗岩和中等风化花岗岩为主，片麻岩(捕虏体)以强风化片麻岩为主。选取 1 号隧道 K1+140 断面对周边位移和拱顶下沉进行分析，同时对 K1+055～K1+148 段进行锚杆拉拔力量测。

（1）周边位移和拱顶下沉

图 10.15 表明，拱顶下沉急剧变化主要发生在开挖后大约 5 天内，随后的半个月缓慢变形有较小下沉，1 个月后基本稳定，总下沉量为 10mm。

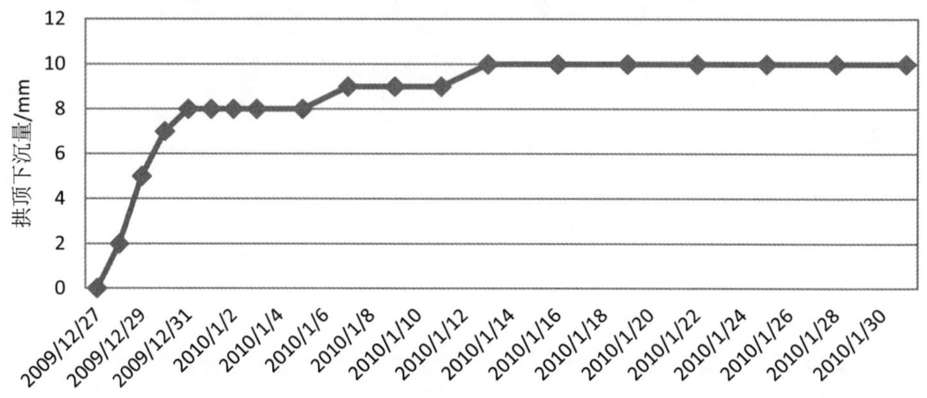

图 10. 15　K1+140 拱顶下沉量变化曲线图

图 10.16 表明，拱顶下沉速率在 5 天后不大于 1mm/d。

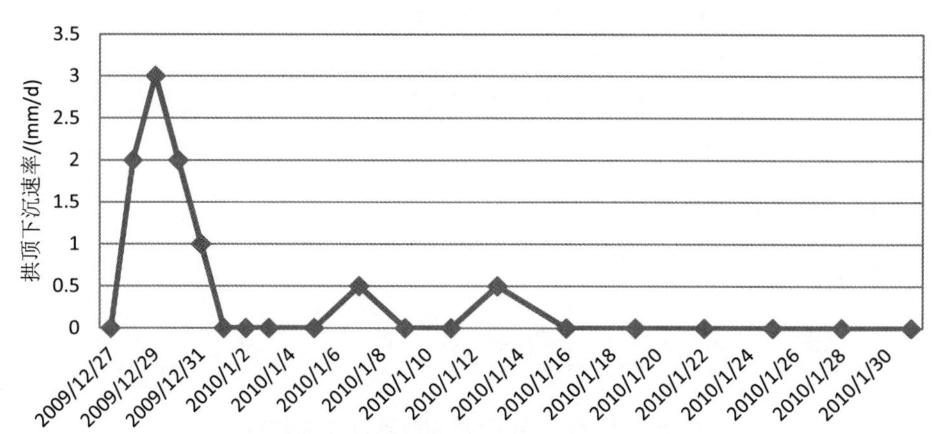

图 10. 16　K1+140 拱顶下沉速率变化曲线图

图 10.17～图 10.20 表明，周边急剧收敛大约在 7 天内，收敛速率大约在 7 天后小于 1mm/d，AB 收敛值为 10.35mm，CD 收敛值为 10.64mm，CD 收敛值与 AB 基本相等，半个月后基本稳定，与拱顶下沉稳定时间基本一致，表明隧道在Ⅴ类围岩设计初期支护作用下，拱顶、拱部和边墙的变形量值基本接近，证明隧道围岩支护设计合理，施工方法恰当，保证了隧道施工安全和围岩稳定。

（2）锚杆拉拔力

图 10.21 表明，K1+055～K1+148 段 10 根初支锚杆在安装 28 天后，锚杆抗拉拔力远大于设计值，说明锚杆安装合理，长度满足要求，充分发挥了锚固作用。

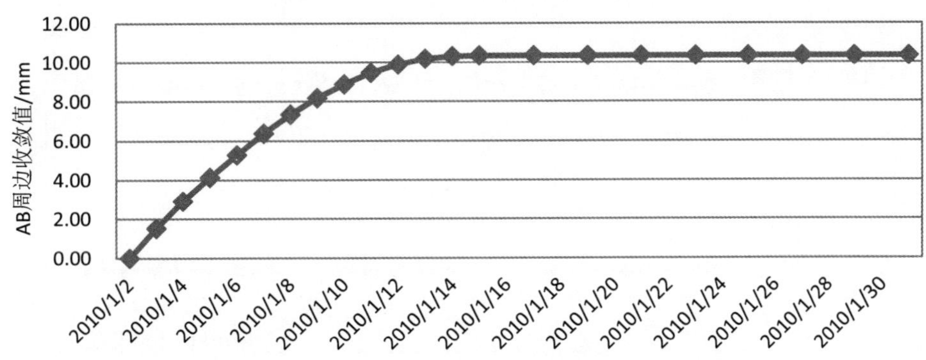

图 10.17　K1+140 AB 周边收敛值变化曲线图

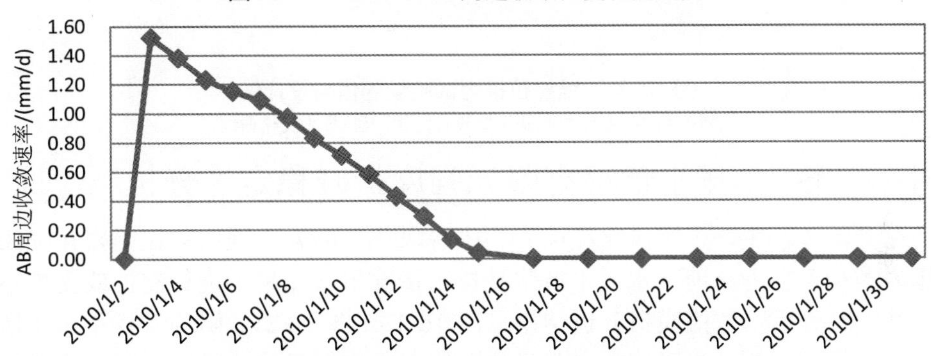

图 10.18　K1+140 AB 周边收敛速率变化曲线图

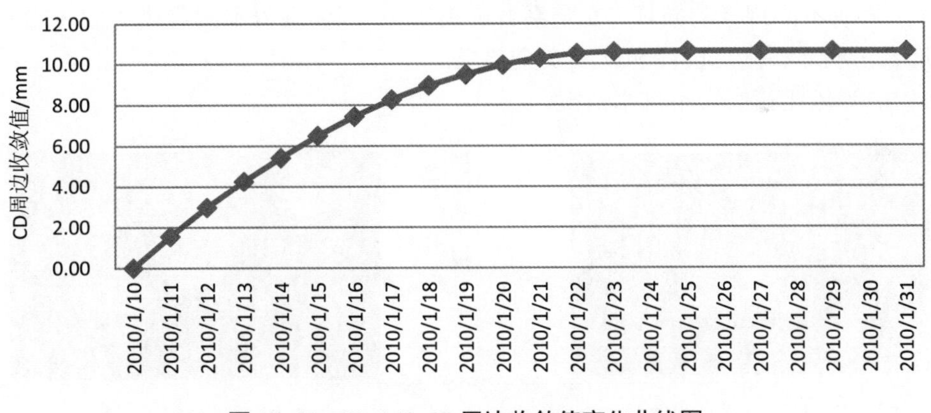

图 10.19　K1+140 CD 周边收敛值变化曲线图

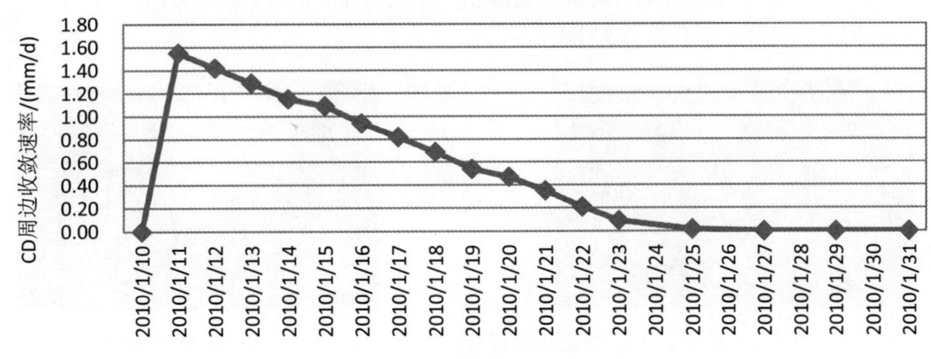

图 10.20　K1+140 CD 周边收敛速率变化曲线图

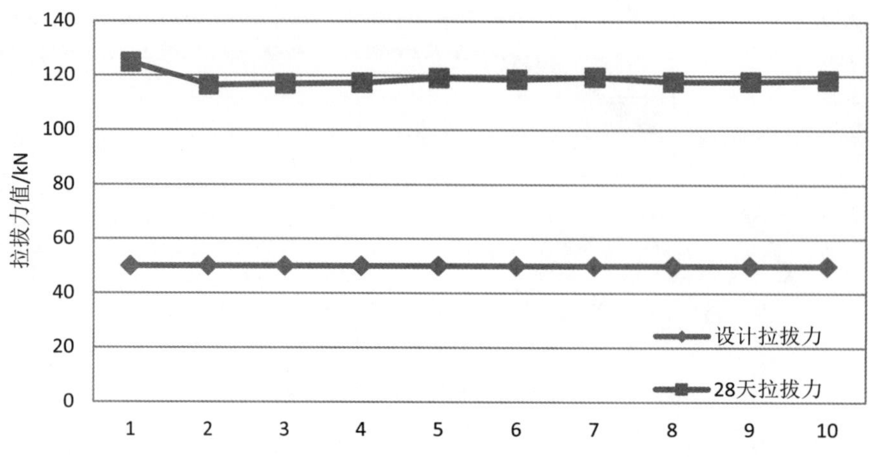

图 10. 21　锚杆拉拔力试验量测值与设计值

(隧道初期支护锚杆抗拔试验设计与 28 天抗拔力变化曲线)

10.3　隧道开挖不排水情况有限元强度折减稳定性分析

隧道在开挖过程中，中等风化花岗岩、中等风化片麻岩、强风化花岗岩和强风化片麻岩四种围岩类型，在考虑地下水但不放水孔排水情况下，如果不进行支护或支护不及时，进行围岩稳定性分析。数值模拟分析结果见图 10.22～图 10.25。隧道开挖不排水情况有限元强度折减稳定性分析结果表明，中等风化花岗岩、中等风化片麻岩、强风化花岗岩和强风化片麻岩四种围岩类型，在考虑地下水但不放水孔排水情况下，如果不支护或支护不及时，洞体围岩有不同规模的破坏，安全系数远小于 1，洞体围岩不同规模的破坏均不同程度影响到地表，明显不满足设计和施工安全要求。

（1）中等风化花岗岩不排水情况

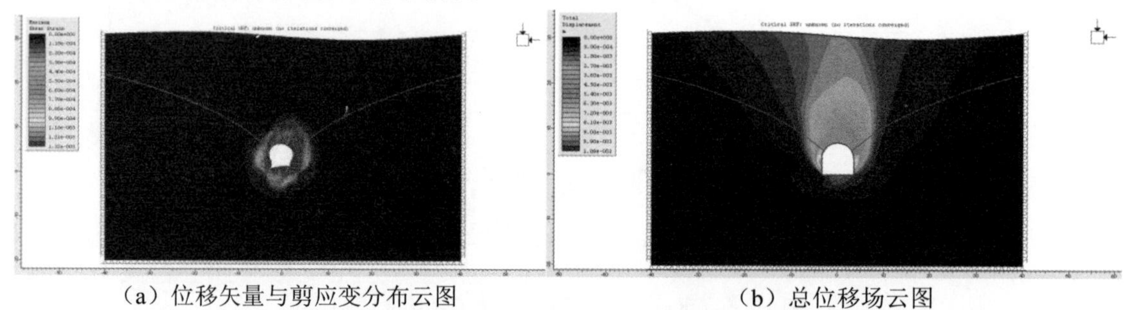

（a）位移矢量与剪应变分布云图　　　　（b）总位移场云图

图 10. 22　中等风化花岗岩隧道开挖围岩强度折减分析结果图

（2）中等风化片麻岩不排水情况

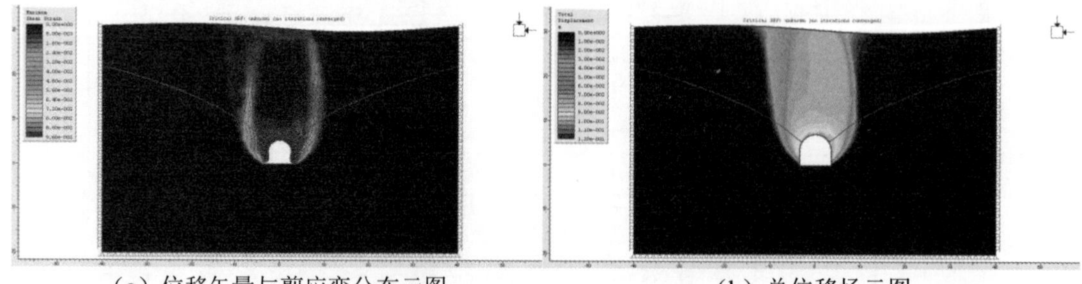

（a）位移矢量与剪应变分布云图　　　　（b）总位移场云图

图 10. 23　中等风化片麻隧道开挖强度折减分析结果图

（3）强风化花岗岩不排水情况

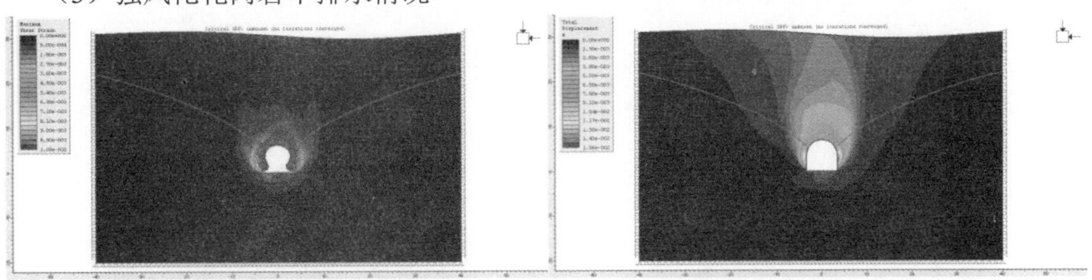

（a）位移矢量与剪应变分布云图　　（b）总位移场云图

图 10.24　强风化花岗岩隧道开挖强度折减分析结果图

(4) 强风化片麻岩不排水情况

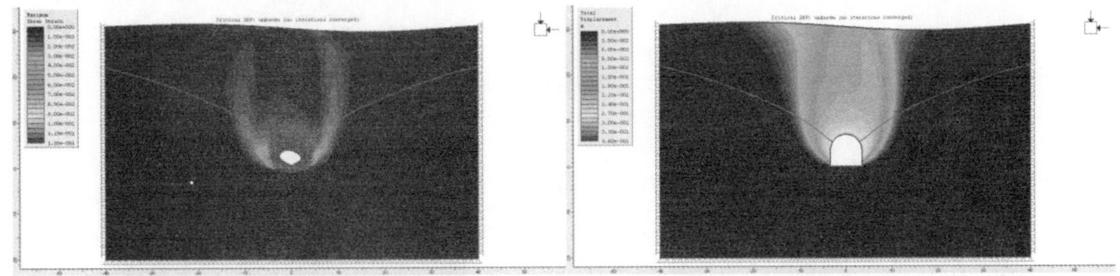

（a）位移矢量与剪应变分布云图　　（b）总位移场云图

图 10.25　强风化片麻岩隧道开挖强度折减分析结果图

10.4　隧道开挖排水情况有限元强度折减稳定性分析

隧道在开挖支护施工过程中，中等风化花岗岩、中等风化片麻岩、强风化花岗岩和强风化片麻岩四种围岩类型，在考虑地下水进行放水孔排水情况下，如果不进行支护或支护不及时，进行围岩稳定性分析，分析结果见图 10.26～图 10.29。

（1）中等风化花岗岩排水情况

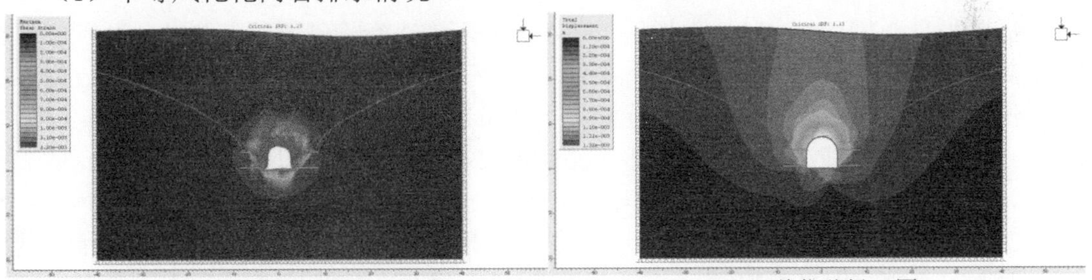

（a）位移矢量与剪应变分布云图　　（b）总位移场云图

图 10.26 中等风化花岗岩隧道开挖围岩强度折减分析结果图

（2）中等风化片麻岩排水情况

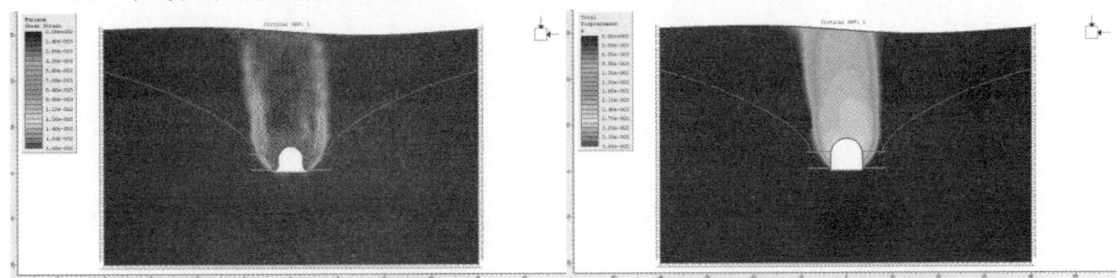

（a）位移矢量与剪应变分布云图　　（b）总位移场云图

图 10.27　中等风化片麻岩隧道开挖围岩强度折减分析结果图

（3）强风化花岗岩排水情况

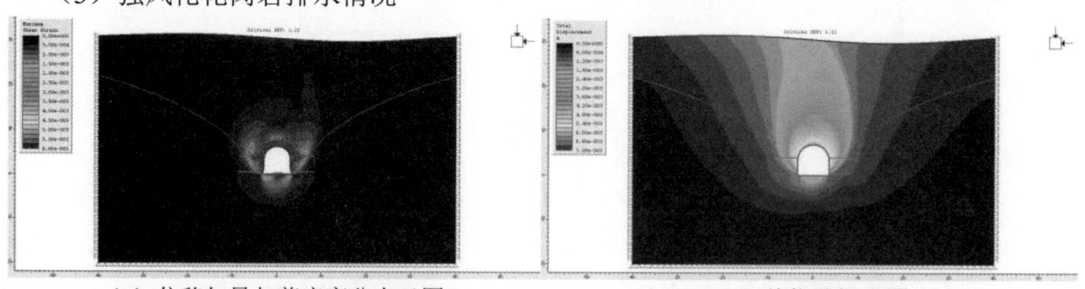

（a）位移矢量与剪应变分布云图　　（b）总位移场云图

图 10.28　强风化花岗岩隧道开挖围岩强度折减分析结果示意图

（4）强风化片麻岩排水情况

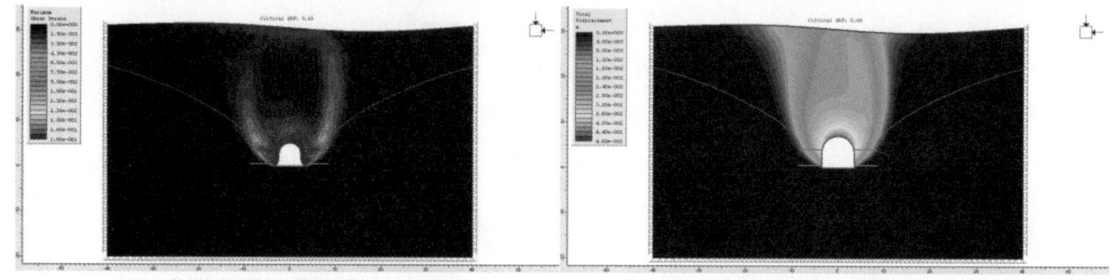

（a）位移矢量与剪应变分布云图　　（b）总位移场云图

图 10.29　强风化片麻岩隧道开挖围岩强度折减分析结果示意图

隧道开挖排水有限元强度折减稳定性分析结果表明，考虑地下水，进行放水孔排水情况下，中等风化花岗岩围岩安全系数为 1.13，中等风化片麻岩围岩安全系数为 1.0，强风化花岗岩围岩安全系数为 1.12，不满足安全储备要求；强风化片麻岩围岩安全系数为 0.69，洞体围岩不同规模的破坏均不同程度影响到地表。

10.5　本章小结

根据监控量测的目的，结合现场施工情况，对隧道进行施工监控量测。通过对大量的现场监测资料进行选取，以洞口段、节理裂隙密集带和类围岩段三种典型断面对周边位移、拱顶下沉和锚杆拉拔力监测数据处理分析，小结如下。

（1）洞口段围岩周边位移与拱顶下沉在初期支护作用下稳定时间基本一致且变形量大致相当，表明支护参数与施工方法合理。

（2）节理裂隙密集带围岩拱顶下沉量略大于周边收敛，且稳定时间稍长于周边收敛，通过加强观测表明，围岩稳定。

（3）V 类围岩围岩周边位移与拱顶下沉在初期支护作用下稳定时间基本一致且变形量基本相等，表明支护参数与施工方法合理。

（4）中等风化花岗岩、中等风化片麻岩、强风化花岗岩和强风化片麻岩四种围岩类型，在考虑地下水，不进行支护或支护不及时的情况下，不满足设计合施工安全要求，因而需要进行及时有效支护；在考虑放水孔排水的情况下，安全系数明显增大，说明隧道施工过程中，放水孔疏干减压十分必要。

（5）监控量测与有限元数值模拟结果比较接近，表明隧道开挖支护参数与施工方法合理，并且验证了围岩松动圈的探测成果。

第 11 章　取水隧洞施工方案与组织

隧道施工主要是根据工程地质及水文地质条件、围岩级别、隧道埋置深度、隧道断面尺寸大小和长度、衬砌类型等进行选择，且应以施工安全为前提，以工程质量为核心，并结合隧道的使用功能、施工技术水平、施工机械装备、工期要求和经济可行性等因素综合考虑、研究选用。采用新奥法施工时，还应考虑施工全过程中的辅助作业方式，对围岩变化进行量测监控的方法，以及隧道穿过特殊地质段时的施工手段等。

11.1　开挖及支护

本工程隧洞直径 5.5m，开挖直径为 6.9m。隧洞开挖可采用掘进机或钻爆法，一般采用钻爆注，并采用光面爆破。隧洞施工采用“新奥法”。“新奥法”的基本原理是通过适当的支护，控制因洞室开挖行程的应力重分布来最大限度地利用围岩的自承能力。一般采用两次支护：一次支护是防护性支护，它是由喷混凝土护面和系统锚杆形成的柔性外层拱，并用完备的观测系统对支护和围岩的性态进行控制；二次支护是混凝土内层拱，在一次支护未达到极限平衡之前，内层拱是部分受力的，它的设置在于提供所需要的安全系数。隧洞处于Ⅳ类围岩和Ⅴ类围岩，需采用锚喷支护为辅助工程措施，即施工安全支护，在内层再作钢筋混凝土衬砌的永久支护。

11.1.1　隧洞洞口段开挖支护

隧洞洞口段为Ⅴ类围岩，岩石风化严重，节理发育破碎，对隧洞开挖的稳定极其不利。为确保施工安全，采用管棚法超前支护施工。管棚长度不小于强风化带长度，并不小于隧洞开挖直径。对于隧洞与取水建筑和 PX 泵房衔接明管段，采用现浇钢筋混凝土管，管周围开挖基坑采用素混凝土回填。管棚施工见图 11.1 和图 11.2。

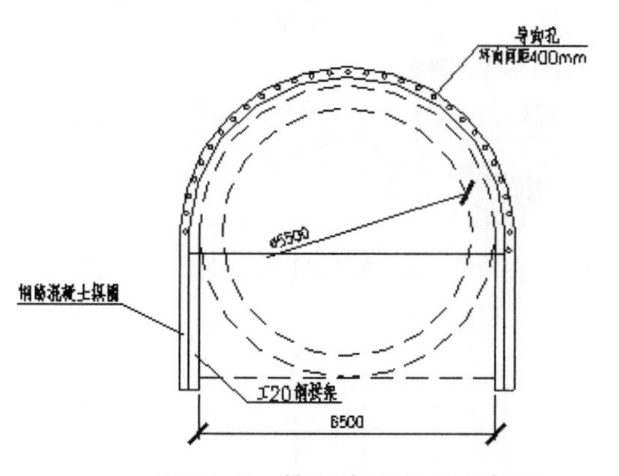

图 11.1　管棚施工立面示意图

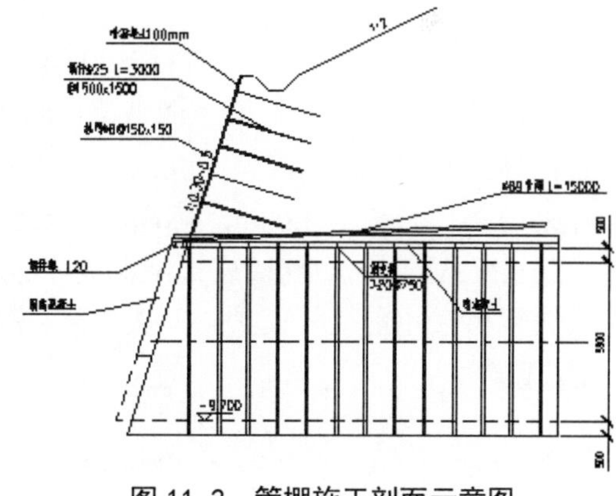

图 11.2　管棚施工剖面示意图

11.1.2　隧洞洞身段开挖支护

隧洞处于中等风化花岗岩及片麻岩的Ⅳ类围岩和强风化花岗岩及片麻岩的Ⅴ类围岩，围岩极不稳定，视岩性可采用相应施工支护，并加强监测，适时调整支护参数。

隧洞支护主要采用锚喷支护方法，锚喷支护一般按工程类比法进行设计，并按《水工隧洞设计规范》进行锚喷支护类型及其参数选用。针对不同岩性，支护方案如下。

（1）Ⅳ类围岩(花岗岩)。隧洞处于中等风化花岗岩的Ⅳ类围岩，施工时可采用钢拱架的锚喷挂网支护。Ⅳ类围岩(花岗岩)支护方案见图 11.3。

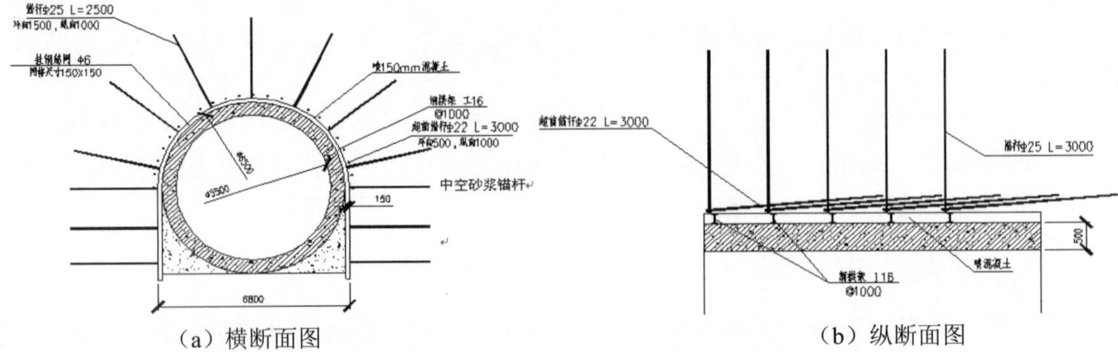

（a）横断面图　　　　（b）纵断面图

图 11.3　Ⅳ类围岩（花岗岩）施工支护示意图

Ⅳ类的花岗岩采用工字钢拱架，间距 1.25m，挂 150mm×150mm 的钢筋网，中空、系统锚杆为 Φ25，环向间距 1.50m，纵向间距 1.00m，长 2.50m，喷混凝土厚 150mm。

（2）Ⅳ类围岩(片麻岩)。隧洞处于中等风化片麻岩的Ⅳ类围岩，施工时可采用钢拱架的锚喷挂网支护，并采用超前锚杆。Ⅳ类围岩(片麻岩)支护方案见图 11.4。

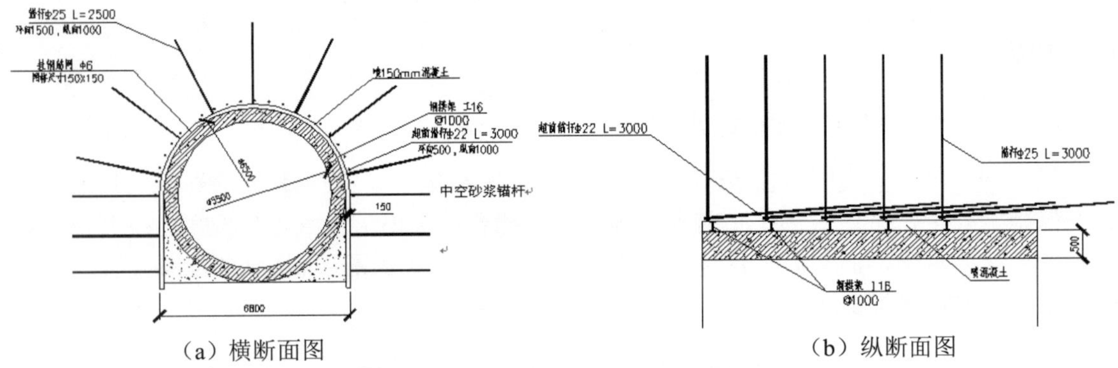

（a）横断面图　　　　（b）纵断面图

图 11.4　Ⅳ类围岩（片麻岩）施工支护示意图

Ⅳ类的片麻岩采用工字钢拱架，间距 1.00m，挂 150mm×150mm 的钢筋网，中空、系统锚杆为 Φ25，环向间距 1.50m，纵向间距 1.00m，长 2.50m，喷混凝土厚 150mm，超前锚杆采用 Φ22，长度 3.00m，环向间距 0.50m，纵向间距 1.00m。

（3）Ⅴ类围岩(花岗岩)。隧洞处于强风化花岗岩的Ⅴ类围岩，施工时可采用锚喷挂网，设置钢拱架超前锚杆支护。Ⅴ类围岩(花岗岩)支护方案见图 11.5。

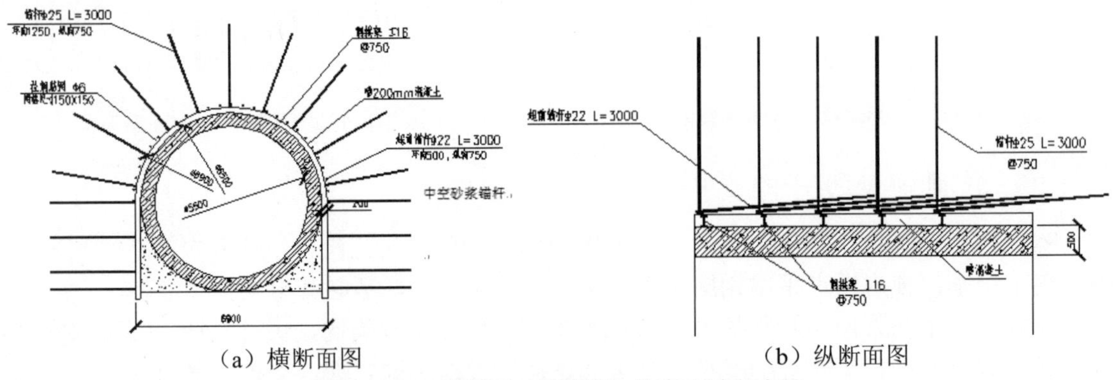

（a）横断面图　　　　（b）纵断面图

图 11.5　Ⅴ类围岩（花岗岩）施工支护示意图

Ⅴ类的花岗岩采用工字钢拱架，间距 0.75m，挂 150mm×150mm 的钢筋网，中空、系统锚杆为 Φ25，环向间距 1.25m，纵向间距 1.00m，长 3.00m，喷混凝土厚 200mm，超前锚杆采用 Φ22，长度 3.00m，环向间距 0.50m，纵向间距 0.75m。

（4）Ⅴ类围岩(片麻岩)及节理密集带。隧洞处于强风化片麻岩的Ⅴ类围岩及节理密集带，施工时可采用锚喷挂网，设置钢拱架超前锚杆支护。Ⅴ类围岩(片麻岩)及节理密集带支护方案见图 11.6。

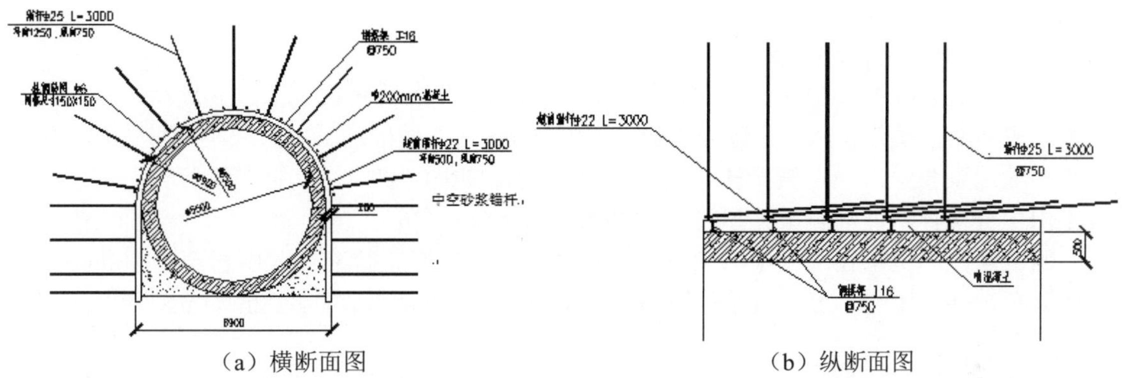

（a）横断面图　　　　（b）纵断面图

图 11.6　Ⅴ类围岩(片麻岩)及节理密集带施工支护示意图

Ⅴ类的片麻岩及节理密集带采用工字钢拱架，间距 0.75m，挂 150mm×150mm 的钢筋网，中空、系统锚杆为 Φ25，环向间距 1.25m，纵向间距 1.00m，长 3.00m，喷混凝土厚 200mm，超前锚杆采用 Φ22（视岩性情况也可采用超前小导管），长度 3.00m，环向间距 0.50m，纵向间距 0.75m。

11.2　出渣与衬砌

11.2.1　隧洞出渣

隧洞开挖爆破的石渣，可采用轨道斗车出渣，也可采用汽车出渣。由于汽车出渣经济、效率高，本工程应首先选用。

（1）轨道斗车出渣。装岩机装斗车，斗车由电瓶车牵引沿轨道运输至洞口，经斜坡道拉至装车平台，由自卸卡车运到堆渣场。隧洞出口处水泵房负挖后若具备有汽车出渣条件时，应首选汽车出渣，否则需采用轨道斗车出渣。

（2）汽车出渣。隧洞开挖爆破的石渣，采用装载机装自卸卡车运到堆渣场。自卸卡车宜选用隧洞专用的双向自卸卡车，或用普通自卸卡车倒车入洞。在洞长相隔约 150m～200m 岩性较好处，开挖错车道，以便装载机装车。隧洞出口水泵房负挖后采用汽车出渣时，如受工期限制，隧洞进尺应大于 150m，以减少爆破对 3 号机 PX 泵房的影响。为此，PX 泵房开挖应保留进水前池及东侧施工斜坡道，作为隧洞施工通道。

11.2.2　隧洞衬砌

隧洞衬砌在隧洞全线开挖施工支护完成后进行，可采用全断面衬砌方案或先底后顶衬砌方案，由于全断面衬砌整体性好，利于抗震，本工程应优先选用。在隧洞与取水建筑物和 PX 泵房连接区段，在隧洞上覆岩层厚度不满足洞挖情况下，采用现浇钢筋混凝土圆管，施工完成后回填毛石混凝土。

（1）全断面衬砌方案

隧洞混凝土衬砌在隧洞开挖好后进行，底部留 1m 厚的渣料作为施工通道，采用清一段浇一段的方法进行施工。隧洞混凝土衬砌采用针梁钢模全断面分块浇筑。模板长度 10m，大梁为长 26m 的装配式钢桁架。待混凝土凝固后，将支腿收起，拆除顶撑丝和顶撑千斤顶，开动驱动装置，带动针梁和支腿向前运行到位，将支腿放下支撑好针梁。脱模后开动驱动装置，带动钢模运行到针梁前段，完成一次使用循环。混凝土由拌合楼拌制，用 4.5m^3 混凝土搅拌车运输，进仓用混凝土泵车。

（2）先底后顶衬砌方案

采用大块模板衬砌台车进行衬砌。隧洞断面水平分上下两层施工，先施工下段再施工上段。隧洞沿轴线分段施工，每分段长度 6.0~10.0m。下部衬砌采用大块模板做内模。采用混凝土输送泵泵送入模，振捣棒振捣。上部结构衬砌采用整体衬砌台车进行衬砌施工，混凝土由拌合楼拌制，混凝土输送泵灌注插入式振捣器振捣。

回填灌浆的范围在顶拱中心角 90°~120°以内，回填灌浆管应伸入围岩至少 100mm。固结灌浆孔应伸入围岩 3000mm。孔径不应小于 50mm。孔距及排距为 2m×3m。

11.3 初期支护设计

11.3.1 平纵断面设计

平面线位设计主要考虑服从总体工程造价；同时还要考虑进，出导水条件，洞址区工程地质条件、营运管理设施所需场地及综合因素(总体初步设计考虑)。纵断面设计在满足规范的前提下，综合考虑了隧洞长度、主要施工方向、通风、排水、洞口位置以及进出口与取水口、PX 泵站衔接等因素。明洞衬砌。取水口洞口段结合地形、地质概况设置了长度不等的明洞，明洞均采用钢筋混凝土结构。洞身段衬砌。洞身段衬砌均按新奥法原理设计和施工，采用复合式衬砌结构，即以锚杆、钢筋网、喷射混凝土和钢架为初期支护，以模筑(钢筋)混凝土作为二次衬砌。初期支护采用喷、锚、网、钢拱架支护，二次衬砌采用钢筋混凝土或素混凝土衬砌。同时，施工时视地层、地质条件增加管棚、小导管、超前锚杆等预加固措施，取水口洞口边坡、PX 泵站基坑边坡(洞口偏压)、节理裂隙密集带地段结合地质条件采取地表注浆、锚索杆挂网喷混、反压回填等工程措施。

衬砌结构隧洞支护及衬砌参数根据《铁路隧洞喷锚构筑法》和《水工隧洞设计规范》的有关原则，以工程类比为主，并通过计算分析进行校核，在施工中还需通过现场量测分析调整设计参数，实现动态设计、信息化施工。各类围岩复合式衬砌支护设计参数见表 11.1。

表 11.1 暗挖隧洞初支设计参数

岩性	C25 喷混凝土	钢筋网规格	Φ25 砂浆锚杆规格	钢拱架规格
Ⅳ-1 级围岩	全环 22cm	Φ6.5@20×20 cm	L=4.0m， Φ25@100×100cm	H16 钢架，纵距 100cm
Ⅳ-2 级围岩	全环 22cm	Φ6.5@20×20 cm	L=4.0m， Φ25@120×120cm	H16 钢架，纵距 120cm
Ⅴ-1 级围岩	全环 24cm	Φ8.0@20×20 cm	L=4.5m， Φ25@75×100cm	H18 钢架，纵距 75cm
Ⅴ-2 级围岩	全环 22cm	Φ8.0@20×20 cm	L=4.5m， Φ25@75×100cm	H16 钢架，纵距 75cm
Ⅴ级洞口段	全环 24cm	Φ8.0@20×20 cm	L=4.5m， Φ25@75×120cm	H18 钢架，纵距 75cm
Ⅳ级错车洞	全环 22cm	Φ6.5@20×20 cm	L=4.0m， Φ25@120×120cm	H16 钢架，纵距 120cm
Ⅴ级错车洞	全环 24cm	Φ8.0@20×20 cm	L=4.5m， Φ25@100×120cm	H16 钢架，纵距 100cm

11.3.2 洞口设计

洞口设计本着“早进洞、晚出洞”的原则，并结合进出口地层、地貌特征、开挖边坡稳定性及洞口排水情况等确定相应的洞口位置(总体初步设计考虑)。洞口开挖边仰坡采用护面墙外，还结合地质条件辅以喷、锚、网等防护措施，最后进行回填或植草绿化。隧洞采用信息化设计和施工，根据施工中监控量测反馈信息，可对上述支护参数进行调整。

在施工开挖时，应尽可能采用弱爆破或光面爆破。在施作初期支护时，根据隧洞软弱围岩稳定时间较短的特点，必须及时施作初期支护，尽早封闭成环，必要时采用喷射混凝土封闭掌子面。锚杆需做拉拔试验，抗拔力不小于 50kN，并根据围岩监控量测结果以观察拱顶下沉和拱脚收敛情况。若变形速率值突然增大，除加强初期支护外，必须立即封闭仰拱。所有系统锚杆均采用了压力中空注浆锚杆，通过压力注浆使未胶结的围岩形成整体和一定厚度的承载圈以提高自身承载能力，最终根据围岩监控量测结果，在初期支护趋于稳定的条件下，全断面模筑二次钢筋混凝土衬砌。

11.4　隧洞围岩分级与评价

鉴于岩体力学问题的复杂性，隧洞结构的工作状态极为复杂，影响因素较多，单凭理论计算还不能完全反映实际情况，因此当前多数隧洞结构工程的设计还依靠工程类比法设计。我国现行的许多规范也把工程类比法设计放在了一个重要位置上。

鉴于核电取排水隧洞安全等级的提高，符合实际的围岩稳定性分级是正确进行隧洞围岩稳定性评价的保证，是确定隧洞设计方案和施工方法的重要依据，更是准确进行隧洞施工地质超前预报的指南。

影响岩体分级的因素很多，主要是岩石(体)的物理力学性质、构造发育情况、承受的荷载(工程荷载和原岩应力)、应力变形状态、几何边界条件、水的赋存状态等。这些因素中，岩体的物理力学性质和构造发育情况是独立于各种工程类型的，反映出了岩体的基本特征。

11.4.1　隧洞岩体基本质量指标(*BQ*)评价

基于隧洞岩体基本质量指标(*BQ*)方法进行评价，岩体基本质量等级划分依据基本质量的定性特征。基本质量的定性特征依据岩体完整性和岩石的坚硬程度，隧洞区岩体的基本质量等级定性划分见表 11.2～表 11.4。

表 11.2　按 *BQ* 值的隧洞基本质量分级

基本质量级别	岩体基本质量的定性特征	岩体基本质量指标(*BQ*)
I	坚硬岩，岩体完整	>550
II	坚硬岩，岩体较完整 较坚硬岩，岩体完整	550~451
III	坚硬岩，岩体较破碎 较坚硬岩或软硬岩互层，岩体较完整 较软岩，岩体完整	450~351
IV	坚硬岩，岩体破碎 较坚硬岩，岩体较破碎～破碎 较软岩或软硬岩互层，以软岩为主， 岩体较完整～较破碎 软岩，岩体完整～较完整	350~251
V	较软岩，岩体破碎 软岩，岩体较破碎—破碎 全部极软岩及全部较破碎岩	≤250

隧洞围岩质量分类评价范围包括隧洞及洞顶以上一倍洞径，分类主要依据围岩的基本质量级别，结合洞顶 1 倍洞径围岩的破碎程度、渗透性及洞顶Ⅵ级围岩的厚度综合评价。隧洞围岩分级为Ⅳ级和Ⅴ级，Ⅳ级围岩自稳时间很短，规模较大的各种变形和破坏随时都可能发生，不稳定；Ⅴ级围岩不能自稳，变形破坏严重，极不稳定。

表 11.3　隧洞基本质量指标

岩石分类	V_{pm}	V_{pr}	K_v	R_c	BQ
④强风化花岗岩	2318		0.12	11	153
⑤中等风化花岗岩	3312	4748	0.49	40	332.5
⑥微风化花岗岩	4100	5195	0.62	93	524
$④_1$强风化片麻岩	2200		0.10	7.5	137.5
$⑤_1$中等风化片麻岩	3000	3949	0.58	26	313

综合分析钻探、测绘及物探资料，隧洞区没有发现明显地由一组软弱结构面起控制作用，影响岩体稳定性，因此可不考虑软弱结构面的影响。

表 11.4　隧洞基本质量等级定性划分

岩 性	④强风化 花岗岩	$④_1$强风化 片麻岩	⑤中等风化 花岗岩	$⑤_1$中等风化 片麻岩	⑥微风化 花岗岩
坚硬程度	软岩~较软岩	软岩	较坚硬岩	较软岩	坚硬岩
完整性	破碎~极破碎	极破碎	破碎~较破碎	较破碎	完整~较破碎
岩体基本质量等级	V	V	Ⅳ	Ⅳ	Ⅱ~Ⅲ

11.4.2　隧洞巴顿岩体质量指标(Q)分级与支护

由于 Q 系统分类法主要侧重于对围岩完整性的考察，即结构面发育情况，同时也考虑到了地下水渗透和地应力的影响，结果通过具体的数值来表示，特别是现场的分类主要是结合上述图表和现场隧洞施工揭露围岩情况来确定每一个参数的值，通过相关公式进行计算得到 Q 值。Q 系统围岩分类与支护综合图(2004)见图 11.7。

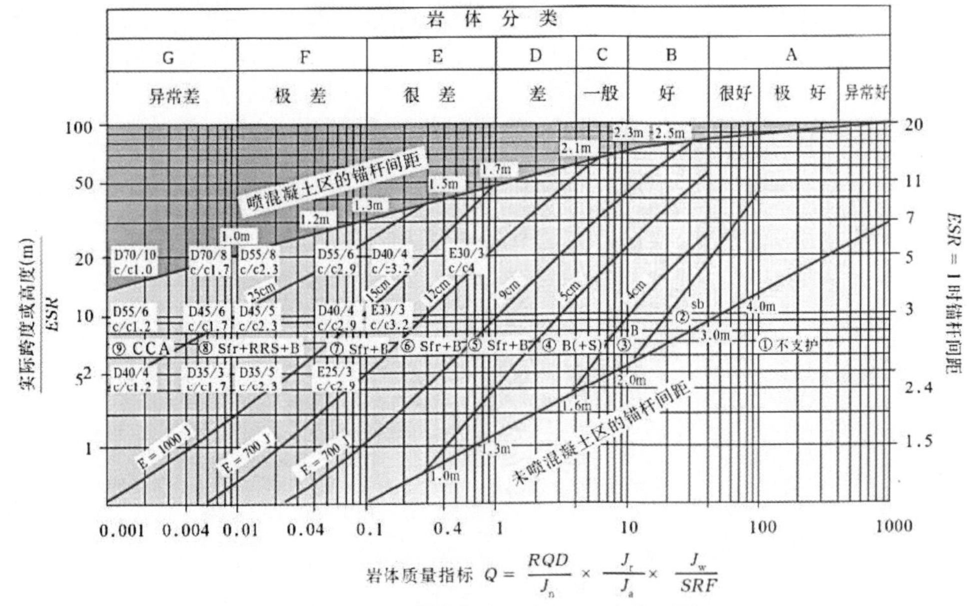

图 11.7　Q 系统围岩分类与支护综合图

结合 CB 取水隧洞地质情况，高、极高地应力岩体基本质量分级见表 11.5。

表 11.5　高、极高地应力隧洞基本质量分级

岩性	岩体分类	$SRF_γ$	Q	岩体分级	锚杆间距/m
④强风化花岗岩	V	10	0.635	很差	1.5
⑤破碎、中等风化片麻岩	Ⅳ	10	0.700	很差	1.5
⑤中等风化花岗岩	Ⅳ	10	0.765	很差	1.6
⑥微风化花岗岩	Ⅱ	10	0.850	很差	1.6
$④_1$强风化片麻岩	V	10	0.600	很差	1.5
$⑤_1$中等风化片麻岩	Ⅳ	10	0.665	很差	1.5

11.4.3　隧洞岩体地质力学指标值(*RMR*)分级

Bieniawski 在分类因素的选取中，通过几次调整，确定了 5 个基本分类参数：①完整岩石材料的强度。②岩石质量指标(*RQD*)。③节理间距，节理间距可以通过勘测线的节理调查来获取。④节理条件，这个参数考虑了节理宽度或开口宽度、连续性、表面粗糙度、节理面的状况(软或硬)以及所含的充填物等因素。⑤地下水状况根据观察到的坑道涌水量、裂隙水压力与岩体主应力之比，或用对地下水条件的某个一般性的定性观测结果，来考虑地下水对开挖体稳定性的影响。隧洞地质力学指标见表 11.6 和表 11.7。

表 11. 6　隧洞地质力学指标值(*RMR*)

岩石分类	岩体完整性评分值	*RQD* 评分值	节理间距评分值	节理条件评分值	地下水评分值	*RMR* 评分值
④强风化花岗岩	1.5	8.0	8.0	9.0	4.0	30.5
⑤破碎、中等风化片麻岩	2.0	8.5	10.0	13.0	4.0	37.5
⑤中等风化花岗岩	4.0	10.0	13.0	21.0	4.0	52.0
⑥微风化花岗岩	7.0	11.0	15.0	25.0	4.0	62.0
④$_1$ 强风化片麻岩	2.0	8.0	6.0	6.0	4.0	26.0
⑤$_1$ 中等风化片麻岩	3.0	9.0	12.0	16.0	4.0	44.0

表 11. 7　*RMR* 分级与自稳时间

岩石分类	*RMR* 评分值	围岩级别及描述		隧洞平均自稳时间
④强风化花岗岩	30.5	Ⅳ	差	1.5m 跨，5 小时
⑤破碎、中等风化片麻岩	37.5	Ⅳ	差	1.5m 跨，5 小时
⑤中等风化花岗岩	52.0	Ⅲ	一般	3.0m 跨，1 星期
⑥微风化花岗岩	62.0	Ⅱ	好	3.0m 跨，6 个月
④$_1$ 强风化片麻岩	26.0	Ⅳ	差	1.5m 跨，5 小时
⑤$_1$ 中等风化片麻岩	44.0	Ⅲ	一般	3.0m 跨，1 星期

11.5　隧洞围岩类别与支护类型

11.5.1　隧洞衬砌支护类型

隧洞支护衬砌有：锚喷衬砌，整体式衬砌，复合式衬砌。锚喷衬砌是一种加固围岩，控制围岩变形，能充分利用和发挥围岩自承能力的支护衬砌形式，具有支护及时，柔性、紧贴围岩、与围岩共同变形等特点，在受力条件上比整体式衬砌优越，对加快施工进度、节约劳动力及原材料、降低工程成本等效果显著，能保证围岩的长期稳定。

（1）锚喷衬砌有：①喷混凝土支护；②喷混凝土+锚杆支护；③喷混凝土+锚杆+钢筋网支护；④喷混凝土+锚杆+钢筋网+钢架支护。

（2）整体式衬砌是被广泛采用的衬砌方式，有长期的工程实践经验，技术成熟，适应多种围岩条件。因此，在隧洞洞口段、浅埋段及围岩条件很差的软弱围岩中采用整体式衬砌较为稳妥可靠。

（3）复合式衬砌是由内，外两层衬砌组合而成，第一层称为初期支护，第二层为二次衬砌，目前核电隧洞已经普遍采用复合式衬砌。

复合式衬砌的初期支护采用喷锚支护，二次衬砌采用模筑混凝土衬砌。其优点是能充分发挥喷锚支护快速、及时与围岩密贴的特点，充分发挥围岩的自承能力，使二次衬砌所受的力减到最小。

11.5.2　隧洞围岩类别与支护类型确定

隧洞围岩基本质量分级 *BQ* 值对应初衬支护类型如表 11.8 所列。

表 11.8　*BQ*与初衬支护类型

基本质量级别	岩体基本质量的定性特征	岩体基本质量指标（*BQ*）	质量指标量化（*BQ*）	对应初衬支护类型
Ⅰ	坚硬岩，岩体完整	>550	>550	Ⅰ支护类型
Ⅱ	坚硬岩，岩体较完整 较坚硬岩，岩体完整	550~451	550~451 450~401	Ⅱ-2 支护类型 Ⅱ-1 支护类型
Ⅲ	坚硬岩，岩体较破碎 较坚硬岩或软硬岩互层，岩体较完整 较软岩，岩体完整	450~351	450~351 400~351	Ⅲ支护类型 Ⅳ-4 支护类型
Ⅳ	坚硬岩，岩体破碎 较坚硬岩，岩体较破碎～破碎 较软岩或软硬岩互层，以软岩为主，岩体较完整～较破碎 软岩，岩体完整～较完整	350~251	350~326 325~301 300~251	Ⅳ-3 支护类型 Ⅳ-2 支护类型 Ⅳ-1 支护类型
Ⅴ	较软岩，岩体破碎 软岩，岩体较破碎—破碎 全部极软岩及全部较破碎岩	250~100	250~201 200~151 150~100	Ⅴ-2 支护类型 Ⅴ-1 支护类型 Ⅴ-1 过渡段支护类型
Ⅵ		≤100	≤100	Ⅵ支护类型

依据有关规范的工程类比进行设计参数确定十分必要。需要指出的是：

（1）这些设计参数推荐值一般都是根据已建隧洞工程的设计参数，经统计和分析研究后确定的。由于各行业围岩分级体系存在一定的差异，隧洞的常规断面尺寸也不一样，因此其提供的支护设计参数可能也有较大不同，具体设计时一定要把握围岩条件、结构条件以及施工条件的类似程度。

（2）对于围岩稳定性较差的常规跨度隧洞，有关支护设计参数表中给出的数值只是供初步设计选用，还需经过监控量测修正；对围岩稳定性中等的大跨度隧洞，表中的支护参数只能作为理论验算中的推荐值，最终设计值还需经过稳定性分析验算以及监控量测修正设计后才能确定。

11.6　隧洞施工组织

隧洞施工采用“新奥法”。“新奥法”的基本原理是通过适当的支护，控制因洞室开挖行程的应力重分布来最大限度地利用围岩的自承能力。

一般采用两次支护。一次支护是防护性支护，它是由喷混凝土护面和系统锚杆形成的柔性外层拱，并用完备的观测系统对支护和围岩的性态进行控制。二次支护是混凝土内层拱，在一次支护未达到极限平衡之前，内层拱是部分受力的，它的设置在于提供所需要的安全系数。新奥法的施工概貌如图 11.8 所示，隧洞施工过程中主要的作业如图 11.9 所示。隧洞处于Ⅳ级围岩和Ⅴ级围岩，采用锚喷支护为辅助工程措施，即施工安全支护，在内层作钢筋混凝土衬砌的永久支护。隧洞施工安全支护按岩性与布置可选用：锚喷支护、锚喷挂网支护、钢拱架超前锚杆支护、小导管注浆支护、管棚支护等方法。

11.6.1　洞口段施工

洞口设计本着“早进洞、晚出洞”的原则。隧洞洞口段为Ⅴ级围岩，岩石风化严重，节理发育破碎，对隧洞开挖的稳定极其不利。为确保施工安全，根据工程类比法，采用管棚法超前支护施工。管棚长度不小于强风化带长度，并不小于隧洞开挖直径。配合超前砂浆锚杆支护，设置于相邻两管棚之间。同时采用工字钢联合支护。初喷混凝土厚度 240mm，二衬混凝土厚度 500mm。对于隧洞与取水建筑和 PX 泵房衔接明管段，采用现浇钢筋混凝土管，管周围开挖基坑采用素混凝土回填。

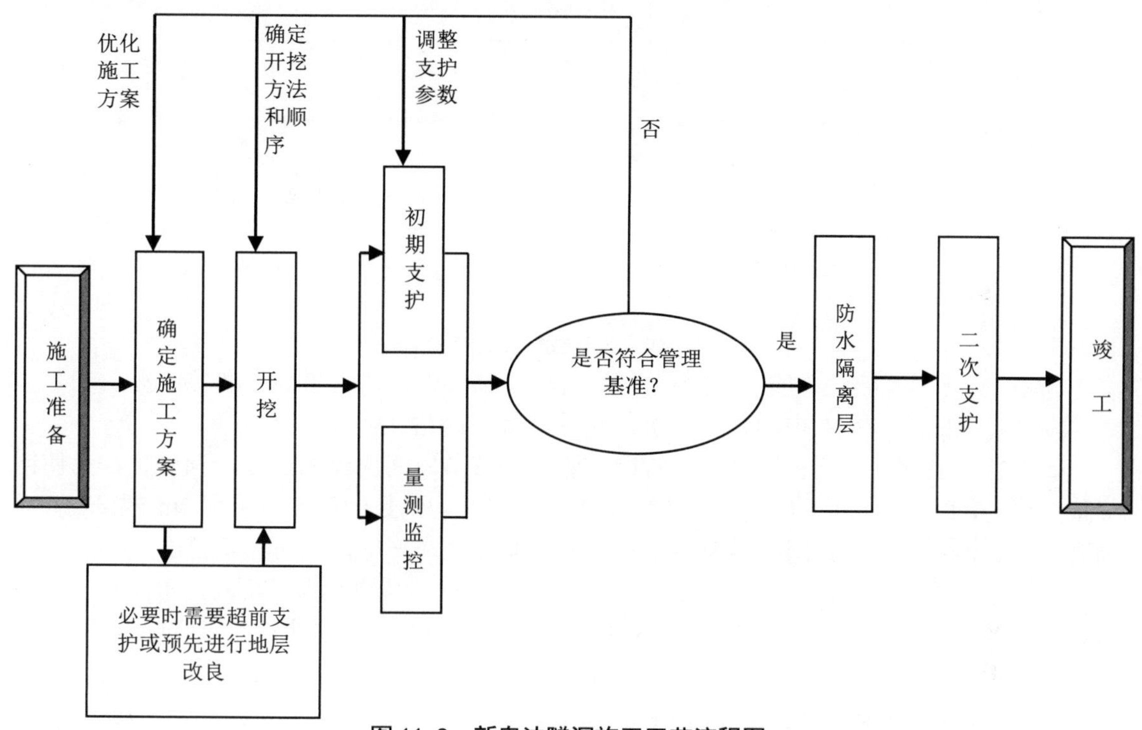

图 11.8　新奥法隧洞施工工艺流程图

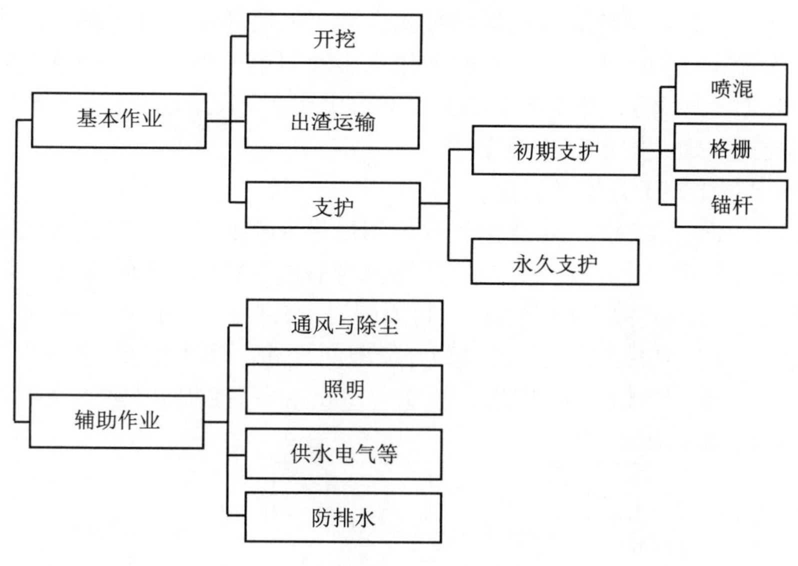

图 11.9　隧洞施工主要作业示意图

（1）超前大管棚支护

洞口加强段采用超前大管棚注浆支护，管棚钢管有两种规格：3m+2m×6 和 2×6m+3m=15m 两种组成。管距环向间距为 40cm，仰角 1°；方向与路线中线平行。施工配备电动锚杆钻机，钻进并顶进长管棚钢管，注浆机注浆。施工工艺流程如图 11.10 所示。

①施作套拱。洞口设置两榀工字钢 I_{18}，间距 75cm，拱架间设纵向连接筋，与工字钢架焊牢。钢支撑上安装 Φ125 钢管，长 15cm 的导向钢管。下管后浇注 50cm 厚的 C30 混凝土包裹钢支撑和导向管。套拱完成后，喷射 20cm 厚的 C30 混凝土封闭周围仰坡面。

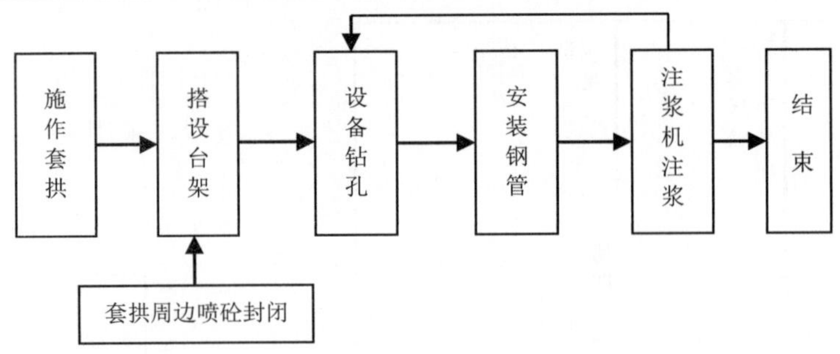

图 11.10 大管棚施工工艺流程

②搭设钻孔平台架。用钢管脚手架搭设台架，铺竹板，搭设牢固，准备钻机。

③钻孔。配备 GP-30 电动锚杆钻机，从导向管向内钻孔。

④安装管棚钢管。用机械顶进大管棚钢管，钢管节段间用丝扣连接，顶进时，为使钢管接头错开，编号为奇数的第一节采用 3m 钢管，编号为偶数的第一节采用 6m 钢管。管棚顶到位后，钢管与导向管间隙用速凝水泥或其它浆液堵塞严密，以防注浆冒出。

⑤采用注浆机注浆。配备 BW-250/50 型注浆泵一台，灌注纯水泥浆液，水泥浆水灰比 1:1，注浆压力 0.5～1.0MPa，终压 2.0MPa。施工过程中，为了防止注浆过程中发生串浆，每钻完一个孔，随即就安设该孔的钢管并注浆，然后再进行下一孔的施工。

（2）台阶法开挖支护

大管棚支护完成后，拱部 150°设置 Φ25 超前锚杆 L=3.5m，环距 0.4m，纵距 0.75m。由于洞口围岩风化严重，不建议采用爆破技术。施工采用超短台阶法施工，冲击锤或单臂掘进机挖掘。作业顺序为：用一台挖掘机开挖上半断面至一个进尺，安设拱部锚杆、钢筋网和钢支撑，拱部喷混；然后开挖下半断面至一个进尺，安设边墙锚杆、钢筋网和钢支撑，边墙喷混；开挖排水沟、安设底部钢支撑。

（3）干喷混凝土施工方法及工艺

干喷是将砂、石、水泥按一定比例干拌均匀后投入喷射机，同时加入速凝剂，用高压空气将混合料压送至喷头，再在该处与高压水混合后以高速喷射到岩面上。其工艺流程见图 11.11。开挖后，立即初喷混凝土支护，封闭围岩，在锚杆、钢筋网、钢架安设完成后及时进行复喷施工。在喷混凝土之前，先检查开挖断面尺寸，清除欠挖、危石和墙脚的岩碴。喷混凝土自下而上一排排喷压，喷嘴离岩面 0.6~1.0m，严格控制水灰比，使喷层表面平整、光滑，无干斑或滑移流淌现象。

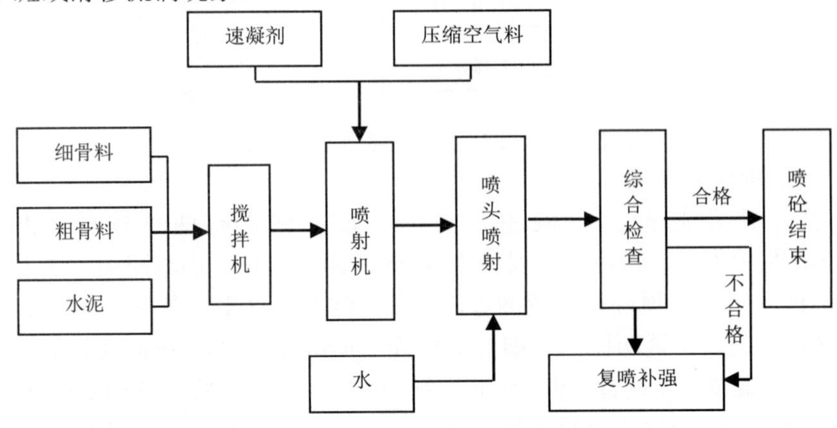

图 11.11 干喷混凝土施工工艺流程

（4）钢拱架施工方法及工艺

初期支护采用工字钢 I_{18} 型钢拱架。施工中，在洞外加工厂用冷弯机按设计分段加工成型，运至洞内安装。各段工字钢架由工字钢、连接板焊接成型，采用螺栓连接。工字钢架在初喷砼后架设，架设完毕后再复喷混凝土。

每榀钢拱架安装时，先准确测量定位，放好控制桩点，保证其安装的精度符合设计轮廓的要求。拱架间按设计要求用纵筋搭接焊牢。钢架拱脚放在牢固的基础上，拱架与围岩应尽量靠近。但应留 2~3cm 间隙作混凝土保护层。当钢拱架和围岩之间的间隙过大时，应喷混凝土补填。钢拱架应垂直隧道中线，上下、左右允许的偏差不超过±5cm，倾斜度不大于 2^0。拱脚标高不足时，设置钢板进行调整，再用混凝土加固基底。工艺流程见图 11.12。

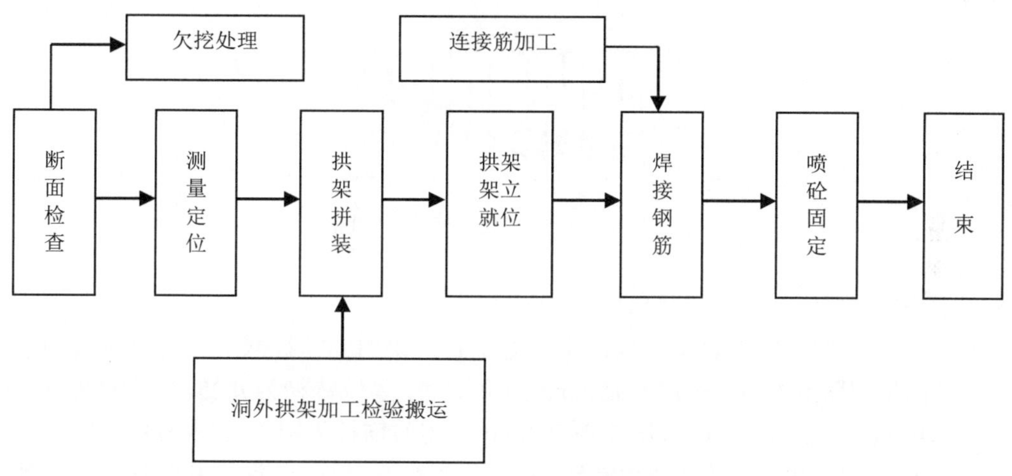

图 11. 12　钢拱架施工工艺流程

11.6.2　洞身段施工

隧洞洞身段处于中等风化花岗岩及片麻岩的Ⅳ级围岩和强风化花岗岩及片麻岩的Ⅴ级围岩，围岩极不稳定，视岩性可采用相应施工支护。并加强监测，适时调整支护参数。隧洞支护主要采用锚喷支护方法，锚喷支护一般按工程类比法进行设计。针对不同岩性，支护方案如下。

11.6.2.1　Ⅳ级围岩开挖支护(花岗岩)

Ⅳ级花岗岩施工时可采用锚喷挂网，设置钢拱架超前锚杆支护。钢拱架间距 0.75m，挂 150mm×150mm 的钢筋网，系统锚杆为 Φ25，环向间距 1.25m，纵向间距 1.00m，长 3.00m，喷混凝土厚 200mm，超前锚杆采用 Φ22，长度 3.00m，环向间距 0.50m，纵向间距 0.75m。

（1）上半断面开挖支护

①采用凿岩台架风钻钻孔。装药爆破，严格控制药量，开挖长度不得大于 1.2m。隧洞开挖爆破的石渣，采用装载机装自卸卡车运到堆渣场。②施工临时支护，掌子面喷 3～5cm 混凝土后，施作钢筋网，再立钢拱架，复喷至设计厚度。喷混凝土及钢拱架施工工艺见图 11.11 和图 11.12。③用风钻钻进超前锚杆孔。人工安装锚杆，注浆泵注浆。锚杆的施工工艺见图 11.13。④喷混凝土封闭。

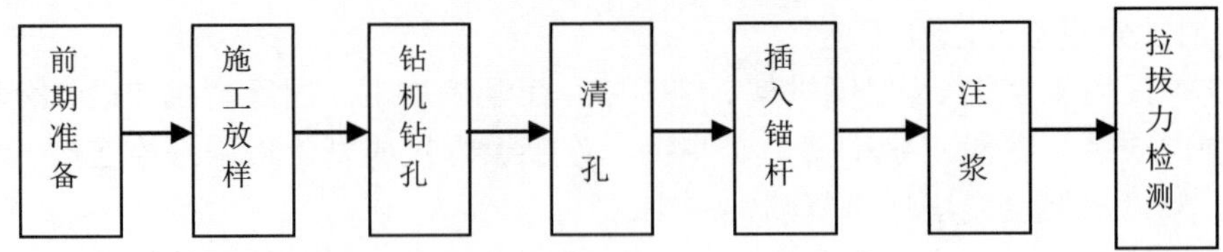

图 11.13　锚杆施工工艺流程

（2）下半断面开挖支护

下半断面爆破开挖与上半断面同时起爆，进尺与上半断面同。由反铲或装载机装碴，自卸汽车运输。开挖后及时施作边墙拱架及仰拱，封闭初期支护。依次循环施工。台阶法的纵向施工布置见图 11.14。

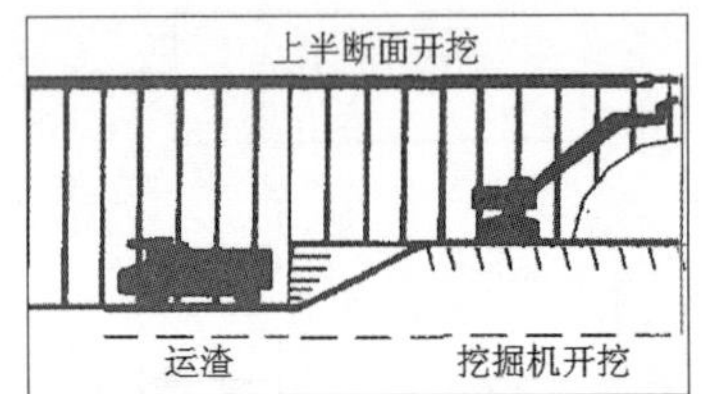

图 11.14　台阶法纵向施工示意图

11.6.2.2　V 级围岩开挖支护(片麻岩)及节理密集带

强风化片麻岩的Ⅴ级围岩及节理密集带施工时可采用锚喷挂网，设置钢拱架和超前锚杆支护。钢拱架间距 0.75m，挂 150×150mm 的钢筋网，系统锚杆为 Φ25，环向间距 1.25m，纵向间距 1.00m，长 3.00m，喷混凝土厚 200mm，超前锚杆采用 Φ22(视岩性情况也可采用超前小导管)，长度 3.00m，环向间距 0.50m，纵向间距 0.75m。片麻岩及节理破碎带地段施工方法同花岗岩地段，由于该地段岩性较花岗岩差，因此需要超前小导管支护。其施工工艺流程见图 11.15。

11.6.2.3　错车道开挖支护

错车道由于加宽断面，断面较大。根据其围岩及荷载情况并结合工程类比，初期支护采用喷混凝土、锚杆、钢筋网、格栅钢架组成支护体系，并辅以超前小导管预支护措施进行辅助施工。工字钢 I_{18} 型钢拱架，@0.75m，挂 Φ8@200mm×200mm 钢筋网；拱部 150°Φ42 小导管 L=3.5m，环纵@0.3×1.5m；拱墙 Φ25 中空砂浆锚杆 L=4.5m，环纵@1.0 ×0.75m；喷射 240mm 厚 C25 混凝土。为防止掌子面坍塌，应喷射 5cm 厚 C25 混凝土进行封闭。

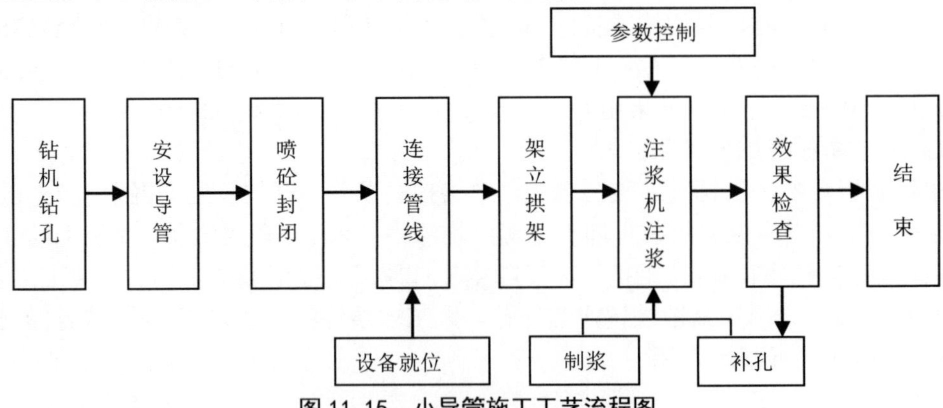

图 11.15　小导管施工工艺流程图

11.6.3　初衬高强度喷混凝土技术

本节就高强度喷射混凝土在取水隧洞工程中的应用展开研究。

11.6.3.1　隧洞无爆破快速掘进施工方法

隧洞洞口段岩石风化严重，节理发育破碎，对隧洞开挖的稳定极其不利。因此，在施工开挖时，应尽可能采用人工液压破碎锤施工。在施作初期支护时，根据其洞室软弱围岩稳定时间较短的特点，必须及时施作初期支护，尽早封闭成环。液压破碎锤开挖在一定程度上保证了隧洞的安全稳定，但是将浪费大量的人力、物力，也将大大延长施工期限，无法得到最佳经济效益。另外，在隧洞开挖——支护的施工循环中，钢支撑的架设所占用的时间比例是比较大的。因此，针对取水隧洞工程特点，为了实现隧洞的高速施工，提出采用单臂掘进机开挖隧洞、喷射高强度混凝土支护的方案。世界上一些国家采用用高强度喷混凝土、取消钢支撑的支护体系的开发和试验，获得初步成果[53]。新开发的初期高强喷混凝土 10min 的强度为 3N/mm^2，能有效地缩短开挖循环的作业时间，并且能提高施工的安全性。高强度喷混凝土的技术特征有：超低龄强度，10min 达 3N/mm^2 以上，使围岩早期稳定，从而能够进行大断面开挖；和易性及黏性好，回弹和粉尘少；获得的混凝土耐久性高；可采用既有的施工系统。

11.6.3.2　隧洞开挖概况

隧洞高速掘进采用取消钢支撑的支护体系，缩短作业时间；开发大型施工机械，缩短作业时间；采用平行作业，节省作业时间。隧洞施工按平行作业进行机械编组和开挖，即：分开左侧半断面和右侧半断面，一侧用单臂掘进机开挖，另一侧用装渣机连续出渣。图 11.16 为隧洞开挖顺序图。

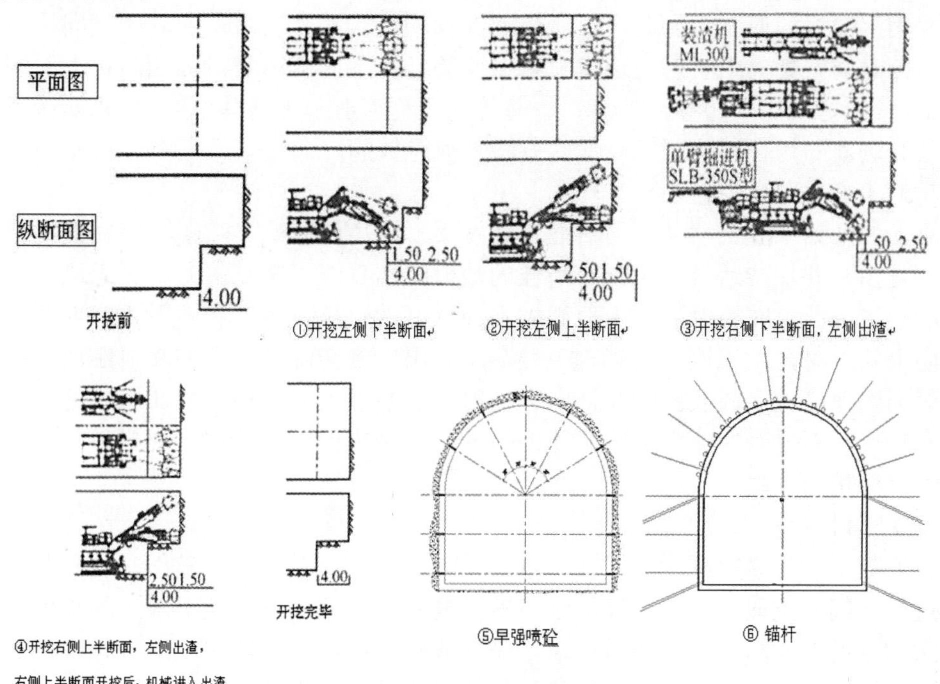

图 11.16　隧洞台阶开挖顺序图

11.6.3.3 喷混施工作业

喷混凝土施工应根据施工计划进行，如何进行喷混凝土的施工作业，是确保喷混凝土性能和质量的关键。喷混凝土施工作业包括，喷射面的事前处理、喷射作业的基本原则、喷射过程中的控制以及喷射施工性能的确认等。

（1）喷射面的处理

在不能确保喷混凝土与围岩附着良好的场合，喷混凝土品质的劣化不仅会发生浮石和喷混凝土的剥落，对掌子面的作业人员也有一定的危险，因此对开挖面要进行喷射前处理。

①开挖面清扫

开挖面可能有浮石，并附着黏土，以及开挖时的粉尘。在喷混施工时如不进行处理，很难保证与围岩的附着，还会在喷混凝土和围岩间产生空隙，也不能充分发挥支护的功能。因此喷射前要用压缩空气和水冲洗，除去黏土、浮石等。

②开挖面涌水处理

开挖面有涌水时，会降低喷混凝土的附着性，造成喷混凝土流失以及硬化后背后水压的增加等，严重者会导致喷混凝土品质降低和开裂、剥离。为此，有涌水的场合，要设置排水管和排水过滤材等进行排水处理。此外，在寒冷地区的洞口附近施工的场合，要注意不让喷射面冻结。

③确保开挖面平顺

若开挖喷射面凹凸不平，喷混回弹也大。喷混表面极端凹凸的场合，二次衬砌背后易产生空隙，也不能确保衬砌厚度，容易造成衬砌开裂。因此确保开挖后的喷混表面应平顺，不要产生极端的凹凸，以减少喷混凝土量。

（2）喷混作业

喷射作业的步骤，首先是从左右的侧壁脚部开始喷射，到 0.5～1.0m 高度前，从下向上喷射，并确保喷射的厚度。为此，要避免回弹物的混入。其次是从左右侧壁向拱顶方向进行喷射。此时向一处集中喷射会造成喷射过厚的混凝土剥落和喷射面凹凸扩大。因此，根据围岩条件，最好采用一边移动喷嘴一边薄薄地反复喷射来确保其厚度。特别是围岩脆弱，喷混凝土会剥落的场合，薄层反复喷射方法是很有效的。

①喷射角度与距离控制

混凝土的回弹率受到喷嘴与喷射面角度及喷射距离的影响，喷嘴与喷射面的角度，宜经常保持直角，并保持适当的距离。最佳的喷射距离受混凝土喷射量、压送压力、喷射面状况的影响。因此，在喷射作业中要根据回弹状况调整喷射角度和喷射距离使回弹最小。特别是向上喷射时，由于重力的影响，混凝土吐出速度会降低，即使喷射距离一定，材料冲击喷射面的速度也会降低。因此，向上喷射时的最佳喷射距离，要比水平方向喷射的场合小些。喷嘴与喷射面的距离大致在 1.0～1.5m， 填充凹部的喷射，要靠近一些；而修整壁面的喷射要稍远一些。

②一次喷射厚度

喷射混凝土一次喷射厚度，标准值是 5～10cm，超过后要分层喷射。特别是拱顶，一次喷射过厚会因自重而剥落，从经济性、安全性考虑都应避免，喷混凝土的喷射作业，是一项非常细致的作业。上述的喷射要点，是一般的原则，在具体的喷射过程中，还要根据实际的地质情况、隧洞构造，初期支护的构成以及过去的工程实际等，有针对性地灵活处理。

③钢拱架设置点的喷射

喷射钢支撑位置时，要尽量把钢架和围岩间的空隙填满，务必使钢架与围岩成为一体。为了使钢架与围岩成为一体，喷射时要尽可能地在钢架背后不留有空隙，仔细喷射。特别是钢架相互联系的构件背后和钢架的脚部，要格外注意。

钢支撑处的喷射如图 11.17 所示，从钢支撑背后进行，充填完成后再向围岩上喷射。

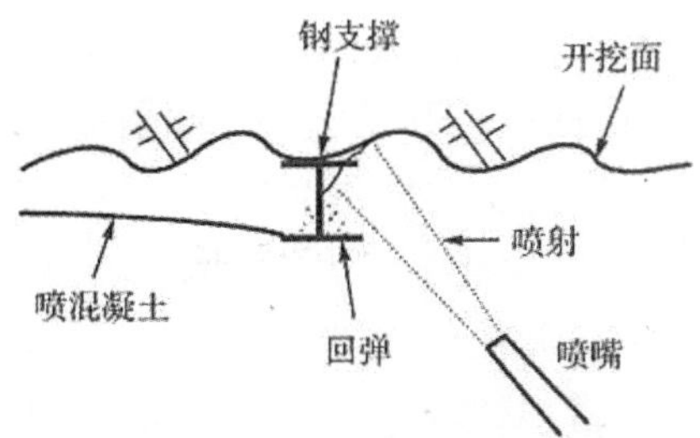

图 11.17　钢支撑处喷射

喷射时因容易留下空隙，喷嘴要尽可能接近支撑，喷嘴的角度要与围岩保持锐角进行喷射；有金属网的场合，喷混凝土与围岩附着前先附着在金属网上，会有空隙残留，特别是在拱顶附近。因此要把金属网固定好，再进行喷射；钢支撑易在翼缘和腹板间产生空隙，按图 11.18 所示的步骤向围岩喷射前，先对腹板喷射。同时要注意把前次喷射时残留在腹板的混凝土凿除，以确保紧密地填充。

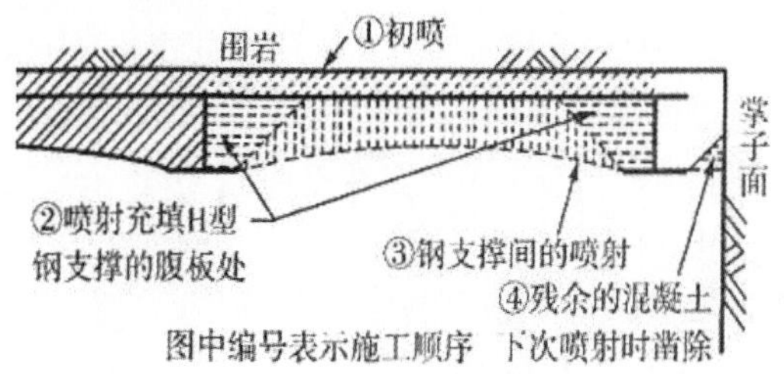

图 11.18　钢支撑周边喷射的施工步骤

④涌水点的喷射

喷混凝土施工上最大的影响质量的因素是涌水，在大量涌水的场合，要进行涌水处理的排水和止水作业。在一般涌水的场合，干喷时降低 W/C 的浆液，涌水被吸收后慢慢地增加喷嘴处的水量；在大范围涌水处和节理面涌水处，要设置排水板、排水钻孔和盲沟，采用止水、排水相结合的办法，使喷射作业几乎在无水状态下进行，确保喷混凝土的质量。

⑤节理破碎带的喷射

在破碎带中，荷载比较大，或者发生很大的变形，同时断面内会出现局部偏压。因围岩劣化要求早期被覆和支护。采用纤维喷混凝土可以增加支护的韧性，减少破碎带处岩块剥落的危险性。在交叉部因发生应力集中，可采用高强度喷混凝土和纤维喷混凝土进行补强。因此考虑隧道的稳定、作业的安全，最好使喷混凝土高强度化和采用纤维补强的构造。

此外，一般的破碎带都伴有涌水。这种条件下，对喷混凝土的要求是：对应大荷载和偏压，喷混凝土的抗压强度、弯曲强度要大；在破碎带中抑制松弛的扩大是极为重要的，因此增加初期刚性、控制初期位移是有效果的，为此，可采用高强度喷混凝土及纤维喷混凝土；对于涌水，紧密地与开挖壁面附着非常重要。为了确保附着力，应采用增加水泥用量和速凝剂量，变更配比的喷射方法。大量涌水的场合，要事前进行导水处理。

11.7 本章小结

（1）本章从隧洞群所处的地质环境出发，深入开展了隧洞开挖及支护、隧洞出渣与衬砌、隧洞初支设计、隧洞施工围岩分级与支护、隧洞施工组织研究。

（2）对隧洞不同围岩情况下各种施工方案进行了探讨，对初支设计参数进行优化设计和合理选择。

（3）在论述新奥法基本原理的基础上，针对取水隧洞群的实际情况，对隧洞施工工艺提出了改良措施。提出了采用单臂掘进机开挖隧洞、喷射高强度混凝土支护的方案以实现隧洞的快速施工。

第 12 章　结论与展望

在基于构造地应力影响的隧道开挖支护力学特性研究的基础上，以辽宁红沿河核电站隧道为依托工程，利用有限元软件，进行了关于构造地应力对隧道围岩影响开挖支护的数值模拟，根据模型试验的相似理论，进行了关于构造地应力对隧道围岩影响开挖支护的模型试验，用于辅助设计施工，来降低隧道施工的风险和加快隧道施工的进度。

对红沿河核电站取水隧洞钻爆法施工过程中爆破振动作用与稳定性影响展开深入研究。爆破振动是伴随爆破施工过程不可避免的负面效应，通过爆破地震波与地下隧洞之间的相互作用分析，可以预测和控制地下隧洞围岩和结构因爆破引起的整体式和局部破坏，以保障地下结构围岩的稳定性以及地下工程施工过程的安全。

12.1　主要研究结论

研究的主要结论如下：

（1）通过利用数值模拟不同构造地应力场下隧道围岩的位移应变分布图的对比，得出隧道顶部的位移随着侧压系数的增大而逐渐减小。但围岩竖向的扰动区是随着 λ 增大而扩大的。边墙的位移对侧压系数非常敏感，过大的侧压系数会造成洞壁过度的位移，引起洞壁的大幅收缩，影响隧道围岩的稳定，造成围岩失稳。顶部剪应力应变随着侧压系数的增大逐渐变大。隧道底部的剪应力应变也随着侧压系数的增大逐渐变大，明显看出侧压系数从 λ=2 变到 λ=3 时，剪应力应变变化最大。边墙的基本拉应变随着侧压系数的增大而增大。

（2）利用有限元软件进行了构造地应力影响下的隧道围岩开挖支护的稳定性数值模拟分析，通过不同构造地应力下隧道围岩的最大主应力和最小主应力分布图的对比，得出在不同应力场隧道开挖后，随着围岩侧压力系数的逐渐增大，应力集中的极大值也随之增大，最大应力值的出现位置也发生着变化。

（3）通过毛洞与及时初支的隧道围岩的位移、应力分布图的对比，由于隧道开挖后及时做了初衬，及时初衬的围岩应力松弛的范围和强度都明显的减小了，但总体特征并未发生大的变化。及时初衬的围岩的应力极大值略有减小，强风化的花岗岩拱顶处的降福较大。应力集中区略有变化，变化不大。

（4）依据模型试验，通过不同侧压系数的隧道围岩的模型破坏试验，侧压力系数 λ<1 时，裂缝最先出现起拱线附近，隧道两侧出现“楔形破裂体”并向洞内移动，造成支护层发生剪切破坏。当侧压力系数 λ=1 时，裂缝最先出现拱顶和隧道底部，而围岩的变形较均匀，各处的破坏范围大致相同，各处的破坏范围大体相当，当侧压力系数 λ>1 时，围岩的破坏最早是拱顶和边墙墙脚开始的。通过模型试验的结果与有限元分析的结果的相互验证，模型试验的结果和有限元分析的结果很相似，不同侧压力系数影响隧道塑性区边界，地应力对隧道起到至关重要的作用，侧压力系数 λ<1，塑性区主要出现在隧道左右边墙处；侧压力系数 λ>1，构造应力场是造成隧道破坏的主要因素，水平方向受到较大应力，塑性区主要出现在隧道顶部和底部。模型试验的破坏区的分布和有限元分析的塑性区分布很相似，模型试验的结果从一个侧面验证了有限元分析的结果的正确性。对比模型试验和数值分析，它们的分布规律是一致的。

（5）在总结分析了爆破振动对邻近隧洞影响的评估计算方法和判别标准的基础上，爆破振动对邻近隧洞的破坏主要是以体波为主，判别爆破振动作用下邻近隧洞的安全性，除用质点振动速度作为主要的安全判别根据外，还应考虑爆破振动持续时间影响对地下隧洞的累积破坏作用和对隧洞围岩衬砌最大主应力的影响。

(6)采用三维动力有限差分软件，模拟了隧洞钻爆开挖引起的本隧洞围岩的动力响应，比较了在炮孔起爆引起的隧洞围岩不同部位动力响应之间的差异，结果表明近区隧洞侧帮振速的影响最大；结合混凝土喷层的允许振速，得到了混凝土喷层距离开挖掌子面的安全距离，计算表明数值模拟可以作为实际工程的一种参考。 通过研究分析爆破动荷载对地下隧洞稳定性的影响，发现爆破动载作用下使隧洞周围围岩发生应力重分布，隧洞破坏的可能性也随之增加。继而根据影响程度提出隧洞爆破施工优化方案，通过采用钢纤维喷射混凝土作为初期支护简化施工程序，缩减工期。

（7）应用 FLAC^{3D} 计算软件，对隧洞爆破开挖对邻近隧洞的影响进行模拟，研究了隧洞动力开挖对邻近隧洞的影响，得出了隧洞围岩的应力、位移和振动速度的分布情况。动力开挖使邻近隧洞围岩发生应力重分布，最大应力有向迎爆一侧转移的趋势，对迎爆侧产生不利影响。不同围岩类型下 3 号、4 号隧洞开挖爆破对 1 号、2 号隧洞运行影响的验算。得出不同岩性条件下的安全振速均满足《爆破安全规程》中关于振动速度的规定，故各类围岩的隧洞爆破均满足要求。

（8）通过文献查阅分析了隧道围岩松动圈发生、发展机理和范围影响因素，根据围岩松动特征，对比围岩松动范围探测方法，选取探地雷达技术用于探测隧道围岩松动范围，提出了探地雷达探测围岩松动范围的波相识别方法：隧道开挖后，其围岩在高应力作用下发生了松动、破碎，电磁波从衬砌表面向围岩深处传播过程中，遇到破碎的围岩会产生相对杂乱的反射回波信号，围岩破碎区同相对完整的弹塑性区交界面将造成雷达波的强反射，波幅骤增，之后迅速恢复正常变化规律；又由于强反射造成透射波能量很小，很快消失殆尽，据此追踪电磁波同相轴的连续性，即可确定围岩松动范围。

（9）结合 CA-CB-PX 系统隧道工程，利用探地雷达探测技术针对不同围岩段进行测试，统计了不同围岩松动圈的厚度，同时利用传统的超声波测试技术测试隧道围岩松动圈，认证了探地雷达探测结果；并进行了对比分析：洞体、错车洞围岩松动圈影响范围 1.5～2.5m，符合设计要求；紧邻 CA 取水口隧道节理裂隙密集围岩松动圈影响范围 1.5～3.0m，符合设计调整要求；隧道施工质量对围岩松动范围影响较大：围岩超欠挖和爆破震动影响松动范围；衬砌后面的空洞非密实区影响松动范围。根据探地雷达技术探测的隧道围岩松动圈厚度值，为隧道围岩支护优化设计提供了重要参考。

（10）利用有限元软件对不同地貌地层隧道围岩进行开挖支护数值模拟，分析了隧道围岩力学特性，得出了中等风化围岩稳定，可以考虑不排水；强风化围岩基本稳定，考虑放水孔排水；岗丘地貌并经过倾斜节理裂隙密集带围岩不稳定，在考虑注浆情况下，隧道整体稳定，局部安全系数偏小；冲沟并经过陡倾斜节理裂隙密集带围岩不稳定，在考虑注浆情况下，隧道围岩基本稳定，冲沟边坡强度折减分析表明，边坡稳定。

（11）针对隧道施工过程中的监控量测，开展了洞口段、节理裂隙密集带、V类围岩三种围岩情况下监测数据的处理与分析，得到了相应的变形规律：①洞口段围岩周边位移与拱顶下沉在初期支护作用下稳定时间基本一致且变形量大致相当，表明围岩支护参数与施工方法合理；②节理裂隙密集带围岩拱顶下沉量略大于周边收敛，且稳定时间稍长于周边收敛，通过加强观测表明，围岩稳定；③V类围岩围岩周边位移与拱顶下沉在初期支护作用下稳定时间基本一致且变形量基本相等，表明围岩支护参数与施工方法合理。并进行了信息反馈设计优化，指导了隧道施工。综合围岩松动圈厚度值、数值模拟结果和监控量测的结果，验证了隧道围岩支护的稳定性，表明施工设计参数可靠，施工方法合理。

12.2　主要研究成果

（1）初衬起了非常重要的作用，在一定的程度上有效阻止了围岩的大变形，隧道破坏时，所施加的荷载远大于毛洞破坏时所施加的荷载，说明了初衬对隧道围岩稳定的贡献，带有初衬的隧道模型，彻底破坏时，围岩的位移显著小于毛洞模型破坏的位移。

（2）隧道初衬产生裂缝的原因主要是，初衬抵御围岩局部的大压力产生的大变形，初衬局部过大弯矩。

（3）隧道岩体基本质量指标(*BQ*)评价是一个经验判断与测试计算、定性与定量相结合的分类方法，隧道岩体基本质量指标(*BQ*)评价通过初始应力状态影响修正系数 K_3 考虑了地应力的影响。

（4）隧道巴顿岩体质量指标(*Q*)分级对高地应力条件有一定的考虑，通过对应力折减系数 *SRF* 的调整来考虑地应力对围岩类别的影响，隧道岩体地质力学指标值(*RMR*)分级没有考虑地应力对岩体质量的影响。在获得隧道施工中掌子面多个关键技术参数的基础上，利用岩体基本质量指标(*BQ*)、巴顿岩体质量指标(*Q*)分级和岩体地质力学指标值(*RMR*)评价方法，进行了围岩级别分类的动态分析与评价，确立了合理的支护类型和施工参数。

（5）对比选取探地雷达技术用于隧道围岩松动圈探测，提出了探地雷达探测围岩松动范围的波相识别方法，为今后探地雷达技术广泛用于隧道围岩松动圈探测奠定了实用的技术方法；综合围岩松动圈探测结果、施工监控量测处理数据和数值模拟结果评价围岩支护稳定性结果，对今后类似工程具有指导和借鉴意义。

12.3　未来工作展望

采用了数值分析与模型试验方法的相互结合，是研究基于构造地应力影响的隧道开挖支护力学特性的一次初步的尝试，为构造地应力影响的隧道开挖支护提供了一定的参考，但是由于著者学术水平、试验条件和时间有限，本研究尚存在一些问题和不足，有待于进一步深入探讨，渴望开展后续的工作建议如下：

（1）进行三维有限元和大尺寸模型试验，使数值模拟分析和模型试验研究成果更符合隧道围岩稳定性的实际情况。 考虑更多的不同侧压系数隧道模型试验，更好的验证数值分析，在模型试验埋设试验测量系统，对构造地应力影响的隧道开挖支护问题进行定量分析。

（2）在计算爆破开挖对本洞的影响时，未考虑岩体结构面和断层的影响，实际工程中结构面和断层对于围岩的应力和振速的分布都有显著的影响，因此，在以后的研究中，因尽可能考虑实际工程中地下洞室的地质因素对爆破地震波传播的影响。

（3）数值模拟中没有考虑地下水的流失对围岩的稳定性及地表沉降造成的影响，而在实际工程中，由于地下水的流失造成的地表沉降往往占较大的比例，因此在今后的学习和工作当中，有必要加强此一方面的研究探讨。在数值模拟中主要采用的是简化爆破振动荷载，而爆破振动荷载的确定及隧洞在实际爆破振动荷载下的响应还有待进一步研究。

（4）隧道围岩松动圈探地雷达探测过程中，各参数的选取在一定程度上受主观因素影响，探测结果数据分析过程中，目前对干扰信息的处理还需进一步完善，需要加快先进的数学理论应用于信号处理分析。

（5）对不同地貌地层隧道围岩的力学特性分析，围岩岩体采用均质岩体、平面应变模型模拟结果与复杂地质情况下隧道开挖支护的力学环境实际情况会存在一定程度的差异，采用三维模型分析更贴切模拟实际情况，分析结果具有更大的指导意义。

参考文献

[1] 郭陕云.隧道及地下工程的产业化发展方向[J].隧道建设,2005,25(6)1-3.
[2] 吴华金,汪秀根.云南山区高速公路隧道建设发展与展望[J].林业建设.2009,50-52.
[3] 樊毅,赵春燕，郝哲. 我国长、大公路隧道发展综述[J].辽宁建材, 2009.
[4] 戴文婷,白宝玉.我国隧道及地下工程发展现状和情景展望[J].东北公路,2000,23(4) 90-92.
[5] 剑锋. 中国核电发展展望[J].中国军转民,2004,08:63-65.
[6] United States Department Interior,Bureau of Reclamation,Treatise. Dam,Chapter [J]. Arch Dams,1948.
[7] 马启超等.鲁布革工程三维初始地应力场分析报告[R].天津大学 1985.12.
[8] 马启超等.二滩岩体地应力场分析报告[R].天津大学 1986.7.
[9] 马启超,戚蓝.龙羊峡工程坝区三维初始地应力场分析报告[R].天津大学 1986.12.
[10] 马启超,戚蓝.拉・西瓦水利工程三维初始地应力场分析报告[R].天津大学 1987.12.
[11] 戚蓝,马启超.小浪底工程厂坝区三维初始地应力场分析报告[R].天津大学 1994.3.
[12] 马启超,李广远.戚蓝小湾水电站坝址区三维初始地应力场回归分析报告[R].天津大学 1994.7.
[13] 戚蓝,马启超.万家寨引黄入晋工程区三维初始地应力场分析报告[R].天津大学 1995.6.
[14] 刘允芳,肖本职.三峡水利枢纽船闸区地应力场初步分析[J].长江科学院院报 1989(2):22-36.
[15] 长江流域规划办公室.国外大型高水头水电枢纽与地下厂房设计施工实例[C],1979.
[16] 石田毅等.地下电站地应力测量及其分析,地下建筑物译文集[C], 1985.
[17] 丰定祥等.关于地下工程有限元分析中初始地应力场的假设[J].地下工程,1982,(2).
[18] 郭怀志,马启超,薛玺成等.岩体初始应力场的分析方法[J].岩土工程学报,1983,5(3):64-72.
[19] 张有天,胡惠昌.地应力场趋势分析[J].水利学报,1984(4):31-38.
[20] 肖明,刘志明等.锦屏二级水电站三维地应力场反演回归分析[J].人民长江,2000,9(9):42-44.
[21] 黄金旺,周中,张运良等.水平层状围岩台阶法施工超欠挖控制试验研究[J].公路与汽运,2010,(4):221-222.
[22] 闫天俊,吴雪婷,吴立.地下洞室围岩分类相关性研究与工程应用[J].地下空间与工程学报.2009,5(6): 1104-1109.
[23] 胡夏嵩,赵法锁.低地应力区地下洞室围岩变形破坏基本类型及其特征研究[J].水文地质工程地质 2004,(4):79-81.
[24] 段汝健,胡香伟.高地应力地区地下洞室施工的几个问题探讨[J].云南水力发电. 2012,26(5):129-138.
[25] 钱七虎.分区破裂化研究现状和一些思考.新观点新学说学术沙龙文集[C].北京:中国科学技术出版社. 2008. 3-6.
[26] 顾金才.深部开挖洞周围岩分区破裂化机理分析与试验验证.新观点新学说学术沙龙文集[C]. 北京:中国科学技术出版社.2008. 7-11.
[27] 宋义敏,潘一山,王学滨.用传统破坏理论对分区破裂化现象的解释. 新观点新学说学术沙龙文集[C]. 北京:中国科学技术出版社.2008. 7-11.
[28] 刘新荣.通过深埋隧道围岩变形演化过程探讨围岩分区破裂问题.新观点新学说学术沙龙文集[C].北京:中国科学技术出版社.2008. 67-73.
[29] MAN AN A I,CLOUGH G W. Prediction of movements for braced cuts in clay[J].Geotechnical Engineering Divisi on,1981,107(6) :759-777.
[30] STECHER F P,FOURNEY W L. Prediction of crack otion from detonation in brittle materials[J]. nternational Journal of Rock Mechanics and Mining Sciences &Geomechanics Abstracts,1981,18:23-33.
[31] Reyes S F,Deere DU. Elasticity-plastic Analysis of Underground Openings by The Finite Element Method[J]. Proc. 1 st Cong. Int. Soc. Rock Mechanics. Lisbon,1966,477-483.
[32] Zienkiewicz,OC,Valliappan S,King I P. Stress Analysis of Rock as A "No-tension' Material[J].Geotechnique. Vol. 18.Nol 1968. 55-66.
[33] Zienkievk,icz and plasticity in soil OC,Humpheson C.Lewis R W Associated and non-associated visco-plasticity mechanics[J]. Geotechnique.Vol. 25.No.4 1975. 671-689.
[34] 王广德,石豫川,葛华等.岩爆与围岩分类[J].工程地质学报.2006,14(1):83-87.
[35] MARTINO J B,CHANDLER N A. Excavation-induced damage studies at derground research laboratory[J]. International Journal of Rock Mechanics and Engineering Sciences,2004,41:1413-1426.
[36] JIAP,TANGCA. Numerical study on failuremechanism of tunnelin jointed rockmass[J].Tunnelling and Underground Space Technology,2008,23:500-507.
[37] SUN Jin shan,ZHUQihu,LU Wen bo. Numerical simulation ofrock burstincircular tunnels underunloading conditions[J].Journal of China University of Mining &Technology,2007,17(4):552-556.

[38] DALLYJW,FOURNEYWL,HOLLOWAYDC.In fluence of containment of the bore hole pressures on explosive induced fracture[J]. International Journal of Rock Mechanics and Mining Sciences & Geomechanics Abstracts,1975,12:5-12.

[39] 谈杜勇.连拱隧道开挖过程的模型试验研究及其三维数值模拟[D].上海:同济大学. 2006.3.

[40] 赵刚.双连拱隧道模型试验研究[D].成都:西南交通大学. 2005.

[41] 黄伦海刘伟吴梦军.单洞 4 车道公路隧道开挖模型试验研究[J].公路隧道,2007,60(4):10-1.

[42] 张楠,王述红,王晓明等.含弱层围岩的隧道变形破坏过程模型实验研究[J].地下空间与工程学报,2007,3(6):1085-1088.

[43] 陈陆望.物理模型试验技术研究及其在岩土工程中的应用[D].武汉:中国科学院武汉岩土力学研究所. 2006.3.

[44] 来弘鹏,林永贵,谢永利等.不同应力场下围岩公路隧道的力学特征试验[J].中国公路学报,2008,21(4):81-87

[45] 王明年,关宝树,何川.三车道公路隧道在不同构造应力作用下的力学行为研究[J]. 岩土工程学报,1998,20(1):51-55.

[46] 吴成刚,何川,李讯等.高地应力下隧道结构力学的模型试验研究[J].现代隧道技术.2008:250-255.

[47] 赵正权,罗俊财,徐小敏等. 某隧道围岩稳定性有限元数值分析[J].地下空间与工程学报.2009,5:1285-1288.

[48] 林永贵,王恩莹.侧压力系数与地应力水平对软弱围岩隧道衬砌的力学行为分析[J].广东建材.2007,(11) :117-119.

[49] 刘汉东,薛雷,祁萌等.工程地质类比法程序化设计[J].华北水利水电学院学报.2007,28(2):62-64.

[50] 李凡友,王增光. 地下洞室围岩分类与石方开挖分级的对应关系探讨[J].水利水电工程造价.2006,(2):21-23.

[51] 宫凤强,李夕兵,高科.地下工程围岩稳定性分类的突变级数法研究[J].中南大学学报.2008,39(5):1081-1086.

[52] 赵其华,陈近中,彭社琴.高地应力条件下围岩质量分类方法研究[J].地球科学进.2008.23(5):482-487.

[53] 朱鲜花,钟湖平. 某地下峒室超挖区围岩分类研究[J].中国水运.2009,9(9)：251-253.

[54] 吴张中,徐光黎,李首一等.排水隧道施工期间复杂围岩综合分类技术[J].工程勘察.2008,(7):60-64.

[55] 何发亮,王石春.铁路隧道围岩分级方法研究及发展[J].铁道工程学报.2005:393-395

[56] 黄向春,李慧敏,姜冰川等. Q 系统围岩分类中几个主要评分因素的一点认识[J].现代隧道技术.2007,44(5):12-14.

[57] 郭乾.典型不良地质条件下隧道围岩稳定性分析及对策研究[D].重庆:重庆交通大学.2010.5.

[58] 苏京伟 .公路隧道围岩变形特征与稳定性评价研究[D].上海:同济大学. 2009.3.

[59] 刘景儒. 滇藏铁路玉峰寺深埋隧道重大工程地质问题研究[M].北京:中国地质科学院.2007.6.

[60] 刘大刚. 公路隧道施工阶段岩体围岩亚级分级研究[D].成都:西南交通大学. 2007.3.

[61] 李乃旺.浅埋岩石隧道围岩分级和稳定性分析研究[D].南京:南京大学. 2007.3.

[62] 张吉佐,李民政,李怡德等. 海峡两岸主要岩体分类系统之比较探讨[J].现代隧道技术.2010.38(3):1-10.

[63] 魏云杰,陶连金等煤矿巷道围岩稳定性快速评价方法研究[J].地下空间与工程学报.2009.5(4):691-697.

[64] 周盛全.铜(陵)-黄(山)高速公路富溪隧道围岩分类及稳定性研究[D].合肥:合肥工业大学 2006,12.

[65] 肖林萍.大地测量学与测量工程. 连拱隧道围岩变形规律研究[D].成都:西南交通大学.2009.6.

[66] 钟放庆,靳平,李孝兰等.地下爆炸地震波的数值模拟及震源函数的研究[J].爆炸与冲击, 2001, (1):56-63.

[67] 卢文波,王进攻.爆源中远区的爆破振动场模拟[J].爆破, 1990,(9):10-3.

[68] 贾光辉,王志军等.爆破地震波对地下结构物的影响仿真研究[J].华北工学院学报, 2001,(6):445-445.

[69] 杨升田,张耀勤.爆破荷载下地下岩洞的应力状态[J] .地下工程.1982, (11):1-7.

[70] 李铮,朱瑞赓等.爆炸地震波振速的特征系数与衰减指数的研究[J].爆炸与冲击, 1986,6(3):221-229.

[71] 谭忠盛,杨小林,王梦恕.复线隧道施工爆破对既有隧道的影响分析[J].岩石力学与工程学报, 2003,22(2):281-285.

[72] 张雪亮,黄树棠. 爆破地震效应[M].北京：地震出版社,1981,261-272.

[73] 张光雄,杨军.爆破地震波能量随距离衰减规律实例分析[J].有色金属:2006(9):11-13

[74] 李铮.爆炸地震波作用下隧道稳定性的计算[J].防护工程,1993,(4):19-25.

[75] U.LangeforS and B.Kihlstrom,Themodetechniqueofrock blasting[M].John Wiley and Sons,NewYork,1973

[76] PerssonPA.岩石动力学[A].岩石力学进展与工程应用译文集[C].北京:科学出版社,1987, (12):78-98.

[77] 国家标准局.爆破安全规程(GB6722-2003)[S].北京：中国标准出版社,2003.

[78] 陶颂霖主编.爆破工程[M].北京:冶金工业出版社,1979,35-36.

[79] 唐春海,于亚伦,王建宙.爆破地振动安全判据的初步探讨[J].有色金属,2001,53(1):1-4.

[80] 吴德伦,叶晓明.工程爆破安全振动速度综合研究[J].岩石力学与工程学报,1997,16(3):266-273.

[81] SL47294,水工建筑物岩石基础开挖工程施工技术规范[S].水利部建设司.水利水电施工技术规范汇编续编[C] .北京:水利电力出版社,1995
[82] 阎长斌等.爆破振动对采空区稳定性影响的 $FLAC^{3D}$ 分析,岩石力学与工程学报[M].2005,(24): 2894-2898.
[83] 曹孝君.浅埋隧道爆破的地表振动效应研究[D].成都：西南交通大学博士学位论文,2006.
[84] Preece D S,Thonre B J.A Study of Detonation Timing and Fragmentation Using 3-D Finite Element Techniques and a Damage Constitutive Model[J].In：Rock Fregmentation by Blasting, Mohanty(ed), Balkema, Rotterdam,1996:147-156.
[85] UDEC(Universal Distinet Element Code)user's manual[M]. Version3.0 Itasca ConsultingGorup,Inc,1996.
[86] 闫长斌.爆破作用下岩体累积损伤效应及其稳定性研究[D].长沙:中南大学,2006.
[87] 荣耀.公路隧道爆破掘进振动效应研究[D].重庆:重庆交通大学,2004.
[88] 王文龙.钻眼爆破[M].北京：煤炭工业出版社,1984.45-49.
[89] 乔宪队.爆破振动对邻近隧洞的动力响应分析[D].长沙：中南大学,2007.
[90] 戴俊.岩石动力学特性与爆破理论[M].北京:冶金工业出版社,2002,86-89.
[91] 浑寿榕.爆炸力学计算方法[M].北京:北京理工大学出版社,1995,78-91.
[92] 哈努卡耶夫.矿岩爆破物理过程.刘殿中译[M].北京：冶金工业出版社,1989,82-93.
[93] 周听清.爆炸动力学及其应用[M].合肥:中国科学技术大学出版社,2002,78-93.
[94] 许红涛,卢文波,周小恒.爆破振动场动力有限元模拟中爆破荷载的等效施加方法[J].武汉大学学报(工学版),2008, (2)：67-71.
[95] 戴俊.岩石动力学特性与爆破理论[M].北京:冶金工业出版社,2002.62-74.
[96] Hsin Yu Low,Hong Hao.Reliability analysis of reinforced concrete slabs under explosive loading[J]. Structural Safety,2001,(23):157-178.
[97] 张正宇等.现代水利水电工程爆破[M].北京:中国水利水电出版社,2003,34-46.
[98] 吴波,高波,索晓明等.城市地铁隧道施工对管线的影响研究[J] .岩土力学,2004,(25):657-613.
[99] 卢文波.新浇筑基础混凝土爆破安全振动速度的确定[J] .爆炸与冲击,加 02,22(4):327-332.
[100] 刘颖,张正宇,张文煊.混凝土喷层爆破安全控制标准的研究[A] .工程爆破文集第五集[C],299-305.
[101] 李宁,G.Swoboda.爆破荷载的数值模拟与应用[J] .岩石力学与工程学报,1994,13(4):357-364.
[102] 李宁,顾强康. 相邻洞室爆破施工对已有洞室的影响[J] .岩石力学与工程学报,2009,28(1):30-38.
[103] 李岳.钢纤维喷射混凝土隧道初期支护的断裂力学设计方法[D] .硕士论文.成都:西南交通大学,2005.
[104] 刘庆,刘胜华.钢纤维喷射混凝土在隧道中的断裂力学设计方法[J] .道桥工程.2009,(8):35-39.
[105] FLAC3D(Fast Lagrangian Analysis 3 Dimensions) user's manual[M].Version 3.0. Itasca Consulting Group,Inc.,2006.
[106] 钟放庆,靳平,李孝兰等.地下爆炸地震波的数值模拟及震源函数的研究[J] .爆炸与冲击, 2001,(l):56-63.
[107] 卢文波,王进攻.爆源中远区的爆破振动场模拟[J].爆破, 1999, (9):10-13.
[108] 贾光辉,王志军等.爆破地震波对地下结构物的影响仿真研究[J] .华北工学院学报,2001, 16(6):445-445.
[109] 杨升田,张耀勤.爆破荷载下地下岩洞的应力状态[J].地下工程, 1982, 12(11):1-7.
[110] 刘慧.临近爆破对隧道影响的研究进展[J].爆破,1999, 2(3):57-63.
[111] 李铮,朱瑞赓等.爆炸地震波振速的特征系数与衰减指数的研究[J].爆炸与冲击, 1986,6(3):221-229.
[112] 谭忠盛,杨小林,王梦恕.复线隧道施工爆破对既有隧道的影响分析[J].岩石力学与工程学报, 2003, 22(2):281-285.
[113] Chen Wensheng,Ge Xiurun,H.F Schweiger,Astatic relaxation solution for rock joints and inter faces[J]. Int.conf.Comp. Adv.Geomech.Dcsai et al(eds)2001.1.USA
[114] Cheng Yingming,chen wensheng,Ge Xiurun,Procedur to detectthe contact of three-dimensional blocks using penatration edges method[C]. 3rd International Conference on Discrete Element Method,New Mexico,USA,by BenjaminK.Cook,(editor) and Richard P.3ensen(editor)2002.9
[115] 刘传孝,王同旭,杨永杰.高应力区巷道围岩破碎范围的数值模拟及现场测定的方法研究[J].岩石力学与工程学报,2004,23(14),2413-2416.
[116] 刘传孝.探地雷达空洞探测机理研究及应用实例分析[J].岩石力学与工程学报,2000,19(2),238-241.
[117] 白冰,周健.探地雷达测试技术发展概况及其应用现状[J].岩石力学与工程学报,2001,20(4),527-531.
[118] 李纯洁,孔德森,王立才.探地雷达在松动圈确定与巷道支护参数优化中的应用[J].山东科技大学学报自然科学版,2008,27(1),19-22.
[119] 刘传孝.巷道围岩松动圈雷达探测研究[J] .矿山压力与顶板管理, 2000,l,27-29.
[120] 王建军.应用物探方法探测硐室围岩爆破松动圈工程实例[J].资源环境与工程,2008,22,82-85.
[121] 董方庭.巷道围岩松动圈支护理论及应用技术[M].北京:煤炭工业出版社,1994.
[122] 许金升.巷道围岩破裂范围研究[D].沈阳:东北大学,2003.
[123] 孙亚飞.小波分析理论应用于岩石松动圈声波测试的研究[D].武汉:武汉理工大学,2008.

[124] B rady B H G, B row n E T. Rock mechanics fo underground m ining [M].London: William Clowes Ltd. 1985. 86-134.
[125] Suykens JAK, Vandewalle J. Least square support vector machine classifiers[J].Neural Processing Letters, 1999,9(3),293-300.
[126] J Kennedy,Eberhart R C. Particle Swarm Optimization[M].Australia:IEEE international conference on neural networks,Perth,1995.
[127] Shi Y, Eberhart R.A modified particle swarm optimizer[J].IEEE World Congress on Computational Intelligence,1998,69-72.
[128] 邹红英，肖明.地下洞室开挖松动圈评估方法研究[J].岩石力学与工程学报,2010,29(3),513-519.
[129] 罗蔚.基于霍克-布朗破坏准则的围岩松动圈计算[J].中国水运,2006,4(11),97-98.
[130] 姜德义,郑彦奎,任松.地质偏压隧道松动圈探测与初衬开裂原因分析[J].中国矿业,2008,17(1),101-104.
[131] 李大心.探地雷达方法与应用[M].北京:地质出版社,1994.
[132] 王闯，贾颖绚，宋宏伟.用地质雷达测试围岩松动圈的原理与实践[J].中国矿业大学学报,2002,31(4), 370-372.
[133] 叶洲元,周志华,马建军.大冶铁矿软岩巷道围岩松动圈的测试研究[J].矿业工程研究,2009,24(1),18-21.
[134] 史永东,张凯,赵海军.弹性波测试技术在巷道围岩松动圈测试中的应用[J].有色矿冶,2002,18(6),1-4.
[135] 杨占国,索永录,姬红英.高应力半煤岩异形巷道围岩松动圈测试[J].煤炭技术,2010,29(6),83-84.
[136] 李化敏,李朝.高应力碎涨性围岩松动圈测试与分析[J].煤炭工程,2005,9,59-61.
[137] 许建文,吴江宁,高燕希.公路隧道围岩松动圈的测定[J].公路与汽运,2005,5,130-131.
[138] 沈杰,梁文学.孤岛工作面全煤巷道松动圈测试研究[J].煤炭科学技术,2007,35,(6),60-63.
[139] 龚建伍,夏才初,朱合华.鹤上隧道围岩松动圈测试与分析[J].地下空间与工程学报,2007,l(3),475-478.
[140] 刘平和,董继业,郭成文.浅谈超声波对岩体松动圈测试[J].黑龙江交通科技,2004,125,93-94.
[141] 陈殿赋,陈义东.松动圈理论在大断面硐室施工中的成功应用[J].煤矿安全,2005,36(5),25-27.
[142] 石建军,马念杰,闫德忠.巷道围岩松动圈测试技术及应用[J].煤炭工程,2008,3,32-34.
[143] 赵君.巷道围岩松动圈测试技术与应用[J].矿业快报,2004,426,17-18.
[144] 郑学贵,丁浩.小净距隧道围岩松动圈测试与分析[J].公路交通技术,2005,1,95-98.
[145] 史泽坡.小屯矿回采巷道松动圈测试与应用[J].山东煤炭科技,2009,2,109-110.
[146] 丛利,王磊,石建军.榆家梁煤矿巷道围岩松动圈测试技术及应用[J].煤炭工程,2009,2,60-62.
[147] 刘勇,张丹,贺晓亮.曾家垭隧道围岩松弛圈的判定研究[J].路基工程,2007,133,36-38.
[148] 王学滨,潘一山,李英杰.围压对巷道围岩应力分布及松动圈的影响. 地下空间与工程学报,2006, 2(6), 962-966.
[149] 薛新华.遗传神经网络法在巷道围岩松动圈预测中的应用岩[J].土工程技术,2006,20(5),237-240.
[150] 陈成宗,何发亮.隧道工程地质与声波探测技术[M].成都：西南交通大学出版社,2005.
[151] 刘家艳,陈勇.龙滩电站地下洞室开挖爆破松动圈测试及成果分析[J].云南水力发电,2005,22(2),76-81.
[152] 李晓红. 隧道新奥法及其量测技术[M].北京:科学出版社,2002.